수학영재교육

이론과 실제

남승인 · 류성림 · 신준식 · 우동하 · 이용희 지음

KM 경문사

머리말

《맹자(孟子)》의 〈진심편〉 제20장에는 군자의 세 가지 즐거움 중의 하나로 "천하의 영재를 얻어 가르치는 것(得天下英才 而敎育之)"이라고 하였는데, 이는 예로부터 영재교육의 중요성이 강조되었음을 암시하는 것입니다. 최근 영재교육이 날로 확산되고 있는데, 이것은 시대의 변화에 따른 우수 인력의 양성이 곧 국가 경쟁력이라는 것을 대변해 준다고 할 수 있습니다. 정보화 사회, 지식기반 사회로 불리는 21세기는 무한경쟁의 사회로 변화하고 있습니다. 따라서 우리의 국가 경쟁력을 높이기 위해서는 창의적인 우수 인재의 육성이 그 어느 때보다 절실하다 할 수 있습니다. 미래학자 앨빈 토플러(Alvin Toffler)는 그의 저서인 《권력의 이동》(1991)에서 미래의 지배자는 자원도 자본도 무기도 아닌 두뇌라고 하였습니다. 또한 10가지의 예측 중 하나로 "21세기의 본질은 지식과 정보 싸움입니다. 디지털 기호로 구성된 지식과 정보가 자본을 대체한다."라고 말하고 있듯이 새로운 지식 창출 능력과 확보는 국가 경쟁력을 위해 필수적이라 할 수 있습니다. 따라서 창의적이고 뛰어난 재능을 가진 영재를 조기에 발굴하여 그들의 특성과 소질에 따른 영재교육은 영재 개인에게는 자아실현을 도모할 수 있는 기회를 갖게 하고, 국가적으로는 고급 인력을 확보하여 국가 경쟁력을 높이며, 나아가 인류 사회의 발전에 기여할 수 있다는 점에서 매우 중요합니다.

우리나라는 2015년 기준으로 영재학교 및 과학고, 대학부설 및 교육청 영재교육원, 영재학급 등에서 교육받고 있는 영재들이 약 11만 명으로 이는 전체 학생수의 1.81%에 해당하는 수치입니다. 그 중에서도 수학 또는 수학·과학 분야 영재들은 64.1%인 70,536명으로 수학을 배우고자 하는 영재들이 매우 많음을 알 수 있습니다. 이와 같이 영재교육 분야 중에서 수학 영재들이 양적으로 절대 다수가 포함되어 있어서 수학 영재교육의 질을 높이는 일이 대단히 중요하게 되었습니다. 영재교육의 질적인 향상을 위해서는 우수한 수학영재 지도교사의 확보가 가장 중요하고 그들의 전문성을 신장시킬 수 있는 교재가 필수적입니다.

본 저서는 수학뿐만 아니라 모든 분야의 영재를 지도하기 위한 교사나 관계기관의 담당자들이 읽으면 도움이 되도록 모두 12개의 장으로 구성되어 있습니다.

1장에서는 영재교육의 전반적인 이해로서 영재성과 영재의 개념, 영재교육의 개념과 필요성, 영재교육의 목적과 방법, 우리나라 영재교육의 발달과정에 대해 다루었습니다.

2장에서는 수학영재의 정의 및 특성에 대해 알아보았는데, 특히 수학영재의 특성을 구체적인 예를 통해 이해를 도왔습니다.

3장에서는 수학영재의 판별과 선발 과정에 대해 다루었는데 특히 관찰·추천에 의한 수학영재 선발 방법에 대해 구체적으로 다루었습니다.

4장은 수학영재 교육과정 모형에 대해 Renzulli의 3부 심화학습 모형, Treffinger의 자기주도적 학습 모형, Parnes의 창의적 문제해결 모형, Van Tassel-Baska의 통합교육과정모형, Renzulli의 다중메뉴모형, 한국교육개발원의 영재 교수·학습모형에 대해 소개하였습니다.

5장은 수학영재 교수·학습 방법에 관한 것으로 교수·학습 방법의 원리, 학습 집단 편성, 교수·학습 방법의 유형, 원격교육과 사사교육, 효과적인 질문 방법에 대해 알아보았습니다.

6장은 수학영재 교수·학습 프로그램 개발을 위해 원리와 유형, 프로그램 개발의 절차에 대해 구체적인 사례를 통해 설명하였습니다.

7장은 수학영재교육의 관점에서 융합인재교육(STEAM)의 개념, 교수·학습 모형, 융합인재교육(STEAM)을 적용한 수학 영재프로그램 및 수업지도안 사례를 제시하였습니다.

8장은 프로젝트 기반 학습을 통한 수학 영재교육을 다루었는데, 특히 독립연구 프로젝트의 구체적인 절차와 실행 방법에 대해 다루어서 창의적 산출물 발표대회에 나가는 학생과 교사에게 지침이 될 수 있습니다.

9장은 수학 영재교육에서 창의성 신장을 위해 어떻게 할 것인가를 주제로 삼고 있습니다.

10장은 영재의 인성교육과 진로 코칭을 다루었는데, 영재의 생활지도 및 다중 지능 관점에서 영재의 재능 탐색에 대해 안내하였습니다.

11장은 영재학생 지도교사 및 코디네이터의 자질과 역할, 영재의 특성에 맞는 지도 방법과 상담 방법에 대해 소개하였습니다.

12장은 수학 영재교육에서의 평가 방법에 관한 내용으로 영재들의 성취도 평가, 영재교육 프로그램 평가 방법과 평가도구들을 자세히 다루었습니다.

이 책은 수학 분야의 영재교육에 국한하여 저술된 내용도 있지만 모든 분야의 영재교육 담당자들이 읽으면 도움이 되는 일반론적인 내용도 담고 있는 것이 특징입니다. 왜냐하면 이 책을 통해 우리나라 영재교육의 발전에 조금이라도 기여할 수 있기를 바라는 저자들의 염원이 들어 있기 때문입니다.

영재교육과 관련된 최근의 연구 이론과 실제를 자세히 다루려고 노력하였으나 한정된 지면과 저자 역량의 한계로 부족한 부분이 있음을 시인하지 않을 수 없습니다만 본 저서와 더불어 수학영재교육 실천가들의 열정과 연구로 우리나라의 수학영재교육이 질적으로 향상되는 계기가 되기를 바랍니다.

끝으로, 어려운 여건에서도 본 저서를 출판하는 데 도움을 주신 도서출판 경문사 사장님과 편집부 여러분들께 감사의 말씀을 전합니다.

2016년 상록 동산에서 저자 일동

차례

Chapter 01

영재교육의 이해

본 장에서는 영재·영재교육의 개념, 영재교육의 목적과 영재교육의 방법에 관련된 사전적·법령적·학술적 진술을 검토하여, 영재교육의 일반적인 특성과, 영재교육의 교육학적 정당성을 살펴보고자 한다. 이는 이어서 탐구하게 될 수학영재교육 대상자의 판별과 선발, 수학과 영재교육 교수·학습 프로그램의 내용 구성과 그 실행 방법을 제시하는데 기반이 될 것이다.

1.1 영재성과 영재의 개념

영재교육의 출발점은 영재성의 개념 정의에서부터 출발한다고 볼 수 있다. 즉 영재성의 개념 규정에 따라 영재 개념이 규정되며 그 규정에 따라 교육대상자의 판별과 선발, 교육내용과 방법에 이르기까지 영향을 준다. 그러나 아직까지도 합의된 정의는 내려지지 않고 있는데 그 이유를 두 가지로 요약하면 첫째, 영재성은 고대 이래 현재에 이르기까지 사회의 가치관에 따라 변해왔으며, 둘째, 영재성이 실체로서의 분별이 가능한 인간의 특성이 아니라 하나의 개념적·심리학적인 용어로서 학자에 따라 여러 가지로 해석하기 때문이다. 이와 함께 영재에 대한 합의된 정의가 이루어지지 않고 있는 것을 두 가지로 요약하면, 첫째, 사전적인 의미에서 '뛰어난 재주를 가진 사람'을 영재라고 일컫는데 이는 상대적인 개념으로 어느 정도 이상을 영재로 볼 것인가 하는 절대적인 기준의 설정이 불명료하며, 둘째, 성취에 대한 확신을 보장할 수 없다. 일상적인 의미에서 영재란 인류 문명과 국가·사회 발전에 상당한 수준의 공헌을 한 사람에게 붙여지는 말로서 비록 타당하게 선발되어 특별한 프로그램으로 교육을 받았다고 하더라도 그들이 장차 사회적 공헌을 한다는 보장이 없다. 그것은 그들은 성장 과정에서 여러 가지 사회적·환경적 요건에 따라 그들의 재능이 긍정적, 또는 부정적으로 잡다하게 작용할 수 있기 때문이다.

그러나 현실적으로 영재교육을 실시함에 있어서 영재성과 영재의 정의가 필요하여 특정 학습 집단을 규정하는 개념으로서 '영재(gifted)'와 '재능아(talented)'라는 용어를 사용한다. '영재'는 일반적인 분야, 또는 학문적으로 뛰어난 능력을 뜻하는데 비해 '재능아'는 특정 분야, 또는 예술과 체육 분야에서의 뛰어난 능력으로 구분하여 사용하기도 한다(조석희, 2003b). 한편 Davis와 Rimm(1994/2001, p. 33)은 '영재', 또는 '재능'에 관한 단일 정의는 없으며, 영재와 재능이라는 용어는 상호 교환적으로 사용되기 때문에 동일한 사람을 '미술 영재아' 혹은 '미술 재능아'라고 해도 상관이 없다고 하였다.

우리나라에서는 1개인이 나타내는 뛰어난 재능이나 능력이 타고난 것인가 또는 후천적으로 계발된 것인가에 관계없이 뛰어난 아동을 통틀어 '영재' 또는 '영재아'로 지칭하고, 뛰어난 특성을 '영재성'으로 지칭하고 있다(조석희, 2003b, p. 51). 현재까지 제시되고 있는 영재의 정의를 사전적, 법령적, 학술적으로 구분하여 살펴보면 다음과 같다.

1.1.1 영재의 사전적 의미

Encyclopedia of Education 제2판(Guthrie, 2003)에는 영재, 영재성, 재능에 관련된 개념을 각각 다음과 같이 설명하고 있다.

> '영재(gifted)'와 '재능아(talented)'라는 용어는 인간의 폭넓은 예외적인 수행 능력과 문화적으로 가치 있는 영역 또는 사회적으로 유용한 표현 양식에 있어서의 높은 능력을 나타내는 사람을 기술하는데 혼용되고 있다. 따라서 어린이들이 영재 또는 재능아로 판별되려면 성숙이나 전문적 성취보다 탁월한 잠재력과 가능성을 나타내 보여야 한다. 이 용어가 어른과는 다른 어린이에게 적용될 때 상이한 준거가 사용된다. '영재아(gifted children)'라는 용어는 그들이 나타내는 탁월한 잠재력이 주로 선천적 자질이라는 것을 함축하고 있다. 그러나 '영재(gifted)'라는 용어가 교육적 맥락(영재아 또는 영재적 성취 등의 경우)에서는 설명적(explanatory)이기보다 기술적(descriptive)으로 사용된다. '영재성(giftedness)'은 선천적 능력을 언급하고, '재능(talents)'은 체계적으로 계발된 능력을 언급하는 것으로 각 개념을 구분하고자 하는 노력이 있어왔

> 지만, 그러한 구분은 불가능하지는 않더라도, 인간능력을 타고난 부분과 습득된 부분으로 잘게 쪼개는 타당한 척도가 존재하지 않은 것처럼 매우 어려운 일이다(p. 930).

《유아교육사전》(한국유아교육학회, 1996)에서는 '영재'와 '재능'을 각각 다음과 같이 정의하고 있다.

> **영재:** 같은 연령의 아동에 비하여 지적 발달 전반이나 체육, 예술 등의 영역에서 뛰어난 아동을 말한다(p. 393).
>
> **재능:** 미술이나 음악, 체육 등의 특정 분야에서 훈련에 의해 장래 훌륭한 재능을 발휘할 수 있을 것으로 예상될 때, 이미 발현된 자연적인 자질을 일컫는다. 또는 특수 재능이라고도 하는데 이는 일반 지능에 대하여 사용된다(p. 473).

Encyclopedia of Education 제2판에 기술되고 있는 '영재'와 '재능'의 의미는 인간의 활동 영역에서 나타나는 높은 수행 능력과 탁월한 잠재력에 초점을 두고 정의하고 있으며, 이 두 개념의 혼용과 아울러 선천적 능력으로서의 '영재성'과 계발된 능력으로서의 '재능'을 구분하고자 하는 방식이 있음을 지적하고 있다. 《유아교육사전》에 제시된 영재의 정의에는 지적 발달뿐만 아니라 다양한 예체능 영역에서의 뛰어난 능력을 포함하고 있으며, 재능의 개념 속에는 지적 발달을 제외한 예체능 등 특정 분야를 중심으로 기술하고 있다. 이렇게 볼 때, '영재'라는 용어는 탁월한 잠재력을 표출하였거나 나타내 보일 가능성이 있는 사람을 지칭하며, '재능'을 포함하는 개념으로 파악된다. 이것은 과거에는 영재를 일반적인 지적 개념만을 의미하는 것으로 보았지만, 현대에는 다양한 차원의 재능을 포함한다는 점을 반영한다.

1.1.2 영재의 법령상의 의미

1972년 미국교육부에서 발표된 〈영재교육공법〉 91-230조 제806항은 Marland(1972)가 의회에 제출한 보고서의 정의를 근간으로 하여 영재를 다음과 같이 정의하고 있다.

> 영재아와 재능아는 우수한 능력을 가지고 있기 때문에 전문가들에 의하여 뛰어난 수행을 할 수 있을 것으로 판별된 아동이다. 이들이 자신과 사회에 기여하도록 하기 위해서는 일반 학교에서 정상적으로 제공되는 프로그램과 차별되는 프로그램과 서비스가 필요하다. 뛰어난 수행을 할 가능성이 있는 아동은 다음 분야 중에서 우수한 성취를 입증했거나 성취를 할 잠재력이 있다.

> ① 일반 지적 능력 ② 특수한 학업 적성 ③ 창의적 혹은 생산적 사고력
> ④ 지도력 ⑤ 시각 예술 및 공연 예술 ⑥ 정신 운동 능력(p. 10)

미국교육부의 영재에 대한 법령적 정의는 영재의 특성에 지적 특성뿐만 아니라 비지적 특성을 포함하며, 일반 지적 능력·특수 학업 적성·창의성·지도력·예술적 재능·정신 운동 능력의 각 분야에서 뛰어난 성취를 이미 입증한 경우와 수행할 가능성이 있는 경우를 동시에 고려하고 있다.

미국교육부의 영재 정의는 1988년에 다음과 같이 수정되었다(Davis & Rimm, 1994/2001).

> 영재학생과 재능 학생이란 지능, 창의성, 예술성, 리더십이나 특수한 학업 영역에서 뛰어난 능력을 입증했거나 그러한 능력을 최대한으로 계발하기 위해서 일반 학교 교육 이상의 교육 서비스나 활동을 필요로 하는 아동이나 청소년을 말한다(p. 36).

미국교육부의 영재에 대한 수정된 정의는 정신 운동 능력을 영재성의 범주에서 제외하고 있다. 미국교육부의 정의는 일반 지능뿐만 아니라 구체적 학문 영역과 예술 분야의 재능도 고려하였고, 창의적 사고력, 예술성, 지도력에도 관심을 촉구하고, 영재들에게 차별화된 교육 프로그램과 서비스를 필요로 함을 명시하였다는 점에서 의의가 있다.

우리나라의 경우, 법령에 의한 영재의 정의는 2000년 1월 28일에 신규 제정되어 2005년 12월 7일에 개정된 〈영재교육진흥법〉 제2조에 제시되어 있으며, 영재를 '재능이 뛰어난 사람으로서 타고난 잠재력을 계발하기 위하여 특별한 교육을 필요로 하는 자'로 규정하고 있다(영재교육진흥법, 2005). 또한, 동법 제5조 1항에는 영재교육 대상자의 선정과 관련하여 다음과 같이 규정하고 있다.

> 영재교육기관의 장은 다음 각 호의 어느 하나의 사항에 대하여 뛰어나거나 잠재력이 우수한 사람 중 당해 교육 기관의 교육 영역 및 목적 등에 적합하다고 인정하는 자를 영재교육 대상자로 선발한다.
> ① 일반 지능 ② 특수 학문 적성 ③ 창의적 사고 능력 ④ 예술적 재능
> ⑤ 신체적 재능 ⑥ 그 밖의 특별한 재능

우리나라 〈영재교육진흥법〉의 영재와 영재성에 대한 정의는 영재교육의 대상을 당해 영재교육기관의 교육 영역과 목적에 적합하다고 인정되는 자 중에서 일반 지능, 특수 학문 적성, 창의적 사고 능력, 예술적 재능, 신체적 재능, 그 밖의 특별한 재능을 포함시키고 있다. 이 가운데 구체적인 영역의 지정은 〈미국교육부의 영재성 정의〉 및 〈대만특수교육법〉과 유사한

영역으로 제시되었다.

1.1.3 영재의 학술적 의미

영재 또는 영재성에 대한 학술적 정의는 주로 상위 IQ에서의 희소성, 인간 가치영역에서의 탁월한 성취 능력, 잠재된 성취 가능성, 개인이 지닌 탁월한 재능 등 학자들에 따라서 다양한 차원에서 정의되고 있다.

영재교육의 초기에 있어서 대부분의 학자들은 높은 IQ를 영재를 규정하는 관점으로 활용하였다. 1968년 세인트루이스 학교에서 시작된 영재교육에서도 '평균 능력 이상의 학생', '명석한 학생', '우수한 지력의 학생', '영재' 등을 일컫는 조건으로 높은 지능 지수를 제시하였다(Passow, 2004, p. 2). 영재교육의 이러한 관점을 반영하여, Terman(1925, p. 19)은 '천재의 유전에 관한 연구'를 수행하면서 그 대상을 '학교 전체 학생 중 상위 1% 이내의 명석함을 지닌 학생'으로 스텐포드-비네 검사에서 IQ 140에 해당하는 학생을 영재로 규정하는 관점을 취하였다. 이처럼 심리검사를 통해 측정한 결과에서 상위 1% 이상에 속하는 자로 정의하는 것은 희소성을 중시하는 관점이다.

Witty(1958)는 "영재의 정의는 확장되어야 하며 잠재적으로 가치 있는 인간 활동 영역에서 지속적으로 특출한 성취를 나타내는 학생을 영재로 볼 수 있다."(p. 62)고 하였다. Witty의 정의는 영재성을 보다 넓게 확장한 관점이며, '잠재적으로 가치 있는 인간 활동 영역'과 '지속적으로 특출한 성취'를 주요 개념으로 포함하였다.

Clark(2002)는 영재를 높은 수준의 성취를 나타내거나 그러한 가능성에 초점을 두고 다음과 같이 정의하였다.

> 영재는 지능의 개념과 관련하여 높은 수준의 지적 성취를 나타내거나 나타낼 가능성을 지닌 사람이다. 그러한 진보되고 촉진된 능력으로 인하여 영재들은 그들의 능력을 상실하지 않고 보다 완전히 계발하기 위해서 일반적인 학교 교육 이외의 서비스와 활동을 필요로 한다(p. 26).

이러한 정의는 현재 나타내고 있는 성취 수준과 능력뿐만 아니라 영재 개인이 장차 나타낼 잠재 가능성을 포함하고자 한다. 영재의 잠재 가능성과 현재의 수행 결과에 대한 양극단의 연속선상에서 어느 위치를 강조하느냐에 따라 규정되거나 선발되는 영재학생은 달라질 수 있다.

Sternberg(2003, p. 88)는 '성공 지능 이론(theory of successful intelligence)'이 다양한 지적 영재를 설명할 수 있다고 하였다. Sternberg는 영재성은 단일의 요인으로 설명할 수 있는 것이 아니며, 영재성의 다양한 원천을 검토하지 않으면 수많은 영재들을 판별하지 못하게 되는 위험성을 초래할 수 있음을 지적했다. Sternberg(2003)의 지능 이론은 요소적 하위 이론, 경험적 하위 이론, 상황적 하위 이론과 같은 세 가지 하위이론으로 구성되어 있다. **요소적 하위 이론**은 지적 행동을 계획하고, 수행하고, 평가하는데 필요한 심리적 과정과 기제를, **경험적 하위 이론**은 새로운 상황에 적응하고 정보를 처리하는 과정에 관련된 기능을, **상황적 하위 이론은** 실제 환경에 적응하고 환경을 선택하고 조절하는 능력을 설명하는 개념이며, 이러한 하위 이론에서 나타나는 능력들이 어떤 형태로 조합되는가에 따라 다양한 형태의 영재성이 나타날 수 있다.

Renzulli는 영재를 평균 이상의 일반 지능, 높은 창의력, 그리고 높은 과제 집착력의 상호 작용 개념으로 구성된 '영재성의 세 고리 모형(three ring conception of giftedness)'의 개념에 따라 영재성을 설명하였다(Renzulli, 1978, p. 180-184; Renzulli & Reis, 2003, p. 186). 영재와 재능 학생은 이런 특성들의 조합체를 지니고 있거나 계발하여 잠재적으로 가치 있는 인간의 성취 분야에 적용할 수 있는 능력을 지닌 자이다. 이러한 세 가지 조합체들의 상호 작용을 나타내거나 계발할 수 있는 어린이들은 정규 수업 프로그램을 통하여 일반적으로 제공되지 않는 교육 기회와 교육적 서비스를 필요로 한다.

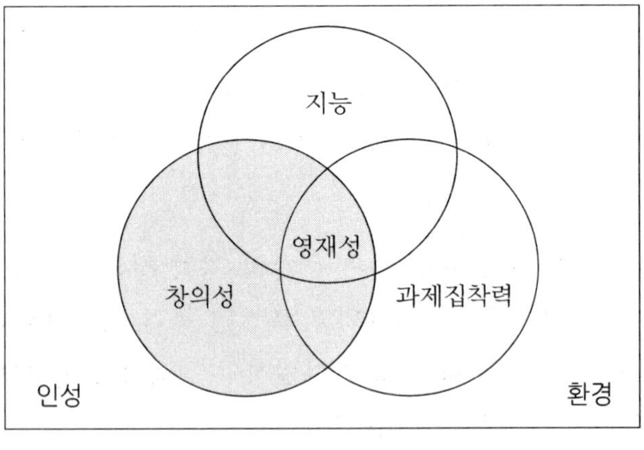

[그림 1-1] Renzulli의 세 고리 정의

Gagné(2003)는 영재(gifted)와 재능(talented)의 용어를 혼용하는 것을 비판하면서 영재성과 재능을 구분하여 다음과 같이 정의하고 있다.

> 영재성(giftedness)은 최소한 하나의 영역에서, 같은 나이 또래 가운데 최소한 상위 10% 내에 해당하는 정도에서 훈련되지 않았으면서도 동시에 표출된 자연적 능력(적성 또는 재능으로도 불림)의 소유와 활용을 가리킨다.
>
> 재능(talent)은 최소한 하나의 인간 활동 분야에서 같은 나이 또래에 비하여 그 분야에 활동하는 사람들 가운데 최소한 상위 10% 내에 해당하는 정도로 체계적으로 개발된 능력(기능)과 지식의 우수한 숙달을 가리킨다(p. 60).

미국영재교육학회(National Association for Gifted Children)에서는 다음과 같이 영재를 정의하고 있다(Delisle & Lewis, 2003).

> 영재는 하나 또는 그 이상의 표현 영역에 있어서 예외적 수준으로 성취를 나타내거나, 보여줄 잠재가능성을 가진 자이다. 이러한 능력 가운데 어떤 것은 매우 일반적이며, 지도력이나 창의적 사고력과 같이 인간의 다양한 생애의 분야에 영향을 줄 수 있다. 또 어떤 능력은 매우 특수한 재능으로서 수학, 과학, 음악에서의 특수 적성과 같이 특정 상황에서만 명백하게 나타난다. 영재성이란 용어는 어떤 도구나 지표상에 특수하게 또는 의존적이지 않게 다양한 능력에 관련된 일반적 준거를 제공한다(p. 35).

미국영재교육학회의 정의는 하나 또는 그 이상의 표현 영역에서의 성취와 잠재가능성, 그리고 다양한 생애 분야에서의 재능 차원에서 영재를 규정하고 있다.

선천적 요인과 후천적 요인을 모두 고려한 다양한 특수재능을 강조한 경우로서, 전경원(2003)은 영재의 개념을 다음과 같이 기술하고 있다.

> '개개인이 어느 정도 선천적으로 타고났으며, 또한 후천적인 훈련을 통하여 가장 잘 할 수 있는 모든 형태의 다양한 특수재능'을 모두 영재로 보고, 각각의 특수한 재능분야에서 적어도 20% 정도 안에 들고 다음 다섯 가지 측면에서 기술과 발달이 이루어질 가능성이 있어야 영재로 간주할 수 있다.
>
> - 기본적인 지식과 기술
> - 고등 사고 능력
> - 창의적인 문제해결력
> - 사회·정서적 발달
> - 도덕성 발달(p. 163-164)

전경원(2003)의 정의에는 선천적·후천적인 모든 특수 재능을 포함하며, 수행 능력에 있어 백분율 정의와 잠재 능력의 요소를 포함한 정의를 하고 있다. 또한 기본적인 지식과 기술을 비롯하여 사고력과 문제해결력 및 정서적·도덕적 발달을 포함하여 종합적인 관점에서 영재를 정의하고자 시도하였다.

이처럼 최근의 영재에 관한 이해에는 다차원적이고 복합적인 지능의 관점을 반영함과 아울러 정보 처리 이론과 인지 심리학의 연구에 기초한 복합적인 구성 요소를 고려한 영재성을 상정하여야 한다는 것이다.

영재성의 개념 확대에 있어서 영재의 정의에 대한 범주화의 작업이 필요하다. Stankowski (1978)는 영재와 재능에 대한 범주를 수행 결과 정의, IQ 정의, 퍼센트 정의, 재능 정의, 창의성 정의로 범주화하였는데 이를 도표로 나타내면 다음 〈표 1-1〉과 같다(Davis & Rimm, 1994/2001, 재인용, p. 34-35).

〈표 1-1〉 Stankowski의 영재 정의의 범주

범주	영재의 규정 방식
수행 결과 정의	인간 활동의 가치 있는 영역에서 우수한 성취를 나타내는 자
IQ 정의	지능 검사에서 높은 점수를 획득한 사람을 영재로 보는 입장
백분율(%) 정의	지능이나 학력 등의 기준에서 특정 비율에 해당되는 자
재능 정의	미술, 음악, 과학, 심미적 분야 등 특정 분야에서 우수한 자
창의성 정의	해당 사회에서 강조되는 높은 창의성을 지닌 자

이러한 범주 중에서 어떤 것을 취하느냐에 따라서 상이한 능력의 학생이 영재교육의 대상자로 선발된다. 이러한 범주에서 수행 결과 정의를 취할 경우 학생들이 각종 경시 대회의 입상 경력이 중시되며, IQ 정의에 따를 경우 각종 지능 및 심리검사의 결과가 중시된다. 백분율 정의일 경우 집단 내에서 상대적 위치에 의해서 영재가 선발되기도 하며, 재능 정의일 경우 사회에서 어떤 분야의 재능 영역을 강조하느냐에 따라 영재에 해당되는 대상자는 달라진다.

영재의 정의는 각각 상이한 관점에서 진술되기도 한다. 이러한 경우 각각의 영재교육의 주체들은 상이한 두 가지 관점의 연속선상의 어느 한 지점에 초점을 두고 영재를 규정할 수도 있다. McAlpine(1996)은 영재의 정의를 각각 대조되는 두 관점의 연속선상에서 설명하고 있는데 이를 정리하면 다음 〈표 1-2〉와 같다(Porter, 1999, 재인용, p. 14).

<표 1-2> McAlpine의 영재 정의의 범주

영재 정의의 관점	영재를 개념 규정하는 방식
보수주의: 자유주의	영재의 범주를 지능, 재능 영역, 백분율에 한정하여 묶어두는 관점과 열어두는 관점
단일차원: 다차원적	영재를 단일 능력 차원으로 보는 관점과 보다 다양한 능력 차원에서 보는 관점
수행능력: 잠재능력	구체적으로 표출된 수행 능력의 증거를 요구하는 관점과 잠재성을 지닌 자와 미성취 영재도 포함하는 관점

McAlpine(1996)의 영재의 정의 관점에 대한 설명에 따르면 각각의 연속선상에서 어느 곳에 위치하느냐에 따라 선발되는 영재의 특성이 다르게 된다.

Tannenbaum(1983/2004, p. 88-114)은 영재를 사회 문화적 관점, 공리주의적 관점, 그리고 심리학적 관점에서 구분하였는데, 이를 정리하면 다음 <표 1-3>과 같다.

<표 1-3> Tannenbaum의 영재 정의의 범주

영재 정의의 관점	영재를 개념 규정하는 방식
사회문화적 관점	인간의 의미 영역 및 행위 영역에서의 높은 수준의 생산성과 성취로 정의하는 관점
공리주의적 관점	공공의 복지와 삶의 질에 탁월하게 기여하는 능력을 가진 자를 영재로 보는 관점으로 일의 세계에 재능이 기여하는 바를 강조
심리학적 관점	IQ와 잠재능력을 비롯한 심리학적 현상으로서 인간의 성취와 산물 속에 구체화된 정신의 능력으로 보는 관점

<표 1-3>에서 Tannenbaum(1983/2004)이 구분한 세 가지 관점은 영재교육의 목적관을 반영하는 것으로 각 관점에 따라서 상이한 재능을 가진 영재가 교육 대상으로 선정될 수 있다.

영재 정의의 관점을 종합하면, 법령, 영재교육학자, 영재교육기관 등 교육 주체에 따라 영재는 달리 정의되며, 수행 결과 정의, IQ 정의, 백분율(%) 정의, 재능 정의, 창의성 정의, 단일 차원 또는 다차원 정의, 수행 능력 또는 잠재능력 정의 등의 다양한 관점에서 제시되며, 어떤 방식으로 영재를 정의하느냐에 따라 상이한 재능을 가진 영재가 교육 대상으로 선정될 수 있으며, 추구하는 영재교육의 목적, 영재교육의 방법이 달라진다.

1.2 영재교육의 개념과 필요성

일반적으로 교육의 개념은 사회 과학적 교육 개념과 규범적 교육 개념으로 구분된다. 전자는 교육에 대한 다양한 사실적 지식을 제공해주고 각자의 교육 개념을 재음미하도록 하며, 후자는 보편적이고 규범적인 지식을 제공할 뿐만 아니라 우리의 교육 목적과 이상을 제시해주기 때문이다. 규범적 교육 개념은 특정한 과정이나 활동들이 따라야 할 준거를 제시하는데 관심을 갖는다. Peters(1963, p. 84)는 "교육은 표준이나 규범을 가진 개념이며, 교육에 대하여 말하는 것은 스스로 가치 판단에 헌신하고 있다는 것을 의미한다."고 했다. 따라서 영재교육의 개념은 영재교육의 목적과 방법이 어떠하여야 할 것을 규제하고 안내하는 지침이 된다. 이러한 관점에서 영재교육 분야에서 제시되고 있는 영재교육의 개념을 살펴보기로 한다.

1.2.1 영재교육의 사전적 의미

《교육학용어사전》(서울대학교 교육연구소, 1986)에는 영재교육을 "남달리 영특하고 우수한 재능을 타고난 아동 또는 청소년들을 위해 마련된 특수화된 교육"(p. 375)으로 정의하고 있다. 이는 영재교육을 특수교육의 한 영역으로 보며, 시청각 장애나 청각 장애 등을 지닌 학생을 위한 특수교육과 같이 영재를 일반 학생과 다른 교육을 실시함으로써 효율적 교육이 가능하다는 뜻에서 영재교육의 필요성을 제기하며, 표준 교육과정이 아닌 특수한 교육 프로그램을 따로 마련하여 영재의 교육적 요구에 대응한다는 의미로 해석된다.

1.2.2 영재교육의 법령상 의미

영재교육이 우수한 재능을 타고난 자를 위한 특수화된 교육으로 볼 때, 그러한 교육에 대한 헌법상의 근거는 〈대한민국헌법〉 제31조에 제시된 바와 같이 "모든 국민은 능력에 따라 균등한 교육을 받을 권리가 있다."는 조항에 근거한다(대한민국헌법, 1987). 이러한 헌법정신에 근거하여 우리나라 〈교육기본법〉 제19조에는 "국가 및 지방자치단체는 학문, 예술 또는 체육 등의 분야에서 재능이 뛰어난 자의 교육에 관하여 필요한 시책을 수립·실시하여야 한다.”는 규정을 제시하고 있다(교육기본법, 2005). 이 규정은 영재교육을 ‘학문, 예술 또는 체육 등의 분야에서 재능이 뛰어난 자의 교육’으로 제시함으로써 특정 교육 대상에 초점을 두고 그 성격을 규정하고 있다.

우리나라 〈영재교육진흥법〉 제2조에는 “영재교육이라 함은 영재를 대상으로 각 개인의 능력과 소질에 맞는 교육 내용과 방법으로 실시하는 교육을 말한다.”로 규정하고 있다(영재교육진흥법, 2005).

여기에는 교육 대상으로서의 ‘영재’, 교육 내용과 방법으로서의 ‘개인의 능력과 소질에 맞는 교육’이 중심이 된다. 각 개인의 능력과 소질에 맞는 교육 내용과 방법은 ‘영재’들만을 위한 것이 아니라 〈대한민국헌법〉 제29조가 명시한 바와 같이 ‘모든 국민’이 해당되며, 그것은 능력에 따라 균등한 교육을 받을 권리에 기초한다. 〈영재교육진흥법〉 제2조에 규정된 방식의 영재교육은 영재를 선발하여 영재로 구성된 동질 집단을 편성하더라도 영재 개인의 능력과 소질에 부응한 교육 내용과 교육 방법에 따른 수업 처방이 필요함을 시사하고 있다.

1.2.3 영재교육의 학술적 의미

영재의 정의는 여러 학자들에 의해 다양한 관점으로 정의되어 왔으나. 영재교육의 개념을 직접적으로 정의하고 있는 학자는 흔하지 않다.

신세호(1988, p. 227)는 영재교육을 “영재학생에게 적절한 교육 프로그램을 제공함으로써 그들이 가지고 태어난 탁월한 잠재력을 최대한 발휘하도록 돕는 일”로 정의하였다.

이군현(1988)은 “영재교육이란 잠재능력을 가지고 있는 우수한 학생을 조기에 발굴하여 그들의 능력과 자질, 학습 속도, 흥미 등에 따라 학습할 수 있도록 교육적 배려를 해주는 것이다.”(p. 17)고 정의하여, 영재의 조기 발굴과 능력과 흥미에 따른 교육에 초점을 두고 정의하였다.

전경원(2004)은 영재교육의 개념을 다음과 같이 정의하고 있다.

> 영재교육은 “다양한 형태의 모든 특수재능을 계발시키는 과정에서 필요한 기본지식과 고등사고 능력과 창의력 및 문제해결 능력을 키워주기 위해, 가정에서 가족 구성원과 주변 사람에 의해 이루어지는 비형식적이고 비체계적인 형태의 활동에서부터 교육기관에서 교사에 의해 이루어지는 형식적이고, 체계적인 모든 형태의 소극적·적극적인 교육 내용과 교육 방법 활동의 일체”라고 본다. 즉 영재교육이란, 개개인이 타고난 특수한 재능을 계발시키기 위해 자극을 줄 수 있는 1개의 질문에서부터 창의적

인 문제해결 과정 모델에 의해 체계적인 수업을 받는 일체의 활동을 의미한다(p. 164).

전경원의 정의는 형식적이고 체계적인 비형식적 영재교육뿐만 아니라, 비형식적이고 비체계적인 형태의 활동을 모두 포괄하고 있으며, 그 대상도 다양한 형태의 특수한 재능으로 설정하여 영재교육의 개념 확대를 기하고 있다.

영재교육의 개념을 직접 제안하지는 않았지만 Gagné(2003, p. 61)는 '영재성과 재능의 분화 모형'에서 잠재 능력으로서의 영재성이 재능으로 표출되기 위해서는 영재교육이 촉매제로서 역할을 해야 함을 제안하였다. 여기서의 촉매는 자기 이해적 촉매, 환경적 촉매, 기회, 발달 과정 등이 요인으로 작용하며 영재교육은 이러한 요인을 적절히 조절해주는 역할을 수행하여야 하며, 이 경우 교육의 대상은 개인이 가진 잠재 능력으로서의 영재성이며, 교육이 추구하는 목적은 영재 개인이 지닌 재능의 성취이다.

법령과 학자들에 의한 영재교육의 개념에 관한 주장이 함의하고 있는 영재교육의 대상, 목적, 방법면에서 다음과 같이 정리할 수 있다.

첫째, 영재교육은 잠재된 능력으로서 영재성 또는 그러한 능력을 지니고 있는 개인을 교육 대상으로 하며, 교육 대상은 영재의 정의에 의해 규제된다.

둘째, 일반적인 영재교육의 개념에 내재된 목적관은 본질적으로 잠재 능력 계발과 재능의 성취를 전제로 하고 있다.

셋째, 영재교육의 개인 학습 능력과 소질에 따른 교육 방법을 추구한다.

이렇게 볼 때, 영재교육은 일반 학생과 구분되는 특성을 가진 영재를 교육 대상으로 하며, 영재학생이 가진 학습 특성과 교육적 요구가 일반 학생과 다른 점을 전제로 하여 영재 개인의 잠재력을 최대한 성취하기 위해 이루어지는 차별화된 교육 활동이라고 정의할 수 있다.

1.2.4 영재교육의 필요성

최근 들어 세계 각국에서 영재교육에 커다란 관심을 보이는 주된 이유를 세 가지 측면에서 살펴본다면 다음과 같다.

첫째, 국가적 차원에서 해결해야 할 당면 과제인 천연자원 고갈, 환경 오염, 인구 증가, 국가간 경재력의 심화, 경제적 빈부 격차의 심화 등 국가적인 제반 문제를 해결하기 위해서는 창의적인 아이디어를 가진 고급 인력자원이 필요하다는 사실을 인식하게 되었다. 사실 이러한 문제는 어느 특정 국가만의 문제일수도 있지만 인류 공존과 번영을 위해서는 세계 각국이 공동으로 노력해야 함에도 불구하고, 나날이 심화되는 국가간의 경쟁으로 인해 '21세기 지식

기반 사회에서 국가간 우열은 두뇌경쟁에 의해 좌우된다.'는 인식하에 자국의 안정과 번영에 기여할 수 있는 탁월한 잠재적 재능을 가진 사람을 발굴하고 육성하는 영재교육에 국가적인 차원에서 집중적인 연구와 투자를 가속화하고 있는 실정이다.

둘째, 사회 구조적인 측면에서 살펴보면 과학기술 문명의 발달로 인하여 정보화의 시대라고 일컫는 요즈음의 사회뿐만 아니라 앞의로의 사회는 점진적으로 과학기술에 의해 지배되는 사회가 될 것이며, 과학기술 발달의 원동력인 수학·과학분야뿐만 아니라 모든 분야에서 돋보이는 재능을 가진 개인들의 기여를 더욱 필요로 한다. 특히 사회 구조가 농경·산업화 시대에서 정보화 시대로 바뀜에 따라 강한 체력이나 능숙한 손재주보다도 현명하게 일하는 지혜와 창의적인 아이디어 등 두뇌의 힘이 필요하다.

셋째, 개인적인 측면에서 살펴보면 학교 교육의 중요한 역할 중의 하나는 학생 개개인이 타고 난 잠재적 능력을 최대한으로 발휘할 수 있는 기회와 환경을 제공함으로써 내적으로는 개인의 이상 실현을 통해 삶의 보람과 가치를 느낄 수 있게 하며, 외적으로는 국가 사회 및 인류 문화 발전에 기여할 수 있는 사람을 육성하는데 있다고 하겠다. 따라서 수학에 대한 우수한 잠재력을 지닌 학생을 조기에 발굴하여 그들이 타고 난 자질과 능력, 학습 속도와 흥미에 따라 창의적인 학습을 할 수 있도록 배려해 주는 것은 개인의 성장 발달적인 측면에서뿐만 아니라 국가 사회 발전을 위해서도 당연한 일이라 하겠다. 특히 영재들은 비록 탁월한 잠재적 재능을 갖고 태어난다 하더라도 적절한 교육 기회가 제공되지 않는다면 그들의 재능은 감소되거나 소멸된다고 볼 때, 학교교육을 통한 영재교육은 필수불가결한 시대적 요구이다.

실제적으로 신기술을 개발한 한 명의 과학자나 기술자, 컴퓨터 프로그램의 개발자, 영화감독, 디자이너 등의 구체적인 사례에서와 같이 기발하고 창의적인 아이디어를 개발한 한 사람의 성취는 개인의 사회·경제적인 부와 명예뿐만 아니라 국제사회에서 직·간접적으로 국위 선양 및 국가 발전에 기여하고 있으며, 주변의 많은 사람들에게 정신적인 자극과 자부심. 그리고 간접적일지언정 경제적 혜택을 제공한다는 사실은 누구나 아는 일이다. 따라서 영재교육은 개인적인 차원뿐만 아니라 사회·국가적인 차원에서 모든 사람들이 관심을 가져야 할 것이다.

1.2.5 영재교육에 관련한 논란

영재교육에 대한 논란은 최근의 일이라기보다는 영재교육의 시작과 함께 대두되기 시작했다고 볼 수 있다. 특히 최근 영재교육이 확산되면서 그 논란은 점차 확산되고 있는 실정이다. 영재교육에 대한 논쟁은 크게 두 가지로 집약할 수 있는데, 그 하나는 영재교육을 옹호하는 의견과 또 다른 하나는 영재교육에 대한 배타적인 감정이다. 이는 교육의 수월성(excellence)과 공평성(equity) 사이의 대립이라고 볼 수 있는데, 역사적으로 사회적 위기의식이 고조될 경우는 수월성 교육에 대한 의견이 지배적이었다가 사회·경제적으로 안정기에 접어들게 되면 공평성 교육이 지배적인 의견이 되는 순환되는 경향이 있다. 일반적으로 영재교육을 지지하는 사람들은 "영재는 틀림없이 문명이 가질 수 있는 위대한 선천적인 자원이다(Sternberg & Davidson. 1986)"라고 주장하듯이 개인의 잠재적 능력을 발휘하도록 교육의 기회를 제공하는 것이 평등주의 정신을 살리는 것이며, 영재들의 남다른 재능은 개인적으로 자아 성취의 기회를 제공하며, 국가사회의 기술적, 심미적, 도덕적으로 발달하도록 돕는데 중요한 역할을 할 뿐만 아니라, 국가와 인류 문명과 문화 발전에 기여할 수 있는 인재의 양성을 주장하는 반면, 반대의 입장에 선 사람들은 "모든 사람은 창조적인 동등체이다"라는 평등주의 정신에 입각하여 특별한 재능을 가진 학생들은 특별한 교육적 혜택을 주지 않더라도 "영재들은 스스로 자신의 역할을 잘 할 수 있으며, 자신의 삶을 충분히 유지·발전시킬 수 있기 때문에 실제로 도움을 필요로 하는 학생. 즉 자신의 노력만으로 자신의 삶을 유지·발전시킬 수 없는 학생인 신체적·정신적 장애아들에게 특별한 교육의 기회를 주어야 한다."는 의견을 제시하고 있다.

또다른 부정적인 인식은 지나친 경쟁의식 때문이다. 많은 사람들은 대체로 이기적이고 자기 중심적인 경향이 있는데 최근 개인 사이의 경쟁의식이 지나치게 팽배해짐에 따라 자신들은 직접적인 혜택을 받지 못하는 양질의 교육을 영재들에게 제공한다는 것에 대해 상대적으로 피해의식과 열등의식을 갖고 있다.

그러나 영재로 분류된 학생들도 스스로의 힘으로 그들의 재능을 발현시킬 수 있는 것은 아니다. 건강하게 싹이 튼 식물도 온도나 습도, 영양분 등 적절한 외부 환경이 뒷받침되지 않으면 정상적인 성장이 불가능하듯이 영재들에게도 적절한 교육과정, 지지해 주는 교육자 등 적절한 교육 기회와 환경이 제공되지 않는다면 영재성의 발현은 불가능하다. 즉 부적절한 교육과정, 지지해 주지 못하는 교육자, 공평성으로의 압력, 부적절한 부모 기대와 역할 등 적절한 교육의 기회와 환경이 제공되지 않는다면 그들의 잠재적 재능은 자연스럽게 소멸될 것이다. 이러한 상반되고 상호배타적인 개념으로서 공평성과 수월성을 이슈로 다루는 것은 모든 개별 학생에게 필요로 하는 건전한 교육 발전에 위협적인 요소이다. 우수한 학생은 우수한 학생대로, 부진한 학생은 부진한 학생대로 그들의 잠재적 능력을 충분히 발현시킬 수 있는 기회를 제공하는 것이 교육의 기회 균등인 동시에 평등성을 보장하는 일이다. 만일 선천적이든 후천적이든 개개인의 능력 차를 고려하지 않는 동일한 교육은 학생 개개인의 발전에 장애가 될 것이며 정신적 갈등과 좌절을 느끼게 할 것이다.

1.3 영재교육의 목적과 방법

영재교육의 프로그램이나 영재교육 관련 법령 및 영재교육 관련 학자들에 의하여 제시되는 영재교육의 목적은 영재교육의 의도를 정당화하는 근거가 된다. 본 절에서는 법령상의 영재교육의 목적, 영재교육학자들에 의하여 제시된 여러 목적관을 분석하여 범주화하고자 한다.

1.3.1 영재교육의 법령상 목적관

우리나라 「영재교육진흥법」(2005) 제1조에는 영재교육의 법령상의 목적을 다음과 같이 제시하고 있다.

> 이 법은 교육기본법 제12조 및 제19조 규정에 따라 재능이 뛰어난 사람을 조기에 발굴하여 타고난 잠재력을 계발할 수 있도록 능력과 소질에 맞는 교육을 실시함으로써 개인의 자아실현을 도모하고 국가 사회의 발전에 기여하게 함을 목적으로 한다.

「영재교육진흥법」에서 규정하는 목적은 잠재력을 계발할 수 있도록 능력과 소질에 맞는 교육을 실시하는 것이며, 그를 통해 개인의 자아실현과 국가 사회의 발전이라는 목적을 달성하고자 하는 입장을 취하고 있다. 여기에는 심리적 측면에서의 잠재력의 계발, 개인적 측면에서의 자아실현, 교육 평등의 측면에서의 능력과 소질에 맞는 교육, 공리주의적 측면에서의 국가·사회 발전을 동시에 추구하는 것을 목적으로 제시하고 있다. 우리나라의 영재교육의 목적이 이러한 다차원의 관점을 추구하고 있지만 영재교육의 실행 과정에 대한 분석 없이는 영재교육이 실제로 어떤 목적에 봉사하는지를 알 수 없다. 예컨대 잠재력 계발을 위한 영재교육이라면 우수한 잠재력을 가진 것으로 인정받는 영역의 영재교육 프로그램이 마련되어 실행되어야 하며, 자아실현을 위한 것이라면 영재 개인의 요구와 희망에 의하여 교육 프로그램의 선택 가능성이 있어야 할 것이다.

1.3.2 영재교육의 학술적 목적관

영재교육 분야의 학자들은 영재교육이 추구하는 가치와 정당성을 다양하게 제시하고 있다. 일반적으로 영재가 지닌 교육적 요구에 부응하는 교육의 실현, 사회적 정의 실현을 위한 교육 평등의 실현, 국가·사회의 발전을 위한 사회적 자본으로서의 인적 자원의 개발이라는 차원에서 한 가지 또는 두 가지 이상의 목적을 함께 제시하는 경향이 있다.

Tannenbaum(2000, p. 25-26)은 영재가 갖는 재능의 본질을 결핍 재능(scarcity talents), 잉여 재능(surplus talents), 할당 재능(quota talents), 그리고 파격적 재능(anomalous talents)의 네 가지 재능으로 구분하여 제시하였는데 이들 네 가지 범주의 재능은 그 특성상 각각 상이한 목적을 함의하고 있다. 첫째로 희소 재능을 들고 있는데, 이것은 삶을 보다 편하고 안정되고 건강하게 하려는 단기적 요구에서 생겨나는 것으로 새로운 발명을 이끄는 동력이 된다. 둘째로 잉여 재능은 사람의 민감성과 감수성을 증진하는 것으로 예술가들에게 내재되어 있다는 것이다. 이러한 재능은 세상을 보다 풍요롭게 하지만 근본적인 변화를 가져오는 것은 아니다. 할당 재능은 제한된 시장에서 상품과 서비스를 제공하기 위한 전문화된 높은 수준의 기술로 설명된다. 교사, 의사, 법률가 등은 이러한 재능을 나타낸다. 마지막으로 파격 재능은 사회가 특별히 중요하게 여기지 않는 또는 무가치하게 여기는 것이지만 탁월성을 나타내는 것으로 인식되는 재능이다.

Tannenbaum(2000)이 제시한 네 가지 재능은 영재교육의 주체들이 어떤 측면에 관심을 두느냐에 따라 선택되거나 배제된다. 공리주의적 차원에서 영재교육을 추구한다면 파격 재능의 육성이 목적으로 채택되기는 어려우며, 경제 개발에 국가 자원을 집중 투입하는 사회일 경우에는 희소 재능에 대한 가치가 중시되고 잉여 재능에 대해서는 관심의 여지가 없게 된다.

Renzulli(1986, p. 53)는 영재학생을 위한 교육 프로그램의 목표는 영재학생들이 최상의 성취를 이루도록 돕는 것이며, 자기주도적으로 높은 수준의 성취를 지속해 나갈 수 있게 자극하고 동기를 유발시켜 주는 것이라고 했다. 한편 Renzulli(2003)는 '사회적 자본(social capital)'이라는 개념을 도입하여 영재교육이 추구하여야 할 가치를 다음과 같이 설명하고 있다.

> 재정적 자본과 지적 자본은 고부가 가치의 물질 자산, 부의 산출, 그리고 전문적 진보와 같은 자본주의 경제 제도의 모든 주요 목표를 이끌어내는 동력인 반면에 사회적 자본은 개인과 공동체의 요구와 필요를 총칭적으로 말하는 무형의 자산을 뜻하는 개념이다. … 이런 종류의 자본은 일반적으로 공동체 생활과 우리들이 서로에 대하여

갖는 연대적 책임감을 증진시켜준다. 사회적 자본에 대한 투자는 그것이 보다 큰 공공의 선과 관련된 일치와 협동을 촉진하는 가치, 규준, 네트워크, 그리고 사회적 신뢰를 창출하는데 도움이 되기 때문에 하나의 전체로서 사회에 이득이 된다(p. 77).

Renzulli(2003)가 지적하는 사회적 자본은 개인의 영재성을 지적·도덕적·심미적 탁월성이라는 내재적 가치를 발휘하게 함으로써 부수적으로 달성되는 것임을 시사 받을 수 있다. 그러나 사회적 자본으로 추구되는 것이 개인의 지적·도덕적·심미적 탁월성과 상반되거나 거리가 있을 경우를 배제할 수 없다는 점에서 문제가 제기된다.

Renzulli와 Reis(1991)는 영재교육의 목적이 국가의 수월성을 확증하는 데 있다는 점을 들어 다음과 같이 주장하였다.

영재교육의 중요한 목적은 우리의 가장 유망한 학생들에게 가능한 최고의 교육을 제공하여 지적·예술적·도덕적 지도력에 있어서 미국의 수월성을 확증할 수 있도록 하는 데 있다(p. 26).

Renzulli와 Reis(1991)의 목적에 대한 관점은 지적·도덕적·심미적 탁월성이라는 교육의 내재적인 가치를 성취하기 위한 최적의 교육을 제공함으로써 국가적 수월성을 부수적으로 도모하는 것에 초점을 두고 있다.

Bernal(2003)은 영재교육의 목적을 "개인이 선택한 분야에서 상당한 기여를 하는데 필요한 전문성을 획득할 수 있도록 어린 학생들의 영재성을 계발해 주기 위한 것"(p. 192)으로 제시하였다. 전문성 획득을 위해서는 신체적 또는 정신적 장애를 가진 사람과 같은 평균에서 이탈된 자들을 위한 특수한 교육 기회의 분배가 정당화되듯이, 영재와 같은 평균에서 이탈된 자들을 위한 특수한 교육 기회의 분배가 정당하다는 것이다.

이영덕(1979)은 영재교육의 정당성을 다음과 같이 주장하였다.

모든 개인이 지닌 성장 가능성을 최대한으로 도와야 한다는 이념상의 명제로 보나 경쟁적 국제 사회에 있어서의 국력 배양이라는 국가적 과제로 볼 때 영재를 위한 특별한 교육적 배려의 정당성은 인정되고도 남음이 있다(p. 13).

이영덕(1979)의 주장은 영재교육이 개인의 성장 가능성, 즉 잠재력에 대한 최대한의 발달과 국력 배양을 위한 필요의 입장에서 영재교육의 목적관을 반영하고 있다.

김천일(1987)은 다음과 같이 국가·사회적 필요에 따른 영재교육의 목적관을 제시하였다.

영재교육은 개인의 필요보다도 국가와 사회의 발전의 필요에 요청되는 것이니, 조

> 기에 발견하여 건전한 방향으로 영재교육이 확산되고 발전되어야 하고, 국가적이며 세계적인 여러 분야의 지도자가 양성되어야 할 것이다(p. 62).

이러한 관점은 전형적인 인적 자원 개발을 지향하는 목적관이다. 선진 각국이 영재교육을 하는 이유가 고도의 산업 사회에 필요한 고급 인력을 개발하여 자국의 발전에 기여하게 하고, 나아가서 인류의 복지 사회 건설에 이바지하게 하기 위한 데 있다고 보고, 이러한 관점에서 그 정당성을 제시하는 경우이다. 이러한 목적은 과학 기술에 관련한 인적 자원 육성과 지도자 배양이라는 수단적인 가치에 봉사하는 교육 프로그램 개설에 초점을 둔다.

김정휘, 주영숙(1986)은 잠재력의 계발을 통한 자아실현은 전인적 발달을 도모하는 목적과 결합할 수 있다는 관점에서 영재교육의 목적을 제안하였다.

> 영재교육에서 중요시되는 교육 목적은 전인적인 발달을 도모하는 점과 학문 탐구의 기본적인 자세를 길러주고, 사회 생활에 적극적으로 참여하는 태도와 책임감, 적응성을 길러주어야 한다. 즉 전인교육의 범주 안에서 이들 제 특성과 요구를 고려하여 교육 목표를 설정해야 한다는 것이 강조되고 있다(p. 240).

전인적 발달의 관점은 영재 개인의 특성과 요구를 반영한 교육을 제공함으로써 지적, 도덕적, 심미적 탁월성을 성취하고자 하는 교육의 본질적 관점을 취하는 입장이다. 이러한 목적관은 영재들만을 위한 목적이 아니라 모든 학생들을 위한 목적관이기도 하다. 전인적 발달을 위한 목적관은 영재들의 발달 단계상의 불균형, 예를 들면 신체 발달과 지적 발달의 불일치 또는 사회성과 지적 발달의 불일치와 같은 동시성 장애를 비롯한 사회·심리적 문제를 해결하고 개인차에 따른 학습의 필요를 반영한다.

한편 영재교육을 교육 평등주의에 입각하여 목적관을 제시하는 경우가 있다. 조석희(1989, p. 201)는 민주주의 이념에 충실한 기회 균등을 실천하기 위해서 영재들에게는 그들의 특성에 맞는 교육이 필요하며, 진정한 의미의 교육의 기회 균등을 실현하기 위해서는 각자의 잠재능력과 적성을 최대한 계발할 수 있는 선별적인 교육 기회 제공에 노력해야 한다는 차원에서 영재교육의 필요성을 제시하고 있다. 김미경(2001, p. 18)도 진정한 의미의 기회 균등을 실현하기 위해서 영재교육이 실시되어야 한다고 했다. 이것은 특수 아동들이 특수한 교육을 받아야 하는 것과 마찬가지로 능력의 연속선상의 다른 쪽 극단에 위치한 영재들도 일반 아동과는 다른 차별화된 교육을 받을 권리가 있다는 입장이다.

영재교육의 철학적 정당성과 목적은 국가 경쟁력 강화라는 국가적 측면과 교육 기회의 형평성 제고라는 사회적 이상과 잠재력 최대 계발이라는 개인적 교육적 권리 보호라는 관점을 동시에 지닌다. 이러한 관점을 바탕으로 개인의 자아실현과 국가·사회 발전의 기여, 자율적이고 독립적인 학습자와 지도자로서의 역량 계발, 그리고 창의적인 문제해결력의 강화의 목적을 추구한다.

전경원(2003)은 다음과 같이 국내 대부분의 영재 관련 연구가 영재교육의 목적을 국가적 요청과 개인의 잠재력 계발에 동의하고 있음을 지적하면서 영재교육의 당위성과 목적을 다음과 같이 제시하고 있다.

> 영재교육이 내포하고 있는 필요성과 당위성은 크게 두 가지 유형으로 대별된다. 국가 발전에 필요한 고급 인력을 양성함으로써, 사회와 국가의 첨단 산업 발전에 부응하기 위한 국가적 요청과 개개인의 잠재력을 최대한으로 계발시킬 수 있도록 양질의 교육을 필요로 하는 개인의 요청으로 볼 수 있다(p. 33).

전경원의 목적관은 영재교육 분야에서 개인의 잠재력 계발과 국가적 요청에 따른 고급 인력 양성의 두 가지 관점을 취하고 있다.

1.3.3 영재교육 목적관의 범주

앞에서 살펴 본 영재교육의 목적에 대한 다양한 관점을 종합하면 몇 가지 유형으로 범주화할 수 있다. 영재교육의 목적은 교육 실행 주체와 국가나 사회의 영재교육에 대한 철학적 관점을 반영한다.

박성익(2003, p. 32-33)은 여러 학자들의 관점을 정리하여 영재교육의 당위성과 필요성을 개인적 측면, 교육·사회적 측면, 국가적 측면으로 제시하였다. 개인적 측면에서의 영재교육은 영재들에게 탁월한 잠재능력이 나타나는 재능 분야를 계발시켜 줌으로써 자기 성취를 최대로 이룰 수 있는 학습 기회를 제공해 주려는데 있다. 둘째, 교육적·사회적 측면에서의 영재교육은 기존의 지식을 단순히 소모하는 인간이 아니라 고부가 가치의 새로운 지식을 창의적으로 창출해 낼 수 있는 고급 두뇌를 지닌 영재들을 육성해 냄으로써, 인간의 삶의 질을 개선하고 현대 사회에서 직면하는 문제들을 지혜롭게 해결하도록 도움을 주려는 데 있다. 셋째, 국가적 측면에서는 우수한 인적 자원이 국가 발전의 원동력이라는 관점에서 영재교육은 국가의 미래를 위한 투자대상이 된다. 이러한 목적관은 재능이 뛰어난 사람을 조기에 발굴하여 타고난 잠재력을 계발할 수 있도록 능력과 소질에 맞는 교육을 실시함으로써 영재의 교육적 요구에 따른 교육적 처방을 가능하게 하고, 개인의 자아실현을 도모함과 아울러 국가·사회의 발전에 기여하게 하는 데 있다는 관점이다.

Sapon-Shevin(2003)은 영재로 선발된 학생들에게 특별한 교육적 서비스를 제공해야 할 필요성과 정당성을 다음과 같이 세 가지로 제시하고 있다.

> 교육적 요구(educational need), 사회적 정의(social justice), 정치·경제적 필요성(political & economic necessity)이 그것이다. 교육적 요구의 관점으로부터 논의하는 사람들은 앞선 기능을 가진 학생들에게 상이한 교육적 기회를 제공하는 것은 각기 상이한 특성을 지닌 학생들의 개별적 요구에 부응하는 방법이라고 주장한다. 사회적 정의의 관점을 취하는 사람들은 학교가 이미 "학습부진아", "이중언어 사용자" 또는 "정신 장애"로 판별된 학생들을 위해 차별화된 프로그램을 제공하고 있듯이 상이한 학생들을 상이하게 처방하는 것이 공정한 것이며, 평등의 실현은 영재로 판별된 학생들에게 특별한 프로그램을 제시하는 것이라고 주장한다. 정치·경제적 필요성의 관점을 취하는 사람들은 정치·경제적 절박성에 호소하며, 강대국 또는 기술, 의학, 과학 분야에서 첨단의 위치를 잃어버리지 않기 위해 "최고의 명석한 두뇌"를 개발하고자 한다(p. 129).

Sapon-Shevin은 영재교육의 목적과 유형을 영재의 교육적 요구, 사회적 정의, 정치·경제적 필요성의 관점에서 제시하고 있다.

현재까지 주장되고 있는 영재교육의 목적에 관한 진술들을 종합하면, 영재교육의 목적을 보는 관점은 첫째, 영재의 특성에 따른 교육적 요구, 둘째, 능력주의에 입각한 교육 평등 실현, 셋째, 잠재력 계발을 통한 자아실현, 넷째, 사회적 자본으로서 국가적 인적 자원 양성으로 구분해서 살펴볼 수 있다. 각 목적관 중에서 어떤 관점을 취하느냐에 따라 영재교육의 방법에서 차이가 있게 된다. 수학이나 과학 분야의 인적 자원 양성이 시급하다면 그러한 영재교육 프로그램이 집중적으로 개설되고 해당 분야의 영재들이 교육 수혜자로 포함될 것이다. 반면에 영재의 학습 특성과 교육적 요구에 초점을 둔다면, 영재들의 학습 양식에 반응하는 다차원적인 교육 프로그램의 개설에 관심을 기울이게 된다.

1.3.4 영재교육의 방법적 원리

영재교육의 방법은 일반적으로 두 가지 원리에 기초하고 있다. 첫째, 영재교육은 영재학생이 갖는 학습 속도, 기억력, 학습 양식, 호기심, 요구가 일반 학생의 학습 특성과 다르다는 것을 전제로 하여 차별화된 교육과정을 편성 운영하여야 한다는 것이다. 즉 영재교육 분야의 학자들은 영재들의 학습 특성이 일반 학생들의 학습 특성과는 다르므로 차별화된 교육과정이 편성되어야 하며, 영재학생의 학습 심리에 따른 교수·학습 방법에 의해 영재교육 프로그램이 마련되고 제도가 운영되어야 한다고 주장한다.

가. 차별화된 교육 방법으로서의 영재교육

영재교육은 일반 학생을 위한 표준 교육과정을 영재학생의 개별적 요구에 맞게 수업을 제시하는 차별화를 요구한다. 영재를 위한 차별화된 교육은 교사의 교육과정 재구성과 수준별 수업 운영 능력에 좌우된다. 학습자의 학습 특성과 수준에 맞추어 학습 내용과 자료, 학습 과제 해결 방법을 달리 제시해 주게 된다. 차별화는 학습 내용, 과정, 그리고 산출을 각각 영재학생의 능력 수준에 적합하게 하는 과정을 통해 이루어진다(Smutny, 2001, p. 77).

영재는 정규 수업 프로그램을 통하여 일반적으로 제공되는 것과는 다른 교육 기회와 서비스를 요구한다는 것이 영재학생을 위한 특별한 교육 기회의 제공과 차별화된 교육과정의 운영은 영재교육의 전제 조건이 된다. 이러한 차별화된 교육을 제공하기 위한 교육과정의 내용 조직과 운영 방식은 주로 다음과 같은 유형으로 이루어진다(김정휘 등, 2004).

> **내용 속진 교육과정**: 교과 내용에서 학년 수준을 앞당겨 도입하는 것을 뜻하며, 초등학교 영재 어린이에게 대수를 앞당겨 가르치는 경우가 해당된다.
> **내용 심화 교육과정**: 정규 교육 프로그램에서 다루는 기본적인 개념들을 보다 강화하기 위하여 여러 가지 경험과 활동을 첨가한다. 보충되는 내용은 여러 가지 목적을 추구하기보다는 기본의 교육과정 목적에 기반을 둔다.
> **내용을 정교하게 하는 교육과정**: 보다 광범위하고 추상적인 체계의 지식과 개념에 초점을 둔 내용이 가르쳐진다. 영재학생들의 발달된 능력에 어울리도록 자료의 복잡성, 수준이 조정된다.
> **색다른 내용을 다루는 교육과정**: 특별히 영재학생들에게 유용한 전혀 색다르고 독특한 내용을 도입한다. 장차 사회의 지도자, 계획자, 학자, 발명가, 연구자가 될 사람들에게 유용한 내용을 제시한다. 모의 실험, 역할 놀이, 창의적·비판적 사고, 음악 치료, 무용 치료, 집단 역학, 인간 관계 전략, 독서 요법 등이 포함될 수 있다(p. 566).

이러한 교육과정의 특성은 첫째, 수준에 있어서 속진과 심화, 둘째, 제시 방식에 있어서 추상성과 다양성, 셋째, 학생의 활동 방식에 있어서 자율성과 독립성으로 요약된다. 이러한 특성을 반영하기 위해서는 정규 교육과정에 대한 차별화가 필요하다. 즉 일반 정규 교육과정은 개별 영재들의 요구를 충족시키지 못하기 때문에 영재들의 타고난 잠재력을 계발시키는

데 필요한 요소를 보완하기 위해서는 속진·심화를 비롯한 영재집단의 특성에 맞게 편성·운영되도록 표준 교육과정에 대한 차별화가 요구된다.

Kaplan(1986, p. 182)은 차별화 교육과정의 궁극적 목적은 영재의 특성을 인정하고, 이러한 특성 계발을 강화하고 실천하며, 그것을 보다 높은 수준으로 이끌어내기 위한 것이라고 했다. 이를 위한 핵심적인 과정은 영재의 요구, 흥미, 능력 수준에 맞게 정규 교육과정에 대한 재구성을 이끌어내는 것이다. Clark(2002, p. 449)는 차별화의 핵심으로 학습 진도에서의 속진, 사고와 과정에서의 복잡성, 이해와 숙달 수준에서의 깊이, 표현에서의 참신성과 독특성, 태도와 행위에 있어서의 집중을 들었다.

영재학생을 위해 교육과정 차별화를 시도하는 방법에 있어서 Clark(2002)는 미국영재교육과정 위원회에서 제시하는 원리를 다음과 같이 소개하고 있다.

Clark은 영재교육의 기본 원리로서 차별화에 강조점을 두고 있는데 교육 내용, 교육 방법, 교육의 산출에 있어서 차별화와 아울러 고등 사고 기능의 계발과 자기이해 및 대인 관계의 능력에 대하여 동일한 강조점을 두고 있다.

VanTassel-Baska(2003a)는 영재교육과정의 기본 신념을 다음과 같이 제시하고 있다.

> 모든 학생이 최적 수준으로 학습할 수 있는 교육과정 경험이 제공되어야 한다. 영재들은 일반 학생에 비하여 상이한 학습 요구를 가지고 있으므로 교육과정은 그러한 요구에 맞게 조정되어야 한다. 영재들의 학습 요구는 인지적, 정의적, 사회적, 그리고 미적 영역에 걸쳐서 나타남을 고려하여야 한다. 영재들의 학습은 속진과 심화의 두 가지 학습 방법을 병행하였을 때 가장 효과적으로 이루어질 수 있다. 영재의 학습 요구를 위한 교육과정 경험은 잠재 가능성을 최대화하는 방향으로 신중하게 계획, 작성, 실행, 평가되어야 한다(p. 174-175).

VanTassel-Baska(2003a)는 모든 학생에 대한 최적의 교육과정 경험 제공을 전제로 하면서 일반 학생과 다른 영재학생의 전반적인 학습 요구를 반영한 교육과정 조정의 필요성을 강조하고 있다. 그리고 학습의 방법으로 속진과 심화를 병행하여 잠재 가능성을 최대화할 수 있는 방향으로의 교육과정 경험 제공을 원리로 제시하고 있다.

영재교육 프로그램은 운영 방식에 있어서 학자들 사이에 차이가 있으나 대체로 심화(enrichment), 속진(acceleration), 차별화(differentiation)의 방식으로 나눌 수 있으며, 영재로 이루어진 능력별 특별 집단 편성(special grouping)이 더 추가될 수 있다.

Renzulli와 Dai(2003)는 영재교육에서의 속진과 심화를 다음과 같이 두 가지 방식을 구분하고 있다.

> 영재를 위한 교육에는 두 가지 주요 전략이 있다: 속진교육과정으로 영재는 그들이 학습능력에 맞게 진보해 나갈 수 있다. 이는 영재들이 그들의 나이 기준이나 학년 수준에 비하여 보다 빨리 높은 수준의 학습 내용으로 진보해 나갈 수 있게 해준다.
>
> 심화는 영재학생들이 일반 교육과정을 넘어서는 주제와 쟁점을 보다 넓고 깊이 있게 탐색하고, 문제해결력, 탐구 기능, 창의성을 배양할 수 있는 독립적이고 협력적 탐구 활동의 기회를 제공해 준다. 속진과 심화는 집단 편성의 다양한 방식에 따라 촉진되며, 영재와 재능 학생의 교육적 요구에 부응하기 위해 중핵적 수업 설계를 필요로 한다(p. 934).

속진이라는 용어는 교육 서비스와 교육과정 전달이라는 두 차원에서 사용된다. 교육 서비스 전달 차원에서의 속진은 자신의 진도에 맞는 수업을 받기 위해 학교에서의 학업 연한을 뛰어 넘어 보다 높은 학년으로 진급해 올라가는 것이다. 여기에는 각급 학교의 조기 입학, 과목 속진, 학년 속진 등이 여기에 포함된다. 교육 서비스의 방법으로 속진은 표준 교육과정 경험을 보통 학급에서 만족을 얻기 어려운 영재학생에게 제공함으로써 소기의 영재교육의 목적을 성취하고자 한다. 이러한 속진은 제시되는 학급 과제나 숙달되어야 할 학습 내용에서의 진도를 조절하는 것을 포함한다. 속진은 영재학생들의 빠른 학습 속도를 허용하는 융통성 있는 운영을 통해 학업 연한이나 학습 시간을 단축하는 형태이다. 속진에 따른 영재교육 프로그램의 실행은 교육 행정적 제도에 영향을 받을 수 있다.

심화는 학습 프로그램뿐만 아니라 교육과정의 수준에 관련된 말이다. 심화 교육과정은 보다 풍부하고, 다양한 교육 경험을 지향하여 일반 교육과정을 어떤 방식으로 재구성하거나 첨가하여 구성해 나간다. 영재교육에서의 심화 프로그램은 보다 깊이 있고, 폭 넓은 교육과정을 학생들에게 제공해 주기 위한 데 있다. 교육과정 수준에서의 심화는 기본 내용에 대한 확대와 보충, 대체 등 일련의 재구성을 위한 노력이 요구된다. 심화 프로그램으로는 특별 심화 프로그램, 영재 자료 교실 등이 있다.

영재교육의 프로그램은 일반 학생과 다른 영재들의 학습 특성을 전제로 그들의 흥미, 능력, 학습 속도, 학습 양식 등과 같이 개인차를 고려하여 이루어져야 한다는 것이다. 특히 영재들은 자기 나이에 비하여 빠른 독서 능력을 가지고 있고, 같은 나이 또래의 학생에 비하여 44% 정도 앞선 성취를 나타내며, 평균적인 10세 영재의 경우 같은 또래에 비하여 표준화 검사에 있어서 3년을 앞서는 능력을 보인다고 한다(Coleman & Cross, 2001, p. 35). 이러한 학습 속도는 교수에 필요한 시간을 줄여주고, 영재를 일반 교실 상황에 머물러 있게 하거나, 모든 학생에게 동일하게 맞추어져 있는 교실 상황에서는 지루함과 혼란을 갖게 되지 않을 수 없다는 점들이 영재교육 옹호자들이 영재교육의 정당성을 주장하는 근거가 된다.

나. 교육 개혁의 원리로서의 영재교육

세계적인 교육 개혁에는 추구하는 내용과 가치 측면에서 몇 개의 공통적인 흐름이 있다. 교육 개혁의 내용면에서 지식정보화 시대의 대비, 창의성의 함양, 인적자원의 효율화, 민주시민적 자질의 강화, 그리고 국가 경쟁력을 염두에 둔 교육 체제의 효율화 등의 공통점이 있다. 또한 교육 개혁이 추구하는 가치의 측면에서는 평등성(equity), 수월성(excellence), 효율성(efficiency), 그리고 선택성(choice)이 거론된다(문용린, 2002, p. 17).

영재교육은 능력에 따른 교육 평등의 실현, 개인의 잠재력에 대한 수월성 추구, 교육 책무성을 반영한 효율성과 선택성을 강조한다는 점에서 교육 개혁의 주요 사안으로 고려되어 왔다. 공교육 차원에서 영재교육이 도입되어 시행된 미국과 한국의 사례에서 그러한 근거를 제시할 수 있다.

먼저, 미국의 경우 1920년대를 기점으로 심리학과 사회 과학의 발달로 인한 학습자 개인의 다양성에 대한 관심의 증가로 조숙한 학습자들(precocious learners)에 대한 교육적 요구와 개인차를 수용하는 프로그램 제공에 대한 관심이 교육을 개혁하려는 차원에서 이루어졌다. 1920년대의 속진을 위한 능력별 집단 편성, 1930년대의 속진과 심화 등의 방안이 마련되기 시작하였다(Tannenbaum, 1983/2004, p. 32-33). 그 이후 미국의 영재교육에 대한 국가, 사회, 교육, 법률적인 관심과 문제해결에 따른 노력은 스프트니크 충격 전후 및 워터게이트 사건 이후를 기점으로 주기적으로 고조되어 왔다(김정휘, 주영숙, 1986. p. 18). 이처럼 영재교육에 대한 관심이 주기적으로 변화하고 교육 프로그램이 제시된 기저에는 국가적 차원의 교육 개혁의 요구와 투자 노력의 증가와 감소에 기인한다.

미국교육부는 1981년 '교육의 수월성 추구를 위한 자문위원회(The National Commission on Excellence in Education)'를 구성하고 평범성(mediocrity)의 풍조에 빠진 국가적 교육 위기를 수월성 추구의 교육 개혁으로 극복하기 위한 교육 개혁안을 보고하였다. 이 보고서는 '수월성의 추구'라는 개념이 결코 평등성에 위배되는 것이 아니라는 점에 대하여 "우리는 수월성의 추구와 교육 개혁을 위한 범국민적 결의가 우리 사회의 다양한 성원들을 모두 평등하게 대우해야 한다는 굳건한 공약을 깨뜨리고서 이루어져야 한다고 보지는 않는다."(송용대, 1990, 재인용, p. 36)는 점을 기술하고 있다. 여기에는 미국 교육이 그 이전의 교육 평등 개념을 지나치게 일의적으로 해석하고 있음을 반성하면서 수월성을 증진하기 위한 교육을 통하여 교육 개혁의 요구를 성취하려는 의지를 반영하고 있다.

공교육을 구제하는 데 영재교육의 역할에 대하여 김정휘, 주영숙(1986)은 다음과 같이 주장하고 있다.

> 많은 중류층 가정에서는 자녀에게 의미 있는 교육 경험을 제공해 주기 위하여 도시로 들어가거나 사립학교를 찾는다. 이것은 도시 중심부에 있어서 여건을 더욱 악화시켜 왔다. 학교 행정가들은 중류 계층을 학교로 되돌아오게 하는 한 가지 방법은 영재를 위한 특수 교육 프로그램을 시행하는 것이라는 점을 인식하고 있다(p. 43).

이처럼 영재교육은 공교육에서 수월성을 제고하는 방안으로 중시되어 왔으며, 교육 평준화로 인한 질적 저하의 문제를 극복하기 위한 대안으로 추구되었다. 1968년부터 시행된 중학교 평준화와 1974년부터 시행된 고교 평준화 정책으로 인하여 교육의 수월성 문제가 제기되자 그 보완책으로 영재교육의 필요성이 제기되었고, 영재교육이라는 용어가 공식적으로 사용되었으며, 1980년대부터 영재교육에 관한 정부의 관심이 증대하기 시작하였다(전경원, 2003, p. 92). 1978년에는 당시의 문교부가 과학기술 분야의 고급 두뇌를 양성한다는 목적으로 과학 영재교육을 전담할 고등학교와 대학교 설립을 추진하였다. 1980년대에 접어들면서 과학, 외국어, 예술, 국악, 체육 등의 특수목적고등학교가 집중적으로 설립되어 특수 재능 교육을 담당하게 되었다(김미경, 2001, p. 66-68).

교육의 질적 수월성의 확보가 교육 개혁의 핵심적 사안이라면 개인이 지닌 잠재력의 계발을 통한 수월성 확보라는 영재교육의 목적과 맥락을 같이한다. 문용린(2002)은 "수월성의 추구는 학생들을 학문적으로 뛰어나도록 가르치는 것이 학교 공부의 가장 중요한 책임이라는 것을 강조하고자 학교교육의 변화와 개혁을 유도하기 위해서 제안된 개념"(p. 19)이라고 하였다. 이러한 관점에서 영재들의 교육적 성취를 최대화하려는 영재교육의 방법적 원리는 교육 개혁의 실천을 위한 하나의 방안으로 인정된다. 각국의 초·중등 교육 개혁의 사례를 분석한 한국교육개발원(2005)의 연구는 다음과 같이 수월성 달성을 위한 요구를 제시하고 있다.

> 국가 교육 발전에 있어서 무엇보다 중요한 것은 국가가 교육의 수월성 달성을 위해 어떠한 교육 체계를 어떤 방식으로 발전시키는가 하는 것이며, 또 양질의 교육 기회를 제공하기 위해 자원을 어떻게 효율적으로 사용할 것인가 하는 문제가 중요하다는 것이다. 따라서 오늘날 교육 정책 담당자들은 교육의 수월성 확보를 위해 초·중등 교육의 질을 개선하는 한편 지식 기반 경제 사회에 필요한 인력을 양성하기 위한 효율적이고 적합성이 높은 정책을 입안하고 실행해야만 한다(p. 14).

국가는 지식 기반 사회에 부합하는 인적자원 관리 체제를 확립하기에 적합한 교육 내용과 과정을 갖추도록 초·중등 교육을 개혁하여야 한다는 것이 일반적으로 주장되는 교육 개혁의 양상이다. 세계화, 정보화, 지식 사회의 강국은 국민의 창의적 지식 수준을 유지하고 증진시킬 수 있느냐에 의해 결정된다는 관점에서 영재교육을 통한 수월성 확보가 교육 개혁의 중요한 사안이 된다. 각국의 교육 개혁에서 공통적인 기본 방향은 국가 경쟁력 제고를 위한 교육의 수월성 추구, 실용적이고 미래 지향적인 교육, 21세기 새로운 문명사적 전환에 대비한 개성, 창의력 존중 교육이 교육 개혁의 주된 흐름이다(한국교육개발원, 2005, p. 135).

1.4 우리나라 영재교육의 발달 과정

우리나라 영재교육의 발달 과정은 일반 교육의 발달 과정 속에 내재되어 변천되어 왔고, 이들 속에서 확연히 구분해서 논의될 만큼 분화되고 있지 못하다(이복희, 2003, p. 22). 그러나 한국 교육사에서 특수한 재능을 지닌 학생의 선발과 교육에 관련된 제도와 교육 기관, 그리고 교육 내용 및 방법에 관련된 자료를 통해 영재교육이 목적을 추출하고, 발달 과정상의 시대 구분을 통해 현재의 우리나라 영재교육의 위치를 살펴볼 수 있다. 우리나라 영재교육에 대한 변천 과정을 한국 교육사에 내재된 이상적인 인간상에 관련한 교육목적과 교육기관의 특성에 비추어 삼국시대부터 조선말까지를 영재교육의 잠재기, 개화기에서 8.15 광복까지를 혼란기, 광복이후부터 1970년대 말까지를 태동기, 1980년대부터 영재교육진흥법(2000. 1. 28)과 영재교육시행령(2002. 4. 18)에 의해 공교육에서 영재교육이 본격적으로 시행된 현재까지를 발전기로 나누어 살펴 볼 수 있다.

1.4.1 영재교육의 잠재기: 삼국시대부터 조선말까지

삼국 중에서 고구려는 교육 기관으로 제17대 소수림왕 2년에 태학을 설립하여 귀족 계급이 자제들을 교육시켰으며, 유교 교육을 하면서 문과 무를 겸하여 공부시켰다(박재문, 2001, 45-46). 태학은 중앙에 설립된 고등교육기관으로서 학생은 초등교육의 단계를 이수한 자 중에서 전형을 거쳐 선발하였으며, 인재 등용을 위한 일종의 영재교육기관으로 볼 수 있다(김천일, 1992; 이복희, 2003). 또한 지방에 설립된 경당의 우리나라 최초의 사설 교육 기관으로서 교육 내용은 문무를 겸한 교육이었고(박재문, 2001, 44-46), 경당은 비록 신분이 서민이지만 학문적 영재성이 있는 사람들에게 지적 욕구를 충복시켜줄 수 있는 민간 영재교육 기관이었다(전경원, 2001, p. 80).

백제는 교육 제도나 기관에 관한 기록은 보이지 않지만 학교 제도와 관련이 있다고 판단되는 박사 제도를 두었다. 근초고왕 때에 오경 박사 제도를 설치하여 학생들을 가르쳤으며, "풍속에 말타기와 활쏘기를 중시하고 아울러 고서와 사서를 소중히 여겼다. 그들 중 빼어난 자는 문장을 잘 짓고 풀이할 수 있었다"는 기록이 있다(박재문, 2000. 51-52). 이 점을 고려할 때, 백제에는 박사 제도를 중심으로 한 영재 양성의 노력이 있었다.

신라의 삼국 통일을 위해 준비하는 가운데 모종의 통일을 위한 지도자적 능력을 가르쳤고 그로 인해 김유신, 김춘추, 관창 등의 인물이 배출되었다. 《삼국사기》에 의하면, "그 후 아름다운 남자를 택해 "화랑"이라 이름하고 받들었다. 그 무리들이 구름같이 모여 들었다. 그들은 모여서 도의를 서로 닦고 노래와 음악으로 서로 기쁘게 하고 산수를 찾아 즐겨 아무리 먼 데라도 갔다"고 했다(박재문, 2001, p. 63) 화랑도는 양가의 자제 중에서 덕행 있는 자를 선발하여 화랑으로 칭하고 지도자적 능력을 훈련하였다. 이는 Marland(1972)가 제시한 영재성의 범주의 하나이며, 이 점에서 화랑도는 영재교육의 한 전형이라 할 수 있다. 교육 내용에 예절, 음악, 활쏘기, 말타기, 글씨, 셈하기의 기초에서 유교 경전 및 군사적 기술 등을 포함하였다(박재문, 2001)는 사실에 미루어볼 때, 이성 도야, 정서 도야, 심신 단련과 직관 도야를 도모하였으며, 이는 현대의 영재교육에서 프로그램에서 정서 함양을 위한 집단 놀이 활동, 재능 계발 활동, 신체 활동, 정서 교육 등에 대한 강조와 '도덕적 영재(morally gifted)', '정서적 영재(emotionally gifted)', 그리고 '신체적 영재(physically gifted)'에 대한 관심과 일치한다(전경원, 2000).

신라는 통일 후 신문왕 2년(682년)에 국학을 세웠으며, 그 동기와 목적은 국가에서 필요한 인재를 길러내는 데 있었다. 국학의 입학 자격은 귀족 자제로 수업 연한은 9년이었으나 수학 능력의 부족이 있을 경우 퇴학을 명하거나, 잠재적 능력이 있으면서도 미숙한 자는 수업 연한을 넘겨도 계속 재학할 수 있도록 하였다. 이는 학생들의 잠재적 성취 가능성을 중시하였음을 반영한다(박재문, 2001).

고려시대는 수신의 도로서 불교를 숭상하고, 치국의 도로서 유교를 숭상하였으며, 교육의 목적은 국가에서 필요한 인재로서 관리 등용이었다. 고려의 학교 교육은 그 본연의 목적을 전인으로서의 인격 형성에 둔 것이 아니고, 과거의 급제에 있었다. 그 결과 과거의 과목은 학교 교육의 과목이 되었다(안상원, 1986, p. 39). 광종 9년에 처음으로 과거 제도를 도입하여 제술업, 명경업, 잡업으로 나누어 인재를 선발하였는데, 문신을 등용하기 위해 가장 중용된 것은 시·부·송·책 등과 같은 문예로써 시험을 치르는 제술업이었다. 이는 오늘날의 학문적 영재들을 중심으로 하는 시험이었고 여기에 비추어 학문적 영재를 대상으로 한 교육의 비중이 컸다(이복희, 2003, p. 28).

고려의 최고 교육 기관인 국자감의 명칭이 역사책에 처음 나타나는 것은 성종 때이다. 성종은 유교 교육에 관심이 높았으므로 교육에 관한 흥학 조치를 취했다. 성종 원년 5년 7월에는 모든 주, 군, 현에서 260명의 학생을 뽑아 서울에 보내어 공부하게 하였다는 기록이 있다(박재문, 20001. p. 134). 이는 국가적 인재양성을 위해 입학 대상을 전국의 우수한 영재를 대상으로 하여 선발하였으며, 이를 통해 우수한 능력의 소유자들을 중심으로 집단을 편성한 것은 현재의 영재교육 선발과 집단 편성 방식과 다를 바 없었음을 알 수 있다

한편 문종 이후 개경에는 십이도(十二徒)라는 사학이 있었다. 이는 고려 중기 이후 관학인 국자감이 부진하자 최충이 학교를 열어 학생을 교육한데서 비롯된다. 해동공자(海東孔子)라고 불리는 최충은 사설 고등교육 기관으로 구제학당을 열었다. 구제학당이란 교육 내용을 아홉 가지로 나누어 학반을 편성 운영한 데서 나온 말이다. 이는 나중에 문헌공도라 불렸고 뒤를 이어 관직을 떠난 많은 유생들이 문도(文徒)를 만들어 십이도를 이루었다. 과거에 응시하려는 자들은 이곳에서 공부를 하였으며, 교육 수준은 국자감의 유학 교육과 그 내용에 있어서 같았다. 십이도는 고등 교육 기관으로서 공민왕 4년(1354)년 기록을 보면 "학교와 학당에서 학생들이 학문을 고사해서 우수한 자는 십이도에 올릴 것"을 주장한 기록이 있다(안상원, 1986, p. 33-34). 문헌공도 학생들의 교육 방법의 하나로 속도를 요하는 시 쓰기 활동을 부과하였다(안상원, 1986, p. 35). 초에 금을 그어놓고 초를 타게 한 다음, 학생들로 하여금 시간을 다투어 시를 짓게 하는 방법이다. 이러한 문헌공도를 비롯한 십이도의 교육 활동에서 우수한 능력을 지닌 학생의 선발과 그들의 빠른 능력에 걸맞은 교육 방법을 활용한 것에서 영재교육을 위한 노력을 엿볼 수 있다.

조선시대의 교육은 신분 사회, 유교 중심적인 사회·문화적 특성, 그리고 성리학의 발달과 실학 사상에 관련하여 이루어졌다. 조선시대 교육 제도의 주축을 이루는 것은 관학으로서 중앙에 있는 성균관, 사학, 종학 그리고 지방에 있는 향교이며, 사학으로서 서원, 서당이 그 전부이며, 여기에 잡학 교육이 추가되었다(안상원, 1986, p. 44-46). 이 중에 성균관은 초시와 복시에 합격한 자가 입학하였고, 사학과 향교는 한성시나 향시에 합격한 자가 입학하는 것을 원칙으로 하였기에 일정한 전형을 거친 영재교육 기관이라고 볼 수 있다(김천일, 1992). 특히 성균관은 대학 수준이 국가 최고교육기관으로서 생원이나 진사, 또는 사학의 학생으로서 소학과 4서1경에 통달한 자, 향시나 한성시에 합격한 자, 공심의 적자로서 소학에 통한 자, 관리로 입학을 지원하는 자, 경향 유학 우수자를 대상으로 하였고, 유생 대표를 중심으로 자치 활동과 국가적 의사 결정 과정에 있어서의 실정에 대하여 유생들은 연명하여 유소(儒疏)라는 상소를 올리는 영향력을 갖기도 하였다(안상원, 1986; 이복희, 2003). 이들의 학생 선발 방식과 자치적인 교육 활동과 역할을 고려할 때 성균관은 국가 수준의 고등 영재교육 기관으로서

의 역할을 감당했다.

향교는 고려 때 지방에 세워졌던 관학 교육 기관이 이조에 계승된 지방 학교로서 성균관과 같은 교육 기능을 가지고 있었으며, 사회 교화와 지방의 풍습을 바르게 하는 등 사회교육적인 기능도 지니고 있었다. 향교의 교육 활동은 수령과 관찰사를 통해 평가하게 하였으며, 우수 학관에게는 호역을 감면하여 주었고, 향교의 유생 중 우수한 이들에게는 생원·진사의 복시에 응할 자격을 주었다(안상원, 1996, p. 52).

사학은 고려말기에 세워졌으며, 성균관의 부속학교와 같은 교육기관으로서 학교와 더불어 중등수준의 교육을 하였다. 사학은 사부학당이라고도 하는데 그 이름은 수도 서울의 구역을 동·서·중·남·북 5부로 나누고 각 부에 학교를 세워 오부학당이라고 한 것에서 비롯된다. 그러나 북부학당은 설치되지 못하여 세종 27, 8년경 폐지되고 사부학당만이 존속하게 되었다. 사학은 학생 수 100명으로 입학 자격은 양반과 서민의 자제로 10세 이상을 원칙으로 하고 15세가 되어 학문이 우수하면 성균관에 진학할 수 있었다(안상원, 1986; 이복희, 2003). 세종실록에 의하면 교육 내용이 엄격하였고, 성적불량자에 대한 교관의 책임지도나 밤에도 책을 읽게 하는 '분번야독제'가 행하여졌다(전경원, 2000, p. 86-87) 이 점에 비추어 영재성을 가진 학생에 대한 개별 지도와 보충 지도에 대한 노력이 함께 이루어졌음을 알 수 있다.

서원은 조선 중기 이후부터 보급된 민간 사학 기관으로 선현공경과 후진양성을 목적으로 설립되었으며, 서원 교육이 궁극적 목적은 성현·군자를 양성함에 있었다. 그러나 서원 교육의 구체적·현실적 목적은 과거 준비에 있었다. 이러한 목적을 위해 교육 내용은 소학을 비롯, 사서, 오경, 그리고 심경, 근사록 등 성리학 위주의 교과로 구성되었다(안상원, 1996, p. 55-56). 서원이 과거 준비를 위한 교육을 실시했던 점으로 미루어 영재교육 기관에 준한다고 볼 수 있다.

이상에서 살펴본 바와 같이 고구려의 태학, 신라의 국학과 화랑도, 고려의 국자감, 조선의 성균관이나 사학, 그리고 향교 등은 영재교육의 제도로 볼 수 있다. 이 이유는 학생의 선발에 있어 일정한 학업적 재능과 능력에 대한 자격이 고려되었고, 엄격한 고시 제도인 과거를 통해 관리로 등용되는 것이 주목적이었으며, 학업 성취가 불량하거나 부적격하면 퇴교시키거나 입교할 수 없었다는 점을 들 수 있다(김천일, 1992).

개화기 이전의 한국의 교육제도는 기회균등의 원리에 입각한 대중 교육이 아니라, 양반 귀족 계급의 자제들 중에서 우수한 능력이 있는 영재를 위한 교육을 수행하였고, 교육 내용은 유학의 연찬과 군자로서의 인격도야가 목적이 되었지만 실제로는 과거 응시를 위한 수단적 가치를 가지고 있었다. 즉 선발된 학생들을 위한 교육목적과 교육 내용은 국가의 관리로서의 인재를 선발하기 위한 제도와 연관되어 있었다. 특히 조선의 양반계급은 관료가 되는 것 이외에 사회구조상 할 일이 거의 없었다. 따라서 개인의 입신과 부귀의 첩경으로서 과거로 향한 노력은 계속되었고 모든 교육기구가 과거와 연결되지 않는 교육이 없을 만큼 밀착되었다고 볼 수 있다. 근대 교육이 태동하기까지 교육목적이 관료 계급으로 향하는 고급 문관 중심의 인재양성에 있었다. 이러한 전통은 영재교육과 관련하여 학문적 탁월성에 초점을 둔 것이며, 이러한 학문적 영재에 대한 가치 부여는 현대에 이르기까지 학교 교육에서 학문적 영재에 교육에 중심을 두게 한 원인이 되었다고 해석할 수 있다. 즉 삼국시대부터 개화기에 이르기까지 우수한 학문적 영재를 선발하여 교육하려는 의도가 잠재되어 왔으나, 개인적 재능 발달과는 거리가 먼 국가적 인재 선발과 관료계급으로의 목적에 종속되어 있었다.

1.4.2 영재교육의 혼란기: 개화기에서 8.15 광복까지

개화기는 조선 말기로서 시대적으로는 1876년 개항으로부터 1920년 한일합방까지의 기간을 말한다(이상원, 1986, p. 96). 개화는 사절단과 유학생을 파견하여 선진 문물을 수용하는 것으로부터 시작된다. 신사유람단과 영선사 파견을 통해 일본과 청나라, 그리고 미국 등지의 신문물을 살피고 선진 외국 문물 제도를 받아들이면서 근대 학교의 성립을 가져왔다.

근대 학교의 성립을 가져온 주체는 개화 이래 외국에서 들어온 외국 선교사와 국권 회복을 주창한 선각자, 그리고 국가의 노력에 의해 이루어졌다. 선교사에 의해서는 종교계의 사학으로, 선각자들에 의해서는 민족 사학으로, 그리고 국가에 의해서는 관학으로 그 모습을 나타낸 것이다(이상원, 1986, p. 101).

1) 정부에 의한 관학으로서의 근대 학교

정부에 의해서 성립된 근대 학교의 효시는 1886년(고종23)에 설립된 육영공원(royal school)이다. 육영공원은 영어 이외에 만국공법과 정치경제학을 가르쳤으며, 설립의 목적은 국제적 안목을 갖추고 영어를 구사할 줄 아는 조선왕조의 고급관리를 양성하려고 하였던 것이다(박재문, 2001, p. 548). 육영공원은 최초의 학생은 모두 국왕이 추천한 귀족 자제들이었고 일반 평민은 제외되었다(이상원, p. 102). 비록 육영공원은 보수성이 강하여 구교육의 전통을 완전히 탈피하지 못하였지만 근대적인 신교육으로 발전하는 교량적 역할을 하였다. 학문적 재능이 뛰어난 학생을 국왕이 추천하여 이들에게 관학을 통한 선진된 서양의 교육을 시도하였다는 점에서 영재교육으로서의 의의를 평가할 수 있다.

개화기 이전에는 소홀히 하였던 무과 교육이 부국 강병의 요구로 인하여 적극적으로 이루어지게 되었으며 이는 우수한 인적 자원의 발굴과 교육의 노력이 학문 이외의 군사 및 선진 기술과 함께 외국어 영역으로 확대되는 계기가 되었다. 특히 1881년에는 별기군이라는 신식 군대의 교육을 위해 군사 교육뿐만 아니라, 외국어 어학연수와 서구식 과학 기술에 대한 기초 훈련을 실시하였다. 또한 신사유람단과 영선사 일행을 중심으로 군사 유학이 시작되었고, 화약과 탄약 제조법 이외에 전기, 화학, 제도, 제련, 기초기계학과 함께 외국어도 공부하였다(이복희, 2003, p. 35-36).

2) 선교계의 근대 학교

신교육의 이념을 심어주고 근대 학교의 기초를 잡아준 것은 1976년의 개항 이래 이 나라에 찾아온 미국의 선교사들에 의해서이다. 미국의 선교사들은 교육과 의료를 통해서 선교의 방편으로 삼고 신체적 건강을 증진시키면서, 교육을 통해서 정신적 계몽은 물론 서양의 문물을 소개하였다.

선교사 알렌은 1885년에 국립 병원인 광혜원을 설치하고 그 다음 해 의료학교도 만들어 의학 교육을 실시하였다. 일반 교육을 목적으로 하는 현대식 선교계의 학교가 설립된 것은 1885년의 배재 학당과 1886년의 이화 학당이다. 배제학당은 한국 최초의 근대 학교로서 1887년(고종 24) 고종은 친히 '배제학당'이라는 이름을 지어 교명을 하사하였다. 배재학당의 학당훈은 "欲爲大者·當爲人役"으로 "큰 인물이 되려는 자는 남을 위해서 봉사할 줄 알아야 한다."로 되어 있었다. 설립자인 아펜젤러는 "우리는 통역관을 양성하거나 우리학교의 일꾼을 기르려는 것이 아니라 자유의 교육을 받은 사람을 내보내려는 것이다"고 했다(이상원, 1986, p. 106에서 재인용). 이는 교육을 통한 자유인을 양성하려는 것으로 교육의 본질적 목적을 추구하였다는 점에서 의의가 있다.

이화학당은 미국의 감리교 선교사 스크랜튼 부인이 세운 여자학교로서 우리나라 최초의 여자학교가 되었다. 처음에는 스크랜턴 부인이 자기 방에서 학생 하나를 얻어 학교를 시작하였으며 이듬해 7명으로 불어났을 때 명성황후가 이를 가상히 여겨 '이화학당'이라는 이름을 지어 편액(扁額)을 보낸 데서 교명이 유래하였다. 길모어는 이화학당의 목적을 "한국 여아를 그들이 생활을 영위하여야 하는 조건 밑에서 모범적 주부로 만드는 동시에, 그들의 친척과 동료 사이에 기독교의 선교사가 되도록 만드는 데 있다"고 하였다(오천석, 1964, p. 58에서 재인용).

이 밖에도 장로교계의 경신학교와 정신학교가 설립되었으며, 근대학교 대부분이 기독교계 학교로 설립되어 근대식 교육을 맡게 되었다 이들 기독교계 학교들은 서양식 교육제도를 소개하고, 신학문을 수입하는 일에 개척자적 역할을 하였으며, 서양 문물과 사상, 사고방식을 소개하였고, 신분계급 타파와 빈부의 차를 가리지 않고 차별 없는 교육을 시도하여 교육의 기회균등을 실천하였다는 점에서 의의가 있다. 신분 계급의 타파와 빈부를 가리지 않는 차별 없는 교육은 영재의 선발에 있어 그 기준이 개인의 재능과 능력에 기초하게 하였으며, 학문적 영재성 이외의 보다 다양한 재능 영역으로 관심을 넓히게 만들었다.

3) 민간인에 의한 사학으로서의 근대학교

1894년의 갑오개혁은 비록 외세에 의한 타율적인 개혁이라 할지라도 오랫동안 이 나라에 뿌리박힌 봉건사회의 조직과 체제를 개혁하여 근대국가 체제로 전환하게 했다. 국가에서는 학무아문의 고시로 홍범14조. 그리고 교육입국조서에 바탕을 둔 한성사범학교 관제로 나타났다. 이러한 관이 교육체제정비와 선교계의 학교 설립에 자극받아 민간인 선각자들에 의해서도 교육구국과 교육입국의 소리가 높아갔다.

우리나라에서 민간인이 세운 근대식 사학은 민영환이 세운 흥화학교이다. 민영환은 외국 순방을 마치고 돌아와 외국어 교육의 필요를 통감하고 영어와 일어 습득을 주목적으로 흥화학교를 세웠으나 순국한 후 경영 곤란으로 1911년 폐교되었다. 흥화학교와 때를 같이 하여 을미의숙, 1896년에는 중교의숙, 1899년에는 안창호에 의한 점진학교가 설립되었다. 그 중에 교육실천과 교육정신에 많은 영향을 준 것이 도산의 대성학교와 남상 이승훈의 오산학교이다.

1905년 을사조약 이후에는 지식층들에 의한 교육구국운동이 더욱 활발하게 전개되어 계몽적인 성격을 띤 단체나 개인들이 많은 사립학교들을 세웠다. 이러한 사립학교의 설립자들은 대부분 민족주의 사상을 지닌 선각자들이 많았다.

이러한 민간인에 의한 근대 사립학교의 교육정신은 국권회복을 위한 민족운동 지도자의 양성, 배일애국교과에 의한 민족의식 고취, 과외활동을 통한 애국사상의 함양, 교육실천을 통한 항일운동의 전개였다(이상원, 1986, P. 112).

영재교육의 측면에서 볼 때, 시급한 민족 지도자 양성을 위한 교육적 요구에 의한 지도자적 자질 교육에 힘썼다. 이는 오늘의 영재교육에서 중시되는 지도성의 영역으로 이를 형성하기 위한 과외 활동을 통한 사회계몽 운동 및 민족의식 함양으로 이어졌다.

4) 일제 강점기의 혼란

한국을 병합하려는 일본의 침략정책에 의해 1905년 을사보호조약으로 통감부가 설치되고 외교권이 일본에 넘어가 주권국가로서 기능을 잃게 하였다. 일제에 의한 통감부 교육정책은 우민화 정책, 친일 교육의 강화, 사학의 통제와 교과용 도서의 검인정이다(이상원, 1986, p.

115). 이러한 정책은 우리의 근대교육의 기초체제를 왜곡시키고, 신학문과 문물을 도입하여 민족적 지도자를 시급히 양성하려던 노력을 좌절시키게 하였다.

우민화와 친일교육에 중점을 두었던 통감부는 전반적인 학제 개편에 착수하였다. 1911년 조선교육령을 만들어 한국 사회에 식민지 교육을 강화하였고, 이때부터 초등교육기관인 소학교는 보통학교로 바뀌어 4년제로 축소되었으며, 중등 교육 단계에서 복선형 학제를 도입하여 고등보통학교 및 중학교, 그리고 실업학교의 이원적인 차별교육을 하게 되었다. 고등보통학교와 중학교는 인문교육을 주로 실시하였는데 일본인 학생들이 주된 대상이었다(이복희, 2003, p. 38). 1908년에는 전통적인 영재교육 기관이라고 할 수 있는 성균관의 학칙을 개정하여 30명으로 정원을 감축하고, 중등학교의 설립을 제한하거나 방해하여 우민화 정책을 실행하였다(이상원, 1986, p. 115). 대학제국 정부가 기술관료를 양성하기 위하여 설립한 전문교육 기관인 사관학교, 의학교, 법관양성소 및 각 전문교육기관은 합방 후에 폐교되었고, 1914년에 '전문학교규칙'이 제정되어 식민지 지배에 용이한 한정된 범위의 직업전문교육이 실시되었다(이복희, 2003, p. 38-39).

일제의 식민지 교육은 형식적으로는 초·중·고등학교 교육을 포괄하는 근대 공교육 체제를 기본 틀로 하였고, 간이학교, 보통학교, 고등보통학교, 전문학교의 학제로 교육의 대중화가 이루어졌지만 이는 식민지 지배를 강화하기 위한 교육으로 영재교육의 목적과 방법과는 전혀 달랐다. 학제와 학과목의 편제 및 운영은 한국의 지도자를 양성하고자 하는 교육 체제를 형성한 것이 아니라 그들의 식민지 경영에 필요한 전문인력 양성을 위한 것이었다. 복선형 학제에 의한 차별은 한국인 학생들이 농업, 상업, 공업 및 수산 등 직업 교육 중심으로 교육받게 하여 일제의 식민지 지배와 그들을 위한 생산 노동력을 확보하고자 하는 의도였다. 성균관과 같은 국가적 인재양성 기관의 축소나 폐지는 식민지 지배에 장애가 되는 인재 교육을 방해하려는 의도였으며, 일본어 교육을 강화함과 동시에 외국어 학교들을 폐지한 것은 신학문과 신문물을 교육하는 길을 차단하고자 실행한 것이었다. 일제의 식민지 교육정책은 민족적인 지도자를 양성하고, 국가 발전을 주도할 다방면의 재능교육이 단절되게 하였으며, 이는 결국 영재교육에 대한 혼란기를 가져왔다.

1.4.3 영재교육의 태동기: 해방 이후부터 1980년

영재교육을 위한 태동기로 볼 수 있는 해방 이후부터 1970년대 말까지는 정부수립에 따른 교육법의 마련과 교육 제도 및 교육과정 등이 정착되고, 민주시민의 육성, 과학 기술의 입국, 국제 사회의 일원으로서 한국인 육성을 위한 교육이 틀을 완성한 시기이다. 영재교육에 대한 관심도 제기되고 부분적이기는 하나 우수한 학생을 위한 장학금 제도, 월반제도가 도입되어 학교 성적이 우수한 학업 영재들을 위한 특혜가 주어졌다. 그 외에도 학교장 재량으로 6세 미만인 아동이라도 초등학교에 수학할 준비가 되었다고 판단되면 조기 입학을 허용하였다(김천일, 1982; 전경원, 2000).

이 시기에는 교육의 기회 균등과 대량 교육, 교육의 자주성과 생산성을 그 특징으로 하며, 정신지체아나 신체장애아를 위한 특수 교육의 필요성이 인식되었고 영재아 교육에 대한 관심과 탐색적인 활동이 이루어진 시기이다. 월반 제도와 조기 입학과 같은 영재교육의 형태는 취해졌지만 운영 방식은 매우 소극적이라서 교육 내용과 방법은 일반 학생을 위한 것과 다르지 않았고, 영재들을 위한 교육적 프로그램을 제공하거나 영재교육을 할 수 있는 교사 훈련을 실시하지 않았으며(전경원, 2000), 영재학생을 위한 교육 내용과 방법도 일반 아동을 위한 것과 다르지 않았다(이복희, 2003, p. 57).

한국에서의 공식적인 영재교육을 위한 학교는 과학 영재교육보다 예술과 체육 영재교육을 위한 학교에서 출발하였다(이복희, 2003, p. 43). 음악, 미술, 무용에 재능이 있는 학생을 조기에 발굴하여 그 재능을 계발하기 위해 설립된 예술 학교로 서울 예술 고등학교(1953)를 비롯하여, 경북예고(1964), 국악고(1972), 충북예고(1974), 선화예고(1976) 등이 설립되었다. 1970년대에는 스포츠 발전과 유능한 선수 및 체육 지도자 양성을 위한 체육중학교, 체육고등학교, 그리고 체육대학교가 설립되어 체육분야의 영재교육을 담당하게 되었다(전경원, 2000).

1969년에는 과학 영재들을 위한 학교를 설립하기 위해 '과학 학교 설립 추진 위원회'가 구성되었고 추후에 과학학교를 설립하기 위한 움직임이 시작되었다. 또한 미국의 과학 프로그램의 일부를 한국 초등학교 영재들을 대상으로 시험 적용하였고, 1978년에는 영재아 지도에 관한 실험 연구 학교가 정부 차원에서 운영되기도 하였다.

전반적으로 이 시기는 현대적 의미의 '영재교육' 용어가 사용된 시기이며 영재교육에 대한 탐색이 시작된 시기라고 할 수 있다. 1960년대부터 영재교육에 관심을 가진 학자들에 의해 영재교육에 관한 기초적인 연구가 시작되었으며, 1970년대 말부터 행동과학연구소와 한국교육개발원을 중심으로 영재의 개념과 특성에 관한 연구가 수행되었다. 이 시기는 학문적 영재에 대한 조기 입학과 월반, 장학금 수여를 비롯하여 예·체능 학교의 설립, 과학 실험학교의 운영, 영재에 관한 기초적인 연구의 수행 등을 통하여 영재교육을 위한 탐색과 준비가 이루어진 기간이었다.

1.4.4 영재교육의 발전기: 1980년대부터 현재까지

1) 일반 학교에서의 영재교육

일반 학교에서는 1980년대 후반부터 영재교육을 실시하려는 움직임이 있어왔다. 영재교육 연구 시범학교 등으로 지정되어 각 학교가 개별적으로 영재교육 프로그램을 실시하였으며, 선정된 학생들을 대상으로 재능반, 발명반, 특수 재능반, 심화 학습반, 속진, 영재 학급의 형태로 운영되었다(김미경, 2001, p. 68-69).

1981년부터 2년간 한국에서는 최초로 영재교육을 위한 문교부 실험연구학교를 2년간 운영하였던 구미고등학교는 평준과 수월의 교육 이념을 동시에 실현하고 능력 발휘의 기회 균등 보장에 따른 고급 인력의 효율적 양성을 위한 교육 방법을 모색하기 위해 연구 과제를 추진하였다. 다단계의 선발과정을 거쳐 영재 학급을 편성하고 능력별 집단 편성(Ability grouping), 학습 진도에서의 속진(Acceleration), 그리고 학습 내용의 심화(Enrichment) 등의 방법을 종합적으로 검토하여 운영하였다. 고등학교의 전 과정을 1년 8개월만 이수하였지만 교육법상 대한 진학의 자격이 없어 부득이 일반고등학교의 학생과 동일하게 3년 연한을 다하고 대학을 진학하게 되어 서울대학교를 위시하여 일차대학에 전원합격의 영광을 가졌다고 보고되었다(김천일, 1992).

구미고등학교의 시범학교 사례는 교육적인 효과와 가치는 인정되었으나, 교육법상의 미비로 인한 문제점으로 폐지하게 되었으며, 당시의 교육제도하에서는 문제가 많아 일반 고등학교에서의 영재 학급을 운영하는 것보다는 지역 또는 전국단위의 영재교육을 위한 특수학교를 설립하여 영재교육을 추진하는 방향의 전환을 가져왔다.

그 이후 과학 분야의 영재교육을 일반 학교에서 추진하기 위한 목적으로 경북사대부속고등학교, 인천여자고등학교, 경기고등학교에서 평준화 제도에 의해 배정된 학생들을 대상으로 개별화 수업을 하였다. 학생 선발은 연합고사 성적, 지능 검사, 입학 시 학력진단고사에 따라 과학 영역의 영재를 선발하거나 학생의 신청에 의하여 성적순으로 선발하였다. 그러나 전국적으로 학생들을 모집한 것이 아니고, 배정된 학생을 능력 순으로 구분하여 지도하였다. 내용 면에서도 인문고등학교 교육과정을 따르되, 심화 교재를 개발하여 대학 1학년 수준까지 실시하거나, 과학 시간을 증가시키고, 예·체능시간을 1시간씩 줄이고 교과서를 재구성하여 지도하는 실정이었다. 시설의 부족과 대입 학력고사와 과학과정 운영간의 불일치로 인하여 2년 후에는 계속 적용되지 못하였다.

외국어 분야에서는 1981년부터 2년간 외국어 영역의 영재교육을 실시하였는데, 입학시험을 통해 학생을 선발한 순천고등학교와 연합고사에 의해 학생을 배정받은 춘천고등학교, 서울고등학교가 외국어 영재교육 연구학교로 지정되었다. 입학시험을 거쳐 선발된 학생들의 경우에는 학생들의 희망에 따라서, 연합고사로 선발된 학생들의 경우에는 영어 성적에 따라서 반을 편성하고, 특활, 자습 시간 등을 이용하여 별도로 준비한 교재를 사용하여 지도하였다. 그러나 교육과정상의 신축성 부족과 개인차에 따르지 못하는 교육 여건, 그리고 내신 성적 산출과 입시 반영 방식에서 영재교육 수혜 학생들에 대한 공정한 평가의 어려움으로 문제점이 많았다.

이 당시의 일반 학교에서의 영재교육은 학교가 자발적으로 실시하기보다 문교부의 시책으로 이루어진 경우로서 시설 여건의 부족, 영재학생을 위한 차별화된 교육과정의 부족, 그리고 영재교육을 위한 교사 교육 등의 문제로 일반 학교에서의 영재교육은 실효성을 거두지 못하였다. 이러한 결과는 현재의 공교육 체제에서 실행되고 있는 영재교육에 관련하여, 각 지역교육청 단위의 영재교육원 및 학교단위의 영재학급 운영이 현행 교육과정의 운영, 입시 제도와의 관련성, 교사교육 및 시설 여건에 관련하여 어떻게 시행되며 어떤 성과를 가져올지를 살피는 데 도움이 된다.

한편 1995년부터 적용된 제6차 교육과정(교육부고시 제1992-16호)에는 일반 초·중등학교에서 특정 분야에서 탁월한 재능을 보이는 학생들의 특성을 파악하여 적절히 지도하도록 명시하였다. 이에 따라 일반 학교에서는 국어, 과학, 수학, 외국어, 예·체능과 컴퓨터 등의 분야에서 영재교육을 실시하였다. 특히 과학과 수학 분야의 프로그램을 중심으로 실시하였다. 이러한 프로그램은 대체로 방과 후 심화 학습 프로그램과 특별반 편성 방법을 통해 운영되었다.

영재교육법진흥법(2000. 1. 28)과 영재교육진흥법시행령(2002. 4. 18)이 공포·시행된 이후, 각급 학교에서 영재학생을 위한 특별학급, 방과후 특별 심화반, 지역별 영재교육원을 통한 연계 교육 등의 방법으로 일반 학교에서의 영재교육이 크게 확대되고 있는 추세이다.

2) 영재를 위한 특수학교의 설립

예·체능과 과학 및 외국어 영역의 영재들을 위한 교육은 주로 특수학교 중심으로 이루어졌다. 예술 분야의 영재교육을 위해서 1972년에 국립국악고등학교를 설립된 이래 2000년까지 22개의 예술 고등학교가 설립되어 음악, 미술 분야의 영재교육을 담당하였다. 또한 체육진흥에 앞장설 유능한 체육 분야의 지도자와 우수선수 양성을 목적으로 한 체육 영재들을 위한 학교도 증설되어 1971년 서울 체육 고등학교가 설립된 이후 2000년 전국에 16개의 공립 체육고등학교가 설립되어 영재를 교육하였다(김미경, 2001, p. 71).

과학 고등학교의 설립 목적은 과학 영재성이 뛰어난 학생들에게 과학 연구에 필요한 능력을 신장시켜주어 창의적인 연구 활동으로 사회 발전에 공헌할 수 있도록 하는 것이다. 이러한 목적을 위해 기숙학교 형태의 특수학교인 과학 고등학교가 설립되어 이들을 일반 학생과 분리하여 교육하게 되었다(손인수, 1998). 1983년도에 경기과학고등학교를 설립한 이후 2000년까지 전국에 16개 공립 과학 고등학교를 설립하여 과학 분야의 영재를 교육하게 되었다(김미경, 2001, p. 70). 과학 고등학교와의 연계성을 고려하여 1986년에는 한국과학기술대학이 설립되어 과학 중심의 영재교육이 활성화되었다(전경원, 2000, p. 96-96).

한편 외국어 분야의 영재교육을 위해서 1985년 부산외국어고등학교가 설립된 이후 2000년까지 전국에 22개의 외국어 고등학교가 설립되었다(김미경, 2001, p. 71).

특별히 교육시키고자 하는 재능 영역의 영재교육을 위한 과학 고등학교는 1987년도부터, 외국어고등학교와 예술 고등학교는 1992년도부터 특수 목적 고등학교로 인가받을 수 있는 제도가 도입되었다. 이로 인하여 이전까지 특수학교에서는 일반계 고등학교에 준하여 편성된 교육 과정에 따랐고, 단지 분야별 특성에 맞게 특정 과목의 이수 단위를 확대하여 운영하였으나, 1992년 이후부터 독립적인 교육 과정을 편성·운영하고, 학생의 선발 방식도 일반계 고등학교와는 다른 방식으로 운영할 수 있게 허용되었다.

대학의 우수한 시설과 설비를 이용하고 초·중·고등학교와 연계한 인재 육성을 위한 대학 부설 영재교육 센터가 1998년 9개 대학을 시작으로 2000년까지 15개 대학에서 설치·운영되었다. 이는 과학 영재들에게 적절한 교육의 제공을 통해 그들의 가능성을 최대한 개발시켜주고, 창조적인 고급 과학 기술 인력을 조기에 확보하기 위해 이루어졌다(오영주, 1998, p. 164-166).

또한 전국적으로 61개 교육청, 시·도교육연구원이 지역공동영재반 형태로 영재교육원을 운영하였다(김미경, 2001, p. 76). 이들 지역 공동 영재반은 주로 방과 후 또는 방학 중을 이용하여 해당 지역의 과학 또는 수학영재들을 위한 프로그램을 운영하고 있다.

한국 영재교육 발전기의 주요 특성은 일반 학교의 시범학교 중심의 운영, 예체능과 과학 중심의 영재교육, 그리고 조기 입학과 조기 졸업 제도의 도입을 들 수 있다. 특히 과학 고등학교 중심의 영재교육은 한국 영재교육 발전의 초기 단계에 있어서 한 특성이 되었다. 특수목적 고등학교의 경우 특수 재능을 가진 영재들의 교육을 위해 교육 과정의 편성·운영과 학생 선발에 있어서 특색 있고 독립적인 방식을 가능하게 하였으나, 일반 고등학교에서의 입시 준비 수업과 별로 다르지 않는 수업을 하게 됨으로써 특수 재능의 계발과는 거리가 먼 활동을 하게 되는 등 보완책이 필요하게 되었다.

이러한 문제는 전반적인 교육 제도, 교육 과정, 교사 교육 등 교육의 현실 여건을 고려하지 않은 채, 영재교육을 위한 제도를 도입하여 시행하였거나, 오랫동안 우리 교육의 본질을 왜곡되어 온 입시 제도의 문제를 반영한다.

3) 영재교육관련 법규의 공포·시행

1980년 7월 30일 교육개혁 조치가 이루어지면서 영재교육의 중요성이 부각되었고, 과학 영재교육 방안, 외국어 고등학교 설립 계획, 예체능 교육 진흥 방안 등 종합 영재교육에 대한 다양한 방안이 연구되었다. 1982년 6월부터 영재교육 종합 방안이 추진 계획이 구체화되어, 1983년에는 경기도 과학관 부설 과학 고등학교가 우리나라 최초의 영재교육 기관으로 문을 열게 되었으며, 1987년에는 한국교육개발원에 영재교육 연구실을 설치하여 영재교육이 활성화에 필요한 연구 개발을 추진토록 하였다(김미경, 2001, p. 67).

1994년에는 재능이 우수한 자에게 조기 졸업 및 조기 입학을 허용하는 조항이 신설되었고 (교육법 1554조의 2항), 초등학교에서 1년, 중등학교에서 1년을 각각 단축할 수 있도록 하였다. 1996년에는 조기 진급 및 조기 졸업 제도를 전국적으로 실시하였으며, 일반 학교에서도 속진 제도를 통한 영재교육이 실시되기 시작하였다(김미경, 2001, p. 67). 초등학교와 중등학교에서 조기 진급과 조기 졸업에 의해 상급 학교로 조기 입학이 가능하게 되었다.

1995년 5월 31일 교육개혁위원회는 "각 분야별 영재를 판별할 수 있는 과학적 도구를 개발 적용하여 영재를 조기에 발견하도록 하고 영재가 영재로서 교육받을 수 있도록 정규학교 내 영재교육과 영재교육기관을 통한 영재교육을 활성화하며, 연구소 또는 대학에 영재교육센터 설치 운영을 지원한다."는 영재교육 방안을 제안하였다. 이 방안의 내용에서는 영재에게 영재의 특성에 맞는 교육을 배려하여야 한다는 관점에 초점이 맞추어진 듯했다(교육개혁위원회, 1995, p. 52).

1996년에는 전국적으로 110개의 초등학교, 67개의 중학교, 13개의 고등학교가 속진제의 승인을 받았으나, 일부 학교만 조기 이수 대상자를 선발하여 속진제를 시행하였다. 그러나 속진제도의 마련에도 불구하고, 조기 이수 대상을 위한 교사 교육과 교육 과정 개발 등 준비의 부족으로 그 성과가 크지 않았다(이복희, 2003, p. 56).

한편 학년 학생수의 1%를 기준으로 학교장의 재량으로 조기 졸업을 시킬 수 있었던 1998년의 경우 전국 초중고교의 조기 진급 및 졸업을 집계한 결과 143명이 신청하여 22명이 조기 진급(월반)하고 5명만이 조기 졸업한 것으로 나타났다. 이 당시의 조기 졸업은 주로 과학고등학교를 중심으로 이루어졌을 뿐 일반 학교에서는 거의 시행되지 않았다. 학부모 입장에서는 학생의 월반에 따른 상위 성적 확보에 대한 의문이 있으며 일선 학교에서는 이러한 복잡한 속진이나 조기 졸업에 따른 업무에 많은 어려움이 작용한 것으로 보이며, 연령에 따른 선후배 의식이 학교 현장에서 속진에 부정적인 영향을 준 것으로 파악된다.

1997년도에는 기존의 교육법을 교육3법으로 개정하고, 교육기본법 제19조(영재교육)를 신설하여 "국가와 지방자치단체는 학문, 예술, 체육 등의 분야에서 재능이 뛰어난 자의 교육에 관하여 필요한 시책을 수립·실시하여야 한다"고 규정하여 이후 영재교육의 확대가 이루어지게 되었다.

영재교육진흥법(2000. 1. 28)과 영재교육진흥법시행령(2002. 4. 18)이 공포·시행된 2000년대는 우리 현실에 적합한 영재교육이 개화하고 번영하는 시기로 볼 수 있다. 이전까지 영재교육을 실행할 수 있는 전체적인 제도의 미비로 실효성을 거둘 수 없었던 문제점이 법적인 측면에서 구속력을 갖게 됨에 따라 본격화되었다. 특히 영재교육에 관한 정책의 추진 방향을 공교육 차원에서 시행하고, 영재교육을 위한 교육 기관의 지속적인 확대와 영재교육을 담당할 교사 연수 및 재정적 투자에 힘입어 번영기를 맞게 되었다.

영재교육의 법적 기만이 마련되고 제1차 영재교육진흥종합계획 이전까지의 우리나라 영재교육의 추진경과를 정리한 자료는 다음과 같다(진임규, 2012).

〈표 1-4〉 제1차 영재교육진흥종합계획 이전 추진 경과

1995. 5. 31.	교육개혁위원회 대통령 보고서에 영재교육강화 제안
1997. 12. 31.	교육기본법에 영재교육 의무조항(제19조) 규정
1996-2000	영재교육활성화 체제구축연구 제1차 5개년 연구개발사업 시행(교수, 학습자료, 판별도구 등 총 82종 개발)
1999. 11. 4.	국가과학기술자문회의에서 과학영재교육체제 구축방안 대통령 보고
2001-2005	영재교육활성화 체제구축 제2차 5개년 연구개발사업을 한국교육개발원에서 수행중임
2000. 1. 28.	영재교육진흥법 제정·공포(의원입법, 법률 제 6,215호, 2002.3.1. 시행)
2001. 5. 7.	대통령 주재 인적자원분야 관계장관 간담회에서 논의
2001. 8-9	영재교육 정책방향 인적자원개발회의 심의
2001. 9. 7.	영재교육 추진방향 확정(부총리 결재)
2001. 9. 19.	과학영재학교 설립. 운영방안 확정(인적자원개발회의)
2001. 10. 16.	영재교육진흥법 시행령(안) 마련
2001. 10. 31.	부산과학고등학교를 영재학교로 선정
2001. 11. 14	과학기술부와 부산교육청 간에 과학영재학교 운영 협약체결
2001. 11. 17. ~ 12. 7.	영재교육진흥법 시행령 입법 예고
2002. 4. 18.	영재교육진흥법 시행령 공포·시행(대통령령 제 17,578호)
2002. 5. 3.	부산과학고등학교를 영재학교로 지정
2002. 5. 9.	인적자원개발회의에서 종합계획 수립방향 의결
2002. 6.	관계부처 합동기획단 구성·운영
200.2 3.	부산 과학영재고등학교 개교

4) 영재교육진흥종합계획과 영재교육의 확산

2000년 1월 영재교육진흥법이 공포되고, 2002년 4월 18일 영재교육진흥법 시행령이 마련되면서 영재교육의 실현을 위한 법적 기반이 갖추어졌다. 2002년 11월 29일에는 향후 5년간의 영재교육의 중장기적 계획을 담은 영재교육진흥종합계획이 교육인적자원부, 과학기술부, 문화관광부, 정보통신부, 여성부, 기획예산처, 특허청에서 공동으로 상정하여 확정하였으며, 이후 5년을 주기로 영재교육에 대한 5개년 계획이 단계적으로 마련되어 추진되고 있다. 또한 2003학년도부터 부산 과학고등학교가 부산과학영재학교로 개교되면서 영재학교가 정식적으로 출범하기도 하였다.

2003년부터 2007년까지는 제1차 영재교육진흥종합계획에 의거 우수 영재육성을 위한 프로그램 개발·운영에 정책의 초점을 두었다. 2004년 11월에는'창의적 인재양성을 위한 수월성 교육 종합대책'이 공표되어 추진되기도 하였다. 제1차 영재교육진흥종합계획 시기의 추진경과를 정리하면 다음과 같다(진임규, 2012).

〈표 1-5〉 제1차 영재교육진흥종합계획 시기 추진경과

2004. 11. 22.	수월성교육 종합대책 수립·발표
2005. 12. 7.	영재교육진흥법 일부 개정
2006. 12. 21.	영재교육진흥법 시행령 일부 개정
2007. 4.	제2차 영재교육진흥종합계획 수립 정책연구 추진
2007. 6.~11.	제2차 영재교육진흥종합계획 수립을 위한 관련 부처 실무작업팀 구성·운영 (6.14/10.8/10.29/11.5 4차례 협의회 개최)
2007. 8.~11.	연구진 협의회(8.22/9.14/10.8), 과학영재학교 및 과학고 교장단 협의회(10.10), 전문가 협의회(10.24), 시·도교육청 담당자 협의회(11.1), 교육인적자원부내 협의회(10.7/10.10/11.22)를 통한 의견 수렴
2007. 11. 27.	중앙영재교육진흥위원회 심의
2007. 11. 30.	국가인적자원위원회 운영위원회 보고
2007. 12. 13.	국가인적자원위원회 보고
2007. 12. 13.	제2차 영재교육진흥종합계획 발표

2007년 12월 13일에 2008년부터 2012년까지의 영재교육계획을 담은 제2차 영재교육진흥종합계획이 통과되었다. 이때는 영재교육의 태동기에 이어 영재교육의 발전기로 접어든 시기이다. 제2차 영재교육진흥종합계획이 지향하는 방향은 영재교육의 질 제고와 내실화이며, 이를 위한 5대 추진전략 및 13개 세부과제를 포함하고 있다. 주요내용은 영재교육 기회를

2010년까지 전체 학생의 1%로 확대하는 것과 과학고의 과학영재학교 지정 전환에 따른 영재학교의 확대, 예술 및 체육 분야의 영재학교 신설, 교원연수기회의 확대와 영재교육 프로그램과 교원연수기관 평가 등을 통한 영재교육의 질 제고, 일반학교의 일반 교육과정 내에서의 영재교육 시범 운영 등의 내용을 포함하고 있다. 이 기간의 영재교육진흥 종합계획의 주요 추진 경과를 제시하면 다음과 같다(진임규, 2012).

〈표 1-6〉 제2차 영재교육진흥종합계획 시기 추진경과

2009. 3. 1.	서울과학고등학교 과학영재학교로 전환
2009. 8. 24.	영재교육 대상자 관찰·추천제 도입(교육과학기술부)
2010. 3. 1.	경기과학고등학교 과학영재학교로 전환
2011. 3. 1.	대구과학고등학교 과학영재학교로 전환
2011. 7. 21.	영재교육진흥법 일부 개정
2012. 3. 22.	제3차 영재교육진흥종합계획 추진위원회 개최

2013년 10월 3일 교육부에서는 창조경제를 이끌어갈 창의인재 육성에 초점을 둔 〈제3차 영재교육진흥종합계획〉을 발표하였다. 제2차 영재교육진흥종합계획완료에 따라 향후 5년간(2013년~2017년)의 영재교육 목표 및 과제를 제시하기 위한 것으로 5대 분야에 걸쳐 17개 추진과제를 제시하였다.

〈표 1-6〉 제3차 영재교육진흥종합계획 추진과제

비 전

영재교육의 최적화를 통한 창조적 인재육성

정책목표

영재교육 기회 확대	영재교육 질적 수준 제고	영재교육 효과성 강화

5대 분야 및 17대 추진과제

■ **꿈·끼를 키우는 영재교육 기회 확대**

① 영재교육 다양화 및 연계 활성화
② 영재교육 수혜 사각지대 해소
③ 영재교육 방법의 타당성 제고

■ 영재교육기관 운영 내실화

④ 고교·대학 간 영재교육 연계체제 강화
⑤ 영재교육기관 다양화 효율화
⑥ 영재교육기관 지원 환경 개선

■ 수요자 중심의 영재교육과정 제공

⑦ 학생 맞춤식 영재교육 과정 제공
⑧ 창의·융합형 영재교육 콘텐츠 개발
⑨ 영재교육 프로그램 구성·운영방식 개선
⑩ 영재교육 프로그램 질 관리 체제 가화

■ 우수교원 확보·지원 강화

⑪ 영재교육 교수 인력 다양화
⑫ 교원의 전문성 신장 및 역량개발
⑬ 영재교육 교원 지원 환경 개선

■ 안정적인 발전기반 구축

⑭ 행정 지원체제 효율화
⑮ 영재교육 정보·교류지원 강화
⑯ 영재교육 재원 확대 및 다양화
⑰ 영재교육 국제화

2차 계획이 영재교육의 양적 기반확대 및 체제구축에 중점을 두었다면, 3차 계획은 영재교육의 질적 도약을 위한 내실화 방안 마련에 중점을 두었다. 현재까지의 영재교육진흥종합계획의 특성을 간략히 요약하면 다음 그림과 같다.

제1차 영재교육진흥종합계획 **도입기('03~'07)**		제2차 영재교육진흥종합계획 **발전기('08~'12)**		제3차 영재교육진흥종합계획 **도약기('13~'17)**
각 개인의 **능력과 소질 극대화**	➡	잠재력 발현 고도화를 통한 **국가 경쟁력 강화**	➡	영재교육 최적화를 통한 **창조적 인재육성**

[그림 1-2] 영재교육진흥종합계획의 시기별 특성

참고문헌

교육개혁위원회(1995). 신교육체제 수립을 위한 교육개혁방안.
교육부(2013). 영재교육진흥종합계획.
김미경(2001). 한국 영재교육 제도 연구. 단국대학교 대학원 박사학위논문.
김정휘·주영숙(1987). 영재학생을 위한 교육. 서울: 교육과학사.
김정휘, 주영숙(1998). 교육심리학 탐구. 서울: 형설출판사.
김정휘, 주영숙, 문정화, 문태형(2004). 영재학생을 위한 교육. 서울: 박학사.
김천일(1982). 영재교육의 이론적 기초. 서울: 재동문화사.
김천일(1982) 영재교육의 성장과정의 유형에 관한 고찰. 여성문화연구. 제 11호. 대구효성카톨릭대학교 사회과학연구소.
김천일(1987). 국가발전을 위한 영재교육에 관한 일연구. 새마을연구, 7, 29-68. 효성여자대학교.
김천일(1992). 현대 한국 영재교육의 현황과 개선방안 탐색. 효성대학교 연구논문집, 44(1).
문용린(2002). 교육의 평등성과 수월성. 한국 교육의 미래와 선택, 17-34. 한국교육개발원.
박성익(1999). 영재교육과정의 모형과 운영방식에 관한 고찰. 영재교육연구, 9(1), 1-36.
박성익(2003). 영재교육의 발전역사와 의의. 박성익, 조석희, 김홍원, 이지현, 윤여홍, 진석언 등(편). 영재교육학원론(pp. 13-48). 서울: 교육과학사.
박재문(2001). 한국교육사. 서울: 학지사.
서울대학교 교육연구소(1986). 교육학용어사전. 서울: 배영사.
송용대(1990). 영재교육이란 무엇인가. 서울: 교보문고
손인수(1998). 한국교육사 연구. 서울: 문음사.
신세호(1988). 영재교육. 서울: 교학사.
안상원(1986). 한국·서양교육사. 서울: 제동문화사.
언 등(편). 영재교육학원론(pp. 49-73). 서울: 교육과학사.
영재교육진흥법, 법률 제7702호(2005).
영재교육진흥법시행령, 대통령령 제19513호(2006).
오영주(1998). 대학부설영재교육센터 설립 및 운영 방안. 한국영재학회. 영재교육연구, 8(2).
우동하(2004). 영재 어린이의 이해와 교육. 서울: 학문사.
이군현(1988). 영재교육학. 서울: 박영사.
이영덕(1979). 영재교육의 정당성 논의. 신세호, 배호순 편(pp. 1-14). 영재교육의 이론적 기저. 서울: 한국교육개발원.
이복희(2003). 한국의 영재교육 변천 과정 연구. 단국대학교 교육대학원 석사학위논문.
전경원(1992). 휴머니즘에 입각한 특수한 영재아교육. 서울: 양서원.

전경원(2000). 한국의 새천년을 위한 영재교육학. 서울: 학문사.

전경원(2003). 한국의 새천년을 위한 영재교육학. 서울: 학문사.

전경원(2004). 영재재능교육의 이론과 실제. 서울: 학문사.

정순목(1993). 퇴계평전. 서울: 지식산업사.

조기진급 및 조기졸업에 관한 규정(1999). 대통령령 제16479호.

조석희(1989). 평등주의 교육관에 비추어 본 영재교육. 한국교육, 16(1), 193-209. 서울: 한국교육개발원.

조석희(2003). 영재성의 개념 및 판별. 창의적 지식 생산자 양성을 위한 영재교육(연수교재 TM2003-1), 23-40. 서울: 한국교육개발원.

조석희(2004). 영재교육백서 2004(연구자료 RM2004-64). 서울: 한국교육개발원.

진임규(2012). 시·도교육청의 영재교육 진흥계획 실행 분석. 경남대학교 교육대학원 석사학위논문 한국교육개발원(2005). 주요국 초·중등 교육개혁 사례 분석과 한국적 시사점.(연구보고 RR2005-21). 서울: 한국교육개발원.

한국유아교육학회(1996). 유아교육사전. 서울: 한국유아교육학회.

Bernal, E. M. (2003). To no longer educate the gifted: Programming for the

Clark, B. (2002). *Growing up gifted: Developing the potential of children at home and at school* (6th ed.). Upper Saddle River, NJ: Prentice Hall.

Coleman, L. J. & Cross, T. L. (2001). *Being gifted in school.* Waco, TX: Prufrock Press, Inc.

Davis, G. A. & Rimm, S. B. (1998). *Education of the gifted and talented* (4th ed.). Boston: Allyn and Bacon.

Davis, G. A. & Rimm, S. B. (2001). 영재교육의 이론과 방법 (송인섭, 이신동, 이경화, 최병연, 박숙희, 편역). 서울: 학문사. (원서 1994년 발행).

Davis, G. A. & Rimm, S. B. (2004). *Education of the gifted and talented* (5th ed.). Boston: Pearson Education, Inc.

Delisle, J. & Lewis, B. A. (2003). *The survival guide for teachers of gifted kids.* Minneapolis, MN: Free Sprit Publishing Inc.

Gagné, F. (2003). Transforming gifts into talents: The DMGT as a developmental theory. In N. Colangelo & G. A. Davis (Eds.), *Handbook of gifted education* (3rd ed., pp. 60-74). Boston: Allyn and Bacon.

Gardner. H. (2005). 체인징 마인드 (이현우 역). 서울: 재인. (원서 2004년 발행).

Gardner. H., Kornhaber, M. L., Wake, W. K. (2006). 지능심리학 (김정휘 역). 서울: 시그마프레스. (원서 1996년 발행).

Guthrie, J. W. (Ed.). (2003). *Encyclopedia of Education* (2nd, ed., Vol. 3). New York: Macmillan Reference.

Heller, A. K., & Schofield, N. J. (2000). International trends and topics of research on giftedness and talent. In K. A. Heller, F. J. Mönks, R. J. Strenberg, & R. F. Subotnik (Eds.), *International handbook of giftednesss and talent* (2nd ed., pp. 123-137). Oxford: Elsevier Science.

Kaplan, S. (1986). The grid: A model to construct differentiated curruculum for the gifted. In J. Renzulli (Ed.), *Systems and models for developing programs for the gifted and talented* (pp. 182-193). Mansfield Center, CT: Creative Learning Press.

Marland, S. P. (1972). *Education of the gifted and talented: Report to the congress of the United States by the U. S. Commissioner of Education*. Washington, D.C.: U. S. Government Printing Office.

McAlpine, D. (1996). Who are the gifted and talented?; Concepts and definitions. In D. McAlpine & R. Moltzen (Eds.), *Gifted and talented: New Zealand perspectives*. Palmerston North: ERDC Press.

Passow, A. H. (2004). The nature of giftedness and talent. In J. R. Sternberg (Ed.), *Definitions and conceptions of giftedness* (pp. 1-11). Thousand Oaks, CA: Corwin Press.

Peters, R. S. (1963). *Authority, responsibility and education*. (2nd ed.), London: Allen and Unwin.

Porter, L. (1999). *Gifted young children: A guide for teacher and parents*. Buckingham: Open University Press.

Renzulli, J. S. (1978). What makes giftedness? Reexamining a definition. *Phi Delta Kappan*, 60, 180-184.

Renzulli, J. S. (1986). *Systems and models for developing programs for the gifted and talented.* Mansfield Center, CT: Creative Learning Press.

Renzulli, J. S. (2003). Conception of giftedness and its relationship to the development of social capital. In N. Colangelo & G. A. Davis (Eds.), *Handbook of gifted education* (3rd ed., pp. 75-87). Boston: Allyn and Bacon.

Renzulli, J. S., & Reis, S. M. (1991). The reform movement and the quiet crisis in gifted education. *Gifted Child Quarterly* 35(1). 26-35.

Renzulli, J. S., & Reis, S. M. (2003). The schoolwide enrichment model: Developing Creative and Productive Giftedness In N. Colangelo & G. A. Davis (Eds.), *Handbook of gifted education* (3rd ed., pp. 184-203). Boston, MA: Allyn and Bacon.

Sapon-Shevin, M. (2003). Equity, excellence, and school reform: Why is finding common ground so hard? In J. H. Borland (Ed.), *Rethinking gifted education* (pp. 127-142). New York: Teachers College, Columbia University.

Smutny, J. F. (2001). *Stand up for your gifted child. Minneapolis*. MN: Free Sprit Publishing Inc.

Stankowsky, W. M. (1978). Definition. In R. E. Clasen & B. Robinson (Eds.), *Simple gifts*. Madison, WI: University of Wisconsin-Extension.

Sternberg, R. J. (2003). Giftedness according to the theory of successful intelligence. In N. Colangelo & G. A. Davis (Eds.), *Handbook of gifted education* (3rd. ed., pp. 88-99). Boston: Allyn and Bacon.

Tannenbaum, A. J.(2000). A history of giftedness in school and society. In K. H. Heller, F. J. Mönks, R. J. Sternberg, & R. F. Subotnik (Eds.), *International handbook of giftedness and talent* (2nd ed., pp. 23-53). Oxford: Elsevier Science.

Tannenbaum, A. J. (2004). 영재교육: 심리학과 교육학에서의 조망. 김태련, 김정휘, 조석희 역. 서울: 이화여자대학교출판부. (원서 1983년 발행).

Terman, L. M. (1925). *Mental and physical traits of a thousand gifted children: Genetic studies of genius* (vol. 1). Standford, CA: Standford University Press.

VanTassel-Baska, J. (2003a). What matters in curriculum for gifted learners: Reflections on theory, research, and practice. In N. Colangelo & G. A. Davis (Eds.), *Handbook of gifted education* (3rd. ed., pp. 174-183). Boston: Allyn and Bacon.

Witty, P. (1958). Who are gifted? In N. B. Henry (Ed.), *Education for the gifted.* 57th Yearbook, Part Ⅱ. National Society for the Study of Education. Chicago, IL: University of Chicago Press.

Chapter 02

수학영재의 정의 및 특성

2.1 수학영재의 정의

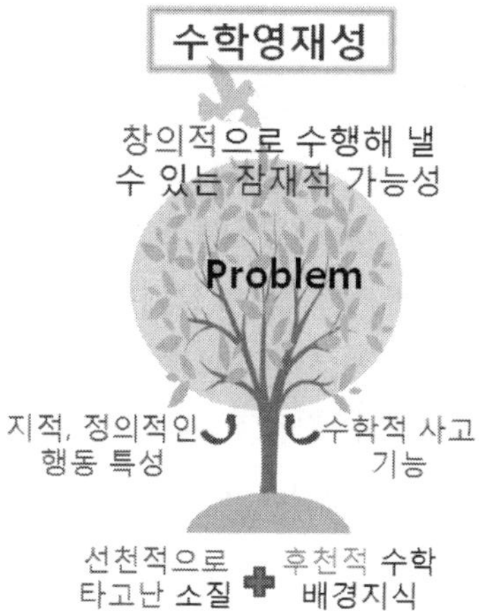

영재성에 대한 명확한 정의가 없듯이 수학영재에 대한 합의된 정의도 없다. 수학영재성과 관련한 몇 몇 연구자들의 의견을 살펴보면, 송상헌(1998, p. 118-119)은 "선천적으로 타고난 소질과 적성 및 후천적으로 학습한 수학에 대한 기초 지식을 배경으로 하여 수학적인 문제를 해결하고자 하는 지적, 정의적인 행동특성이 수학적 사고 기능과 긍정적으로 조화롭게 작용하여 수학적 과제를 창의적으로 수행해 낼 수 있는 잠재적 가능성을 수학영재성"으로, 그리고 "이러한 수학영재성을 가지고 수학 분야에서 이미 탁월한 성취를 보이고 있거나 보일 가능성이 있는 자를 수학영재"라고 정의하고 있다.

Sheffield(1994)는 수학영재성을 정의하는 데 있어서 문제해결에서의 수학적 창의성이 중요하다고 하였다. 특히 수학 문제해결자의 다양한 수준에서 수학영재의 위치를 살펴볼 수도 있다. Sheffield는 다음 〈표 2-1〉과 같이 수학을 배우는 학생들의 수준을 연속선상의 위계에서 생각해볼 수 있다고 하였다(송상헌, 2006).

〈표 2-1〉 Sheffield의 수학을 배우고 연구하는 사람의 수준

CREATORS(수학 창조자) ↑	수학을 만들어가는 사람
PROBLEM POSERS(문제 발견자) ↑	문제를 제기할 줄 아는 사람
PROBLEM SOLVERS(문제해결자) ↑	문제를 풀 줄 아는 사람
CONSUMERS(수학 활용자) ↑	일상생활에서 써먹을 줄 아는 사람
COMPUTERS(살아있는 계산기) ↑	수 계산을 할 줄 아는 사람
DOERS(맹목적인 계산자) ↑	수학을 배우고 있는 사람
ILLITERATES(수학 문맹자)	수학에 대해 전혀 모르는 사람

수학영재성을 나타내 보이려면 적어도 단순한 문제해결자의 수준을 넘어 새로운 문제를 만들어 내거나 새로운 수학적 상황을 만들어나가는 적극적인 태도와 그 가능성을 보이는 행동 특성을 나타내어야 한다. 또한 평범한 학생들은 별로 관련성이 없는 정보의 조각으로 규칙이나 사실들을 외우려고 하지만, 훌륭한 문제해결자는 그 문제에 깔려 있는 구조를 파악해 내려고 하며, 어떠한 새로운 문제라도 그것을 이미 알고 있는 정보와 관련시키려고 한다.

한국교육개발원(1997, p. 7-8)에서는 "수학영재는 수학 영역에서 뛰어난 업적을 이루었거나 이룰 것으로 예상되는 사람으로, 정규 학교 이상의 특별한 교육 프로그램과 서비스를 필요로 하는 사람"을 수학영재라고 정의하고, "수학영재는 다음과 같은 수학적 사고 능력, 수학적 과제 집착력, 수학적 창의성, 배경 지식의 요인에서 평균 이상의 높은 능력을 지닌다."고 부연 해설을 하고 있다.

① **수학적 사고 능력**: 수학적 문제를 이해하고 해결하는데 기본적으로 요구되는 사고 능력을 의미하며, 다음과 같은 하위 능력들이 포함된다: 직관적 통찰 능력; 정보의 조직화 능력; 공간화/시각화 능력; 수학적 추상화 능력; 수학적 추론 능력(연역적, 귀납적 사고 능력); 일반화 및 적용 능력; 반성적 사고 능력.

② **수학적 과제 집착력**: 일정 시간 동안 끈기 있게 수학 문제에 몰두하는 능력으로, 수학에 대한 흥미와 태도, 인내심, 지속성, 집중성, 자신의 능력에 대한 믿음, 자기 신뢰감 등과 관련을 맺는다.

③ **수학적 창의성**: 수학적 문제를 창의적으로 해결하는 능력을 의미하며, 융통성, 유연성, 독창성, 정교성 등의 능력들이 포함된다.

④ **배경 지식**: 배경 지식은 수학 문제를 해결하는 데 필요한 수학적 지식과 다른 영역의 지식을 의미한다.

한편 다중지능이론을 주장한 Gardner(1983)는 수학영재성을 독립적으로 정의하지는 않았지만 논리·수학적 지능[1]영역에서 남다른 재능을 보이는 학생을 수학영재성이 있는 것으로 해석할 수 있겠다. 수학영재성을 영재교육진흥법 제2조(정의) 제1항과 연계하여 정의한다면, "수학영재라 함은 수학분야에서 재능이 뛰어난 사람으로서 타고난 잠재력을 계발하기 위하여 특별한 교육을 필요로 하는 자를 말한다."고 정의할 수 있겠다. 이들은 남다른 재능을 갖고 있기 때문에 헌법[2]에 보장된 교육의 기회균등 차원에서 차별화 교육, 즉 정규 교육과정이 제공하는 것 이상의 변별적인 교육 프로그램이나 그들에게 적합한 별도의 도움을 줄 필요가 있다.

2.2 수학영재의 특성

2.2.1 영재의 특성

Manning(2006)은 여러 학자들의 연구를 종합하여 영재들이 나타내는 인지적, 정의적 특성에 대한 다음과 같이 요약하였다(최호성, 2014).

---

1) 논리·수학적 지능이란 수리적, 연역적·귀납적 추론능력, 논리적 사고력, 계산력 등과 관련된 재능이다. 연역적 및 귀납적으로 사고를 잘 하는 능력, 복잡한 수학적 계산과 사물간의 논리성을 과학적으로 구성하는 추리능력, 추상적인 패턴과 관계들에 대한 인식능력, 유용한 표기법을 만드는 능력 등이 포함된다. 주로 수학자, 과학자, 심리학자, 컴퓨터 프로그램 및 논리학 분야의 영재들에게서 발견되는 재능으로 이 영역에서 높은 지능을 가지고 있는 학생은 사물간의 공통점과 차이점을 쉽게 찾아내며, 수 개념이 또래에 비해 빠르고, '만일 ~라면', '왜' 등의 질문을 하며, 기계 등의 작동원리를 완벽하게 이해하려는 경향이 있다. 또 문제해결력과 사유기술이 돋보이며, 사건과 사물의 해석을 위하여 논리와 추론이라는 과정을 곧잘 따른다.

2) 헌법 제31조: 모든 국민은 능력에 따라 균등하게 교육을 받을 권리를 가진다.

〈표 2-2〉 영재의 인지적, 정의적 특성

인지적 특성	정의적 특성
• 많은 양의 정보를 습득	• 감정에 대한 많은 정보를 소유
• 고급 수준에서 자료를 이해	• 타인의 감정에 대해 독특한 민감성을 가짐
• 호기심이 많고 다양하고 강렬한 흥미를 가짐	• 예리하고 섬세한 유머 감각을 가짐
• 높은 수준의 언어 발달과 언어 능력	• 강한 자아 인식
• 속진과 유창한 사고 과정	• 이상주의적이고 정의감이 초기에 나타남
• 프로젝트 마감을 지연시킬 수 있는 초기 능력	• 초기에 내적 통제감이 발달
• 교육 혹은 목표 사이 독특한 관계를 볼 수 있는 능력	• 독특한 감정적 깊이와 강도를 소유
• 독창적인 아이디어와 문제해결에 능숙	• 자신과 타인에 대한 높은 기대감을 보임
• 흥미로운 주제에 대해 지속적, 목표 지향적, 강렬함	• 높은 수준의 도덕적 판단
• 문제와 아이디어에 대해 스스로의 방식으로 사고	• 자신과 타인에 대한 일관성에 대한 강한 요구를 보임
• 동료보다 이른 나이에 학습	
• 학습 상황에서 자유와 개성에 대한 요구	
• 학습에 대한 강한 열망과 자신의 흥미를 찾아냄	
• 동료보다 이른 나이에 추상적으로 사고	
• 복잡하고 도전적인 과제를 선호	
• 지식을 전이하여 새로운 상황에 응용	
• 혼자 일하기를 선호하는 경향	
• 초기 독서가일 수 있음	
• 에너지가 넘치고 집중력 기간이 김	

〈표 2-3〉 영재의 비정형적, 이례적 특성

• 상징체계를 다루는 능력
• 논리적으로 사고
• 문제를 해결하기 위해 선험 지식을 사용하는 능력
• 비유에 의한 추론
• 지식을 새로운 상황에 전이

• 창의적이고 예술적인 능력을 소유
• 탄력성 있게 가족 상황을 다룰 수 있는 능력
• 가정에서 성인의 역할을 수행
• 강한 자부심과 자아 존중감
• 리더십 능력과 독립적 사고를 보임
• 자기의 문화에 대해 이해하고 학습하려는 강한 열망
• 강한 내적 의지를 보임
• 타인과 그들을 둘러싼 세계에 대해 강한 민감성을 보임

NCTM(1987)은 영재들이 가지고 있을 만한 가능한 특성과 지침의 예로써 간주된 영재성의 특성 목록에서 영재의 행동 특성을 크게 일반적 행동 특성, 학습 행동 특성, 창의적 행동 특성, 수학적 행동 특성의 네 가지로 나누었는데 이 중 앞의 세 가지 각각의 특성은 〈표 2-4〉와 같다.

〈표 2-4〉 NCTM의 영재의 행동 특성 내용

구 분	영재의 행동 특성
일반적 행동 특성	1. 뛰어난 이해력과 풍부한 어휘력을 가지고 독서에 열중함 2. 시, 노래, 또는 이야기 등을 빨리 기억함 3. 기본 기능의 빠른 습득 및 공간 지각력이 뛰어남 4. 다른 사람들을 이끌고 조직하는 능력이 뛰어남 5. 올바르고 공정한 판단력 및 뛰어난 통찰력이 있음 6. 추상적인 것을 조작하는 능력이 우수함 7. 오랫동안 독립적으로 작업하고 집중하는 능력이 있음 8. 자발적으로 계획을 실행하는 능력을 소유 9. 호기심이 많고, 활동적인 학습자임 10. 어떤 일을 행할 때 새로운 것과 새로운 방법을 즐김 11. 체계화를 잘하고 능률적이며 새로운 생각 또는 도전에 열광적임 12. 유머 감각이 뛰어남

학습 행동 특성	1. 지적 활동을 즐거워하고 예리한 판단력을 가짐 2. 추상화하고, 개념화하고, 종합하는 능력 및 원인과 결과의 관계에 대한 통찰을 가짐 3. 주어진 문제에 대하여 의문을 가지고, 정보를 찾고, 다양한 수단을 사용하며 의문을 많이 가지고, 비평적이며, 일반화를 만드는 능력을 가짐 4. 기초 지식과 회상하는 능력이 뛰어나며 중요한 원리를 파악하고, 일반화를 만드는 능력이 있음 5. 유사성, 차이점, 그리고 예외적인 것의 지각을 잘하고 효과적으로 사고를 전환하는 능력을 가짐
창의적 행동 특성	1. 유창한 사고자: 많은 가능성과 결과들을 인식하는 능력 2. 유연한 사고자: 대인적인 접근 방법을 사용하는 능력 3. 조직적 사고자: 관계를 파악하는 능력 4. 정교한 사고자: 새로운 응답을 발견하는 능력 5. 추측과 가설을 잘 세우거나 고도의 호기심을 가짐 6. 풍부한 지적인 활동과 상상력 및 창의력이 풍부함 7. 심미적인 것에 예민하고 충동적이고 감정적으로 예민함 8. 가끔 판에 박힌 과업은 싫증을 냄

2.2.2 수학영재의 특성

수학은 어린 아동의 두드러진 지적인 능력을 쉽게 관찰할 수 있는 분야이다. 예컨대, Gauss, Euler, Fermat, Galois, Pascal, Newton, Leibniz 등과 같이 수학의 천재로 인정받는 사람들 중에는 어릴 때부터 조숙함을 나타내 보이는 사람들이 많다. 한편 Weierstrass는 40대가 되어서야 수학을 시작한 경우도 있다. 그러나 Fields 메달을 40세 이전에 수여하는 것을 보더라도 수학의 특성상 조기에 창조적이고 생산적인 일을 많이 해야 하는 학문 분야임에는 틀림없는 것 같다. 적절한 시기에 능력을 바르게 진단하는 일은 그 능력에 합당한 교육 프로그램을 제공하기 위한 선결 조건이다. 따라서 수학영재들이 갖고 있는 특성을 잘 파악하여 수학영재를 적절히 판별할 필요가 있다. NCTM(1987)에서는 수학영재의 행동 특성을 다음과 같이 제시하였다.

〈표 2-5〉 NCTM의 수학영재의 행동 특성 내용

수학적 행동 특성	1. 수에 대한 조기의 호기심과 이해 2. 수와 공간적 관계에 대한 논리적이고 상징적인 사고 능력 3. 수학적 패턴, 구조, 관계, 연산에 대한 지각과 일반화하는 능력 4. 분석적, 연역적, 귀납적 추론 능력 5. 수학적 추론을 간략화하고, 합리적이고 경제적인 해를 찾는 능력 6. 수학적 활동에서 지적 처리 과정의 유연성과 가역성 7. 수학적 기호, 관계, 증명, 풀이방법을 기억하는 능력 8. 학습한 것을 새로운 상황에 적용하는 능력 9. 수학적 문제를 풀이하는 데 있어서의 활동력과 지속성 10. 수학적 지각력

Krutetskii(1976), NCTM(1987), Feldhusen, Hoover & Sayler(1990), Holton et al(1994), Koublanova(2004) 등의 여러 연구 결과들을 종합하여 보면 수학영재는 다음과 같은 열 가지 특성이 있다.

① 주변 환경에서 수치와 양적 측면에 민감하고 관심이 많다.
② 직관적으로 문제를 해결하는 통찰력이 우수하며 수학적 지식을 즉흥적으로 만들어낼 수 있다.
③ 수학적 문제해결 과정이 간단·명료하여 수학적 사고과정을 단축(간략화)하거나 생략할 수 있다.
④ 수학적 사고 능력이 우수하여 분석적·귀납적·연역적으로 추론하는 능력과 원리·법칙을 일반화하는 능력이 우수하다.
⑤ 문제 장면과 문제해결의 중요한 단서, 문제해결 방법 등을 잘 기억한다.
⑥ 수학적 문제를 예상하지 못한 방법으로 해결하는 독창성이 있다.
⑦ 수학적 패턴, 구조, 관계를 잘 지각하고, 이것을 기호로 일반화하여 쉽게 표현한다.
⑧ 일상생활에서 수학적으로 지각하고, 해석하며, 수학적 원리·법칙을 일상생활에 적용하는 능력이 뛰어나다.
⑨ 수학적 사고 과정이 유연하여 문제해결 과정에 융통성이 있으며 사고 과정을 거꾸로 할 수 있다.
⑩ 수학적 문제해결에 대한 과제집착력이 뛰어나다.

앞에서 제시한 수학영재의 특성은 주로 인지적 영역에 대해서 제시하였는데 이는 주로 지필시험에 의해서 수학영재를 판별하는 전통적인 관점에 따른 것이다. 그러나 현재는 관찰추천에 의한 영재 판별 및 선발을 권장하고 있으므로 인지적 영역뿐 아니라 정의적 영역에 대한 특성도 알아둘 필요가 있다. 송상헌(2006)은 수학영재의 특성을 정의적 영역과 인지적 영역으로 나누어 다음과 같이 정리하였다.

〈표 2-6〉 수학영재 정의적·인지적 행동 특성

구분			내용	문항번호
정의적 영역	수학적 태도	수학적 적성	자기적성 인식	1
			수학에 소질	2
			타고난 소질과 적성	3
			수학에 대한 가치 인식	4
		수학적 흥미와 호기심, 애착	흥미, 애착	5
			호기심	6
			탐구심	7
			발견한 수학적 사실의 적용 및 응용해 보려는 마음	8
		도전적 자신감	수학에 대한 자신감	9
			수학적 의사소통에 대한 자신감	10
			도전적인 문제 선호	11
			자신이 확신한 것에 대한 신념과 고집	12
	수학적 성향	열린 마음과 민감성	개방성	13
			민감성	14
		과제 집착성	문제에 대한 끈기	15
			문제 집중력	16
			과제 집착력	17
			애매모호함에 대한 참을성	18
		더 나은 해법을 찾으려는 경향성	보다 나은 풀이 방법에 대한 모색	19
			일반적인 해를 찾으려는 경향	20
인지적 영역	일반적 수학 정신 능력	이해력과 적용능력	수학적 기억력	21
			수학적 이해력	22
			수학적 적용력	23
			수식이나 기호로 조직하고 표현	24
		속도와 능숙한 과정	수리 계산의 속도	25
			수리 계산의 정확도	26
		수학적 의사소통능력	언어 전달 능력	27
			아이디어의 표현 능력	28
	창의적 수학	사고과정을 단축시키는 능력	전체와 핵심, 패턴과 관계를 파악	29
			수학적 직관과 통찰력	30

	문제 해결력		수학적 사고 과정의 단축	31
			다양한 풀이 전략의 사용	32
		수학적 창의력	사고 과정의 유연성	33
			풀이 방법의 독창성	34
			추측과 상상력	35
			사고의 전환	36
		적용, 비판, 일반화하는 등의 비판 능력	타 교과 및 일상생활에 대한 응용 및 적용력	37
			오류에 대한 비판 능력	38
			일반화 능력	39
			메타인지적 반성 능력	40

<표 2-7> 정의적 행동 특성의 세부 요소 및 행동 장면

문항	정의적 태도와 성향 세부 요소	관찰되는 행동 장면
1	자기적성 인식	미래에 수학자가 되려는 의지, 내적 동기와 외적동기가 있다. 학습 활동을 선택해야 할 때 수학 관련 활동을 선택하는 경향이 있다.
2	수학에 소질	수학적 아이디어를 보다 구체화하고, 세밀하고 깊이 있게 다듬어 설득력 있게 제시하고 만들어 낼 수 있는 사고가 세련되어 있다.
3	타고난 소질과 적성	다양한 수학적 추측과 가설설정 능력, 풍부한 상상력, 여러 가지 수학적 아이디어를 풍부하게 생각해 내는 능력이 있다.
4	수학에 대한 가치 인식	도구와 언어, 수학의 문화적 역할이나 응용 가능성 등과 같은 수학적 가치에 대해 알고 있다.
5	수학에 대한 흥미와 애착	수학 문제에 대한 강한 흥미와 애착을 보인다.
6	호기심	수학적 개념이나 원리에 대한 이유를 알고자 한다. 수치적 정보에 대한 호기심과 기발한 질문을 한다.
7	탐구심	남이 가르쳐주는 것보다는 자신이 알고 있는 정보를 응용하고 적용하여 직접 탐구한다. 자기주도적이고 독립적 학습 성향이 있다.
8	발견한 수학적 사실의 적용 및 응용해 보려는 마음	자신이 알고 있는 수학적 정보를 다른 곳에 응용하고 적용해 보려하며, 한 가지 사고에 고정되지 않고 서로 다른 범주의 아이디어를 쉽게 생각한다.
9	수학에 대한 자신감	어렵고 복잡한 또는 생소한 수학 문제 상황에 대한 자신감이 있고 수에 대한 관심이 많고 감각이 뛰어나며 수학 문제에 대한 결론이 논리적으로 깔끔하고 정확하다.
10	수학적 의사소통에 대한 자신감	수학 문제와 내용에 대한 의견이나 주장을 다른 사람에게 말하는 것을 두려워하지 않고 자신 있게 말한다.

11	도전적인 문제 선호	틀에 박힌 유형의 문제를 싫어하고 새로운 도전적인 문제를 선호한다. 퍼즐과 논리문제와 같은 어려운 문제를 해결하는 것을 좋아한다.
12	자신이 확신한 것에 대한 신념과 고집	자신이 발견한 새로운 수학적 아이디어나 결과가 옳다고 확신할 때는 다른 사람들의 반박을 이겨낼 수 있다는 신념과 고집, 자신의 가치와 느낌, 생각, 직관과 지식에 의존한다.
13	수학적 개방성	새로운 수학적 내용이나 사실에 대한 열린 마음이 있고 서로 다른 여러 가지 범주의 아이디어를 생각할 수 있는 사고 능력이 있다.
14	수학적 민감성	주변의 수학적 상황에 대한 민감하다. 문제를 인식하는 능력과 인식된 문제를 진술할 수 있는 능력이 있고 새로운 탐색과 수학적 문제 제시한다.
15	문제에 대한 끈기	문제가 쉽게 해결되지 않아도 포기하지 않고 끝까지 노력한다.
16	문제집중력	수학적 문제를 매우 끈질기게 추구하고 집중력이 뛰어나다.
17	과제 집착력	수학 문제를 해결하기 위해 오랫동안 집중하는 능력과 몰입한다.
18	애매모호함에 대한 참을성	예측이 모호할 때보다 완벽한 답을 얻을 때까지 더 기다린다.
19	보다 나은 풀이 방법에 대한 모색	스스로 새로운 수학적 문제와 해결 방법을 만드는 능력이 있다. 해답이 틀릴 경우라도 수학적 문제해결을 위해 창의적이고 색다른 전략 시도한다.
20	일반적인 해를 찾으려는 경향	주어진 문제에 대하여 간단하고 직접적인 답보다는 일반화된 공식이나 원리를 찾아내고 만드는 능력이 있다.

〈표 2-8〉 인지적 행동 특성의 세부 요소 및 행동 장면

문항	인지적인 사고 기능의 세부 요소	관찰되는 행동 장면
21	수학적 기억력	수학 문제의 유형, 풀이의 일반적 방법, 추론의 도식, 관계, 증명 등 문제해결을 위해 필요한 수학적 지식과 정보들을 즉시 기억하며 상당히 오랫동안 지속된다.
22	수학적 이해력	수학적 정보, 관계, 증명, 풀이 방법 등에 대한 빠른 파지와 회상 능력, 신속한 정보처리 능력이 있다.
23	수학적 적용력	기존에 학습한 수학적 개념과 원리를 다른 내용에 적용하는 능력이 있다.
24	수식이나 기호로 조직하고 표현	수학적 과정과 개념들을 묘사하는 기호 체계를 이해하고 적용하며, 자신의 수학적인 아이디어를 적절한 수학적 용어와 기호(그림, 그래프, 방정식 등)로 표현하는 능력이 있다.
25	수리 계산의 속도	계산 속도가 빠르며, 수학적 패턴과 관계를 빠르게 알아낸다.
26	수리 계산의 정확도	수학적 알고리즘을 능숙하게 구사, 계산의 결과가 정확하다.
27	언어 전달 능력	수학적 개념, 과정과 풀이에 대한 자신의 생각을 말이나 글로 잘 표현하여 효과적으로 전달하는 능력이 있다. 수학적 개념과 원리를 설명하고 전달하는 능력이 있다.

28	아이디어의 표현 능력	자료의 패턴이나 관계를 발견하고 정리하는 능력이 있다. 그림, 그래프, 방정식 등을 설명하고 다양하게 표현하는 능력이 있다.
29	전체와 핵심, 패턴과 관계를 파악	수학 문제나 내용의 사소한 부분에 얽매이지 않고 중요한 부분이나 핵심 또는 전체적인 관계를 제대로 파악한다. 자료의 패턴이나 관계를 발견하고 잘 정리한다.
30	수학적 직관과 통찰력	주제와 개념, 아이디어 사이의 독특한 수학적 관련성을 찾는 능력이 있다. 개별 문제 사태의 인과 관계를 직관적으로 파악하는 능력이 있다.
31	수학적 사고 과정의 단축	복잡한 내용은 각각의 부분과 단계로 분리하고, 공간적으로 시각화하고, 모호한 문제를 각각의 단계로 세분하여 처리하는 능력이 있다. 중간의 아이디어를 생략하고 결론을 내릴 수 있는 사고과정의 단축 능력이 있다.
32	다양한 풀이 전략의 사용	문제해결을 위한 다양한 대안적인 방법을 찾는 능력이 있다. 결과에 대한 확신이 없을 경우라도 수학적 문제를 창의적이고 새로운 방법으로 풀어보려고 노력한다.
33	사고 과정의 유연성	익숙한 풀이법에 매이지 않고 새로운 풀이법으로 잘 해결하려고 한다.
34	풀이 방법의 독창성	판에 박힌 문제 풀이 형태보다는 새로운 방법으로 수학적 문제를 해결하는 능력, 독창적 풀이 방법, 기발한 생각을 제시하는 능력, 자신만의 독창적인 학습 스타일이 있다.
35	추측과 상상력	수학적 내용을 분석적, 연역적, 귀납적으로 추론 또는 유추한다. 마인드 맵 등을 통해 문제의 시각적 이미지를 만드는 능력이 있다. 주어진 공간적 정보(점, 선, 도형)를 머릿속에서 가시화하여 그려보는 능력이 있다.
36	사고의 전환	추상적인 수학적 관계를 시각화하는 능력, 공간에서의 변환이나 관계를 파악해 내는 시각화 및 공간 지각 능력이 있다.
37	타 교과 및 일상생활에 대한 응용 및 적용력	일상생활의 문제를 수학적으로 이해하고 또 수학적 성질이나 내용을 다른 교과 내용이나 일상생활에 연관시켜 적용하는 능력이 있다.
38	오류에 대한 비판 능력	교과서나 참고서 내용의 수학적 오류를 비판하는 능력이 있다. 의문을 많이 가지고 비판적이며 가치를 검토한다.
39	일반화 능력	수학적 원리를 알기 위해 다양한 개별 현상에 대해 여러 각도에서 해석하고 관찰하여 공통 속성을 찾는 능력, 여러 가지 정보에서 하나의 원리를 유추하는 능력이 있다.
40	메타인지적 반성 능력	수학 문제해결의 매 단계 또는 전 사고 과정을 알고 그것을 활용하는 능력, 문제해결 수행을 점검하는 능력이 있다.

2.2.3 수학영재 특성의 사례연구

수학영재의 특성에 대한 사례연구는 많은 나라들에서 이루어져 왔다. 그 중에서 여기서는 소련의 경우와 우리나라의 경우를 한 가지씩 예로 들고, 이들 특성에 대한 이해를 돕기 위한 수학적 사고 방법에 대해 다루고자 한다.

1) 수학영재 소냐의 사례

Krutetskii(1968)의 '학생들의 수학적 재능의 심리학'이라는 책을 보면 수학영재의 사례들이 소개되어 있는데, 그 중에서 소냐의 사례를 살펴보면 다음과 같다(한인기, 2011).

소냐는 1950년생으로 1958~1959년에 걸쳐 관찰하였다. 그녀는 8세이고, 모스크바 164번 학교 2학년이다. 부모 모두에게서 수학적 재능이 나타나지는 않았지만 아버지가 공학 분야에서 상당한 전문가이다. 그녀는 신체적으로 정상적으로 발달했지만 움직임은 느리고, 말도 서두르지 않고(말이 좀 느리기도 함), 감정을 밖으로 잘 표현하지 않으며, 모든 교과목을 정상적으로 배우고 있지만 (두각을 보이는 산술을 제외하고는) 특별한 성공을 보이지는 않았다.

소냐는 음악 공부보다 그림을 잘 그렸고, 일하는 것에 대한 재능 특히 산술 문제 푸는 것을 좋아했고, 일없이 앉아 있는 것을 좋아하지 않았다. 학급 공동 작업에 적극적으로 참여했고, 지나치게 쉬운 일을 할 때는 부주의하고 방심하는 경향이 있음에 주목할 필요가 있다. 예컨대, 10의 범위에서 덧셈을 할 때 종종 실수를 하기도 하고, 기호나 괄호를 빠뜨리기도 하지만, 실수를 지적하면 당혹해하면서도 재빨리 오류를 찾아 수정하기도 한다. 또한 주의집중에 특별한 재능이 있다.

부모는 어떤 가르침도 주지 않았지만 그녀가 3세 때 수학적 재능이 있음을 주목했고, 4.5~5세가 되었을 때 이론을 모른 채 분수의 개념을 파악했다. 5-6세에 음수에 관한 직관적 표상을 드러냈다. 5.5세에 4학년에게 제시되는 매우 복잡한 문제를 (암산으로) 해결하는 능력을 보여 주었다고 한다. 4학년 때 그녀는 8학년 학생들과 함께 동아리 활동을 성공적으로 했고, 1965년 15세에 금메달을 받고 학교를 졸업했으며, 세 번씩이나 월반을 했다(4학년에서 6학년, 6학년에서 8학년, 9학년에서 11학년으로). 졸업한 바로 그해 15세인 소냐는 모스크바 국립대학교의 공학-수학부에 입학했다.

다음은 소냐가 보인 수학적 특성들이다.

(1) 생각이 빠르고, 지적 방향 설정이 빠르다.

그녀에게 적합한 난이도를 갖는 문제들의 해결 방법을 놀랄 만큼 빨리 찾는다. 예컨대, 몇 초 만에 그녀는 다음 문제에 답했다. '삼각형에서 두 직각이 있을 수 있는가?'라는 발문에 바로 다음과 같이 답했다고 한다. '불가능합니다. 왜냐하면, 그러한 경우에는 세 번째 각이 있을 수 없습니다.' 그녀의 고찰 과정은 가끔씩 함축적이어서, 이것을 그녀의 수학적 자료를 분석적-종합적으로 보는 것의 고유한 특성으로 간주할 수 있을 정도이다.

(2) 사고의 논리성, 생각의 체계성과 순차성

그녀는 정리나 증명에 포함된 의미를 잘 이해하며, 그녀의 생각은 전제 조건으로부터 결론으로 쉽게 이행된다. 그녀는 '결과적으로'라는 단어를 무척 좋아하며, 그것을 항상 적절하게 잘 사용하였다.

(3) 수학적 추상화의 재능, 수학적 자료의 빠르고 폭넓은 일반화

그녀는 수학적 맥락에서 유사한 자료들을 빨리 일반화한다. 해결된 문제들은 보통 추상화된 틀 속에서 깊이 생각되며, 이들은 전형적인 문제로써 해결된다. 그녀는 어려움 없이 한 가지 유형에 속하는 서로 다른 문제에서 공통적인 부분들을 찾는다. 발견된 해결 방법을 그 유형에 속하는 다른 문제로 전이하는 것은 어려움 없이 일어난다.

(4) 사고의 유연성

그녀는 틀에 박힌 문제해결 방법들의 영향으로 인한 간섭적(방해하는) 사고(또는 사고의 고착화)로부터 상당히 자유로웠다. 한 가지 해결 방법에서 다른 해결 방법으로 전환했고, 문제해결 접근에서 다양한 측면들을 고려하였다. 예컨대, 학구산 문제를 다양한 접근으로 쉽게 해결하였다.

[학구산 문제] 학과 거북이가 강가에서 20마리 노닐고 있다. 이들의 다리를 모두 세어보니 52개였다. 학과 거북이는 각각 몇 마리일까?

표 그리기

학다리	거북이 다리	다리수
19	1	42
18	2	44
17	3	46
16	4	48
15	5	50
14	6	52
…	…	…

예상과 확인

학 10, 거북 10: 다리 60
학 12, 거북 8: 다리 56
학 14, 거북 6: 다리 52

그림 그리기

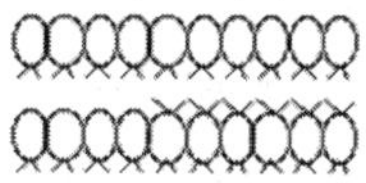

식 세우기(1)

$\begin{cases} x+y=20 \\ 2x+4y=52 \end{cases}$

$\rightarrow \begin{cases} 4x+4y=80 \\ 2x+4y=52 \end{cases}$

$\rightarrow 2x=28$

$\therefore x=14,\ y=6$

식 세우기(2)

학도 다리가 4개면 다리는 모두

$4 \times 20 = 80$

$80-52=28$

$\therefore 28 \div 2 = 14$…학

$20-14=6$…거북

[각의 이등분선 작도 문제]

컴퍼스와 자를 이용하여 각을 이등분하려고 할 때, 아래 보이는 것처럼 종이가 찢어졌습니다. 여러분은 처음 주어진 각에 대한 이등분선을 여전히 그릴 수 있을까요?(Kaur 등, 2009).

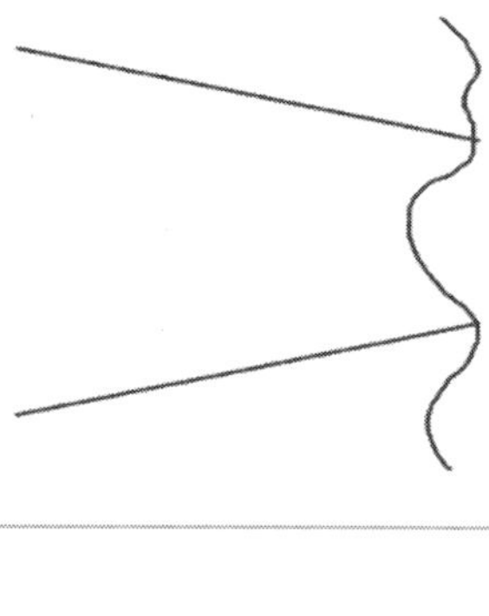

학생들의 답은 다음과 같이 다양하였다.

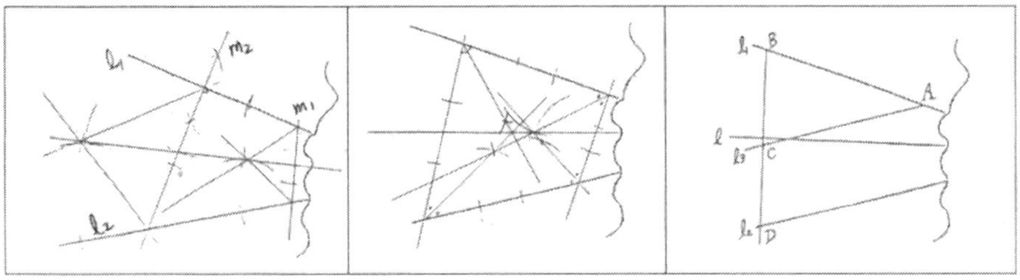

(5) 생각의 과정에서 쉽고 자유자재로 진행하던 방향에서 역으로 전환하기

5-7학년의 일반적인 학생들이 어려워하는 그러한 전환이 그녀에게는 어려운 일이 아니었다. 쉽게 주어진 문제의 해결에서 역 문제의 해결로 전환하였다. 예컨대, '이등변삼각형의 꼭짓점의 이등분선이 밑변을 수직이등분한다.'는 문제를 해결하다가 '이등변삼각형에서 밑변의 수직이등분선은 꼭짓점을 지난다.'라는 문제를 쉽게 받아들일 것이다.

(6) 문제해결 과정에서 고찰의 빠른 함축, 단축의 경향

그녀에게 있어 특징적인 것 중의 하나는 단축된 추론과 함축된 구조에 의해 생각하려는 경향이며, 이러한 경향은 한 가지 유형의 문제를 해결하는 과정에서 특히 두드러지게 개발된다. 예컨대, '현재 두 학급이 합해서 140루블을 갖고 있다. 만약 한 학급에서 다른 학급으로 15루블을 주었더니, 두 학급의 돈이 똑같게 되었다. 각 학급이 처음에 갖고 있던 돈은 각각 얼마씩이었는가?' 곧바로 다음의 풀이를 내놓았다: '140-30은 110이 될 것이고, 반으로 나누면 55, 즉 55와 85루블.' 다음의 다른 풀이도 있었다: '반이면 70씩이므로 처음에는 55와 85루블이 있었다.'

실험자가 두 번째 풀이에 대해 자세한 설명을 요구하자 다음가 같이 구조화하였다. '돈을 주고 두 학급이 같아졌다고 하자. 만약 똑같다면, 70루블씩이고, 이것 전에는 한 학급이 다른 학급보다 15루블이 더 적었다. 즉, 70－15=55루블, 이전에 다른 학급은 15루블이 더 많았으므로 70＋15=85루블.'

(7) 생각의 경제성의 성향

가장 경제적인 문제해결 방법을 찾으려 하며, 해결의 명료성과 단순성을 추구한다는 측면에서 일반 학생과 구별된다. 그녀가 비록 가장 합리적인 해결 방법을 찾는 것은 아니지만, 많은 경우에 있어서 가장 빠르고 쉽게 목적에 도달하는 길을 찾아낸다. 따라서 그녀의 풀이는 '우아한' 풀이에 속한다. 예컨대, 학구산 문제에서 가장 우아한 풀이는 무엇이라고 생각하는가?

(8) 수학적 자료의 빠르고 견고한 암기

그녀는 모든 문제를 머릿속으로 푼다. 그녀는 문제의 조건과 중간 조작, 그리고 결과를 잘 기억한다.

(9) 수학 공부를 할 때 피로를 덜 느낌

그녀는 일하는데 매우 재능있고 숙고를 필요로 하는 문제를 좋아하는 것뿐만 아니라, 이러한 공부를 하는 과정에서 상대적으로 피로감을 덜 느낀다(머릿속으로 수행하는 복잡하고 긴 연산을 제외하고). 8세인 그녀는 평소 수업 시간의 두 배인 1시간 30분 동안 공부를 하도록 해도 지속적으로 매달렸고 끝날 무렵에야 피로 증후(단순 실수나 기억력이 약해짐)를 보였다. 그러나 다른 유형의 작업(음악, 읽기, 쓰기 등)을 할 때는 정상적인 피로를 보였다.

(10) 지능의 수학적 방향성

그녀는 많은 실세계 현상에서 논리적, 수학적 의미를 찾으려는 경향성, 실세계 현상들을 논리적이고 수학적인 범주의 틀 속에서 인식하는 특유의 경향성이 있다. 예컨대, 시를 잘 기억하지 못하지만 시에서 단어 배열의 논리적인 의미를 포착하려고 시도한다. 또 그림을 그릴 때도 비나 관계, 치수들을 수학적으로 생각하려는 경향이 있다.

2) 국내 수학영재 특성의 사례연구

김민정과 류성림(2007)의 수학영재 특성에 관한 사례연구를 살펴보면 다음과 같은 특성이 발견된다.

가. 수학영재교육원 입학하기 전 생활에서 찾을 수 있는 수학영재의 특성

(1) 수학영재들의 일반적인 특성

① 수학영재들은 어린 나이에 언어와 수 개념을 습득하는 능력이 뛰어나다.
이러한 특성은 VanTassel-Baska(1983)의 연구에서도 밝혀진 사실인데, 5세 이전에 책을 읽거나 수를 깨우치기 시작한 어린이가 영재학생으로 선발되는 경우는 약 80%에 달한다는 것이다.

② 수학영재들은 학습에 대한 호기심이 많아 경쟁심이 높다.

③ 수학영재들은 어릴 때부터 독서를 많이 하였고, 독서하는 것을 아주 좋아한다.

나. 일반학교 수업 시간에서 찾을 수 있는 수학영재의 특성

(1) 수학영재들의 일반적인 특성

① 수학영재들은 활동적이며 모둠 활동이나 전체 활동에서 리더 역할을 좋아한다.

지현이와 소연이의 학교생활을 탐구하며 이들의 활동성이 일반 아동에 비해 높은 편이며 모둠 활동에서 리더 역할을 좋아하는 것을 알 수 있었다. 이는 House(1987)가 말한 영재의 일반적 행동 특성으로 '다른 사람들을 이끌고 조직하는 능력이 뛰어남'과 유사하다고 볼 수 있다. 관찰해 본 결과 수학영재들은 다른 아동들에게 리더 역할을 하며 도와주는 역할을 좋아하였다.

② 수학영재들은 자신의 생각을 논리적으로 표현하는 능력이 뛰어나다.

(2) 수학영재들의 학습행동 특성

① 수학영재들은 교과 수업 시간에 발표를 자주 하고 탐구를 깊게 한다.

② 수학영재들은 교과 수업 시간에 배운 내용을 한눈에 알아보기 쉽게 잘 정리한다.

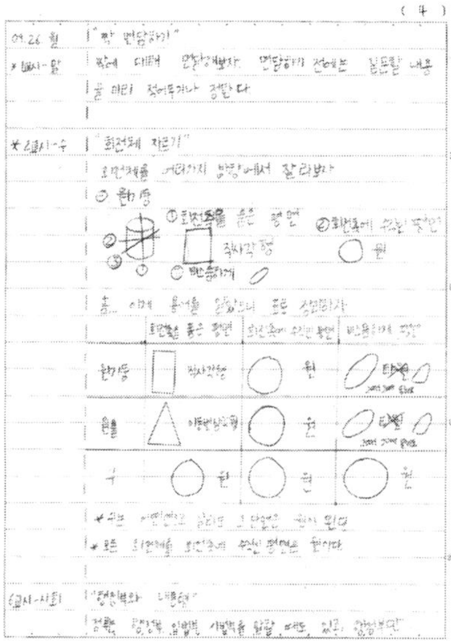

③ 수학영재들은 수학 과목뿐만 아니라 모든 과목들에 우수하며 다양한 분야에서의 수상 경력이 화려하다.

④ 수학영재들은 창의성 캠프에 참여하는 것을 좋아하며 창의성이 우수하다.

⑤ 수학영재들은 과제집착력이 아주 높다.

⑥ 수학영재들은 일반 학교에서 수학 시간에 알고 있는 내용도 집중해서 들으나 할 일을 다 하고 나서는 집중을 하지 않는 경향이 가끔 있다.

⑦ 수학영재들은 수학적 성향이 강하다.

일반적으로 수학적 성향은 문제를 풀고 아이디어를 교환하고 추론하기 위해 수학을 사용하는 것에 대한 자신감, 다양한 방식으로 문제를 해결하려는 융통성, 문제해결에서의 반성적 사고 경향, 문제를 자발적으로 지속하려는 경향, 수학에 대한 흥미, 수학적 가치 등을 일컫는다.

(3) 수학영재들의 정서적 특성

① 수학영재들은 스스로 자기 반성과 격려를 통해 자신을 다스릴 줄 안다.
② 수학영재들은 친구들과 사이좋게 지내며 사회성이 좋다.
③ 수학영재들은 수학 시험에 대한 강박관념이 있어 스트레스를 받는다.

다. 방과 후 시간에서 찾을 수 있는 수학영재의 특성

(1) 수학영재들의 일반적인 특성

① 수학영재들은 방과 후 학원에서 주로 수학, 영어에서 속진 학습을 하고 있었다.
② 수학영재들은 방과 후 남는 시간에 독서를 많이 한다.

(2) 수학영재들의 학습행동 특성

① 수학영재들은 독립적이고, 자기주도적으로 공부를 한다.
② 수학영재들은 즐겁게 영재교육원에 수업을 받으러 가며, 영재교육원의 특별 프로그램에 대해 만족해한다.

3) 두현의 사례

여기에서 부모의 양육태도가 영재의 수학적 성향을 결정할 수 있다는 사례연구를 소개한다. 이야기의 주인공은 두 형제인 형(일현)과 2세 어린 동생(두현: 초등학교 6학년)이다. 그러나 이 이야기에서 우리가 관심을 갖는 것은 두 형제 사이에 수학적 문제를 해결하는 방식에서의 차이이다. 앞 장에서 언급한 수학영재들의 인지적 특성을 이 사례에서 음미해볼 필요가 있다. 이것은 영재아의 특성을 관찰한 조차미(2009)의 연구 내용이다(김판수, 2010).

(1) 성장 과정 비교

형(일현)이 만 4세가 되어 시계 보는 방법, 자동차 번호판, 전화번호 등에 관심을 보여 부모로부터 관심과 기대 속에서 조기교육을 시켰다. 그리고 초등학교 시절에 중학교 과정까지 모두 선수학습을 시켰다. 그런데 동생(두현)은 초등학교 4학년 때까지 사교육을 전혀 시키지 않았으며 학교에서 그리고 부모로부터 능력을 인정받지 못하였다.

(2) 동생의 능력 발견

모대학 소속 과학영재교육원 입학시험에서 준비를 시킨 형은 탈락을 하고 그냥 한번 문제라도 보고 나오도록 하기 위해 응시한 동생은 합격하였다.

(3) 수학적 사고 성향 비교

수학적 문제해결에서 일현은 모범 답안지를 베낀 듯 정확한 수학적 표현과 절차에 따라 답을 구하는 반면, 동생은 순간적으로 수를 계산해 내는 듯 그가 쓴 풀이과정은 대폭 생략되어 두현의 문제해결의 사고과정을 알아보기 힘들 정도였다.

[문제1] 예를 들면, "일정한 속도로 달리는 차에서 어느 순간 이정표를 보니 두 자리 수였다. 1시간이 지난 후 다시 이정표를 보니 처음 본 수와 자리숫자가 순서만 바뀐 두 자리 수였다. 다시 1시간이 지나서 본 이정표의 수는 처음 본 두 자리 수 사이에 0이 끼인 세 자리 수였다. 3개 이정표의 수는 각각 얼마인가?

(일현의 풀이과정) 두 자리 수를 xy라고 하자. 1시간이 지난 후는 yx이다.
그리고 다시 한 시간이 지난 후는 $x0y$이다.
그리고 속력이 일정하다고 하였으므로 $x0y-yx=yx-xy$
$100x+y-10y-x=10y+x-10x-y$
$99x-9y=9y-9x$. 따라서 구하는 답은 16, 61, 106이다.

(두현의 풀이과정)
본 이정표의 순서는 ab, ba, $a0b$이다. b와 a의 차이는 $b-a$와 $a-b$가 같으니 5가 되고, a가 2가 되면 ab와 ba의 차가 100을 넘지 못해서 안 되니 $a=1$, $b=6$ 그러므로 16, 61, 106이다.

(4) 두현의 직관적 사고력

초등학생인 두현은 대수적 표현과 구조에 대한 학습을 하지 않았다. 문제를 풀이하는 과정이 문제 상황 전체를 조정하는 통찰을 통해 풀이를 주로 사용하고, 근본적으로 수 감각이 다른 학생들에 비해 좋으며 풀이 속도가 빨랐다. 형식적 표현으로 일반화하는 과정이 생략된 채 통찰력에 의해 사고과정을 함축시키는 경향을 보였다.

[문제2] $a_1, a_2, \ldots, a_n$이 자연수 $1, 2, \ldots, n$의 재배열이라 하자. 만일 n이 홀수이면 다음 곱 $(a_1-1)(a_2-2)\ldots(a_n-n)$은 짝수임을 보이시오.

(두현의 풀이) $a_1, a_2, \ldots, a_n$에서 (홀수의 개수) = (짝수의 개수)+1
따라서 $(a_1-1)(a_2-2)\ldots(a_n-n)$중 홀수-홀수가 적어도 1개는 존재함.

[문제3] 운동장에 매분마다 두 사람이 들어가거나 한 사람이 나왔다하자. 3^{2007}분이 지나면 운동장에 $3^{1000}+1$명의 사람이 있을 수 있을까?

(두현의 풀이) 3의 배수 분이 지나면 그 안에 들어 있는 사람 수는 3의 배수이다. 그러므로 $3^{1000}+1$ 명이 될 수 없다.

조차미(2009)의 사례연구는 영재교육에서 많은 것을 시사하고 있다. 이들의 연구에서 우리는 다음과 같은 문제에 관심을 두어야 한다.

첫째는 학교에서 진정한 영재를 조기에 발견하지 못할 수 있다. 학교에서 영재를 발견할 기회를 갖지 못했다는 것이다. 보통 저학년에서는 정규교육과정뿐만 아니라 담임교사도 고차원의 사고를 요하는 문제를 다루지 않는다. 가우스(Gauss)가 6세 때 담임교사가 소란한 아이의 조용하게 만들기 위해 1에서 100까지의 합을 구하라고 문제를 칠판에 적자마자 바로 '5050'이라고 답을 말했다는 일화는 영재성을 가진 아동들이 어떻게 발견된다는 것을 강하게 암시한다.

둘째는 가정에서도 자녀의 영재성을 과소평가한다. 이 경우는 주로 맏이에게 쏠린 관심 때문에 둘째에게는 관심을 두지 못한다. 노벨 수상자의 72%가 그리고 미국대통령의 73%가 독자이거나 맏이였다는 보고가 있다. 그리고 소외되거나 결손 가정에서 자란 아동들도 영재성이 있어도 동기를 갖지 못하여 영재성을 계속해서 개발시키지 못할 수 있다.

셋째 일현은 이상적이고 우아한 해법을 택하는 대신 논리·수학적이고 학원 등에서 선행학습한 방법대로 수학적 문제에 접근하였다. 일현이가 배운 것은 수학적으로 사고하는 방식이 아니라 문제를 어떻게 푸는가에 대해 숙달이다. 문제의 구조를 올바로 이해하고 그것을 해결하는 간단하고 멋진 해결책을 찾는데 익숙하지 않다. 이런 점에서 우리는 수학영재를 올바로 지도할 필요가 있다는 것을 알 수 있다.

넷째 두현은 문제해결에서 높은 직관력과 단축된 해결과정을 선택한다. 앞에서 언급하지 않았지만 두현은 복잡하고 긴 논리과정을 요구하는 문제에서 직관에 판단을 사용하는 경우가 많아 실수를 자주 범하는 것으로 나타났다. 수학영재라도 직관적 판단을 수학적 기호를 사용하여 표현하며, 길고 어려운 문제를 단계적으로 나열할 수 있을 때 수학에서 실수를 줄일 수 있을 것이다.

2.2.4 수학적 사고능력

한국교육개발원(1997)에서는 수학영재가 가져야 할 특성을 측정하기 위한 수학적 사고 능력과 창의성으로 〈표 2-9〉와 같이 제시하고 있다.

<표 2-9> 측정하고자 하는 능력

	능력	능력 설명
수학적 사고 능력	직관적 통찰 능력	주어진 정보나 조건들 사이의 관계나 구조의 본질적인 핵심을 직감적으로 파악해 내며, 문제해결의 결정적 단서를 순간적으로 떠오르게 하는 능력
	정보의 조직화 능력	주어진 문제에서 필요한 정보를 수집하고, 문제해결의 전략을 사용할 수 있도록 이를 분류하고 조직하는 능력
	공간화/시각화 능력	- 공간지각능력: 중력적, 운동감각적 단서를 통해 공간 사이의 관계를 정확하게 인지할 수 있는 능력 - 회전능력: 2차원 또는 3차원의 물체를 회전하였을 때의 상태를 정확하게 파악할 수 있는 능력 - 공간 시각화 능력: 주어진 공간적 정보를 머릿속에서 가시화하여 그려 볼 수 있는 능력
	수학적 추상화 능력	비구조화된 수학적 문제 상황을 적당한 수학적 개념이나 수학적 상징 기호나 수식, 그림 등으로 표현함으로써 형식화 해내는 능력
	수학적 추론 능력	귀납이나 연역 등의 방법을 통해 체계적으로 추론, 추측해 내는 능력
	일반화 및 적용 능력	수학적인 문제를 해결하는 과정에서 수나 문자, 기호로 표현된 수적, 공간적 대상이나 관계, 공식 등을 빠르고 광범하게 조작하여 일반화시키고, 더 나아가 얻은 결과를 유사하거나 다른 상황의 새로운 문제에까지 확장하여 적용하는 능력
	반성적 사고 능력	문제해결의 전 과정에서 나타나는 메타인지적 사고
수학적 창의성	수학적 사고의 유창성	문제 상황에 유의미한 답으로써 여러 가지 반응, 아이디어를 낼 수 있는 능력
	수학적 사고의 융통성	서로 다른 범주의 반응, 아이디어를 낼 수 있는 능력
	수학적 사고의 독창성	다른 사람들과는 다른 참신하며, 질적으로도 수준 높은 반응, 아이디어를 낼 수 있는 능력

다음에는 각 능력별 문제의 예를 들어 보도록 하자(김시웅, 2004).

1) 수학적 사고능력

(1) 직관적 통찰 능력

[문제] 삼각형의 내각의 합은 180°이다. 다음 도형의 내각의 합을 구하고 해결 방법을 설명하시오.

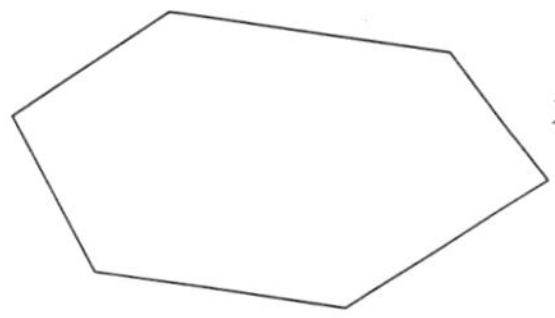

(2) 정보의 조직화 능력

[문제] 아래 문제에서 더 알아야 할 정보나 불필요한 정보가 있습니까? 없다면 직접 문제만 풀고, 있다면 그 조건을 첨가하거나 삭제하여 문제를 푸시오. 그 조건은 왜 필요하거나 또는 불필요한지 설명하시오.
<어떤 사다리꼴 윗변의 길이는 5cm이고, 아랫변의 길이는 10cm입니다. 윗변과 아랫변을 제외한 변의 길이는 각각 8cm라고 할 때 사다리꼴의 넓이를 구하시오.>

(3) 공간 시각화 능력

[문제] 각 변의 길이가 같은 정사각형 모양의 색종이를 그림과 같이 접은 후 송곳으로 구멍을 뚫었습니다. 펼쳐 놓으면 어떤 모양이 되겠습니까? 오른쪽에 직접 그려 보시오.

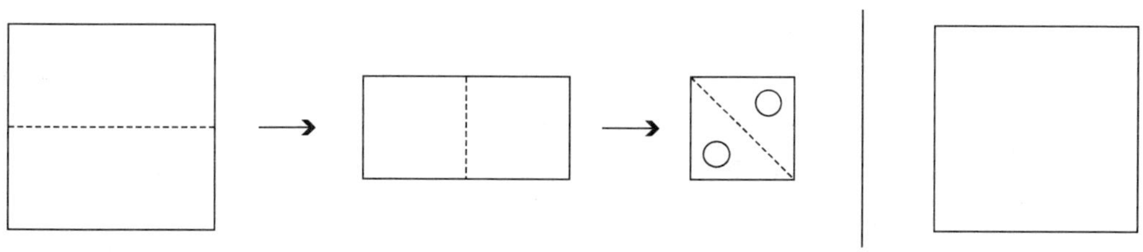

(4) 수학적 추상화 능력

[문제] 다음은 자연수를 어떤 규칙에 따라 그림으로 나타낸 것입니다. 이 규칙대로 그렸을 때, 맨 아래 그림은 어떤 수일까요?

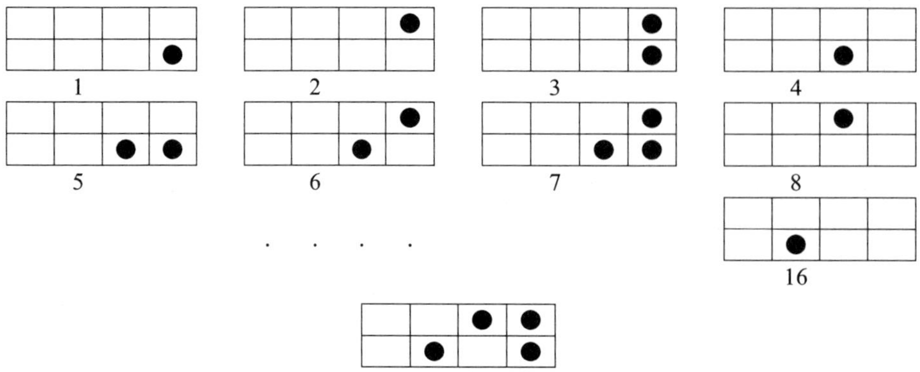

(5) 수학적 추론 능력

[문제] 동전 24개와 양팔저울이 있습니다. 이 동전들은 크기, 모양, 색깔, 무게가 똑같지만 이 중 하나는 가짜 동전이어서 다른 23개의 동전보다 약간 무겁다고 합니다. 양팔저울로 이 가짜 동전을 찾으려고 한다면 최소한 몇 번 무게를 재어야 합니까?

(6) 일반화 및 적용 능력

[문제] 다음 표를 완성하고 물음에 답하시오.

각기둥	삼각기둥	사각기둥	오각기둥	육각기둥	칠각기둥	…
모서리의 수						
꼭짓점의 수						
면의 수						

① 이십각기둥의 모서리, 꼭짓점, 면의 수를 구하시오.
② 오십각기둥의 모서리, 꼭짓점, 면의 수를 구하시오.

(7) 반성적 사고 능력

[문제] 다음 덧셈에서 A, B, C는 0이 아닌 서로 다른 수입니다. 다음 식에서 알맞은 A, B, C를 구하시오.

$$\begin{array}{r} A\ B \\ +\ C\ C \\ \hline A\ A\ A \end{array}$$

2) 수학적 창의성

(1) 수학적 사고의 유창성

[문제] 4개의 홀수를 더하여 10이 되는 경우는 1+1+3+5, 1+1+1+7, 1+3+3+3의 세 가지가 있습니다. 8개의 홀수를 더하여 20을 만들어 보시오.(단, 숫자의 순서만 바꾼 식은 같은 것으로 봅니다.)

(2) 수학적 사고의 융통성

[문제] 농장에 돼지와 닭을 키우고 있습니다. 다리의 수를 세었더니 모두 60개이고, 머리를 세었더니 모두 22개였습니다. 돼지와 닭은 각각 몇 마리인지 해결할 수 있는 모든 방법을 제시하시오.

(3) 수학적 사고의 독창성

[문제] 철수네 집에서 학교까지의 거리는 1500m입니다. 철수는 매분 80m의 빠르기로 학교에서 집으로, 동생은 매분 70m의 빠르기로 집에서 학교로 향하여 출발하였습니다. 철수와 동생이 동시에 출발했다면 몇 분 뒤에 서로 만나게 됩니까?

참고문헌

김민정·류성림(2007). 수학영재의 특성에 관한 사례연구. 초등수학교육, 10(1), 41-56. 한국수학교육학회.

김시응(2004). 초등 수학영재의 판별 방법 및 절차에 관한 연구. 대구교육대학교 교육대학원 석사학위 논문.

김정은(2010). 초등 수학 수업에서 수학영재 판별 도구 개발에 관한 연구. 광주교육대학교 교육대학원 석사학위 논문.

김종준(2013). 초등수학영재 선발전형에 활용되는 교사 관찰 추천서의 분석 및 평가에 관한 연구. 대구교육대학교 교육대학원 석사학위 논문.

김판수(2010). 수학영재의 특성과 추천적용. 부산영재교육진흥원.

박혜정(2010). 관찰·추천 영재 선발 시 사용되는 자기소개서와 교사추천서의 평가자간 신뢰도 분석. 인천대학교 교육대학원 석사학위 논문.

송상헌(2006). 수학영재의 판별과 선발. 서울: 한국학술정보(주).

우동하(2010). 관찰과 추천에 의한 영재교육 대상자의 판별. 대구교육대학교부설교육연수원.

우동하(2012). 관찰추천을 통한 영재교육대상자의 판별과 선발. 2012학년도 경북 초등수학영재지도교사(기본과정) 직무연수 교재. 대구교대 부설 교육연수원.

윤여홍(1998). 영재학생의 심리, 사회적 특성과 지도방법. 제1회 과학영재센터, 아주대학교.

조차미(2009). 부모의 양육태도가 다른 형제 영재의 수학적 성향 비교: 사례연구. 영재교육연구, 19(1), 46-66.

한국교육개발원(1997). 수학영재 판별 도구 개발 연구(Ⅱ)-검사 제작 편. 수탁연구 CR 97-50. 서울: 한국교육개발원.

한인기(2010). 수학영재 특성과 관찰. 관찰·추천 영재 판별 직무연수. 경상대학교과학영재교육원.

Gardner, H. (1983). *Frames of mind: The theory of multiple intelligence*. New York: Basic Books.

Kaur, B., Yeap, B. H. & Kapur, M. (2009). *Mathematical problem solving, Yearbook 2009*. Singapore: World Scientific.

Krutetskii, V. A. (1976). *The psychology of mathematical abilities in school children*. The University of Chicago Press.

NCTM (1987). House (Ed.). *Providing opportunities for the mathematically gifted, K-12*. Reston, Virginia. NCTM.

Renzulli, J. S. (1978). *What makes giftedness? Reexamining a definition*. Phi Delta Kappan, 60(3), 180-184.

VanTassel-Baska, J. (1983). School counseling needs and successful strategies to meet them. In J. VanTassel-Baska(Ed.), *A practical guide to counseling the gifted in a school setting* p. 40-46, Reston, VA: Council for Exceptional Children.

Chapter 03

수학영재의 판별과 선발

우선 수학영재의 판별과 선발에 대한 개념을 명확하게 이해할 필요가 있다. 수학영재로 판별되었다고 해서 그 학생이 끝까지 수학영재가 된다는 보장이 없고, 수학영재로 판별되지 않았다고 해서 성인이 되어서도 수학영재가 안 된다고 확신할 수 없는 것이다. 초등학생 시절에는 두각을 나타내지 못했던 학생이나 일류 대학에 진학하지 못한 학생들 중에서도 수학자 또는 수학으로 성공한 예가 무수히 많기 때문이다. 또, 수학영재 프로그램의 교육대상자로 선발되면 수학영재라고 인식하거나 탈락하면 수학영재가 아니라고 섣불리 판단하는 경우가 많다. 따라서 수학영재의 판별과 선발은 잠재된 영재성의 존재와 그 가치를 인식하는 데서 출발하며, 다면적인 특성을 지닌 재능 자원(talent pool)을 확보하기 위하여 적절한 판별 준거와 도구를 통한 절차가 필요하다.

수학영재교육 대상자의 판별의 문제점으로는 각 영재교육기관이 자체적인 영재의 정의를 제시하지 않고 대상자를 판별하는 경우, 특정 분야에 한정된 판별 방식, 단일 관점과 방법에 의존한 일회적 판별, 지적 측면에 한정한 판별 방식, 개별 영재교육 기관의 특성을 고려하지 않고 전국적으로 일회성으로 이루어지는 데 따른 한계 등이 있다.

수학영재교육 프로그램에 참여할 학생들을 판별하는 전략은 다양하다. 어떤 프로그램에서는 창의성을 강조하거나, 지능 검사 점수만을 강조할 수도 있다. 그러나 다중 지능 이론과 관련한 다차원의 재능 판별과 교육을 위해서는 판별 도구와 전략도 다차원적인 측정을 필요로 한다. 그러나 인지적인 측면만 측정되는 판별과 선발보다는 수학영재의 정의적인 측면이 강조되는 관찰·추천에 의한 방법이 최근에 널리 적용되고 있다.

본 장에서는 교육 실제에서 활용될 수 있는 다차원적 판별을 위한 도구들과 선발 절차를 제시하고자 한다.

3.1 수학영재의 판별과 선발 방식

3.1.1 판별과 선발

영재교육을 실시함에 있어서 우선적으로 해결해야 할 과제는 영재성의 유무를 어떻게 판별하고 영재교육을 받을 대상자를 어떤 준거에 따라 선발하느냐 하는 것이다. 영재를 판별(identification)하는 것과 대상자를 최종 선발(selection)하는 것은 다른 개념이다. 판별은 집단(평재) 속에서 특수한 교육적 배려를 필요로 하는 학생(영재)들을 구별해 내는 과정이며, 선발은 개설하고자 영재교육프로그램의 성격과 방향에 부합하는 대상자를 고르는 작업이다. '판별'은 일정한 숫자의 교육 정원을 확정해 둔 채 학생의 능력 우위에 따라 교육 수혜자를 제한하는 소위 영재 '선발' 절차와는 다르다. 판별은 수량적 개념이 없고 수시로 이루어질 수 있으며, 절대적 기준을 요구하는 반면, 선발은 수량적 개념이며 특정시기에 이루어지고, 상대적인 기준을 가질 수 있다. 기준에 미치지 못하는 학생을 영재로 판별하는 것은 문제가 되지만 영재교육 대상자로 선발하는 것은 가능하다는 입장이다.

판별(identification): 집단(평재) 속에서 특수한 교육적 배려를 필요로 하는 학생(영재)들을 구별해 내는 과정
- 수량적 개념이 없음
- 절대적 기준
- 기준미달학생 판별 안 됨

≠

선발(selection): 개설하고자 영재교육 프로그램의 성격과 방향에 부합하는 대상자를 고르는 작업
- 수량적 개념이 있음
- 상대적 기준
- 기준미달학생 선발 가능

[그림 3-1] 판별과 선발의 딜레마

과거의 영재나 재능아 프로그램에서의 학생 선발은 적성이나 학력 점수에 근거하여 상위 3~5% 정도를 영재로 선발하였으나(Davis & Rimm, 1994), 현재 많은 학교에서 Renzulli의 재능 자원 전략을 채택하여 보다 융통성 있게 많은 대상자를 영재교육 프로그램에 넣어 활용

시키려는 추세이다. 진정한 영재를 놓치지 않으려면 Renzulli의 재능 자원 개념에 입각하여 볼 때, 평균 이상의 능력과 높은 잠재력을 가진 학생 가운데 10~15%의 학생들을 재능 자원에 포함할 필요가 있다(Renzulli & Reis, 2003). Richert(2003)는 학교 전체 학생의 25% 이상을 선발하게 되면, 선발에 따른 실수가 있더라도 배제시키기보다 포함시키는 실수라는 점을 들어 보다 많은 학생을 재능에 포함할 것을 권한다(우동하, 2012).

한편 Sternberg는 영재성을 판단하는 기준으로 다섯 가지를 제시하고 있다(송상헌, 2006).

- 우수성 기준: 한 개인이 특정 차원이나 여러 차원에서 또래에 비하여 우수한가?
- 희귀성 기준: 또래에 비하여 그 우수한 특성이 드물게 나타나는가?
- 생산성 기준: 어떤 분야에서 생산성을 나타낼 가능성이 있는가?
- 가시성 기준: 한 가지 이상의 타당한 검사를 통해서 우수성의 가치를 인정해줄 수 있가?
- 가치성 기준: 사회가 그 우수성의 가치를 인정해줄 수 있는가?

3.1.2 수학영재 판별의 기본 원칙

일반적으로 수학영재는 "수학 영역에서 뛰어난 업적을 이루었거나 이룰 것으로 예상되는 사람으로, 정규 학교 이상의 특별한 교육 프로그램과 서비스를 필요로 하는 사람이다."이라고 할 수 있다. 송상헌(1998)은 수학영재성이란 "선천적으로 타고난 소질과 적성 및 후천적으로 학습한 수학에 대한 기초 지식을 배경으로 하여 수학적인 문제를 해결하고자 하는 지적, 정의적인 행동특성이 수학적 사고 기능과 긍정적으로 조화롭게 작용하여 수학적 과제를 창의적으로 수행해 낼 수 있는 잠재적 가능성"이라고 규정하고, 수학영재는 "수학영재성을 가지고 수학 분야에서 이미 탁월한 성취를 보이고 있거나 보일 가능성이 있는 자"라고 포괄적인 의미로 정의하고 있다.

한편 한국교육개발원(1997)에서는 요인 분석적 관점에서 수학적 사고 능력, 수학적 과제 집착력, 수학적 창의성, 배경 지식의 요인에서 평균 이상의 높은 능력을 지닌 사람을 수학영재로 규정하고 있다.

수학영재를 판별할 때는 지켜야 할 몇 가지 원칙이 있으며, 이 원칙들은 일반 영재의 판별 원칙에서 마련된 것이지만 수학영재의 판별에도 적용될 수 있다.

1) 수학영재성이 나타나는 다양한 측면을 평가한다.

수학영재성은 지적능력, 정의적 태도, 행동, 그리고 산출물의 여러 측면에서 나타난다. 따라서 수학영재를 판별할 때는 다양한 검사 방법과 도구를 활용해야 한다. 예를 들면, 지필 검사 이외에 문제 수행 과정 관찰, 산출물 평가 등 여러 가지 방법을 사용해야 한다. 또 가정과 사회에서 수행하는 활동도 평가해야 한다. 어떤 학생들은 학교 안에서 수행하는 수학적 활동보다 학교 밖에서 수행하는 수학적 활동(경시대회, 경진대회 등)에서 우수한 능력을 발휘하는 경우도 있다.

2) 수학영재의 판별은 다단계적으로, 그리고 계속적으로 이루어져야 한다.

몇 가지 검사를 동시에 실시하여 판별하는 일회적인 판별 절차를 통해서는 수학영재를 바르게 판별할 수 없다. 수학영재는 추천, 검사 실시, 영재교육프로그램에의 배치, 수행 과정의 관찰·평가와 같은 장기간의 지속적인 검사와 평가를 통해서 바르게 판별될 수 있다. 이러한 일련의 판별과정은 지속적으로 이루어져서 한 번 영재로 판별된 학생도 계속 영재성을 확인받아야 하며, 어떤 과정에서 탈락된 학생들도 계속 영재성을 확인받을 수 있는 기회가 제공되어야 한다. 또한 이러한 다단계적인 지속적인 판별 과정을 통하여 판별 과정 자체의 타당성도 계속 평가되어야 한다.

3) 가급적 조기에서부터 수학영재를 판별한다.

어렸을 때부터 수학 영역에서 뛰어난 능력을 보인 아동이 있다. 이러한 아동들은 조기에 발견되어 적절한 교육을 받아야 한다. 외부의 적절한 자극과 도움을 받지 못한 재능은 쉽게 사라질 수도 있기 때문이다. 조기 영재 판별에 대하여 부정적인 시각을 가지고 있는 사람들도 있다. 그러나 조기 판별의 목적은 일찍부터 영재(gifted)와 비영재(non gifted)를 구분하여 차별적인 교육을 시키는 것이 아니라, 모든 아동들 속에 있는 서로 다른 재능을 가급적 일찍 발굴하고, 적합한 교육을 제공하여 그 잠재 능력을 최대한 키워주자는 데 있다.

4) 충분히 수준 높은 검사를 사용한다.

영재라고 모두 비슷한 능력을 지니고 있는 것은 아니다. 예를 들면, 우수한 학생들만을 모은 과학 고등학교에서도 수준 차이는 매우 크다. 그 차이는 보통 학급에 있었을 때 그들과 학급에서 가장 못하는 학생들과의 차이보다 더 크다는 말을 하는 교사도 있다. 정말 뛰어난 영재를 판별하기 위해서는 충분히 수준이 높은 검사를 활용할 필요가 있다. 우리나라의 학교 수학 시험문제나 지능검사 등은 일반학생들을 대상으로 만든 것이기 때문에 변별도가 높지 않다. 따라서 수학영재를 정확히 변별해내는 데에는 한계가 있다. 따라서 학생들의 수학영재성을 정확히 변별하기 위해서는 수준 높은 검사를 사용할 필요가 있다.

5) 수학영재 판별은 배타성보다는 포괄성의 철학을 바탕으로 이루어져야 한다.

영재 판별은 영재성이 없는 학생들을 제외한다는 배타성의 철학이 아니라, 학생의 특성을 발견하여 가능한 한 프로그램에 참여시킨다는 포괄성의 철학을 바탕으로 해야 한다. 수학영재 판별은 '수학영재'와 '수학 비영재'를 구분하여 이름을 붙이거나 '수학영재'라고 이름 붙은 학생들에게 특혜를 베풀기 위해서 실시되는 것이 아니다. 그것은 그대로 두면 간과되고 사라질 수 있는 모든 학생들 속에 있는 수학적 재능을 발굴, 교육시켜 주기 위한 목적으로 실시되어야 한다. 또한 경제적 문화적으로 불우한 환경에 있는 학생이 배제되어서는 안 된다.

6) 영재 판별 과정과 교육 프로그램 간에 체계적인 연계가 이루어져야 한다.

영재 판별에서 수집된 자료는 일회적인 규정이나 명명을 위해서가 아니라 누적적으로 보관, 활용하면서 모든 학생이 참여하는 교육 활동의 개선을 위한 자료로 사용되어야 한다.

한편, 송상헌(2003)은 종전의 판별 기준의 불합리한 면을 지적하면서 판별 원칙이 〈표 3-1〉과 같이 바뀌어야 함을 강조하였다.

〈표 3-1〉 수학영재 판별의 원칙

구분	~에서	~으로
판별 목적	수학영재 여부를 구분하고 판단	잠재적인 수학영재성의 개발과 적절한 수학영재교육 프로그램 참가 여부를 판단하기 위함
판별의 철학	이미 드러난 매우 우수한 극소수의 학생을 중심으로 한 제외성의 원칙	수학영재성의 정의와 개설하고자 하는 수학영재 프로그램의 목적에 적합한 개인의 특성과 장점, 잠재성을 강조하는 포괄성의 원칙
판별의 기준	단일한 준거와 방법	다양하고 복합적인 준거와 방법
판별 단계	한 번의 종합적 총점제 (모든 영역의 종합점수)	다단계 절차와 특성별 강조점(수학의 특정 내용 영역 및 학생 나이 고려)
판별자	소수의 전문가와 행정 책임자	프로그램의 참가 대상자를 판정하기 위해 부모. 학생, 교사 등의 의견까지도 최대한 반영하는 선정위원회
수집 정보의 종류	효과적인 한두 가지	가치 있는 다양한 종류

평가의 방법	수학 문제해결력 중심의 한두 단계의 지필검사	장기간 동안 수학 내용, 수행과정을 직접 관찰하고 포트폴리오나 수학 창작물과 같은 평소의 개인 업적물까지 반영
평가의 내용	습득된 수학 지식의 양이나 사고 과정, 수학 문제해결 능력	수학적 안목으로 이미 습득한 수학 지식을 활용하고 새로운 자료를 조작, 변형할 수 있는 수학적 창의성

3.1.3 영재 판별 절차

Fox(1976)는 일반적인 의미에서의 영재 판별 절차를 다음과 같이 3단계로 제시하고 있다.

〈표 3-2〉 Fox의 영재 판별 단계

단 계	내 용
1단계	실제 영재와는 상관없이 잠정적인 영재집단을 선정하는 단계로써 학생들의 생활기록부, 학업성취도, 학업에 대한 흥미도 및 태도, 행동양식 등에 관하여 교사의 관찰과 분석에 의해 일정한 수의 학생을 선발하는 단계
2단계	지능검사, 적성검사, 창의성검사, 학력검사, 흥미검사, 성격검사 등 여러 가지 표준화된 검사를 통하여 영재 선발을 위한 보다 객관적인 정보를 수집, 분석하는 단계
3단계	각 분야의 전문가들로 구성된 평가팀에 의하여 면접 및 실제 행동 관찰을 통하여 학생들이 갖고 있는 재능에 대한 엄밀한 판단이 이루어지는 단계

조석희(2006)는 영재의 판별 방법을 다음과 같이 4단계로 제시하고 있다.

(1) 제1단계: 학교에서의 학업 성취에 대한 누가 기록 및 행동 관찰 내용에 의거한 교사 추천.

오랫동안 관찰한 결과는 특히 중요하다. 오랫동안 관찰을 할 수 있는 사람의 견해보다 한 시간의 검사 결과가 더 정확하다고 보기 어렵다. 이 단계에서는 여러 교과의 학업성취도 기록, 교사의 관찰 내용의 기록, 경시대회 입상 기록 등이 포함된다.

(2) 제2단계: 표준화된 지능검사, 적성검사, 흥미검사, 창의성검사, 학업성취도검사 실시.

표준화된 검사는 주로 지능 및 학력을 측정하기 위해 쓴다. 이러한 검사는 손쉽게 실시할 수 있지만 대체로 최고점의 수준이 낮아 우수아와 대단히 우수한 아동을 구별하지 못하는 문제가 있을 수 있다. 또 표준화 검사는 대체로 아동으로 하여금 이미 정해진 답만 해야 하기 때문에 영재의 깊은 통찰력에서 나오는 답이 엉뚱하거나 옳지 않은 것으로 처리될 수 있음에 유의해야 한다.

(3) 제3단계: 전문가에 의한 문제해결 과정의 관찰 및 평가.

제2단계까지 판별된 아동을 대상으로 다시 전문가에 의한 실연이나 실험 과정, 문제해결 과정을 직접 관찰하여 평가하는 과정을 거치게 된다. 이런 관찰 평가에서는 각종 검사를 통해서도 발견하지 못한 성격이나 학습 태도를 평가할 수 있다. 이 단계에서는 전문가와 심리학자 등 각 분야에서의 문제해결 과정을 직접 관찰함으로써 창의적 문제해결력을 측정할 수 있다.

(4) 제4단계: 교육 프로그램에의 배치 및 수행 행동 관찰, 평가

영재로 판별되어 프로그램에 배치된 후에도 계속적으로 판별이 이루어져야 한다. 이를 위해 아동을 영재교육 프로그램에 참여하도록 한 후, 계속 관찰하여 아이가 뛰어난 성취를 할 가능성을 또 다시 지켜본다. '한 번 영재는 영원한 영재'라는 사고에서 벗어나 모든 아동의 잠재 가능성을 최대로 계발하려는 의지로 영재성 판별에 임해야 한다.

김미숙 등(2008)은 영재 판별에 대한 포괄적인 과정 모형 2단계, 3단계 A형, 3단계 B형, 4단계를 제안하였지만 과정이 짧은 2단계 모형을 소개한다.

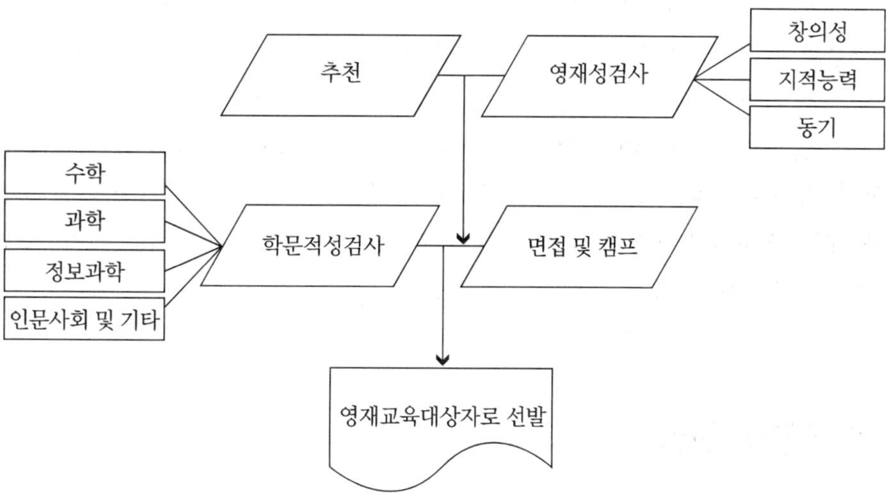

[그림 3-2] 영재 선발을 위한 2단계 모형

2단계 모형은 [그림 3-2]와 같은 과정을 거쳐 영재교육 대상자를 선발한다. 1단계에서는 영재성 검사 결과를 근거로 하여 교사가 추천한다. 2단계에서는 추천을 받은 학생들을 대상

으로 영역별 학문적성 검사와 면접 및 캠프 결과를 동시에 종합적으로 활용함으로써 영재교육 대상자를 선발하는 방안이다.

이는 농어촌 지역 교육청 산하 영재교육원과 같이 소규모로 운영되는 영재교육기관에서 선발도구 및 선발절차 간소화에 따른 업무 경감 등의 효과를 줄 수 있을 것이다.

위의 단계를 보다 간단히 선형적으로 나타내면 다음 그림과 같이 나타낼 수 있다. 이 절차는 주로 2009년 이전에 학문적성검사를 강조하던 시기에 적용하던 방식으로 영재 판별을 그림과 같이 '교사(또는 학교장) 추천 ⇒ 영재성검사 ⇒ 학문적성검사 ⇒ 면접'과 같은 다단계에 걸친 평가를 하였다(한국교육개발원, 2005).

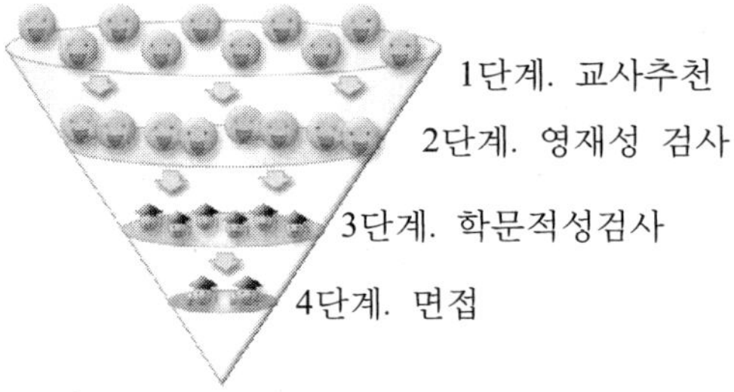

그런데 여기서 주의할 것은 이 단계를 활용할 때 영재 선발에 '학문적성검사'의 비중을 많이 두고 활용했다는 점이다. 이러한 방식은 객관적인 정보와 자료를 참조하여 영재를 선발할 수 있어 시간과 인력이 절약되는 장점을 가지고 있다. 그러나 한 사람의 재능과 능력을 지면에 적힌 수치로 판별하게 되어 있어 개인의 능력과 가치를 제대로 평가하는 데는 한계가 있다. 또한 이러한 판별로 인하여 사교육 부담이 가중된다는 비판도 적지 않다. 이러한 문제점을 보완하기 위하여 영재교육 대상자를 시험으로 선발하지 않고 관찰과 면담을 통해 선발하는 방식에 대한 요구가 높아지면서 2009년 이후에는 3.2절에서 논의하는 관찰·추천제에 의한 판별 방식으로 바뀌어가고 있다.

3.1.4 수학영재 판별 도구

수학적 능력의 측정은 수학 문제의 해결 전략과 사고력의 풍부함, 깊이, 새로움, 신속함, 메타인지 등을 알아보는 것이며, 수학에 대한 태도와 가치 인식 등의 수학적 성향도 자가진단이나 행동 특성의 관찰로 측정할 수 있다(송상헌, 1998). 과거에는 어려운 문제나 해당 학년 수준을 뛰어넘는 문제를 제시하여 수학영재를 선발하였으나 최근에는 특정 과목에서 특정 변인에 따라 학생들이 달리 반응한다는 연구 결과가 많이 제시됨에 따라 다방면에서 다양한 방법으로 평가하고자 하는 경향이 높아졌다. 그리고 Renzulli와 Gardner가 수행평가와 산출물을 바탕으로 한 평가를 실시하면서 전통적인 평가 방법의 타당성에 대한 의문이 제시되었다(조석희 외 4인, 1996).

수학영재를 판별하기 위한 도구는 수학영재의 정의에 바탕을 두어야 하는데 Renzulli의 정의에 따르면 지적인 능력, 창의성, 과제집착력을 확인할 수 있는 도구가 필요하다. 지적인 능력을 확인하기 위하여 표준화 검사를 활용하고, 창의성을 확인하기 위하여 문제 풀이를 통한 창의적인 수행과제를 활용하며, 과제집착력을 확인하기 위하여 전문가의 관찰을 근거로 한다.

1) 표준화 검사

영재를 판별하기 위한 전통적인 방법은 지능검사, 적성검사, 학력검사 등과 같은 표준화된 검사에 의한 방법인데 각 검사 결과에 대한 상위 몇 %라는 비율이 적용되므로 가장 손쉽고 논란이 적은 판별 방법이다. 그러나 수학영재를 판별하기 위해서는 좀 더 신중할 필요가 있다. 수학영재들은 특정 영역에서 특별한 능력을 가지고 있고, 수학적 추론과 같은 수학적 능력을 알아보기에는 적절하지 않기 때문이다. 따라서 지능 검사, 학업성취도 검사 결과에 많은 비중을 부여하는 것은 곤란하다. Renzulli가 주장하는 것처럼 지능은 보통 이상이면 누구나 영재가 될 수 있기 때문이다. 여기서는 지능검사에 대해 간략히 알아본다.

지능검사는 학생들의 학업 능력을 예측하고, 부진요인을 발견하고, 속진과 관련된 교육적 처방에 활용될 수 있지만, 하나의 심리 검사 방식에만 의존하는 것은 바람직하지 않다. 일반적으로 지능 지수의 범위에 따른 분포율을 다음과 같다.

수준	IQ 범위	분포율
기반 수준 영재	115 ~ 129	1: 6 ~ 1: 40
보통 수준 영재	130 ~ 144	1: 40 ~ 1: 1,000
상위 수준 영재	145 ~ 159	1: 1,000 ~ 1: 10,000
예외 수준 영재	160 ~ 179	1: 10,000 ~ 1: 1,000,000
심오 수준 영재	180 +	1: 1,000,000 ~ 이하

지능검사는 오랫동안 어린이들의 지적 능력에 따른 선발과 교육에 활용되어 왔다. 집단지능검사는 학생들의 학년을 기준으로 결과를 산출한다. 집단지능검사는 주로 학생의 능력을 학교 성취에 견주어 보기 위한 것이지 영재성이나 재능에 비추어 보기 위한 것은 아니다.

지능검사는 집단적으로 실시될 수도 있지만 개별적으로 검사되는 것만큼 정확하지 않을 수 있다(Smutny, 2001). 스텐포드 비네 지능검사나 웩슬러 아동용 지능검사를 비롯한 개인 검사는 일대일로 실시된다. 영재교육의 실행을 위해서 집단 검사나 개인 검사가 아울러 시행되어야 할 것이다(Rogers, 2002).

최근에는 Naglieri가 개발한 NNAT(Naglieri Nonverbal Ability Test)를 이용하기도 한다. NNAT는 크기, 모양, 방향 등이 포함된 기하학 모양으로 짜인 38문항으로 구성되어 있다. 유치원생부터 고등학생까지 학생을 대상으로 하는 지능검사이다. 기존의 지능 검사가 언어 위주로 되어 있어서 장애아, 제한된 영어 사용 능력을 가진 아동, 문화적 차이 등에 따라 달랐으나, NNAT 검사는 대상이 모든 연령층이며, 국적, 문화적 차이에 관계없이 지능을 정확히 측정할 수 있고 서로 비교가 가능하다. NNAT는 학생들의 지능(일반적 능력: IQ)과 학교에서의 학업성취도를 예언해주며, 특히 읽기와 수학 영역과 높은 상관성이 있다. 다음은 NNAT 검사문항의 예이다.

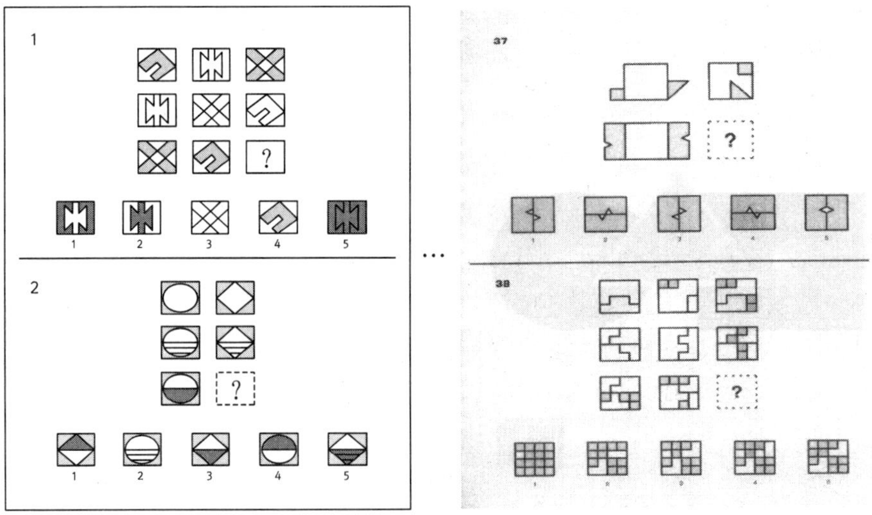

2) 창의성

탐구능력이나 추론능력을 묻는 난도가 높은 문제를 제시하여 해결하게 함으로써 수학적인 능력이나 창의력을 측정할 수 있다. 특별한 재능을 보이는 학생들에게는 더욱 심화된 문제에 도전할 수 있고, 심화 학습이나 실력 경쟁을 위한 학술 팀에 참여하여 자신의 능력을 더욱 발달시킬 수 있다.

(1) 수학 창의적 문제해결 검사

창의성을 확인하기 위하여 1997년 KEDI가 개발한 표준화한 수학 창의적 문제해결력 검사

도구(1, 2부)를 사용할 수 있지만 문항들이 이미 노출되었고, 새로운 문항이 개발되지 않아 검사도구로서 기능을 잃었지만, 개방형 문제로 되어 있어 정답이 없어서 판별도구로서 활용하기보다 창의성 지수를 측정하기 위해 여전히 활용하고 있다.

김홍원 외(1997)가 개발하여 실시하고 있는 수학 창의적 문제해결력 검사는 창의성의 하위 요인 중 유창성, 융통성, 독창성 3요인만 측정한다.

수학적 창의성은 보통 다음과 같은 세 가지 유형의 문제를 통하여 측정한다.

① 다양한 답을 찾게 하는 문제

[문제] 일정한 간격 1cm로 주어진 격자 안에서 넓이가 $4cm^2$, 또는 부피가 $4cm^3$인 도형을 가급적 많이 그려 보시오.

② 다양한 문제를 만들게 하는 문제

[문제] 세 수 2, 3, 8이 주어졌을 때, 이 세 수와 알고 있는 모든 수학 기호를 이용하여 서로 다른 종류의 등식을 만들어 보시오. 단, 주어진 수를 두 번 이상 사용하면 안 됩니다.

③ 다양한 독창적인 '재정의'를 하게 하는 문제

[문제] 2에서 10까지의 자연수의 집합이 있다. 이 집합의 부분 집합을 많이 만들어보고, 그 집합의 이름을 붙여 보시오.

검사의 성격은 다음과 같다.

① 수학적 유창성, 융통성, 독창성을 측정한다.
② 개방되고 다양한 답, 반응을 요구하는 문제들이 제시된다. 출제자가 모범 답안을 예측할 수 없다.
③ 문제 풀이에 있어 수렴적 사고와 확산적 사고가 동시에 요구되나, 최종적으로는 확산적 사고가 보다 많이 요구된다.
④ 다답 서술형으로 출제된다.
⑤ 암기된 개념, 원리, 방법을 단순하게 적용해서 풀 수 있는 문제는 제시되지 않는다.

(2) 창의 재능 검사

창의 재능 검사는 영재성 검사라고도 불리던 것으로 창의성을 중요시하는 경향을 더욱 강조하여 범교과적인 차원에서 창의성을 검사할 수 있는 시험이다. 학문적성검사에 앞서 일반적인 창의성이 있는가를 판단하기 위한 것으로 영재의 정의에 부응하기 위한 시험이라 볼 수 있다. 영재성 검사에서는 크게 창의성 유형과 지적능력 유형으로 나누고, 지적능력은 수리/공간지각력 유형, 논리/퍼즐 유형, 언어 유형으로 나누어 출제할 수 있다. 구체적인 분류는 다음 표와 같다.

측정영역 / 관련사고능력 / 문항	창의성					지적능력													
						수리/공간지각력						논리/퍼즐		언어					
						수리력				공간지각									
	유창성	융통성	독창성	정교성	정서적 민감성	과학적 방법	연역적 논리	귀납적 논리	수학적 사고	공간적 관계	시각화/공간화	귀납적 논리	퍼즐	언어적 이해	언어유창성	언어적 표현력	논리적 주장	언어적 민감성	추론

다음은 창의 재능 검사의 문항의 예이다.

(예 1) 창의성 유형: 그림 완성하기

[문제] 영미는 그림을 그리다 잠이 들어 그림을 완성하지 못했습니다. 영미가 그리다 만 그림을 완성하시오. 제목도 붙이시오.

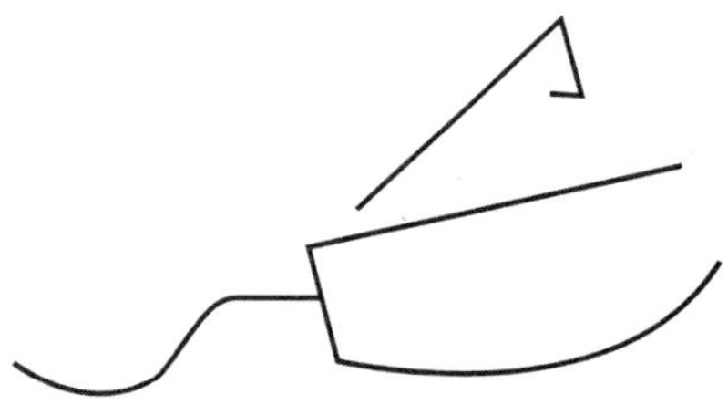

제목: ________________________

점수: 10점(융통성 3점, 정교성 5점, 정서적 민감성 2점)

<정교성은 개수에 따라 표와 같이 채점한다.>

아이디어 개수	1~5개	6~10개	11~15개	16~20개	21개 이상
점수	1점	2점	3점	4점	5점

(예 2) 수리력 유형: 복면산

[문제] 다음 조건과 식을 보고, A+B+C+D+E+F의 최댓값을 쓰시오.

<조건> A~F는 7을 제외한 1부터 9까지의 서로 다른 자연수이고, A와 B의 차이는 5 이하이다.

```
              □   □   □
          ---------------
A   B  |  C   7   D   E   F
          □   □
      -------------------
          □   □   □
          □   □   □
      -------------------
              9   □   □
              □   □   □
          ---------------
                  9   0
```

(예 3) 공간지각력 유형: 겨냥도 그리기

[문제] 다음 그림을 보고 입체도형의 겨냥도를 그리시오.

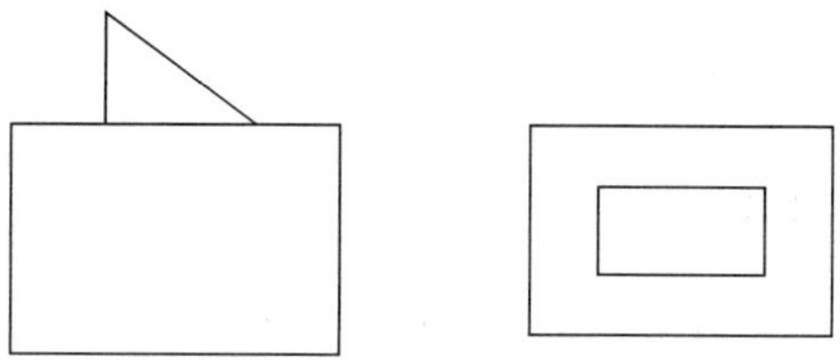

(앞) (위)

(예 4) 논리/퍼즐 유형: 귀납적 논리

[문제] A, B, C가 A, B, C, D의 4명의 키에 대해 이야기를 나누고 있다. 다음 대화를 읽고 네 사람의 키를 순서대로 나열할 수 있는 모든 방법을 큰 키 순서대로 쓰시오.

<대화>

A: 나는 C와 D중 한 사람보다 큽니다.

B: 나는 C와 D보다 클 수도 있고 둘 중 하나보다 클 수도 있습니다.

C: 나는 A와 D보다 큽니다.

(예 5) 언어 유형: 문장 표현 방법

[문제] 다음 그림을 보고 비슷한 형식으로 쓰인 문장을 <보기>에서 고르고, 이와 같은 방식으로 직접 만들어보시오.

손쉽게 쓰다, 손 쓸 수 없게 되었다.

<보기>
① 난 지성으로 뭉쳤다. 난 건성으로 살았다.
② 꽃이 향기로운 것은 추운 겨울을 이겨냈기 때문이고, 사람이 아름다운 이유는 상처를 이겨냈기 때문이다.
③ 운전대 잡고 휴대폰을 잡으면 사람까지 잡을 수도 있다.
④ 여름을 전기가 시원하게 하고, 여름이 전기를 힘들게 한다.
⑤ 나무를 죽이는 컵? 나무를 살리는 컵!
(1) 비슷한 문장: ( )번
(2) 〈보기〉와 비슷한 방식의 표현을 직접 만들어 쓰시오.

점수: 5점(답이 맞으면 2점, 중의적 표현으로 문장 완성하면 3점)

3) TTCT 창의성 도형검사

TTCT(Torrance Tests of Creative Thinking)는 언어가 아닌 도형을 이용하여 창의적 능력을 검사하는 도구로써 Torrance(1998)가 고안하였다. A형과 B형 두 가지가 있으며, 각 검사지는 3가지 문항으로 구성되며 각 문항당 10분씩 총 30분 동안 주어진 불완전한 모양을 기초로 하여 그 모양에 자신만의 상상력과 경험한 결과를 덧붙여 그림으로 표현하도록 하였다. 학생이 쓴 제목과 스케치한 그림 산출물에서 창의적 능력을 채점한다. 다음은 A형의 3가지 활동의 예이다.

TTCT를 통해 창의성 지수를 측정할 수 있다. 여러 가지의 창의성 요소들 중에서 문항 1은 독창성·제목의 추상성·정교성, 문항 2는 유창성·독창성·제목의 추상성·정교성·사고의 개방성, 문항 3은 유창성·독창성·정교성의 능력을 채점하여 평균표준점수로 나타낸다. 그리고 창의적 강세를 보너스 점수로 채점하고 평균표준점수와 합산하여 창의성 지수로 표현한다.

표준 점수 아래의 전국 퍼센트는 창의성 지수를 변환한 것으로 같은 또래 학생 100명을 기준으로 할 때 도달한 수준을 나타낸다. 예를 들면, 전국 퍼센트가 98%이면 학생은 100명 중에 2등 안에 들어간다는 뜻이다. TTCT 검사지의 채점 양식은 다음과 같다.

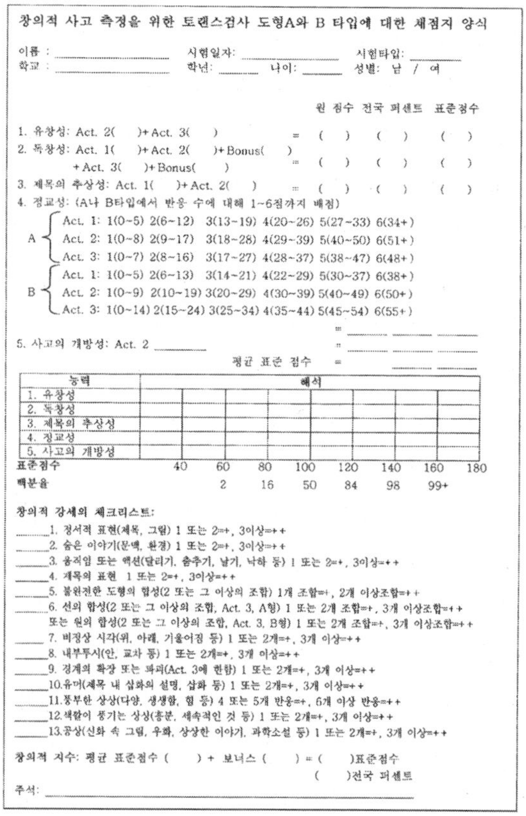

창의적 사고 측정을 위한 토랜스검사 도형A와 B 타입에 대한 채점지 양식

이름 : ________ 시험일자: ________ 시험타입: ________
학교 : ________ 학년: ______ 나이: ______ 성별: 남 / 여

원 점수 전국 퍼센트 표준점수

1. 유창성: Act. 2(   )+Act. 3(   ) = (   ) (   ) (   )
2. 독창성: Act. 1(   )+Act. 2(   )+Bonus(   )
   +Act. 3(   )+Bonus(   ) = (   ) (   ) (   )
3. 제목의 추상성: Act. 1(   )+Act. 2(   ) = (   ) (   ) (   )
4. 정교성: (A나 B타입에서 반응 수에 대해 1~6점까지 배점)

A
- Act. 1: 1(0~5) 2(6~12) 3(13~19) 4(20~26) 5(27~33) 6(34+)
- Act. 2: 1(0~8) 2(9~17) 3(18~28) 4(29~39) 5(40~50) 6(51+)
- Act. 3: 1(0~7) 2(8~16) 3(17~27) 4(28~37) 5(38~47) 6(48+)

B
- Act. 1: 1(0~5) 2(6~13) 3(14~21) 4(22~29) 5(30~37) 6(38+)
- Act. 2: 1(0~9) 2(10~19) 3(20~29) 4(30~39) 5(40~49) 6(50+)
- Act. 3: 1(0~14) 2(15~24) 3(25~34) 4(35~44) 5(45~54) 6(55+)

= ______ ______ ______

5. 사고의 개방성: Act. 2 ______ = ______ ______ ______

평균 표준 점수 = ______ ______

능력	해석							
1. 유창성								
2. 독창성								
3. 제목의 추상성								
4. 정교성								
5. 사고의 개방성								
표준점수	40	60	80	100	120	140	160	180
백분율		2	16	50	84	98	99+	

창의적 강세의 체크리스트:

______1. 정서적 표현(제목, 그림) 1 또는 2=+, 3이상=++
______2. 숨은 이야기(문맥, 환경) 1 또는 2=+, 3이상=++
______3. 움직임 또는 액션(달리기, 춤추기, 날기, 낙하 등) 1 또는 2=+, 3이상=++
______4. 제목의 표현 1 또는 2=+, 3이상=++
______5. 불완전한 도형의 합성(2 또는 그 이상의 조합) 1개 조합=+, 2개 이상조합=++
______6. 선의 합성(2 또는 그 이상의 조합, Act. 3, A형) 1 또는 2개 조합=+, 3개 이상조합=++
또는 원의 합성(2 또는 그 이상의 조합, Act. 3, B형) 1 또는 2개 조합=+, 3개 이상조합=++
______7. 비정상 시각(위, 아래, 기울어짐 등) 1 또는 2개=+, 3개 이상=++
______8. 내부투시(안, 교차 등) 1 또는 2개=+, 3개 이상=++
______9. 경계의 확장 또는 파괴(Act. 3에 한함) 1 또는 2개=+, 3개 이상=++
______10.유머(제목 내 삽화의 설명, 삽화 등) 1 또는 2개=+, 3개 이상=++
______11.풍부한 상상(다양, 생생함, 힘 등) 4 또는 5개 반응=+, 6개 이상 반응=++
______12.색깔이 풍기는 상상(흥분, 세속적인 것 등) 1 또는 2개=+, 3개 이상=++
______13.공상(신화 속 그림, 우화, 상상한 이야기, 과학소설 등) 1 또는 2개=+, 3개 이상=++

창의적 지수: 평균 표준점수 (   ) + 보너스 (   ) = (   )표준점수
(   )전국 퍼센트

주석: ________________

4) 정의적 영역 검사

지적인 능력이나 창의성은 지필 검사나 과제 수행 등으로 영재 여부를 어느 정도 확인할 수 있지만 좀 더 정확하게 판별하기 위하여 정의적 영역도 측정하게 되는데 이 영역은 학생의 행동을 관찰하거나 면담 등을 통해서만 가능하다. Renzulli와 Hartman의 영재의 행동특성 평정 척도는 영재의 행동 특성에 관한 기존의 여러 연구물들을 바탕으로 학습 특성, 동기 특성, 창의적 특성, 지도력 특성, 특정 교과에 대한 특성 등 다방면에서 영재성을 측정할 수 있도록 구성되어 있다. 윤여홍(1998)도 이를 보완하여 한국판 영재 행동특성 체크리스트를 개발하였다. 정의적 영역 검사 도구는 관찰·추천에 의한 영재 선발 방법에 대한 다음 절에서 다루기로 한다.

3.2 관찰 · 추천에 의한 수학영재 선발 방식

교육부는 지필검사 중심의 수학영재 판별 및 선발의 문제점을 해결하기 위하여 2010년부터 16개 시도별로 관찰·추천에 의한 영재교육 대상자 선발 방식을 확정하였다(교육과학기술부 창의인재육성과-1795, 2009.9.23). 이에 따라 영재교육기관에서는 입학생을 선발하기 위한 시험제도를 폐지하고, 교사의 장기적인 관찰과 관찰을 토대로 한 추천 방식에 의하여 영재교육 대상자를 선발해야 한다. 영재성 관찰은 학생들의 잠재력과 창의성, 발전 가능성을 면밀히 보기 위해 최소 6개월에서 1년 이상의 장기적인 관찰을 통해 이루어져야 할 것이다. 그래서 영재교육 대상자의 추천·선발은 학교 소속 교사, 영재교사, 외부 전문가 등으로 구성된 추천 위원회에서 영재교사의 관찰 결과를 토대로 영재교육기관에 추천하면, 영재교육기관(영재학급, 영재교육원)에서 선정심사위원회를 통해 대상자를 선발하게 된다.

영재교육 대상자를 선발하여 영재로서 그 능력을 발휘할 수 있도록 지속적으로 교육하는 것은 학교와 사회가 갖고 있는 책임이다. 그러한 잠재적 능력이 뛰어난 영재를 선발하는 것은 매우 중요한 일이나 시간적, 경제적 등의 여러 가지 문제로 인해 올바른 선발을 수행하는 데는 매우 어려움이 많았다. 또한 최근에는 많은 지원자로 선발 과정의 어려움 때문에 형식적인 평가가 주를 이루고 있는 것 또한 해결해야 할 과제이다. 가정이나 개인이 영재 선발에 적극적으로 참여하거나 모범적인 아동은 영재 선발에 접하는 기회가 많을 수 있다. 그러나 그렇지 못한 잠재적 영재나 소외계층의 영재를 발굴하는 데는 교사의 역할이 매우 중요하다. 따라서 그러한 영재의 판별에 있어서 교사의 관찰은 매우 중요하다. 특히 어떤 현상에 대한 판단을 위한 증거를 수집하기 위해 실시하는 관찰은 가장 보편적이고 자연스런 방법으로 수행 능력과 같은 인지적 영역뿐 아니라 태도와 신념과 같은 정의적 영역까지를 평가할 수 있는 장점이 있다.

관찰·추천에 의한 수학영재를 어떻게 선발하는지에 대하여 논의해보자.

3.2.1 관련 담당자의 역할

수학영재 판별에 앞서서 학생들이 자신의 능력을 충분히 발휘할 수 있는 교육 환경을 제공하고, 그에 따라 잠재적인 가능성이 있는 학생을 판별하고 도전적인 과제와 지원을 제공하는 것이 바람직하다. 이와 관련하여 Sutherland(2008)는 [그림 3-3]과 같은 총체적인 접근 방식을 제안하였다.

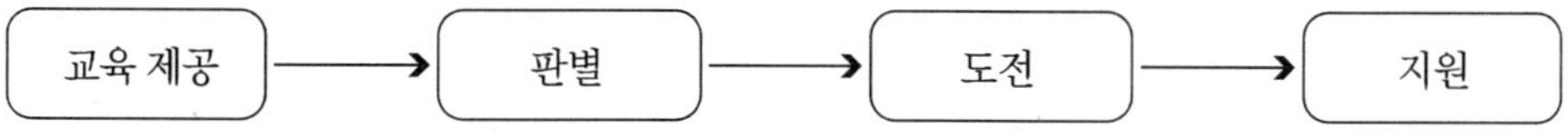

[그림 3-3] 영재 판별을 위한 총체적 접근 방식(Sutherland, 2008)

영재성을 발현시킬 수 있는 교육 환경의 제공을 위해서는 그에 대한 교사의 전문성 발달이 담보되어야 하고, 그것을 위해서는 적절한 정책이 개발되고 수립되어야 한다. 그래서 개별 학교에서 영재학생의 교육을 위한 정책이 다루어져야 한다. 여기에서는 관찰·추천에 의하여 영재 또는 수학영재를 인식하고 발굴하여 학생의 영재성을 발현시키기 위해서는 학생들을 둘러싼 관련 담당자의 역할에 대하여 알아본다.

1) 영재 담당교사의 역할과 책임

수학영재를 전담하는 담당교사는 특수교육 교사와는 별도로 지명되어야 하고, 학교 조직에서 명확한 업무 분담 내용과 교과 운영방침을 통해 영재학생의 요구를 충족시키기 위한 책임을 적절히 분배하도록 해야 한다. 영재 담당교사의 역할과 책임을 살펴보면 다음과 같다.

- 수학영재학생의 관찰·추천이 효과적으로 이루어지기 위해 영재 담당교사는 교육과정 운영에서 개별화가 이루어질 수 있도록 점검하고, 관련 담당자와 협력하여 적절한 교육과정 지원 체제가 자리 잡도록 한다.
- 일반 교사가 영재학생을 체계적으로 관찰하도록 도와주기 위하여, 해당 교사의 수업 계획을 점검하고 조언하며, 수업의 관찰을 통해 영재학생의 참여 수준과 학습 내용, 도전 수준의 적절성, 수업 방법, 제공된 학습자료의 질과 범위, 발산적 발문 등에 대해 의견을 제시한다.
- 담당 부서 및 교사 사이에 영재학생의 판별에 필요한 의사소통이 이루어지도록 관련자 협의회를 통해 중재하고, 영재교육에 대한 전문성의 공유와 발달 기회를 위한 교직원의 이해와 지원을 요청한다.
- 수학영재교육과 관련된 자료와 활동에 필요한 자원을 확보하기 위해 지역 및 전국 통신망과 연계하고, 영재학생의 관찰·추천에 필요한 절차와 정보를 동료 교사나 학부모에게 홍보하도록 한다.
- 수학영재 대상 학생의 프로필을 관리하고, 발달 과정을 점검하며, 개별 학생의 바람직한

학습을 지원하는데 필요한 교내외 인적 자원을 서로 연계시킨다.

- 수학영재를 판별하기 위한 학교 방침의 개발을 주도하고, 그것을 평가, 과제, 경연대회 등록 및 학부모 참여에 대한 방침과 연계시키며, 영재학생을 위한 특별 프로그램을 개발하고, 실행하며, 점검하기 위해 다른 학교나 지역의 영재 담당교사와 연계한다.
- 미성취 영재가 필요한 요구사항을 확인하고 도와줄 수 있는 전문적인 학습 상담자와 연계하여 학생이 지닌 문제를 해결할 수 있도록 협력한다.
- 또한, 관찰과 추천을 통한 영재의 판별 과정에서 영재 담당교사의 역할은 영재 특성과 관련된 기본 지식의 전수 및 상담, 관찰·기록 서류를 바탕으로 영재성의 판단 및 점검, 영재학생의 직접적인 관찰, 심층 면담을 통한 잠재적 가능성 판단, 판별 과정에 대한 논의와 조정, 판별 도구의 특징 및 적절한 판별 도구의 결정, 관찰 및 추천 결과에 대한 성찰 등의 항목을 포함하도록 한다.

2) 일반 교사의 역할과 책임

일반 교사는 추가적인 지원이 필요한 다른 학생들이 학급에 있는 경우 영재학생의 요구를 어떻게 도와줄 수 있는지 걱정하는 경우가 많다. 또는 영재학생을 지원하는 방법에 대한 연수가 부족하거나 특정한 주제에 대해 자신이 알고 있는 것보다 영재학생이 더 많이 알고 있을지 모른다는 불안을 경험하기 쉽다. 또한 영재학생은 학문적인 것뿐만 아니라 사회적으로 그리고 정서적으로 잘 발달할 것이라고 생각하거나 자신의 학습이 더 발전되지 않는 영재학생에 대해 걱정이 앞설지 모른다. 교사가 모든 학생을 잘 보살피려고 최선을 다하는 것은 중요하지만, 영재학생의 요구를 자세히 고려하는 일은 우리가 다른 학생을 배제시킨다는 뜻은 아니다. 영재학생의 요구를 충족시키는 일은 결국 모든 아동의 요구를 충족시키도록 우리를 도와줄 것이다. 교사는 다음과 같은 일에 책임을 갖도록 한다.

- 수학영재학생과 일반 학생이 겪을 수 있는 문제를 인식하고 지도 과정에서 그것이 고려될 수 있도록 한다.
- 다양한 맥락과 폭넓은 상황에서 모든 학생을 관찰도록 한다.
- 제한된 범주보다는 더 넓은 집단에서 영재 판별을 고려하도록 한다.
- 창의적이고 기대하지 않은 방식으로 활동에 접근하는 학생을 찾아보도록 한다.
- 과제를 좀 더 재미있게 하기 위해 과제에 의도적으로 도전성을 부여하는 학생을 발견하도록 한다.
- 아직 과제를 독자적으로 완수할 준비가 되지 않은 학생의 학습에 디딤돌을 놓을 수 있도록 한다.

3) 학부모나 보호자의 역할

일반 교사나 영재 담당교사가 학부모나 보호자와 정보를 공유하는 일은 수학영재를 포함한 모든 학습자를 위한 교육의 중요한 일부이다. 가정과 학교의 좋은 동반관계는 영재학생을 위한 중요한 정서적 지원을 제공할 수 있다. 이와 같은 가정과 학교의 동반관계를 위해 다음과 같은 일을 고려해야 할 것이다.

- 학부모와 보호자는 일련의 상황 속에서 자신의 아동을 보고, 학교나 대학에서 그들의 성공에 대한 지식을 전달할 수 있다. 반대로, 학교와 대학은 학부모나 보호자에게 영재 학습자를 위한 지원의 조정과 그들을 판별하는데 사용된 방안에 대해 이야기해야 한다. 전체로서 학교 사회는 학교나 대학이 영재를 정의하는 법을 인식해야 한다.
- 공개 발표회에서 발표나 활동은 서로 다른 학습 유형, 학습 상황, 학습 경험의 범주에 대한 인식을 증가시키는 것을 도울 수 있다. 학부모와 보호자는 적절한 과제, 학습 지원 및 학교 교육 준비에 대한 논의에 개별적으로 혹은 집단적으로 참여될 수 있다. 학부모와 학교 사이의 의사소통을 증진시키도록 돕기 위해 영재 가족을 위한 학부모 후원회를 결성할 수 있다.
- 학부모와 보호자는 적절한 교수/학습 방안에 대한 결정에 항상 포함되어야 한다. 그리고 가능하면 선택한 접근방식에 동의해야 한다. 예를 들어, 학생을 특정한 집단에 편성하는 일에 대해 합의가 이루어질 수 없다면, 학교나 대학은 학생의 최상의 관심에 기초하여 결정을 내려야 한다. 이 경우에, 학부모나 보호자는 학교가 교육청의 방침을 따르는지 점검하기 위해 교육청 담당자와 만날 수 있는 권리를 갖는다.
- 지역 교육청은 또한 학부모와 보호자에게 수학영재교육과 관련된 조언을 제공해줄 수 있다.

3.2.2 관찰·추천 선발과정 모형

교육과학기술부(2009)에서는 종전의 시험에 의한 선발이 많은 문제점을 안고 있음을 확인하고 이를 해결하기 위하여 영재교사에 의한 관찰 및 추천 방식으로 선발한다고 발표하면서 다음과 같이 4단계 과정을 제안하였다. 교육부는 이 시책에 따라 GED(Gifted Education Database, 영재교육종합데이터베이스)를 구축하여 영재 선발을 체계적으로 하도록 지원해주고 있다.

〈표 3-2〉 영재교사의 관찰·추천 과정

○ 학급담임교사 의뢰 ○ 학생, 학부모 상담 ○ 영재교사의 발굴 (영재 Pool 형성)	→	○ 영재교사 지속 관찰 ○ 기본 영재성 검사 ○ 수업 등 영재성 진단 ○ 잠재 영재군 프로파일링	→	○ 영재교육 대상자 추천	→	○ 교육기관 배치 및 지속관리

류지영과 정현철(2010)은 관찰추천 영재선발 모형으로 다음 4단계를 제안하고 있다.

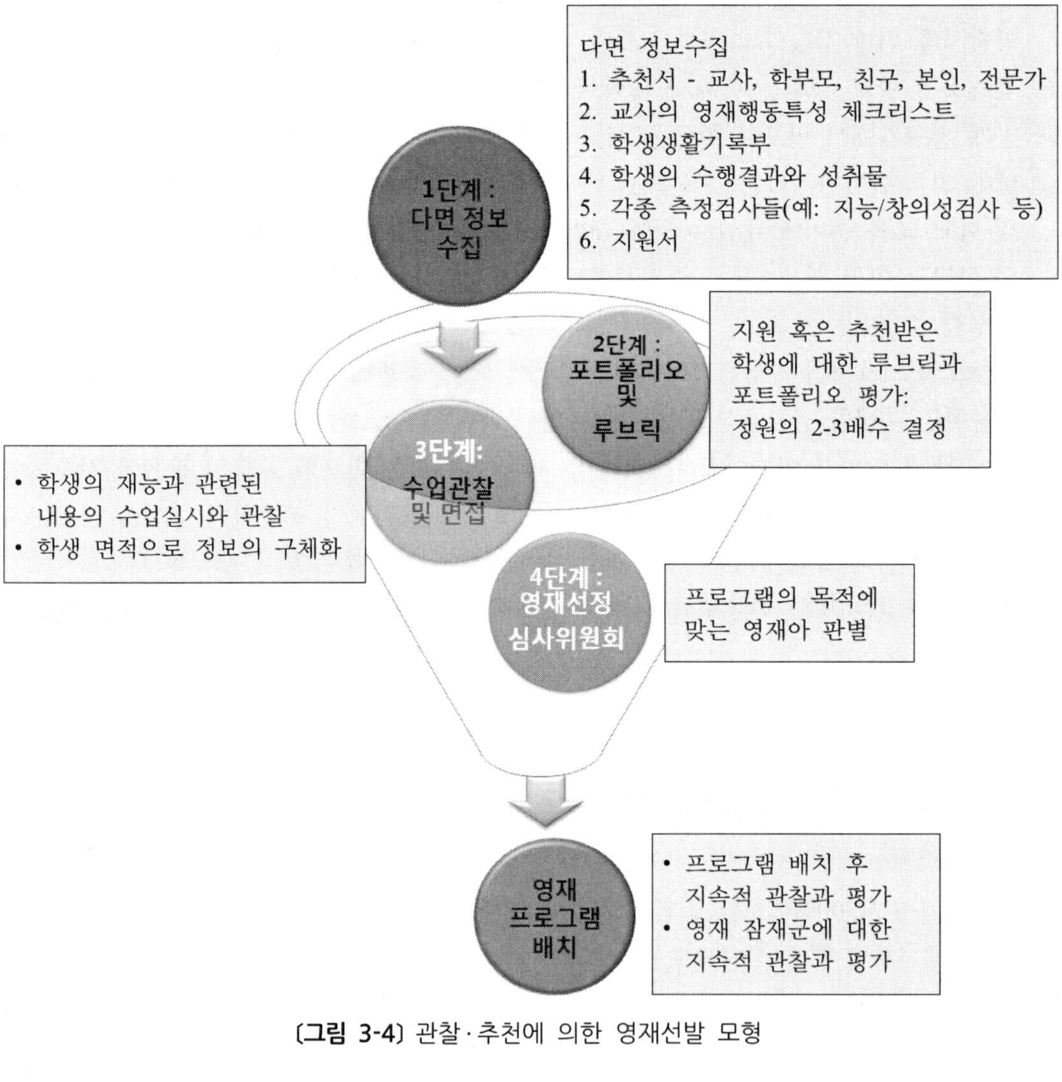

〔그림 3-4〕 관찰·추천에 의한 영재선발 모형

관찰·추천에 의한 영재선발 모형의 단계별 세부 내용은 다음과 같다.

〈표 3-3〉 관찰·추천 영재선발 모형의 단계별 세부 내용

단계	내용
1단계	다면 정보수집: 추천서, 체크리스트, 학생생활기록부, 수행결과와 성취물, 측정검사, 지원서와 자기소개서
2단계	포트폴리오 및 루브릭: 지원 또는 추천받은 학생 평가-정원의 2~3배 정도 결정
3단계	수업관찰 및 면접: 학생의 문제해결력, 논리적 사고력, 정보처리능력 등의 인지적인 능력과 과제집착력, 호기심, 열정 등의 정의적인 영역을 파악(관찰평가지)
4단계	영재선정심사위원회: 관찰추천 영재선발이 단지 영재들을 선발하는 것에만 그치는 것이 아니라 학교의 전체 교육과정에 영향을 주어, 앞으로는 수업시간에 학생의 관찰이 보다 용이해질 수 있도록 학생의 참여를 유도하는 교육과정의 활성화에 일익을 담당

장기적으로 학생을 관찰하는 것은 단 1회의 시험으로는 결코 알 수 없는 잠재적 영재성을 관찰할 수 있다.

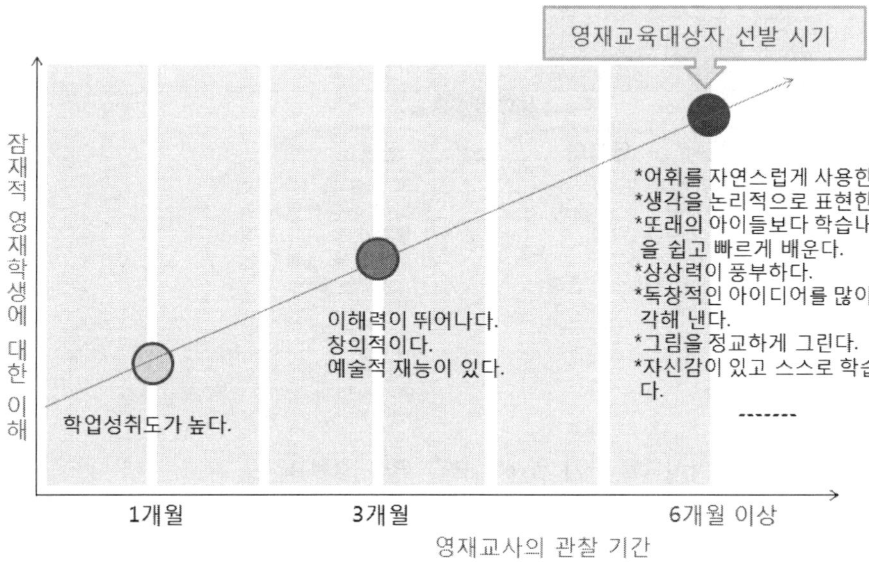

[그림 3-5] 영재교사의 관찰기간에 따른 영재행동특성 이해 정도

영재교사의 장기적 관찰에 바탕을 둔 관찰 추천에 의한 선발은 기존의 선발방법에서 단편적으로 측정했던 지적 학습능력뿐만 아니라 학습에 대한 동기, 과제집착력, 창의적 사고력, 신체·예술적 능력 및 지도성의 자질 등 한 학생이 지닌 잠재적 영재성을 종합적으로 판별하여 선발할 수 있어야 한다.

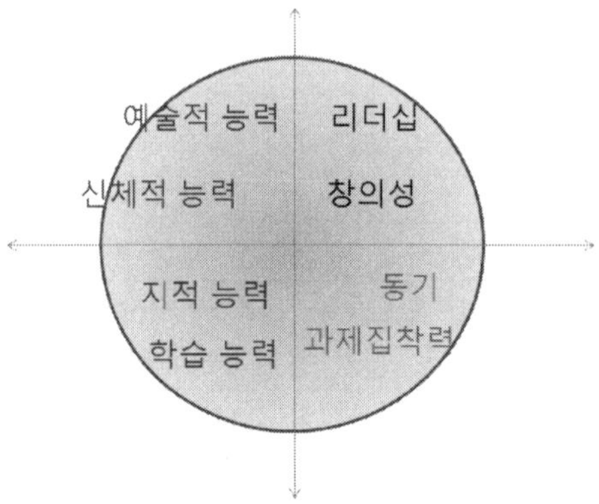

[그림 3-6] 영재선발 방식의 개선에 따른 종합적 영재성 판별

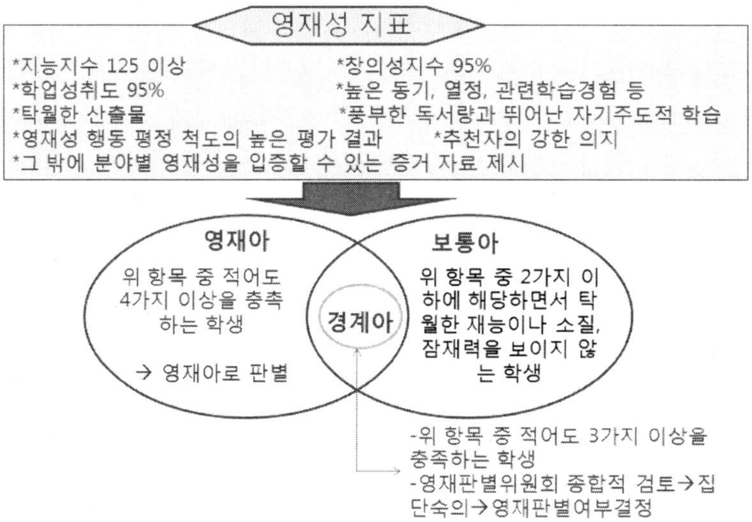

[그림 3-7] 영재의 종합 판정 결정 모형

3.2.3 관찰·추천을 위한 영재 판별 평가 도구

관찰에 의하여 영재를 판별하는 방법에는 여러 가지가 있는데 각 방법마다 장단점이 있으므로 서로 보완할 수 있도록 여러 가지 도구를 활용하는 것이 좋다.

관찰에 의한 영재 판별 방법에 대한 장점과 단점은 다음과 같다(Attifield, 2009).

〈표 3-4〉 영재 판별의 방법(도구)

방법	장점	단점
국가 성취도 평가	• 외부의 객관적 기준에 적용 • 단위 학교를 넘어선 상대적 비교가능 • 성취도 확인 가능	• 오직 특정한 날에 평가된 성취도 • 성취도와 잠재력 사이의 간극에 대한 증거가 없음 • 비판적 사고, 창의성과 같은 어떤 기술은 측정도구가 미비
교사의 관찰	• 사회적, 리더십 기술을 입증하거나 문제해결력 또는 예리한 경청 기술을 입증하는 아동을 판별할 수 있음	• 어떤 학습자는 수업 상황에서와 밖에서 다르게 행동할 수 있음
교사의 추천	• 광범위한 지식과 기술에 초점 • 현재 지닌 지식에 기초함 • 초등학교에서 중학교로 진학하는 영재들에게 특히 중요	• 교사들간 상반될 수 있음 • 정갈함이나 학업의 완성도와 같은 성실함에 대한 요소에 너무 의존하는 결과가 있음
부모의 지명	• 아동의 장기 기억에 관한 지식에 기초	• 부모의 인식이나 사회 경제적 지위에 의해 영향받기 쉬움 • 성취도 수준보다 자녀의 실제 행동에 영향받기 쉬움
자기 지명	• 동기화될 수 있음 • 학생들은 대개 자신의 강점에 대해 인식함	• 사회적 자신감과 의사소통 기술을 요구함
동료 지명	• 교사나 학부모가 관찰하지 못한 부분이나 잘못 이해하고 있는 것에 대한 좋은 정보를 제공 • 교사의 관찰 범위에서 벗어나기 쉬운 영재학생의 판별에 유익	• 전문적인 식견으로 판단하기 어려움 • 인기도, 친밀감이 작용할 가능성
인지평가 검사	• 미성취 아동의 판별에 도움 • 표준화되어 있음	• 행정에 소요되는 시간과 비용 • 다양한 배경을 지닌 학생들에 대한 문화적 편견에 관여할 수 있음
창의성 검사	• 민감성, 상상력, 유창성, 융통성, 독창성, 정교성 등의 요소를 측정	• 학문적 재능이나 능력을 예측하지 못함
산출물 평가	• 개인의 창의적 능력, 과학적 능력, 글쓰기 능력, 종합 및 분석적 재능 등을 살필 수 있음 • 표준화 검사에서 잘 드러나지 않을 수도 있는 능력이나 재능 파악 • 영재성에 대한 복합적인 정보를 제공	• 평가에 주관성이 많이 개입할 가능성 • 수행과정을 면밀히 관찰하기 어려움

3.2.4 관찰 추천제에 의한 영재 판별과 선발을 위한 보완적 원리

1) 수월성(탁월성, 희소성)의 원리

영재성은 일정 수준 이상의 탁월함을 나타내는 것이며 흔히 접할 수 없는 희소한 특성이나 능력을 암시하고 있다. 그러므로 특정 집단 내에서 상대적 비교로 우열을 가려내는 평가와는 다른 성질을 지니고 있다. 현재 탁월하거나 장차 미래에 상당한 수준까지의 수월성을 발휘할 잠재능력을 지니고 있는지 가늠해야 한다.

2) 맥락성의 원리

학생은 다양한 문화적, 경제적, 계층적 여건의 영향을 받으면서 성장한다. 현재 성취도를 중시하겠지만, 보다 근원적으로는 학생이 어떠한 맥락 속에서 현재와 같은 성취도를 나타내게 되었는지를 고려해 봄으로써 학생의 성취도는 물론이고 향후 발전 가능성 혹은 학업 발달 잠재력을 예측해볼 수 있다. 마치 작은 연못 속에서 대어를 발견하려는 것과 마찬가지이다.

3) 실증가능성의 원리

학생이 제시하는 재능 혹은 영재성의 정보들은 실증적인 증거들을 통해 확인될 수 있어야 하며 반드시 경험적 확인과정에 의해 평가되어야 한다. 학생은 추천서나 자기소개서 등 여러 가지 자료를 통해 자신의 영재성을 과시하고자 한다. 이때 단순한 추측이나 상상 혹은 기대만으로 영재성을 판단할 수 없다.

4) 개별성의 원리

학생은 고유한 특성을 지닌 개별적 존재이다. 영재 판별에서 학생의 상대적 우수성을 파악하는 것도 중요하지만 개인의 고유한 기질, 잠재력 및 역량 등을 개별적으로 사정하고 영재성 여부를 가늠하는 것이 좋다.

5) 집단 숙의(group deliberation)의 원리

관찰 추천에 의한 영재 판별은 평정자의 주관적 판정이 아니라 다양한 학생 정보에 대한 종합적, 총체적 이해를 바탕으로 판별 참여 인사들의 집단적 숙의를 통해 최종적인 의사결정을 하게 된다. 그러므로 영재 판별 과정에서는 평정자 간에 효과적으로 의사소통을 할 수 있어야 하고, 개방적인 토론과 숙고의 시간을 거쳐 집단적으로 판정하게 된다.

3.2.5 수학영재 판별을 위한 관찰 방법

수학영재 판별을 위해서는 담임교사나 교과담임교사, 영재지도강사의 관찰이 아주 중요한 판단 근거가 된다. 여기서는 교사가 학생을 관찰할 수 있는 방법에 대해서 언급한다. 관찰 방법은 관찰 전, 관찰, 관찰 후의 3단계로 나누어 제시한다.

1) 관찰 전 준비단계

관찰은 계획적으로 이루어져야 하므로 관찰을 위한 사전 준비가 필요하다. 우선 관찰의 목적과 방법을 분명하게 하기 위하여 1) 왜 관찰하는가? 2) 무엇을 관찰할 것인가? 3) 어떻게 관찰할 것인가? 4) 어떻게 기록할 것인가? 등의 물음에 대답할 수 있어야 한다.

어떤 학생이 영재성이 있는가를 관찰하기 위해서는 학생들이 영재성을 발현시킬 수 있는 기회를 제공하는 것이 당연하다. 교사 중심의 전통적인 수업에서는 영재성을 관찰할 수 없을 것이다. 또, 교사가 권위주의적이라면 학생들의 영재성을 관찰할 수 없을 것이다. 영재성을 발현시킬 수 있는 학습 환경을 조성해주는 것이 관찰 전에 선행되어야 한다.

(1) 학습 환경

학습 환경에 따라 학습의 과정과 결과가 달라진다. 환경만 적절하게 조성된다면 학생들에게 많은 기회가 주어지게 되고, 환경에 따라 학습 경험의 유형도 달라진다. 적절한 환경이 조성되지 않는다면 기회는 한정될 수밖에 없으며, 영재들은 자신의 재능을 효과적으로 발달시키지 못한다(Maker & Nielson, 1996).

영재의 특성을 관찰할 수 있는 학습 환경을 조성하기 위하여 몇 가지 제언을 하면 다음과 같다.

① 교사 중심보다는 학생 중심의 수업이 이루어져야 한다.
② 새로운 아이디어나 특이한 아이디어를 적극 권장하고, 학생의 아이디어를 존중해주어야 한다.
③ 실패를 학습 기회로 활용할 수 있도록 협력적인 분위기를 조성해야 한다.
④ 너무 이완되어 분위기가 산만하거나 경직되지 않아야 한다.
⑤ 학생들이 독창적인 아이디어를 생각할 수 있는 시간을 주어야 한다. 독창적인 아이디

어는 즉각적이고 자연적으로 떠오르지 않는다.

⑥ 확산적인 학습 활동을 권장해야 한다.

⑦ 자유롭고 안정감 있는 따뜻한 분위기에서 탐구할 수 있도록 분위기를 조성한다.

교사 중심의 강의식 수업만으로는 관찰평가를 실시하기가 용이하지 않다. 학생들이 활동하는 시간이 많은 수업이면서 정의적 영역과 인지적 영역을 모두 관찰할 수 있도록 수업이 구성되어야 한다. 그룹별 모둠학습, 토론 및 발표 형식 수업과 같은 다양한 교수·학습 활동을 포함하는 수업상황에서 관찰평가를 실시하는 것이 평가에 더욱 용이할 것이다.

〈표 3-5〉 관찰평가에 유용한 수업 방식 사례

	수업상황
A교사	활동지에 제시된 문제를 지오지브라(GeoGebra)라는 교육용 소프트웨어를 사용하여 학생들이 해결하는 과정을 수업 중 관찰하였으며, 지오지브라를 활용하여 작성한 파일을 통해 수업 중 관찰하지 못하였던 학생들의 세부적인 수행과정을 추가적으로 관찰하였다.
B교사	멘티-멘토를 정하여 짝끼리 수업하거나 수업내용에 따라 4명씩 모둠활동을 하게 하였으며, 중단원 내용의 학습을 정리할 때는 4명씩 조를 편성하여 게임수업을 하였다. 이러한 학생 중심의 활동을 통해 협동심을 평가할 수 있었다.
C교사	제시된 증명 문제를 발표하는 과정에서 첫 번째 발표자가 정당화하지 못하였을 때, 같은 문제에 대하여 5명의 학생들이 발표하도록 하여 학생들의 의사소통 능력 및 추론능력을 관찰하였다.
D교사	기하영역에서 수학 교구를 활용하여 산출물을 만드는 도전적인 과제를 제시하였다. 최소한의 조건만 주고 나머지는 학생들이 얼마든지 변형이 가능하도록 하였다. 이를 통하여 학생 개인별로 수학적 태도 및 문제해결능력을 관찰할 수 있었으며, 다른 학생들과는 다른 독특한 방법으로 문제를 해결하는 학생도 발견할 수 있었다.

[그림 3-8] 수업 장면의 사례

(2) 과제

영재의 특성을 드러내는 데 매우 중요한 요인 중의 하나는 학생들에게 제시하는 과제의 내용이다. 어떤 과제를 제시하느냐에 따라 학생의 호기심, 참여도, 다양한 아이디어 산출, 사고의 유연성과 융통성, 독창성 등을 유발하는 정도가 다르다. 해결 방법을 알고 있거나 교과서적인 문제를 제시하였을 때 학생들은 가설을 세우고 검증하여 일반화하는 탐구과정에 몰입할 수 없다.

과제를 개발 또는 선정할 때 다음 몇 가지를 고려해야 한다.

① 인지적인 갈등을 일으킬 수 있는 문제 상황인가?
② 다양한 해결 방법이 있는 과제인가?
③ 학생들의 관심과 호기심을 불러일으킬 수 있는가?
④ 학생들을 탐구 과정에 몰입시킬 수 있는 과제인가?
⑤ 복잡하고 추상적이어서 고차원적인 사고력을 계발시킬 수 있는가?
⑥ 학생들이 도전하기에 적절한 곤란도를 지닌 과제인가?
⑦ 발표와 토론이 활발하게 일어날 수 있는 과제인가?

이외에도 영재는 잘 정의되고 구조화된 과제보다는 막연하게 정의되어 비구조화된 문제를 선호하므로 이 점도 고려해야 할 것이다(한국교육개발원, 2004).

(3) 교사의 발문

영재성을 발현시키고, 영재 특성을 관찰할 수 있느냐의 여부를 결정짓는 가장 큰 요인은 교사의 발문이다. 교사가 어떤 질문을 던지는가에 따라 학생들은 생각하게 되고, 그에 따라 반응하게 되며, 그 과정에서 학생들의 사고 수준을 짐작할 수 있고, 학생의 행동을 관찰할 수 있다.

질문의 초점은 사고력을 요구하느냐의 여부이다. 교사의 질문에 따라 학생들은 귀납적 추론, 연역적 추론을 하게 되고, 사물이나 현상을 비교하여 공통점과 차이점을 발견하게 되고, 남다른 생각을 하게하고, 원인과 결과를 파악하게 된다.

학생들의 사고력을 요구하는 질문을 위하여 다음 몇 가지 유의점을 제시한다.

① 수준 높은 인지적 사고를 요구하는 질문을 한다. 답이나 상황을 설명하기, 학습한 내용을 적용하기, 여러 아이디어를 통합하기, 어떤 견해가 옳은지 판단하기 등을 요구하는 질문이 이에 포함된다.
② 학생들에게 생각하고 말할 수 있는 기회를 충분히 제공한다.
③ 학생의 대답에 비언어적인 단서를 제공해서는 안 된다. 학생의 대답에 따라 실망하는

표정을 짓거나 밝은 표정을 짓게 되면 학생들은 논리적이고 합리적으로 사고하여 대답의 진위를 판단하는 것이 아니라 교사의 표정으로 판단하게 된다.

④ 확산적이고 개방적인 질문을 자주 사용한다.

영재의 특성을 관찰할 수 있는 질문의 예는 다음과 같다.

- 공통점과 차이점을 찾아라.
- 두 집단의 분류 기준은 무엇인가?
- 이 집단에 속하는 예를 들어보아라. 그 근거는 무엇인가?
- 왜 그런지 설명하여라.
- 이 사건에서 핵심적인 요소는 무엇인가?
- 조건을 바꾸면 결과는 어떻게 될까?
- 이런 관점에 볼 때 꼭 들어가야 할 요소는 무엇인가?
- A와 B의 생각을 비교하여 차이점을 말하여라. 타당한가?
- 주어진 사실로 미루어 어떤 결과가 예상되는가?
- 다른 해결 방법은 있는가?
- A의 생각을 좀 더 분명하도록 보충하여라.
- A와 B의 생각이 다른 이유를 설명하여라.
- 두 집단이 대립되는 원인은 무엇인가? 갈등을 해소할 수 있는 방법은 무엇인가?

2) 관찰 단계

관찰은 모든 과학적 연구의 기초적인 방법이다. 여러 가지 방법을 시도해보고 성공하지 못하면 최종적으로 호소하게 되는 방법이 곧 관찰이다. 관찰은 인간을 이해하는 데 가장 기본적인 방법으로 일상생활에서 우리는 끊임없이 관찰을 하고 있다.

연구 방법으로서 관찰(observation)이란 "도구를 사용하지 않는 측정이며, 만약 도구를 사용하여도 측정 받는 사람에게는 영향을 미치지 않는 측정"이라 할 수 있다(Bradfield & Moredock, 1957; 송인섭, 1991 재인용). 관찰법의 특징은 직접성과 현재성에 있다. 지금 일어나고 있는 현상의 상태나 사람들의 행동, 언어가 타인의 개입 없이 관찰자에게 직접 수집된다는 점에서 질문지법, 면접법 등과 차별적이다.

(1) 관찰의 분류

관찰하려는 행동 장면을 인위적으로 통제해서 조작하느냐의 여부에 따라 자연적 관찰과 실험적 관찰, 관찰을 어느 정도 조직적으로 하느냐의 여부에 따라 조직적 관찰과 비조직적 관찰로 분류하며(김재은, 1995), 피관찰자가 관찰당하고 있음을 의식하느냐에 따라 직접적 관찰과 간접적 관찰로, 계획의 유무에 따라 구조적 관찰과 비구조적 관찰로, 관찰자의 대상 참여 유무에 따라 참여 관찰과 비참여 관찰 등으로 나눌 수 있다(송인섭, 1991).

(2) 관찰 방법

영재의 행동을 정확하게 관찰하기 위하여 관찰자는 영재의 어떤 특성을 관찰할 것인지, 관찰된 행동이 어떤 범주에 속하는지를 판단해야 하며, 관찰된 행동의 정도와 강도를 결정하여 몇 점에 해당되는지를 판단해야 한다.

송인섭(1991)은 관찰 평가할 때 유의할 점으로 다음을 제시하였다.

- 계획적으로 관찰해야 한다. 무엇을 관찰할 것이며, 관찰의 행동 단위를 어떻게 정의하고, 그것을 관찰하기 위하여 어떤 관찰 방법을 사용할 것인지, 관찰 기간은 어떻게 하며, 어떻게 기록하며, 돌발적인 사건은 어떻게 처리하고, 어떤 기준에 의하여 해석 또는 진단할 것인지를 사전에 면밀하게 계획하여야 한다. 그렇지 않으면 관찰은 '보는 행위'에 지나지 않아 해석과 진단에 오류를 범하기 된다.
- 객관적이고 즉사적인 태도로 관찰하여야 한다. 관찰자의 편견이나 의견이 반영되어서는 안 되며, 관찰하는 사건 이전의 경험을 배제하고 언제나 처음 대하는 태도를 가져야 한다. 인간은 과거의 경험에 크게 의존하기 때문에 은연 중 개인의 편견이 스며들며, 사실 판단과 가치 판단을 혼동하게 된다. 예를 들어, 수업 시간에 떠든 것(사실 판단)을 공부하기 싫어하는 것(가치 판단)으로 판단하는 오류를 저질러서는 안 된다.
- 상황 조건을 충분히 고려해야 한다. 어떤 환경에서 그런 행동이 일어났는지를 상세하게 기록하는 것이 중요하다. 같은 행동이더라도 환경의 조건에 따라서 해석이 달라질 수 있다.
- 행동의 변화 추이를 관찰해야 한다. 단편적인 행동을 평가할 것이 아니라 연속 행동의 일부분으로 포착할 필요가 있다.
- 적절한 기록 방법과 정리 방법을 미리 상정해야 한다. 기록 방법의 선택은 관찰의 목적, 관찰의 행동 단위가 무엇인가에 따라 결정된다.

(3) 관찰 기록 방법

관찰은 보고 들은 바를 신속하게 기록하여 올바르게 해석하는 것이 중요하다. 특히, 자연적인 관찰에서는 같은 행동이 반복된다는 보장이 없으므로 더욱 중요하다. 신속하게 기록하기 위하여 양적으로 표현하는 방법이 적절하며, 객관적인 기록을 위하여 녹음, 촬영 등의 방법을 사용하기도 한다.

관찰 내용을 기록하는 방법에는 일화기록법(행동묘사법), 체크리스트(행동 목록법), 평정척도법, 도식법, 일지법, 집단기록법 등이 있는데 여기에서는 행동 묘사법, 행동 목록법에 대해서 알아본다.

① 일화기록법

일화기록은 특정 학생의 행동을 간결하게 묘사하는 것이다. 구체적인 행동 사례를 될 수 있는 대로 상세하게 기록하는 것으로, 학생별로 일시, 장소, 일화 내용과 교사의 의견을 함께 담아 둘 수 있다(전남련 외, 2011; 황혜정 외, 1997).

일화기록법의 예를 들면 〈표 3-6〉과 같다.

〈표 3-6〉 일화기록법의 사례

관찰 대상자: **김길동**

관찰 날짜	관찰 장소	관찰 사실	해석 또는 진단
2016. 3. 20	교실(수학)	탱그램 과제를 해결하는 데 친구에게 도움을 주었다.	협조적이다. 과제 해결 속도가 빠르다.
2016. 3. 25	교실(수학)	기발한 방법으로 문제를 해결하였다.	독창적이다.
…			

② 체크리스트

체크리스트는 관찰하려는 행동, 상황 또는 실태를 미리 자세히 열거하여 이것을 기초로 근거한 행동이 나타났을 때의 출현 여부만을 체크하는 방법이다. 체크리스트는 관찰 목적에 기초하여 관찰 내용을 상세하고 구체적으로 정의하여 관찰 항목을 작성하는 것이 중요하다.

〈표 3-7〉 체크리스트 예시

구분	주요 특성(핵심개념)	항목번호	대상자번호
수학적 특성	수학 문제나 과제에 대한 집중력과 기억력이 뛰어난가?	1-3	
	문제를 해결할 때보다 나은 방법(대안, 새로움, 깔끔함, 일반성)을 찾으려 하는가?	1-2	
	수학을 실생활과 관련시키거나 적용할 수 있는 능력이 있는가?	1-3	

③ 척도평정법

척도평정법(rating scale)은 관찰 결과를 어떤 척도의 유목이나 숫자에 의존하여 기록하고 정리하는 방법이다. 평정법은 평가자의 주관이나 편견, 가치관의 차이 때문에 저지르게 되는 오류를 최소화할 수 있으며, 다른 방법으로 평가하기 어려운 복잡한 행동 증거를 세분하여 과학적으로 파악하고 평가할 수 있는 방법이다. 그러나 여전히 대상자에 대한 평가자의 인상, 편견 등을 배제하기는 힘들다.

척도평정법에는 숫자평정척, 기술평정척, 도식평정척 등이 있다.

• 숫자평정척

가장 단순한 방법으로 주어진 특성의 정도를 나타낸다고 생각되는 숫자에 표시하는 방법이다. 5단계 평정척이 주로 사용된다.

> 다음 질문에 대해 해당하는 숫자에 ○표 하시오.
>
> 5: 매우 그렇다 4: 그렇다 3: 보통이다 2: 아니다 1: 매우 아니다.
>
> 1) 수학 시간에 열심히 참여합니까? 5 4 3 2 1
> 2) 문제를 끝까지 해결하려고 합니까? 5 4 3 2 1

• 기술평정척

숫자 대신에 단어나 어절, 문장으로 서술하는 방법이다.

> 수학 수업에 참여하는 정도는? 매우 적극적이다. 또는 상
> 문제에 대한 집념은? 집념의 정도가 약하다. 또는 D

• 도식평정척

숫자평정척과 기술평정척을 결합한 방법으로 널리 사용된다.

> 문제를 끝까지 해결하려고 합니까?
>
> | 매우 그렇다 | 그렇다 | 보통이다 | 아니다 | 매우 아니다 |
> |---|---|---|---|---|
> | 5 | 4 | 3 | 2 | 1 |

3) 관찰 후 교사추천서의 작성

관찰 후에는 영재선정심사위원회에 추천하기 위해 추천서의 작성이 필요하다. 관찰·추천

선발방식에서 가장 큰 논란거리는 객관성이 얼마나 확보되는가에 있다. 정정인·박종욱(2011)은 피상적인 서술추천과 영재 행동 체크리스트의 형식적 작성은 추천서의 객관성과 신뢰성 결여를 초래하므로 관찰평가 도입에 문제점을 발생시킨다고 하였다. 또한 이경화(2005)는 교사의 관찰·추천에 의한 영재교육 대상자 선발 제도를 운영함에 있어, 교사들은 모범적이고 학업성취도가 뛰어나거나, 교사에게 기쁨을 주는 학생을 선호하는 경향이 있으며, 학습 부진아나 틀에 박히지 않은 창의적인 학생들이 추천에서 배제되거나, 계층이나 문화적 편견에 의해 부정적인 평가를 받을 수 있는 문제점이 있을 수 있다고 하였다. 이러한 관찰·추천 선발방식의 문제점을 보완할 수 있는 방법은 교사추천서 작성이다. 교사가 지속적인 관찰을 통해서 발견한 학생의 영재성과 관련된 사례를 교사추천서에 담아낸다면 가장 신뢰성 있는 판별 도구가 될 수 있다.

(1) 교사추천서에 포함되면 좋은 내용

박혜정(2010)은 교사추천서에 포함되면 좋은 내용으로 다음을 제시하고 있다.

- 지원자와의 관계(지원자와의 교류기간, 교류내용)
- 학생이 지원한 분야에서 매우 뛰어난(우수한) 재능을 보였던 인상적인 사례의 구체적 진술
- 해당 분야 외에 나타나는 일반적 영재행동 특성(학습특성, 과제집착력, 창의성, 리더십)
- 증빙자료 첨부(학생의 일기, 노트, 산출물, 사고과정을 볼 수 있는 풀이과정 등)
- 객관적인 입장에서 작성한 학생의 단점
- 지원자의 가정환경(성장과정, 생활여건 등), 학교 및 지역 환경등과 관련하여 평가 시 고려할 만한 사항
- 추천교사의 추천 의지

또한 교사추천서 작성에서 주목할 만한 교사추천서와 부적절한 교사추천서의 특성을 다음과 같이 요약하여 제안하고 있다.

〈표 3-8〉 주목할 만한 교사추천서와 부적절한 교사추천서의 특성

주목할 만한 교사추천서	부적절한 교사추천서
• 추천의지가 분명한 경우 • 영재성을 보인 사례가 자세히 드러난 경우 • 체크리스트 평정 점수와 내용이 일치된 경우 • 학생을 주의 깊게 관찰하여 작성한 경우 • 다양한 주위 교사들의 의견을 들어 작성한 경우 • 학생에 대한 이해도가 높은 경우	• 교사가 직접 작성하지 않은 경우 • 생활기록부 예시문만 나열한 경우 • 체크리스트 평정 점수와 내용이 다른 경우 • 영재성을 드러낸 구체적인 사례가 부족한 경우 • 불성실하게 작성 • 학생의 사회성과 도덕성만을 강조한 경우

특히 교사추천서에서 영재의 특성을 기술할 때는 구체적인 사례를 들면서 진술하는 것이 바람직하다. 다음에 좋은 교사추천서의 기술 사례 몇 가지를 예로 들어본다(김종준, 2013).

〈표 3-9〉 수학적 창의성과 관련된 교사추천서 서술의 사례

문항	수학 문제를 창의적인 방식으로 해결한다.
구체적 사례	첫째, 수학적 사고력 및 창의력이 뛰어난 학생입니다. 예를 들면 '어떤 소수에 그 소수의 소수점을 왼쪽으로 한 칸 옮겨서 만든 소수를 더하였더니 87.3576이 되었습니다. 어떤 소수를 구하시오'라고 하였습니다. 그러자, 보통 학원에서 배운 학생들은 문자를 사용하여 문제를 풀려고 하지만 ○○은 달랐습니다. 더한 수의 끝자리수가 6이므로 왼쪽으로 한 칸 가서 찍은 소수의 끝자리 수를 6으로 추리해 내고 그 다음 수는 7에서 6을 빼어 1이란 것을 알아내고 그 다음 수는 1이므로 5에서 1을 빼어 4 이런 식으로 계산하여 누구보다 빨리 79.416이라는 정답을 찾아내었습니다.

〈표 3-10〉 수학 과제집착력과 관련된 교사추천서 서술의 사례

문항	수학적 문제해결을 위해 강한 의욕과 끈기를 보인다.
구체적 사례	○○에게 과제를 풀고 싶은 생각이 몇 퍼센트냐고 묻자 ○○은 99%입니다. 라고 할 정도로 수학 문제를 끝까지 해결하려고 노력하는 학생입니다. 예를 들면, 무더운 한 여름의 토요일 영재학급 수행평가 시간에도 끝까지 문제를 해결하려고 땀을 흘릴 정도로 수학문제를 해결하려는 집착력이 우수한 학생입니다. 이에 추천합니다.
	큐브 맞추기에 있어서도 처음에는 3곱하기 3정육면체로 시작해서 원리를 깨쳐 1분 내에 맞추기를 한 다음부터는 4곱하기 4정육면체나 피라미드형 큐브에 도전하는 등 더 어려운 문제에 도전하고 해결할 때까지 집중하는 모습이 관찰되었습니다.

〈표 3-11〉 수감각과 관련된 교사추천서 서술의 사례

문항	강한 수 감각을 보인다.(M4)
구체적 사례	한번은 교과서에 아무 계산 과정이 없고 답만 있어서 왜 식과 풀이를 쓰지 않느냐고 했더니, 바로 답이 떠올라 적을 필요가 없다고 합니다.
	예를 들면, 숫자 '6'을 9개 나열한 상태에서 6 사이에 '가감승제.()'를 넣어 700이 되도록 등식을 세우라는 문제에서도 오답을 한 수많은 학생들과는 달리 '$666+6\times6-6/6-6/6=700$이라고 빠르고 정확하게 문제를 해결하였습니다. 이에 추천합니다.
	지나가는 차량의 번호를 외운다던지 계산서의 항목들의 합을 순간적으로 암산하는 등 일상생활 속에서도 숫자에 대해 민감하고 특별한 관심을 보입니다.

참고문헌

김재은(1995). 교육·심리·사회 연구 방법. 서울: 교육과학사.

김종준(2013). 초등수학영재 선발전형에 활용되는 교사 관찰 추천서의 분석 및 평가에 관한 연구. 대구교육대학교 교육대학원 석사학위 논문.

김홍원·김명숙·방승진·황동주(1997). 수학영재 판별 도구 개발(Ⅱ)-검사 제작편-. 한국교육개발원 연구보고 CR97-50. 서울: 한국교육개발원.

류지영·정현철(2010). 영재학급 대상자 선발을 위한 관찰·추천 영재 판별모형 개발 연구. 영재교육연구, 20(1), 257-287.

박혜정(2010). 관찰·추천 영재 선발 시 사용되는 자기소개서와 교사추천서의 평가 자간 신뢰도 분석. 인천대학교 교육대학원 석사학위논문.

서울특별시교육연구원(1994). 정의적 영역 평가의 이론과 실제. 교단지원자료 94-15. 서울: 정문출판사.

송상헌(1998). 수학영재성 측정과 판별에 관한 연구. 서울대학교 박사학위 논문

송상헌(2003). 초등수학영재의 판별과 선발. 영재교육연구, 11(2), 한국영재교육학회.

송상헌(2006). 수학영재의 판별과 선발. 서울: 한국학술정보(주).

송인섭(1991). 정의적 영역의 개념, 평가 모형. 교육과정 평가도구 개발 연구. 한국교원대학교 교육연구소.

우동하(2012). 관찰추천을 통한 영재교육대상자의 판별과 선발. 2012학년도 경북 초등수학영재지도교사(기본과정) 직무연수 교재. 대구교대 부설 교육연수원.

윤여홍(1998). 영재아 판별에서 한국판 영재아 행동 특성 체크리스트의 유용성에 관한 연구. 영재교육연구, 8(2), 1-30, 한국영재학회.

이재신(1996). 초, 중등학교의 영재 판별 체제 구안을 위한 기초연구. 영재교육연구 제 6권 제 1호. 영재교육학회.

전남련·권경미·김덕일(2011). 유아관찰평가의 이론과 실제. 서울: 양서원.

조석희 외 4인(1996). 영재교육의 이론과 실제-교사용 연수자료-. 한국교육개발원 연구보고 CR96-28. 서울: 한국교육개발원.

조석희 외 6인(2006). 영재교육 중장기 종합 발전 방안-영재교육진흥법시행령(안) 제정과 관련하여-. 한국교육개발원보고서 수탁연구 CR2000-17. 서울: 한국교육개발원.

한국교육개발원(2004). 중학생 영재의 지적·정의적 특성에 따른 효과적인 교수학습 전략. 수탁연구 CR2004-40. 서울: 한국교육개발원.

한국교육개발원(2005). 개별화 맞춤식 영재교육 이렇게 하고 있습니다. 서울: 한국교육개발원.

황혜정(2003). 수학과 수행평가에 관한 이해의 혼돈: 최근 국내 논문 분석을 중심으로. 수학교육. 42(2), 159-176. 한국수학교육학회.

Barbe, M. W., & Renzulli, J, S. (1975). *Psychology and education of the gifted.* Irvington Publishers,

Inc., N. Y.

Fox, L. H. (1976). Identification and Program Planning: Models and methods. In D. P. Keating(Ed.), *Intellectual talent: Research and development*. Baltimore: Johns Hopkins University Press.

Maker, C., & Nielson, A. (1996). *Curriculum development and teaching strategies for gifted learners*(2nd Ed.). Austin, TX: PRO-ED.

Renzulli, J. S. (1978). *What makes giftedness? Reexamining a definition*. Phi Delta Kappan, 60(3), 180-184.

Renzulli, J. S., & Reis, S. M. (2003). The schoolwide enrichment model: Developing creative and productive giftedness. In N. Colangelo and G.A. Davis (Eds.), *Handbook of gifted education* (184-203). MA: Allyn and Bacon.

Rogers, K. B. (2002). *Re-Forming gifted education: Matching the program to child.* Scottsdale, AZ: Great Potential Press, Inc.

Sutherland, M. (2008). *Developing the gifted and talented young learner*. SAGE.

Torrance, E. P. (1974). *Torrance tests of creative thinking: Norms-technical manual*. Princeton, NJ: Personnel Press/Ginn.

[부록 1] KEDI의 영재 추천을 위한 양식
(한국교육개발원 영재교육센터 제공)

▌영재 행동 특성 체크리스트(교사용)

지도하는 학생의 평소 행동 특성을 가장 잘 나타낸다고 생각되는 곳에 ✓표 해주십시오.

	문 항	전혀 그렇지 않다	그렇지 않다	보통 이다	그렇다	아주 그렇다
1	높은 수준의 어휘를 사용하여 깊이 있는 사고를 할 줄 안다.	1	2	3	4	5
2	새로운 정보에 대한 이해가 빠르다.	1	2	3	4	5
3	관심 분야에 대하여 호기심을 가지고 적극적으로 사고하고 탐구한다.	1	2	3	4	5
4	어떤 상황이나 현상에 대해 인과 관계를 빨리 파악한다.	1	2	3	4	5
5	오랫동안 한 가지 일에 지속적으로 집중한다.	1	2	3	4	5
6	상황에 대하여 정확하고 비판적으로 판단할 줄 안다.	1	2	3	4	5
7	관심 영역에 대해 많은 정보를 가지고 있다.	1	2	3	4	5
8	상상력이 풍부하고 공상하기를 좋아한다.	1	2	3	4	5
9	새로운 사물 혹은 상황에 대해 관심을 가지고 많은 질문을 한다.	1	2	3	4	5
10	스스로가 창의적이라는 것을 인식하고 있다.	1	2	3	4	5
11	새로운 상황에 도전하기를 좋아하고 변화를 두려워하지 않는다.	1	2	3	4	5
12	관심 영역에 대해서 열정적으로 몰입하여 에너지가 넘친다.	1	2	3	4	5
13	어떤 문제에 대해서 유머 감각을 가지고 즐겁게 접근하는 자세를 보인다.	1	2	3	4	5
14	자기 자신에 대해서 객관적으로 비판할 줄 안다.	1	2	3	4	5
15	사회 정의에 관심을 가지고 다른 사람의 상황에 대해서 이해하려고 한다.	1	2	3	4	5
16	규칙을 만들고 집단 활동을 이끈다.	1	2	3	4	5
17	다른 학생들이 도움을 요청한다.	1	2	3	4	5
18	혼자서 독립적으로 학습하기 좋아한다.	1	2	3	4	5
19	높은 자존감을 가지고 독립적으로 의사결정 하기를 좋아한다.	1	2	3	4	5
20	성공과 실패의 여부에 상관없이 자기주도적으로 문제를 해결하고 그 결과에 책임을 진다.	1	2	3	4	5

▍리더십 특성 검사 (교사용)

	문 항	전혀 그렇지 않다	그렇지 않다	보통 이다	그렇다	아주 그렇다
1	○○는 분명한 삶의 목적과 사명의식을 가지고 있다.	1	2	3	4	5
2	○○는 자신의 능력을 믿으며 스스로를 자랑스럽게 여긴다.	1	2	3	4	5
3	○○는 계획을 세우면, 계획대로 추진해 나간다.	1	2	3	4	5
4	○○는 스스로 알아서 일을 한다.	1	2	3	4	5
5	○○는 처음 보는 장난감이나 기계제품을 보면 작동시켜 보고 싶어한다.	1	2	3	4	5
6	○○는 위험이 있다할지라도 새로운 곳을 여행하고 싶어한다.	1	2	3	4	5
7	○○는 여러 가지 대안들 중 적절한 것을 잘 선택한다.	1	2	3	4	5
8	○○는 사적인 감정을 배제하고 공정하게 일을 처리한다.	1	2	3	4	5
9	○○는 지하철이나 버스를 탈 때 보는 사람이 없어도 요금을 꼭 낸다.	1	2	3	4	5
10	○○는 불이익이 되더라도 사람들과 약속한 것은 지킨다.	1	2	3	4	5
11	○○는 현재의 상황에서 할 수 있는 최선을 다해 맡은 일을 해낸다.	1	2	3	4	5
12	○○로 인해 실패한 일은 본인이 책임을 지려고 한다.	1	2	3	4	5
13	친구들은 ○○의 행동이나 말을 재미있어 한다.	1	2	3	4	5
14	○○는 자신의 생각을 다른 사람에게 분명하고 조리 있게 말할 수 있다.	1	2	3	4	5
15	○○는 여러 사람들을 모아서 모임 또는 활동을 주도한다.	1	2	3	4	5
16	○○는 의사 결정하는데 있어 주도적 역할을 한다.	1	2	3	4	5
17	○○는 다른 사람의 감정을 이해하기 위해 노력한다.	1	2	3	4	5
18	○○는 어려운 사람들을 위해 자신의 시간과 물질을 사용할 마음의 준비가 되어있다.	1	2	3	4	5
19	○○는 그룹 활동을 할 때 다른 사람들과 뜻을 잘 맞추면서 한다.	1	2	3	4	5
20	○○는 분명한 목표를 정해놓고 산다.	1	2	3	4	5
21	○○는 이 세상에 꼭 필요한 사람이 될 것이라는 신념이 있다.	1	2	3	4	5
22	○○는 한 번 마음먹은 일은 어떤 어려움이 있더라도 끝까지 밀고 나간다.	1	2	3	4	5
23	○○는 하던 일을 마칠 때까지는 다른 것을 절제할 수 있다.	1	2	3	4	5
24	○○는 새로운 상황에 처하기를 좋아한다.	1	2	3	4	5
25	○○는 문제가 생겼을 때 결단력 있게 해결한다.	1	2	3	4	5
26	○○는 상황의 옳고 그름을 잘 판단한다.	1	2	3	4	5
27	○○는 물건을 사고 난 후 거스름 돈을 더 받았다면 되돌려준다.	1	2	3	4	5

	문 항	전혀 그렇지 않다	그렇지 않다	보통 이다	그렇다	아주 그렇다
28	○○는 친구들과의 약속은 어기지 않고 지키려고 노력한다.	1	2	3	4	5
29	○○는 누가 감독하지 않아도 최선을 다해 해야 할 일들을 한다.	1	2	3	4	5
30	주변 사람들은 ○○를 좋아한다.	1	2	3	4	5
31	○○는 많은 사람들 앞에서 자신의 의견을 조리 있게 발표할 수 있다.	1	2	3	4	5
32	○○는 일을 행할 때 각 구성원에게 책임을 적절하게 맡기는 편이다.	1	2	3	4	5
33	○○가 제시한 의견을 다른 사람들이 잘 받아들인다.	1	2	3	4	5
34	○○는 다른 사람의 의견을 들을 때 그 사람의 입장을 이해하려고 노력한다.	1	2	3	4	5
35	○○는 곤란한 상황에 처한 사람들을 돕는 데 적극적이다.	1	2	3	4	5
36	○○는 그룹 활동을 할 때 자신의 역할이 크건 작건 열심히 참여한다.	1	2	3	4	5
37	○○는 자신의 가치관과 신념이 무엇인지 알고 있다.	1	2	3	4	5
38	○○는 자신의 커다란 꿈이나 희망을 이룰 자신감이 있다.	1	2	3	4	5
39	○○는 목표를 세우면 그것을 완수하는 데 필요한 단계를 정할 수 있다.	1	2	3	4	5
40	○○는 시간을 효과적으로 사용한다.	1	2	3	4	5
41	○○는 모르는 길을 찾아가는 것을 좋아한다.	1	2	3	4	5
42	○○는 결정을 내려야 하는 상황에서 결정을 잘 내린다.	1	2	3	4	5
43	○○는 아무리 친한 사이라도 잘못한 것은 잘못했다고 지적한다.	1	2	3	4	5
44	○○는 아무리 원하는 일이라도 수단과 방법이 옳지 않으면 하지 않는다.	1	2	3	4	5
45	○○는 누구와도 쉽게 친해질 수 있다.	1	2	3	4	5
46	○○는 본인이 느끼는 바를 말로 잘 표현하는 편이다.	1	2	3	4	5
47	○○는 구성원의 다양한 의견을 효과적으로 조율할 수 있다.	1	2	3	4	5
48	○○는 집단에서 주로 리더의 역할을 맡는다.	1	2	3	4	5
49	○○는 자신과 생각이 다르다 하더라도 다른 사람들의 생각과 선택을 존중한다.	1	2	3	4	5
50	○○는 자신이 다소 손해를 입더라도 다른 사람에게 도움이 되도록 행동한다.	1	2	3	4	5
51	○○는 그룹 활동을 할 때 알고 있는 지식이나 정보를 친구들과 공유한다.	1	2	3	4	5
52	○○는 미래를 예상하고 행동한다.	1	2	3	4	5

	문 항	전혀 그렇지 않다	그렇지 않다	보통 이다	그렇다	아주 그렇다
53	○○는 다른 사람들이 뭐라고 해도 스스로를 믿는다.	1	2	3	4	5
54	○○는 용돈을 계획적으로 쓴다.	1	2	3	4	5
55	○○는 관련된 정보를 바탕으로 어떤 결정을 빠르고 정확하게 내릴 수 있다.	1	2	3	4	5
56	○○는 친구에게 돈을 빌렸을 경우 친구가 기억하지 못해도 꼭 갚는다.	1	2	3	4	5
57	친구들은 ○○의 이야기에 귀를 잘 기울인다.	1	2	3	4	5
58	○○는 설득력 있게 자신의 의견을 말한다.	1	2	3	4	5
59	○○는 회의를 잘 진행시킨다.	1	2	3	4	5
60	○○는 친구들의 자신감을 북돋워준다.	1	2	3	4	5
61	○○는 다른 사람들을 배려하고자 노력한다.	1	2	3	4	5
62	○○는 주변 이웃과 사회에 문제가 있을 때 책임감을 느끼고 개선시키고자 한다.	1	2	3	4	5
63	○○는 그룹 활동을 할 때 중요한 사항이나 문제점이 생기면 함께 논의하여 결정한다.	1	2	3	4	5
64	○○는 자신의 능력 계발을 위해 계획을 세우고 실천하고 있다.	1	2	3	4	5
65	○○는 회의시 구성원의 의견을 자유롭게 표현하도록 분위기를 조성할 수 있다.	1	2	3	4	5
66	○○는 의사결정을 내리는 데 있어서 다른 사람의 의견을 참고한다.	1	2	3	4	5
67	○○는 그룹 내의 충돌을 해소할 수 있다.	1	2	3	4	5
68	○○는 어떤 일에 궁금함을 잘 느낀다.	1	2	3	4	5
69	○○는 매사에 이치를 따져 합리적으로 판단한다.	1	2	3	4	5
70	○○는 사람들과의 약속을 지키는 것을 중요하게 여긴다.	1	2	3	4	5
71	○○는 일이 이루어질 수 있도록 최선을 다한다.	1	2	3	4	5
72	○○는 맡은 일을 끝까지 완수하고자 한다.	1	2	3	4	5
73	○○는 새로운 것을 접하면 그것이 무엇인가 알기위해 관련 정보를 찾아 본다.	1	2	3	4	5
74	○○가 맡은 일은 남에게 미루지 않는다.	1	2	3	4	5
75	○○는 다른 사람들에게 도움이 되는 일을 하면서 살고 싶어한다.	1	2	3	4	5

▌창의적 인성 검사 (교사용)

	문 항	전혀 아니다	아니다	보통 이다	그렇다	매우 그렇다
1	○○는 누가 시키지 않아도 스스로 방 청소를 한다.	1	2	3	4	5
2	○○는 이 세상에 꼭 필요한 사람이라고 생각한다.	1	2	3	4	5
3	○○는 처음 보는 장난감이나 기계제품을 보면 그것이 어떻게 작동하는지 알고 싶어한다.	1	2	3	4	5
4	○○는 혼자 있을 때 무슨 일을 해야 할지 스스로 알아서 한다.	1	2	3	4	5
5	○○는 엉뚱한 말로 주위 사람들을 잘 웃기곤 한다.	1	2	3	4	5
6	○○는 모르는 문제가 있으면 그것을 알 때까지 파고든다.	1	2	3	4	5
7	○○는 이상하거나 신기한 동물에 대해 알고 싶어한다.	1	2	3	4	5
8	○○는 종종 게임의 규칙을 바꾸는 것도 잘 받아들인다.	1	2	3	4	5
9	비록 길을 잃어버릴 지라도 ○○는 혼자서 새로운 곳을 여행하고 싶어한다.	1	2	3	4	5
10	○○는 나중에 코미디언이나 개그맨이 되라는 소리를 듣곤 한다.	1	2	3	4	5
11	○○는 궁금한 것이 많다.	1	2	3	4	5
12	○○는 다른 나라 친구와 사귀고 싶어한다.	1	2	3	4	5
13	○○는 자신의 커다란 꿈이나 희망을 이룰 자신감이 있다.	1	2	3	4	5
14	비록 실패하거나 잘못할지라도, ○○는 정말 하고 싶은 일이면 도전한다.	1	2	3	4	5
15	○○는 무인도에서 한달간 혼자서 생활하고 싶어한다.	1	2	3	4	5
16	○○는 자신의 능력을 믿으며 스스를 자랑스럽게 여긴다.	1	2	3	4	5
17	○○는 쉬운 문제보다는 어려운 문제를 더 좋아한다.	1	2	3	4	5
18	○○는 한 번 마음먹은 일은 어떤 어려움이 있더라도 끝까지 해내고 만다.	1	2	3	4	5
19	○○는 유머감각이 꽤 있다.	1	2	3	4	5
20	○○는 싫어하는 사람과도 이야기를 할 수 있다.	1	2	3	4	5
21	○○는 더 나은 생각이나 아이디어라고 생각되면 곧 받아들인다.	1	2	3	4	5
22	○○는 다른 사람들이 뭐라고 해도 스스로를 믿는다.	1	2	3	4	5
23	○○는 '만약 ~라면 어떻게 될까?'라는 생각을 자주 한다.	1	2	3	4	5
24	○○는 일을 하다가 제대로 안 풀려도 끝까지 한다.	1	2	3	4	5
25	○○는 스스로 알아서 일을 한다.	1	2	3	4	5
26	○○는 남들이 당연하게 보는 것도 그냥 지나치지 않고 의문을 갖는다.	1	2	3	4	5
27	○○는 이야기 속의 주인공이 되어 상상해 보기를 좋아한다.	1	2	3	4	5

	문 항	전혀 아니다	아니다	보통이다	그렇다	매우 그렇다
28	○○는 다른 나라 사람들의 생활에 대해 알고 싶어한다.	1	2	3	4	5
29	○○는 '옛날에는 어떻게 살았을까?'라는 생각을 자주 한다.	1	2	3	4	5
30	친구들은 ○○의 행동이나 말에 대해 재미있어 한다.	1	2	3	4	5
31	○○는 하기 어려운 일들을 좋아한다.	1	2	3	4	5

▌수학 적성 체크리스트 (교사용)

	문 항	전혀 아니다	아니다	보통이다	그렇다	매우 그렇다
1	쉽게 해결하기 어려운 수학퍼즐, 게임, 논리적 문제를 즐긴다.	1	2	3	4	5
2	공간사고 능력이 뛰어나다.	1	2	3	4	5
3	문제해결의 핵심적인 방법이나 전략을 구사하는 능력이 뛰어나다.	1	2	3	4	5
4	새로운 수학적 개념과 문제 풀이 과정을 다른 학생들보다 쉽게 이해한다.	1	2	3	4	5
5	수학 문제를 창의적인 방법으로 해결하는 편이다.	1	2	3	4	5
6	조작이나 구체적인 자료의 도움 없이 추상적으로 수학문제를 해결한다.	1	2	3	4	5
7	문제의 구조를 파악하고 조직화하는 능력이 있다	1	2	3	4	5
8	수학문제를 풀 때 다양한 전략을 사용하여 해결할 수 있다.	1	2	3	4	5
9	구체적 사례나 자료에서 규칙성과 법칙을 찾아내는 능력이 있다.	1	2	3	4	5
10	수학적 문제해결을 위해 강한 의욕과 끈기를 보인다.	1	2	3	4	5

[부록 2] 수학영재 추천을 위한 관찰 양식 사례

〈양식 1〉 일반적 행동특성 관찰지 (코디 누가기록용)

(　　　　　　　)학교 (　　)학년 (　　)반

주 제					
날 짜	년　월　일	강 사	○○○	관찰자	○○○ (인)

관 찰 항 목		이 름
영재 행동 특성	1. 높은 수준의 어휘를 사용하고 깊이 있는 사고를 할 줄 안다.	
	2. 상황에 대하여 정확하고 비판적으로 판단할 줄 안다.	
	3. 새로운 사물 혹은 상황에 대해 관심을 가지고 많은 질문을 한다.	
	4. 어떤 문제에 대해서 유머 감각을 가지고 즐겁게 접근하는 자세를 보인다.	
	5. 성공과 실패의 여부에 상관없이 자기주도적으로 문제를 해결하고 그 결과에 책임을 진다.	
리더십 특성 검사	1. 여러 가지 대안들 중 적절한 것을 잘 선택한다.	
	2. 내 생각을 다른 사람에게 분명하고 조리 있게 말할 수 있다.	
	3. 의사 결정하는데 있어 주도적 역할을 한다.	
	4. 문제가 생겼을 때 결단력 있게 해결한다.	
	5. 시간을 효과적으로 사용한다.	
	6. 구성원의 다양한 의견을 효과적으로 조율할 수 있다.	
	7. 내 생각과 달라도 다른 사람들의 생각과 선택을 존중한다.	
	8. 알고 있는 지식이나 정보를 친구들과 공유한다.	
창의적 인성 검사	1. 모르는 문제가 있으면 그것을 알 때까지 파고든다.	
	2. 쉬운 문제보다는 어려운 문제를 더 좋아한다.	
	3. 더 나은 생각이나 아이디어라고 생각되면 곧 받아들인다.	
	4. '만약 ~라면 어떻게 될까?'라는 생각을 자주 한다.	
	5. 남들이 당연하게 보는 것도 그냥 지나치지 않고 의문을 갖는다.	
자유 관찰		

※ 5점(○), 4점(△), 3점(체크 없음)으로 평정함.

양식 2〉 수학적 행동특성 관찰지(코디 누가기록용)

(　　　　　　　　)학교 영재학급 (　　)학년 (　　)반

주 제																					
날 짜	년 월 일	강 사	○○○	관찰자	○○○ (인)																
관 찰 항 목	이 름																				
수학적 성향	1. 학습 활동에 호기심을 갖고 적극적으로 참여한다.																				
	2. 수학적 개념과 풀이과정을 언어적으로 잘 표현한다.																				
	3. 자신의 힘으로 과제를 끝까지 해결하려고 한다.																				
	4. 수업시간에 강사에게 질문을 많이 한다.																				
수학적 사고력	1. 과제 해결의 결정적 단서를 순간적으로 떠올린다.																				
	2. 과제를 이해하는 속도가 빠르다.																				
	3. 과제 장면을 시각화·공간화하려고 한다.																				
	4. 문제 상황을 식, 기호, 그림 등으로 표현하려고 한다.																				
	5. 구체적 사례로부터 원리나 법칙을 잘 찾는다.																				
	6. 여러 가지 사실에서 규칙성을 잘 찾는다.																				
	7. 수학적 원리·법칙을 구체적 상황에 적용하려 한다.																				
	8. 전제부터 조리 있게 결론을 도출해 낸다.																				
	9. 문제 풀이 과정을 신중히 검토한다.																				
	10. 문제해결 결과를 다른 문제 장면에 적용한다.																				
수학적 창의력	1. 문제 상황에서 여러 가지 아이디어를 산출해낸다. (유창성)																				
	2. 한 문제에 대해 다양한 풀이법을 시도한다. (융통성)																				
	3. 풀이 과정이 다른 학생과 다르고 독특하다. (독창성)																				
	4. 문제 풀이 방법과 과정이 간결하고 명확하다. (정교성)																				
자유 관찰																					

※ 5점(○), 4점(△), 3점(체크 없음); 수학적 사고력이나 창의력에서 학습 내용이나 문제의 성격에 따라 나타나지 않는 항목은 3점을 기준으로 부여한다.

〈양식 3〉 일반적 행동특성 종합(개별학생추천자료)

○○ 학교 ○ 학년

학 번		성 명	김 ○ ○	작 성 자	박 ○ ○ (인)

관찰 항목	주	1	2	3	4	5	6	7	8	9	10	11	12	13	14	15	16	17	18	19	20	계	평균	영역 평균
영재 행동 특성	1. 높은 수준의 어휘를 사용하고 깊이 있는 사고를 할 줄 안다.	3	3	3																		9	3.00	0.00
	2. 상황에 대하여 정확하고 비판적으로 판단할 줄 안다.	3	4	3																		10	3.50	
	3. 새로운 사물 혹은 상황에 대해 관심을 가지고 많은 질문을 한다.	3	3	3																		9	3.00	
	4. 어떤 문제에 대해서 유머 감각을 가지고 즐겁게 접근하는 자세를 보인다.	4	3	3																		10	3.50	
	5. 성공과 실패의 여부에 상관없이 자기주도적으로 문제를 해결하고 그 결과에 책임을 진다.	3	4	5																		12	3.50	
리더십 특성 검사	1. 여러 가지 대안들 중 적절한 것을 잘 선택한다.	3	3	3																		9	3.30	0.00
	2. 내 생각을 다른 사람에게 분명하고 조리 있게 말할 수 있다.	3	3	3																		9	3.00	
	3. 의사 결정하는데 있어 주도적 역할을 한다.	3	3	3																		9	3.00	
	4. 문제가 생겼을 때 결단력 있게 해결한다.	3	3	3																		9	3.00	
	5. 시간을 효과적으로 사용한다.	4	3	3																		10	3.50	
	6. 구성원의 다양한 의견을 효과적으로 조율할 수 있다.	3	3	3																		9	3.00	
	7. 내 생각과 달라도 다른 사람들의 생각과 선택을 존중한다.	3	3	3																		9	3.00	
	8. 알고 있는 지식이나 정보를 친구들과 공유한다.	3	3	3																		9	3.00	
창의적 인성 검사	1. 모르는 문제가 있으면 그것을 알 때까지 파고든다.	3	5	3																		11	3.10	0.00
	2. 쉬운 문제보다는 어려운 문제를 더 좋아한다.	3	3	3																		9	3.00	
	3. 더 나은 생각이나 아이디어라고 생각되면 곧 받아들인다.	5	3	3																		11	4.00	
	4. '만약 ~라면 어떻게 될까?'라는 생각을 자주 한다.	3	3	3																		9	3.00	
	5. 남들이 당연하게 보는 것도 그냥 지나치지 않고 의문을 갖는다.	3	3	3																		9	3.00	
전체 평균		3.41																						

〈양식 4〉 수학적 행동특성 종합(개별학생추천자료)

○○ 학교 ○ 학년

학 번		성 명					김 ○ ○						작 성 자					박 ○ ○ (인)						
관찰항목	주	1	2	3	4	5	6	7	8	9	10	11	12	13	14	15	16	17	18	19	20	계	평균	영역 평균
수학적 성향	1. 학습 활동에 호기심을 갖고 적극적으로 참여한다.	3	3	3																		9	3.00	3.00
	2. 수학적 개념과 풀이과정을 언어적으로 잘 표현한다.	3	3	3																		9	3.00	
	3. 자신의 힘으로 과제를 끝까지 해결하려고 한다.	3	3	4																		10	3.00	
	4. 수업시간에 강사에게 질문을 많이 한다.	3	3	3																		9	3.00	
수학적 사고력	1. 과제 해결의 결정적 단서를 순간적으로 떠올린다.	5	3	3																		11	3.67	3.10
	2. 과제를 이해하는 속도가 빠르다.	3	3	3																		9	3.00	
	3. 과제 장면을 시각화·공간화하려고 한다.	3	3	3																		9	3.00	
	4. 문제 상황을 식, 기호, 그림 등으로 표현하려고 한다.	3	3	3																		9	3.00	
	5. 구체적 사례로부터 원리나 법칙을 잘 찾는다.	3	3	3																		9	3.00	
	6. 여러 가지 사실에서 규칙성을 잘 찾는다.	3	3	3																		9	3.00	
	7. 수학적 원리·법칙을 구체적 상황에 적용하려 한다.	4	3	3																		10	3.33	
	8. 전제부터 조리 있게 결론을 도출해 낸다.	3	3	3																		9	3.00	
	9. 문제 풀이 과정을 신중히 검토한다.	3	3	3																		9	3.00	
	10. 문제해결 결과를 다른 문제 장면에 적용한다.	3	3	3																		9	3.00	
수학적 창의력	1. 문제 상황에서 여러 가지 아이디어를 산출해낸다. (유창성)	3	3	3																		9	3	3.00
	2. 한 문제에 대해 다양한 풀이법을 시도한다. (융통성)	3	3	3																		9	3	
	3. 풀이 과정이 다른 학생과 다르고 독특하다. (독창성)	3	3	3																		9	3	
	4. 문제 풀이 방법과 과정이 간결하고 명확하다. (정교성)	3	3	3																		9	3	
전체 평균																								

[부록 3] 교사 관찰·추천서 양식(수학영재)

■ 지원자 기재사항

성　　　명		소 속　학 교	
지 원 과 정		지 원 전 공	

■ 추천인(교사) 기재사항

<table>
<tr><td>성　　　명</td><td colspan="2"></td><td>연　락　처</td><td></td></tr>
<tr><td>소　속　기　관</td><td colspan="2"></td><td>직 급 / 직 위</td><td></td></tr>
<tr><td rowspan="2">학생과의 관계</td><td>교류기간</td><td colspan="3"></td></tr>
<tr><td>교류내용</td><td colspan="3"></td></tr>
</table>

■ 체크리스트

		최우수 상위 5%	매우우수 상위 10%	우수 상위 30%	보통 상위 50%	보통이하 50% 이하
영재행동 특성	1. 높은 수준의 어휘를 사용하고 깊이 있는 사고를 할 줄 안다.	☐	☐	☐	☐	☐
	2. 상황에 대하여 정확하고 비판적으로 판단할 줄 안다.	☐	☐	☐	☐	☐
	3. 새로운 사물 혹은 상황에 대해 관심을 가지고 많은 질문을 한다.	☐	☐	☐	☐	☐
	4. 성공과 실패의 여부에 상관없이 자기주도적으로 문제를 해결하고 그 결과에 책임을 진다.	☐	☐	☐	☐	☐
리더십 특성	1. 내 생각을 다른 사람에게 분명하고 조리 있게 말할 수 있다.	☐	☐	☐	☐	☐
	2. 의사 결정하는데 있어 주도적 역할을 한다.	☐	☐	☐	☐	☐
	3. 내 생각과 달라도 다른 사람들의 생각과 선택을 존중한다.	☐	☐	☐	☐	☐
	4. 알고 있는 지식이나 정보를 친구들과 공유한다.	☐	☐	☐	☐	☐
창의적 인성	1. 모르는 문제가 있으면 그것을 알 때까지 파고든다.	☐	☐	☐	☐	☐
	2. 더 나은 생각이나 아이디어라고 생각되면 곧 받아들인다.	☐	☐	☐	☐	☐
	3. '만약 ~라면 어떻게 될까?'라는 생각을 자주 한다.	☐	☐	☐	☐	☐
	4. 남들이 당연하게 보는 것도 그냥 지나치지 않고 의문을 갖는다.	☐	☐	☐	☐	☐
수학적성	1. 잘 모르는 수학 문제가 있으면 반드시 알아내려고 노력하는 끈기가 있다.	☐	☐	☐	☐	☐
	2. 수학에 관련된 질문에 답을 잘하고 엉뚱하거나 기발한 질문도 잘 한다.	☐	☐	☐	☐	☐

		최우수 상위 5%	매우우수 상위 10%	우수 상위 30%	보통 상위 50%	보통이하 50% 이하
수학적성	3. 주변 환경에서 수치와 양적 측면에 민감하고 관심이 많다.	□	□	□	□	□
	4. 과제 해결의 결정적 단서를 순간적으로 떠올린다.	□	□	□	□	□
	5. 수학 문제 풀이 방법이 또래 친구들의 방법보다는 독특하고 색다르다.	□	□	□	□	□
	6. 전제로부터 조리 있게 결론을 도출해 낸다.	□	□	□	□	□
	7. 알고 있는 수학적 원리나 내용을 다른 교과나 일상생활에 잘 적용시킨다.	□	□	□	□	□
	8. 문제해결에 필요한 새로운 방법이나 다양한 풀이 전략을 적절히 사용한다.	□	□	□	□	□

■ 기술형

추천하고자 하는 학생의 수학적 영재성을 파악할 수 있는 구체적인 사례를 아래 문항에 따라 기술하시오 (A4분량 2매 이내)

(1) 정의적 특성(흥미, 호기심, 열정, 과제집착력, 성실, 끈기, 내적 동기, 자기주도능력 등)을 중심으로 기술
(2) 인지적 특성(수학 관련 학업 성취도, 개념의 이해 및 적용능력, 수학적 창의성, 논리적 사고능력, 학업발전 가능성, 상상력 등)을 중심으로 기술

본인은 추천서를 작성하면서 사실에 입각한 내용만을 공정하게 기재하였으며, 본 추천서의 내용을 지원자와 제3자에게 어떠한 경우에도 공개하지 않을 것을 서약합니다.

년 월 일

추천인 ______________ 자필서명 ______________

______________________ 학교장 [직인]

Chapter 04

수학영재교육과정 모형

교육과정이란 보는 관점과 교육적 환경, 말하는 학자에 따라 매우 다양하게 규정된다. 교육과정의 어원인 라틴어 'currere'는 마차 경주에서 말들이 달려야 하는 정해진 길(course)을 뜻하기도 하고, 경주에서 각각의 말들이 정해진 길을 따라 달리면서 갖는 체험의 과정(course)을 뜻하기도 한다. 전자의 시각으로 보면 영재교육과정은 교수요목 또는 학습할 내용으로 볼 수 있고, 후자의 시각에서 보면 영재프로그램에서 경험하는 체험과 그에 대한 반성으로 정의할 수 있다.

일반적 의미에서 교육과정이란 학습자의 바람직한 성장과 발달을 도모하기 위하여 교육을 주도하는 기관이 체계적으로 개발하여 제공하는 교수·학습 경험의 계획 및 결과의 총체라고 말할 수 있다. 교육과정의 일반적 정의를 영재교육과정에 적용시켜 보면 영재교육과정의 의미를 규정할 수 있다. 즉 영재교육과정이란 영재들의 바람직한 성장·발달을 도모하기 하기 위하여 영재교육 기관이 체계적으로 개발하여 제공하는 교수·학습의 계획 및 결과의 총체로 정의할 수 있다.

한국교육개발원에서(2000)는 영재교육과정을 다음과 같이 규정하고 있다.

- 영재교육과정은 기회균등이라는 민주적 원리에 기초하고 있다.
- 영재교육과정은 높은 수준의 능력을 지닌 학생을 대상으로 한다.
- 영재교육과정은 영재들의 특성을 고려한 차별화 되고, 개별화된 교육 과정이다.
- 영재교육과정은 영재의 잠재적 재능을 가시적 재능으로 전환 시키는 것을 목표로 한다.

또, 경상북도교육청에서(2012)는 초등수학영재교육과정을 개발하면서 영재교육과정의 기준을 다음과 같이 제시하였다.

- 영재교육과정 기준(이하 기준)은 영재교육기관들로 하여금 양질의 교육과정을 작성할

수 있도록 권장하고 이끌어 주어야 한다.

- 기준은 수월성을 지향할 때 필수요건이 되는 교육과정의 특징과 기준을 진술해야 한다.
- 기준은 영재교육기관은 물론 학군 및 기타 교육기관에서 열망하는 수행수준을 설정한다.
- 영재교육의 주요 실제에 대한 전문적인 공감을 보여준다.
- 기준은 영재교육과정을 작성함에 있어 관찰 가능한 면모를 포함하여 진술하고 직접적으로 영재 학습자의 지속적인 성장 및 발전과 관련이 있어야 한다.

영재교육과정과 영재를 지도하는 효과적인 방법에는 특별한 요소나 모형이 있을 거라고 생각할 수 있지만 다양성과 개별성이라는 영재들의 특성과 빠른 교육 환경의 변화와 영재교육에 대한 다양한 사회적 기대라는 외부적 요인을 고려할 때 어느 특정한 모형이나 교수·학습 방법을 정해놓기는 어렵다. 오히려 교육의 일반적 원리에서 출발하여 영재교육의 특수성을 하나씩 추가해 나가는 과정으로서 교육과정을 보아야 할 것이다.

우리나라에서는 교육청 및 대학 부설 영재교육원의 학생들을 위한 국가 수준의 영재교육과정은 존재하지 않고 영재학교 학생을 위한 학교 수준의 문서화된 영재교육과정이 존재한다. 영재교육진흥법 제13조(교육과정 및 교과용도서)에 따르면 '영재교육기관의 장은「초중등교육법」제23조 제2항의 규정에도 불구하고 해당 교육기관의 교과영역 및 목적 등에 적합한 교육과정을 정하여 이를 운영하여야 한다'라고 규정하고 있다. 영재교육진흥법 중 교육과정 운영과 관련된 부분을 정리해 보면 다음과 같다.

첫째, 영재교육과정은 '초·중등교육법' 제23조 제2항의 규정이 적용되지 않는다. '초·중등교육법' 제23조 제2항은 국가와 지역수준에서 교육과정의 기준과 내용의 기본적 사항을 정하도록 되어 있고, 동법 동조 제1항에 의해 학교에서는 교육과정을 운영하도록 하고 있다. 따라서 교육과정의 결정 구조로서 국가 → 지역 → 학교의 기본 구조가 달라진다. 즉, 국가와 시·도 교육청에는 교육과정에 대한 결정권이 없고, 영재교육기관이 자율적으로 교육과정을 결정할 수 있도록 되어 있다.

둘째, 영재교육기관의 장이 교육과정을 결정하고 운영하도록 규정하고 있다. '영재교육진흥법' 제2조에 의하면, 영재교육기관은 영재학교, 영재학급, 영재교육원을 말하는 것이다. 이들 영재교육기관은 설립의 근거가 다르다. 영재교육기관의 설립에 관련된 법률에 따르면 영재학교는 '영재교육진흥법', 영재학급은 '초·중등교육법', 영재교육원은 '고등교육법'에 의해 설립·운영되는 기관을 말한다. 그러나 영재교육기관의 교육과정은 예외 없이 모두 '영재교육진흥법' 제2조의 규정에 따르도록 되어 있다. 따라서 영재교육기관의 자율성이 최대한 보장되는 형태로 되어 있는 것이다. 또한 교육과정의 결정권자는 영재교육기관의 장이 되고, 교육과정의 운영을 의무사항으로 되어 있다.

셋째, 영재교육기관의 교육영역 및 목적 등에 적합한 교육과정을 정하도록 하고 있다. 일반 학생을 대상으로 하는 교육에서는 국가수준의 교육과정을 적용함으로써 교육에서의 획일성이 항상 논쟁의 대상이 되고 있다. 그러나 영재교육기관의 경우는 국가와 지역의 역할이 배제되고, 단위 교육기관에서 결정한 교육과정을 운영할 수 있도록 하고 있다. 자율적인 영재교육과정 결정에서는 영재교육기관의 교육 영역과 교육 목적에 적합한 교육과정이 되어야 함을 규정하고 있는 것이다.

최근 우리나라의 영재교육의 역사를 되짚어 보면 국가적 차원의 인재 양성을 위하여 1983년부터 전국 시·도에 16개 과학고등학교를 설립하고 수학과 과학을 대상으로 영재교육을 실시한 것이 우리나라 영재교육의 시발점인 것을 알 수 있다. 영재교육에 대한 논의는 '국가경쟁력 강화'라는 국가적인 측면과 '교육기회의 형평성 제고'라는 개인적인 측면에서 계속 이루어져 왔다. 영재교육에 대한 본격적인 연구는 1995년 '5. 31 교육개혁' 조치에 의하여 당시 '교육개혁위원회'가 영재교육 강화를 제안한 이후부터 시작되었다. 교육부는 1996년도부터 한국교육개발원(KEDI)으로 하여금 '영재교육활성화 체제구축 연구'를 위탁 수행하게 하였다. 1998년 한국과학재단의 지원을 받아 전국 9개 대학에서 초·중학생을 대상으로 수학과 과학 분야의 특별 교육프로그램이 운영되면서 실제적인 영재교육이 이루어졌고 영재교육진흥법(법률 제6215호, 2000.1.28)과 그 시행령(대통령령 제17578호, 2002.4.18)이 공포됨에 따라 전국적으로 영재교육이 시작되어 지금에 이르고 있다.

고등학교 수준의 영재학교를 제외한 대부분의 영재교육 기관에서 운영되고 있는 영재교육과정을 보면 체제적인 접근을 통해 교육과정을 개발·운영하기보다는 지도 강사의 개인적인 선호 프로그램이나 기존 프로그램을 그대로 이용하거나 일부 수정하여 운영하는 경우가 대부분이다. 영재교육과정이란 단순히 정규 교육 과정에 심화 학습 내용을 일부 더하거나 쉬운 교육 내용을 일부 삭제하는 것을 의미하지 않는다. 좋은 영재교육과정이란 영재들의 욕구와 인지적 발달 수준에 맞고 그들의 재능과 잠재력을 계발할 수 있도록 구성된 차별화된 (differentiated) 교육과정을 의미한다고 볼 수 있다. 또한 단순한 교수요목이나 단원 수준의 학습 지도계획의 수준에서 벗어나 영재교육 프로그램에서 경험하는 교수·학습 활동과 결과물의 총체로 볼 수 있도록 체계적으로 만들어 져야 한다.

교육과정 모형은 영재교육 프로그램을 체제적이고 구체적으로 설계할 수 있는 이론적인 틀을 제공하는 역할을 한다. 각 모형들은 모형 고유의 독립적인 틀을 유지하면서도 유사하거나 상호 보완적인 요소가 많기 때문에 영재교육과정을 설계할 때는 각각의 교육과정 모형을 동시에 고려하는 것이 좋다. 또한 학교전체심화모형(Renzulli, 1994; Renzulli & Reis, 1997) 등 몇 몇 모형들은 우리나라 영재교육프로그램에 그대로 적용하기에는 교육 환경과 여건들이 들이 다르다는 점 등을 충분히 고려하여야 한다. 본 장에서는 영재교육 프로그램에 참여하는 영재들에게 차별화된 경험을 제공하여 영재교육의 목적을 달성하는 데 도움이 될 만한 교육과정 모형을 개관해 본다.

4.1 Renzulli의 3부 심화학습모형

4.1.1 개요

Renzulli의 3부 심화학습(Enrichment Triad Model)은 영재들에게 무엇을 가르칠 것인가를 단계별로 나누어 구체적이고 명시적으로 제시해 주는 가장 많이 알려진 모형이다. 이 모형은 미국에서뿐만 아니라 우리나라 영재교육 기관에서도 많이 사용하고 있으며 초등학교생뿐 아니라 중등학생에게도 효과적으로 사용될 수 있는 모형이다.

3부 심화학습모형에서 제시하는 목적은 다음과 같다. 첫째, 공부 영역이나 스스로 선정한 문제에 지식, 동기 그리고 창의성을 적용하는 것이며, 둘째, 특정한 영역의 내용이나 방법론에 대한 발전된 이해를 획득하는 것, 셋째, 자기주도적 학습 기술(계획, 조절, 자원활용, 시간관리, 의사결정, 수행평가 등)을 기르며, 넷째, 자신감, 과제 집착력, 그리고 성취감을 발달시키는 것 등이다(Renzulli & Reis, 2003).

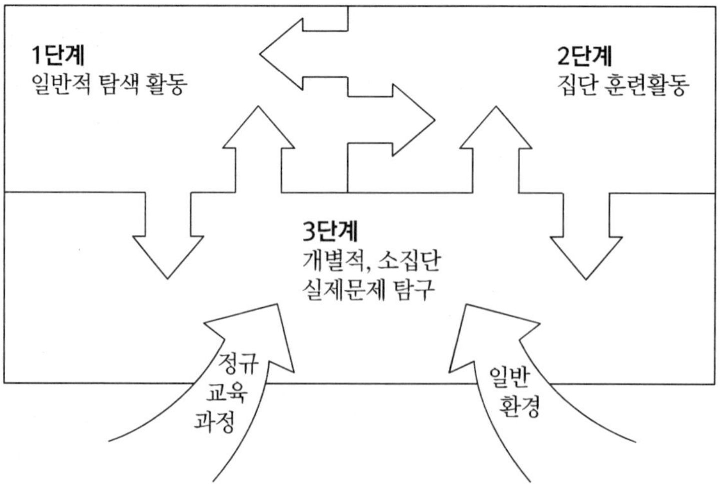

[그림 4-1] 3부 심화학습모형(Renzulli & Reis, 1997)

3부 심화학습모형은 연속적이기는 하지만 각 단계별 학습 활동의 내용과 학습 방법의 차이가 있는 3단계로 구성되어 있다. 1부 심화학습은 일반적 탐색활동으로 학생들이 다양한 주제와 자신들의 관심 영역을 접할 수 있도록 되어 있다. 2부 심화학습은 집단 훈련 활동으로 개인 및 집단 연구나 탐구에 필요한 기법이나 창의성과 같은 인지적·정의적 과정의 발달을 다룬다. 3부 심화학습은 특정 분야에서 실제적 연구자나 예술가가 수행한 것과 같이 실제문제에 대해 탐구하는 활동으로 구성되어 있다. 1부와 2부 심화활동은 영재들뿐만 아니라 일반 학생들에게도 유익하기 때문에 모든 학생들에게 적용할 수 있다. 그러나 3부 심화활동은 영재성이 있는 학생들의 특수한 창의성, 능력, 그리고 과제 집착력이 요구된다고 볼 수 있다.

우리나라 초등 수학영재 프로그램들 중에도 다수의 프로그램들이 이 모형에 근거하고 있다. 다음 그림은 Renzulli의 3부 심화학습모형을 적용한 학습지도 계획이다(경상북도교육청, 2013).

〈표 4-1〉 미래가 보이는 통계 학습지도 단계

단계	차시	학습 요소	학 습 내 용
1단계 탐색 및 계획 수립	1-2	통계의 세계	• 일상생활 속에서 그래프를 활용한 다양한 예 찾아보기 • 통계자료를 활용한 신문 기사 살펴보기 • 그래프가 포함된 신문 기사를 찾아 내용을 파악하고 발표하기
2단계 지식 및 기능 습득	3-4	재미있는 통계 교실	• 통계조사 과정 알기 • 통계조사 계획 세우기 • 다양한 통계 자료 수집하기
3단계 프로젝트 수행	5-6	프로젝트 수행하기	• 모둠별 통계 신문 만들기 - 수집한 자료를 정리하여 분석하기 - 통계 자료 만들기 - 통계 신문 만들기
	7-8	프로젝트 발표하기	• 모둠별 통계 신문 발표 및 상호 평가하기 • 통계 신문 수정하여 완성하기 • 통계 신문 전시하기

4.1.2 주요 내용

1) 1부 심화활동: 일반적인 탐색활동

1부 심화는 일반적인 탐색활동으로서 학생들에게 다양한 주제, 원리, 사건, 취미, 인물, 장소, 흥미, 그리고 교육과정의 정규과정에는 없는 기회를 제공하는 것이다(Renzulli & Reis, 2003). 이는 장차 제3부에서 독자적인 탐구과제를 수행할 수 있도록 학생들에게 광범위하고 다양한 내용에 접하게 하며 아이디어를 내면화시켜주는 과정이다. 학생들로 하여금 그들의 관심 분야를 탐색하고, 선택한 분야나 주제에 계속 참여할지 여부를 결정할 수 있게 한다. 따라서 가능한 학습 경험을 다양하게 제공하여, 학생 스스로 자신의 흥미와 관심 분야가 무엇인지 파악할 수 있는 기회를 제공한다. 1부 심화활동을 위해서는 영역별로 다양한 주제 목록을 작성하여 활용할 수 있고, 전문 서적 읽기, 견학, 전문가 초청 강연, 비디오 상영, 조사, 토론 등의 다양한 활동으로 진행할 수 있다.

2) 2부 심화학습: 집단 훈련 활동

1부 심화학습과정에서 주제를 선택한 학생들이 2부 심화활동에 들어가게 된다. 1부 심화활동이 '내용' 위주의 심화학습이라면 이 단계는 '과정'을 중요시하는 전략적인 심화학습의 단계라 할 수 있다. 이 단계에서는 다양한 소집단 단위의 프로그램을 통해 사고력, 창의력 및 문제해결력, 학습기능 및 연구 기능(청취, 관찰, 인터뷰, 설문, 자료 분석 및 해석), 참고자료 활용 기능, 다양한 의사소통 기능의 개발과 향상을 그 목표로 한다. Renzulli는 2부 심화학습의 목적을 사고와 감정의 폭넓은 발달을 촉진시키는 것이라고 했다. 모든 학생들이 이러한 기술, 능력, 태도, 전략들을 발달시켜야 하지만 특히 영재 프로그램은 영재들의 기술, 능력 태도, 전략의 발달을 촉진시키는 데 초점을 두어야 한다고 주장했다(Renzulli & Reis, 1985). Renzulli는 표 1에 제시된 5개의 범주에서 일반적이고 특수한 기술을 발달시켜야 한다고 제안하였다. 2단계에 심화학동을 지도하면서 교사는 학생들의 흥미, 창의성, 과제집착력, 교과에서 비범한 능력을 계속적으로 관찰한 후 3부 심화과정에 투입될 학생들을 찾아낸다.

정의적 측면에 있어서 2부 심화학습에서는 학생들이 긍정적 자아개념과 높은 자기효능감을 형성할 수 있도록 도와주는 활동이 포함된다. 또한 학생들이 건설적인 사회적 가치와 개인적 가치를 발달시키는 것과 타인 지각, 인식, 관점, 문제, 장애에 대한 인식을 향상시키도록 도우며 교육과 직업적 동기를 유발시키고 학생들이 자신의 운명을 통제할 수 있다는 것을 이해하도록 돕게 된다(Davis, 2003a).

<표 4-2> 2단계 심화학습에 포함되는 기술의 범주

인지적 훈련	• 분석기술 • 조직기술	• 비판적 사고기술 • 창의적 기술
정의적 훈련	• 개인 내적 기술 • 대인 간 기술	• 중요한 인생 사건의 처리
학습 방법의 학습	• 듣기, 관찰, 지각 • 노트 정리, 요약	• 조사와 면접 • 자료 분석과 조직
연구의 진보와 참고문헌 이용절차	• 3단계 조사 활동 준비 • 정보검색 기술	• 지역사회 자원의 활용
쓰기, 언어적·시각적 의사소통 개발	• 쓰기를 통한 의사소통 기술 • 언어적 의사소통 기술	• 시각적 의사소통 기술

3) 3부 심화학습: 개인 또는 소집단의 실제 문제해결 및 연구 활동

3부 심화활동은 소수의 영재들이 그 대상이 되며, 개별이나 소집단 중심으로 이루어지는 단계이다. 이 단계에서 영재들은 독자적인 연구, 예술, 작문, 연극, 홈페이지 디자인 등과 같은 문제를 스스로 선정하고, 전문가가 문제를 해결해 나가는 과정을 그대로 적용하고 개인 연구 프로젝트를 수행하며 산출물을 생산해 낸다. 3부 심화학습에 이루어지는 활동은 3부 심화학습모형에서 가장 핵심활동으로 영재들의 잠재능력을 개발시킬 수 있는 가장 적합한 방법 중 하나로 평가되고 있다.

Renzulli와 Reis(2003)는 3부 심화학습의 목적을 다음과 같이 밝히고 있다.

첫째, 공부영역이나 스스로 선정한 문제에 지식, 동기, 그리고 창의성 적용하기
둘째, 특정한 영역의 내용이나 방법론에 대한 발전된 이해 획득
셋째, 자기주도적 학습 기술(계획, 조직, 자원활용, 시간관리, 의사결정, 수행평가) 발달
넷째, 자신감, 과제집착력, 그리고 성취감을 발달시키는 것 등이다.

Renzulli는 심화학습에 배당된 시간의 약 50%가 3부 심화학습 활동을 위해 써야 한다고 주장하고 3부 심화학습 활동의 결과물을 감상할 수 있는 청중을 확보하는 일이 중요하다고 했다. 이때 지역의 역사, 과학, 혹은 드라마 연구 모임과 같은 단체들이 적절한 청중이 될 수 있다고 했는데 우리나라의 경우 동료학생, 학부모, 지역사회 주민 등이 청중이 될 수 있다. 특히 학교, 지역문화센터, 지방자치 단체에서 운영하고 있는 공공장소 등은 영재들의 산출물을 전시할 수 있는 장소로 활용될 수 있다.

4.1.3 Renzulli의 심화학습모형에서 교수·학습 활동

<표 4-3> Renzulli의 심화학습모형에서 교수·학습 활동(박성익 외, 2004)

단계 및 활동유형	교사		학생	
	역할	활동의 예	역할	활동의 예
1부: 일반적 탐구활동	계획자 조직자 흥미자극자	• 학생들이 새로운 탐구분야나 방법에 접할 수 있는 경험 계획하기 • 학생들이 계속 흥미를 가질 수 있는 연구주제와 관련된 활동 계획하기 • 도서관을 방문하도록 고무하기	적극적인 참여자 관찰자	• **학습센터에서 작업하기** • 현장학습 • 새로운 아이디어 탐구 • 전문가와의 상호작용
2부: 집단 훈련	훈련자 촉진자 토론지도자	• 집단과 개별활동 계획하기 • 다양한 연구에서 활용될 수 있는 사고와 감정 과정 선정하기 • 개별과 집단욕구에 적합한 경험 계획하기 • 고등 사고기술을 개발할 수 있는 계획하기	적극적인 참여자 사고자	• **사고기능 활동하기** • 시뮬레이션게임 • 사고 작용을 유발하는 질문에 답하기 • 흥미 규명하기 • 아이디어와 방법 논의하기
3부: 개별 또는 소집단으로 문제해결하기	자원관리자	• 지지적 학습환경 개발하기 • 학생들이 자신의 관심을 규명하고 집중할 수 있도록 돕기 • 학생들이 계획을 잘 관리할 수 있도록 돕기 • 멘토 소개하기 • 방법상의 지원 제공하기 • 학생들이 자신의 작업을 더 좋게 수정하도록 돕기	문제 발견자 자료 수집자 문제해결자 생산자 탐구자	• **관심있는 문제 발견하기** • 계획관리하기 • 현실문제 탐구하기 • 새롭고 독특한 결과물 만들기 • 청중에게 결과물 알리기

4.1.4 현장 적용의 시사점

① Renzulli의 3부 심화학습모형은 영재교육에서 가장 널리 활용되고 있는 교수·학습모형 중의 하나로 우리나라에서는 다수의 영재 프로그램들이 이 모형을 적용하고 있다.
② 이 모형은 프로그램의 철학적 기초, 영재에 대한 정의, 영재에 대한 규명, 교수활동 프로그램 평가를 위한 전략 등을 포함하는 전체적인 프로그램의 틀을 제공한다는 점에서 영재교육기관에서 활용 가치가 높다.
③ 넓은 범위의 학생에게 다양한 수준과 형태의 심화학습으로 협동적인 분위기를 조성하며, 3부 심화로 진행될수록 학생들이 체계적으로 프로젝트에 접근할 수 있게 하는 장점이 있다.
④ 프로그램을 개발할 때 학습이 진행될수록 보다 고급사고 기능이 필요한 학습 활동을 제공해야 하며, 마지막 단계에서는 그 분야의 실제적인 문제를 탐구할 수 있는 심화탐구활동들을 포함해야 한다.
⑤ 학생들의 과제집착력과 창의성 평가 및 정의적 영역을 평가하기 위해서 충분한 훈련이 되어 있어야 한다.

4.2 Treffinger의 자기주도적 학습모형

4.2.1 개요

Treffinger의 자기주도적인 학습모형(Self-directed Learning Model)의 목적은 학생들을 독립적이고 자율적인 학습자로 교육하기 위해 필요한 기술과 능력을 계발시키기 위한 모형이다. 이 모형은 4단계로 이루어진 구조화된 접근 모형으로 학습목표의 선정, 학습준비도 평가, 교육과정 개발과 실행, 그리고 성취도 평가 등의 측면에서 교사 의존도와 학생 의존도의 정도에 따라 구분된다. Treffinger의 자기주도적 학습모형은 다음의 두 가지 가정을 전제로 하고 있다.

- 학생들이 학습과정에 보다 많이 참여할수록 보다 더 효과적인 학습이 일어난다.

• 학생들이 스스로 자신이 학습할 내용을 결정하면 동기유발이 잘 된다.

<표 4-4> Treffinger의 자기주도적 학습모형(구자억 외, 2000)

단계	교사주도학습	자기주도학습 1단계	자기주도학습 2단계	자기주도학습 3단계
학습목표와 선정	교사가 학급과 개별 학생을 위해서 사전계획을 한다.	교사가 학생들에게 다양한 선택권을 부여한다.	교사가 학생들에게 목표설정에 참여를 시킨다.	학생이 스스로 학습목표를 설정하고 교사는 조력자의 역할을 담당한다.
학습준비도 평가	교사가 임무에 필요한 모든 평가를 결정하고 수행한다.	교사가 진단평가를 하나 학생에게 몇 가지 평가의 선택권을 준다.	교사와 학생이 진단을 위한 회의를 갖고 필요에 따라 개인적으로 평가가 행해진다.	학생이 스스로 임무에 필요한 요건이나 기술들을 파악하고 불확실한 부분은 교사의 조력을 구한다.
교육과정 개발과 이행	교사가 내용을 제시하고 학습에 필요한 활동과 실습을 제공한다.	교사가 학습에 필요한 여러 가지 활동을 제시하면 학생은 자신의 능력에 맞게 활동을 선택한다.	교사가 학생을 개인에 적합한 학습 활동 개발에 참여시킨다.	학생이 원하는 프로젝트나 활동, 필요한 자원 및 학습에 관련된 제반 요건을 정한다.
성취도 평가	교사가 평가 절차 및 도구를 정하고 수행한다.	교사가 학생에게 학습목표와 관련하여 자신의 성취도를 평가하게 한다.	동료친구들이 피드백을 제공하며 교사와 학생이 평가를 위한 회의를 갖는다.	학생이 자기평가를 한다.

4.2.2 주요 내용

1) 교사주도학습

전형적인 교사 중심 수업 방식으로 학생들은 교사가 중요하다고 인정한 것을 학습하고, 사전 평가를 받고, 교사에 의해 구체화된 학습 활동을 실행하고, 진척 사항에 대해 평가를 받는 수동적 수집자로서 역할을 한다. 반면, 교사는 학급과 개별학생들을 위한 학습 목적과 목표를 설정하여 전달하고 내용을 제시하고 연습 활동을 제시하며, 평가 준거를 마련하여 평가하는 지시자로서 역할을 한다.

2) 자기주도학습 1단계

이 단계는 교사가 영재들에게 관심 분야와 학습 속도에 따라서 몇 개의 학습 활동을 제시하여 학습 프로그램의 내용과 수준에 대한 선택의 기회를 제공한다. 학생들은 교사가 제시하는 분야 중에서 학습의 목적과 분야를 선택하는 선택자로서 역할을 한다.

3) 자기주도학습 2단계

교사의 안내와 학생의 적극적 참여로 가장 적절한 교육프로그램을 공동으로 개발하되 학생에게 많은 책임을 부여해 준다. 학생은 스스로가 학습 활동이나 목표에 대하여 좀 더 능동적으로 참여하고 의사결정을 한다.

4) 자기주도학습 3단계

학생 주도의 활동이 되어 학습자 스스로 학습 활동을 창안하여 활동하도록 하고, 교사는 안내자로서 학생의 활동에 필요한 자료나 정보를 제공하는 역할을 한다.

예를 들면, 학생이 교사의 도움 없이 스스로 자신의 프로젝트 수행과정을 객관적으로 평가할 수 있고, 자신의 학습 활동이나 작품의 장단점을 명백하게 표명할 수 있다면 그 학생은 자기주도 학습 4단계에 속한다고 볼 수 있다.

4.2.3 자기주도적 학습모형에서의 교수·학습 활동

Treffinger의 자기주도적 학습모형의 구체적인 학습 활동 과정은 다음 표와 같은 예들을 제시할 수 있다.

<표 4-5> 자기주도적 학습모형의 교수·학습 활동

사고의 단계, 유형, 수준	학생 활동	교사 활동
교사주도학습	교사가 중요하다고 인정한 것을 학습하기	학급과 개별학생 모두를 위한 목적과 목표 정하기
자기주도학습 1단계	교사가 제시한 분야 중에서 학습의 분야 선택하기	독립된 학습 활동 제공하기
자기주도학습 2단계	교사와 함께 학습 계약서 만들기	학습 계약서 작성 도와주기
자기주도학습 3단계	프로젝트, 학습 활동, 학습장소, 학습 속도를 결정하고 개발하기	자원과 재료 제공하기

4.2.4 자기주도적 학습능력을 신장시키는 방안

Treffinger는 학생들이 자기주도 학습 능력을 신장시키기 위한 방안으로 다음과 같은 방법을 제시하고 있다.

- 영재학생들이 스스로 할 수 있는 일들을 교사가 대신 해주거나 도와줌으로써 학생의 자기주도 학습 능력이나 의욕을 저하시켜서는 안 된다.
- 자기주도 학습에 대해 개방되고 호의적인 태도를 보여야 한다.
- 학생들이 다양한 주제나 문제들을 종합하고 연관 지어 생각할 수 있는 시각을 갖도록 지식의 연계성을 강조해야 한다.
- 문제해결력, 창의력, 연구 능력 등의 향상을 위한 프로그램을 제공해야 한다.
- 학생들의 문제해결력 신장을 위해 가정이나 학교의 실제 문제들을 적극 이용해야 한다.

4.2.5 현장 적용의 시사점

- 영재들의 경우 독립심, 인내심, 호기심, 자발성이 강하며, 앞으로 독자적 연구를 수행하여야 한다는 점을 고려할 때 자기주도적 학습모형은 영재를 위한 프로그램 개발에 효과적으로 활용될 수 있다.
- 이 모형은 주로 영재들을 대상으로 하고 있지만 일반 학생들의 영재성, 즉 사고의 독립성, 인내력, 추진력, 창의성 및 다양한 연구능력 계발을 위해 활용될 수 있다.
- 영재교육 프로그램 개발시 교수·학습 활동의 진행에 있어 교사의 역할 및 학습 안내의 정도가 점차 줄어들도록 학습자료를 구성해야 한다.
- 도입부의 안내에서는 학생들의 흥미와 관심을 끌 수 있도록 필요한 자료를 풍부히 제공하여 재미있는 학습 활동이 제공되어야 한다.
- 주제의 학습이 진행될수록 특정 분야에 관심을 가진 학생들끼리 모여 학생들이 스스로 자료를 찾거나 요구를 하게하는 학습자료 전개 방법이 필요하다.
- 자기주도적 학습을 위해 요긴하게 쓰이는 전략 중 하나는 메타인지로 학습내용을 내면화하고 이해하며, 회상하는 등의 사고 작용에 대하여 학생들이 반성하는 것을 도울 수 있다(김정휘외, 2004).

4.3 Parnes의 창의적 문제해결 학습모형

4.3.1 개요

Parnes는 창의적 문제해결 학습모형(Creative Problem Solving: CPS)에서 창의성은 학습될 수 있는 행동으로 교육자는 창의적 행동을 가르쳐야 한다고 주장했으며, 학생들이 학교에서 문제해결과정을 학습하면 모든 종류의 문제에 적용할 수 있는 일련의 기술이 개발된다고 생각했다. 이를 바탕으로 Parnes는 창의적 문제해결 학습모형을 개발하였다. 이 모형은 해결책을 선택하거나 실행하기 이전에 여러 가지 대안의 생성을 강조한다는 점에서 일반적인 문제해결 방식과는 다르다.

창의적 문제해결 학습모형의 학습 활동과정은 문제를 이해하는 단계(1단계에서 3단계까지), 아이디어를 일반화하는 단계(4단계), 행동을 계획하는 단계(5단계와 6단계)의 연속적인 6단계로 되어 있다(장영숙, 2003).

4.3.2 주요 요소

1) 1단계 관심영역 발견(mess-finding)

문제해결을 위한 시발점을 찾기 위하여 중요하게 생각하는 목표나 영역을 결정한다.

(1) 확산적 사고: 개선이 필요한 것, 더 쉽게 할 수 있는 것 등에 대한 질문을 한다.

(2) 수렴적 사고: 문제영역이 앞으로 소유하여 책임을 가지고 추구해볼 만한 것인지를 확인하는 소유자 질문과 이 영역이 얼마나 중요하다고 생각하는가 하는 중요성 수준 질문 등을 하여 어떤 관심영역을 다룰 것인지를 결정한다.

2) 2단계 자료 탐색(data-finding)

관심영역을 음미해 보는데 중요한 여러 가지 정보를 수집하여 검토한다.

(1) 확산적 사고: 6하 질문 기법을 이용하여 자료를 생성한다.

(2) 수렴적 기법: '어떤 자료가 정말 중요한가?' 또는 '나는 어떤 자료에 특별히 주목해야 할까?'를 기준으로 선택한다.

3) 3단계 문제 탐색(problem finding)

이전 단계에서 접했던 중요한 정보를 가지고 문제를 형식화한다. 작업가능하고, 자극적이고, 구체적인 것으로 문제를 진술한다.

(1) 확산적 사고: '어떻게 ~있는가?, 어떻게 ~할 수 있는가?, 어떤 방법으로 하면 ~할 수 있는가?' 등의 질문을 한다.
(2) 수렴적 사고: 가장 중요한 것을 선택한다.

4) 4단계 아이디어 탐색(idea-finding)

문제의 해결을 위해 아이디어를 산출, 아이디어를 정교화시켜 더 완벽하고 흥미있게 만든다. 여러 조건에 대한 대안을 브레인스토밍하며, 판단을 자제하고 더 좋은 아이디어를 내려고 노력한다.

(1) 확산적 사고: 많은, 다양한 그리고 독특한 아이디어를 생성해 낸다(여러 가지의 아이디어 생성기법들 가운데서 적절한 것을 골라 사용한다).
(2) 수렴적 사고: 가장 유망하고 그럴듯해 보이는 아이디어를 1개 또는 몇 개를 선택한다(가능한 발명 또는 해결책으로 계속하여 발전시켜보고 싶어하는 아이디어이다).

5) 해결책 탐구(solution-finding)

평가 준거를 사용하여 아이디어를 선정하며 객관적인 평가에 기초해 가장 가능한 해결방안을 선택한다.

(1) 확산적 사고: 유망해 보이는 아이디어를 선택하고, 다듬고, 개발시키는데 사용할 수 있는 '준거'들(예: 경비, 시간, 공간 자원 등)을 만들어 낸다.
(2) 수렴적 사고: 만들어낸 준거들 가운데 중요한 몇 가지를 선택하여 유망해 보이는 아이디어를 평가하고, 개발시키고, 더 나은 것으로 만들어 갈 수 있게 사용한다.

6) 수용가능성 탐색(acceptance finding)

(1) 확산적 사고: 새로운 발명 또는 아이디어를 도와줄 수 있는 것과, 반대로 저항할 것

같은 것(사람이나 상황)을 확인한다. 실천과 마케팅을 위한 가능한 행동 단계들을 제안해 낸다.

(2) 수렴적 사고: 구체적인 행동계획을 수립한다. 생성, 선택해 낸 아이디어를 실행시키고 새로운 발명을 발전시키고, 보호하고, 판촉하기 위한 구체적인 계획을 세운다.

4.3.3 창의적 사고 기법

창의적 문제해결 학습모형에서는 단계별로 확산적 사고와 수렴적 사고 기능을 반복해서 사용하고 있으므로 여러 가지 창의적 사고 기법에 대한 연습이 필요하다. 창의적 사고 기법 중 몇 가지에 대해 소개하면 다음과 같다(김영채, 2004).

1) 확산적 사고 기법(다양한 아이디어를 내는 방법)

(1) 브레인스토밍(brainstorming)기법은 많이 활용되고 있는 기법 중의 하나로 비판적 사고는 보류하고 상상적(imaginative), 확산적 사고만을 해야 하며, 양이 질을 낳기 때문에 가능한 많은 아이디어를 산출해 내야 한다는 원칙이 있다.

(2) 강제 연결법은 별 관계가 없어 보이는 어떤 대상을 문제에다 강제로 연결시켜 봄으로써 아이디어를 얻고자 한다. 예를 들면, 발명품들 가운데 모터-자전거(오토바이), 손목-시계(손목시계), 집-자동차(모빌 하우스) 등이 있다.

(3) 스캠퍼(SCAMPER) 기법은 어떤 것에 새로운 아이디어를 내기 위해서 가장 쉽게 사용할 수 있는 방법이다. SCAMPER란 일곱 가지 질문에 있는 핵심 단어들의 첫 글자를 따서 기억하기 좋게 만든 것이다. 그러므로 이들 각 철자를 보면 아이디어를 자극할 수 있는 질문을 떠올릴 수 있다. S(substitute? 대치시키면?), C(combine? 조합하면?), A(adapt? 맞도록 고치면?), M(modify-magnify-minify? 수정-확대-축소하면?), P(put to other use? 다른 용도는?), E(eliminate? 제거하면?), R(rearrang-reverse? 재배치-거꾸로 하면?)

(4) 시네틱스(Synectics)는 무의식적이고 비합리적인 사고를 유도하여, 무관하고 상이한 것들을 서로 관련짓고, 친숙한 것을 색다르게 보는 경험을 통해서 사고에서의 민감성을 증진시키는 기법이다. 이 기법에서 중점적으로 활용하고 있는 비유는 직접적 비유(예, 수박은 움직이지 못하는 축구공)와 개인적 비유(예, '만일 여러분이 수박이라면 지금 어떤 느낌이 들까요?'의 질문에 쇠사슬을 끊고 굴러 다녔으면 …) 갈등 축약(예, 파스티르의 '안전 공격')이 있다(우동하, 2004).

2) 수렴적 사고 기법

(1) ALU(Advantage, Limitation and Unigue Qualities, 강점-제한-독특한 특성)는 신기한 대안들을 생산적으로 발전시킬 수 있을 뿐만 아니라 흔한 것처럼 보이는 아이디어라 해서 쉽게 내던져 버리는 일이 없도록 하는 구조적인 접근법이다. 다음의 네 가지 가이드라인에 따라 대안을 분석하고, 다듬고, 발전시키기 위한 기법이다.

(i) 먼저 강점을 고려한다.	(ii) 제한 또는 개선이 필요한 영역을 찾아낸다.
(iii) 독특한 특성을 확인한다.	(iv) 제한을 극복한다.

(2) 하이라이팅 기법은 여러 가지의 대안들을 기본적으로 몇 개의 집단(범주)으로 압축하여 분류하기 위한 수렴적 사고 도구이다. 다음과 같은 단계에 따라 진행된다.

(i) 히트를 찾아라: 대안들 가운데서 가장 그럴듯해 보이는 대안을 히트라 하며 히트 대안에 번호를 붙인다.
(ii) 서로 관련되어 있는 것 같아 보이는 히트들을 함께 묶는다.
(iii) '핫 스파트'를 발견한다: 어떤 구체적인 이슈나 주제를 중심으로 하여 묶은 것을 '핫 스파트'라 한다.
(iv) 핫 스파트를 재진술한다: 핫 스파트를 문제 진술의 형태로 재진술 하는 것이 중요하며 주제가 몇 개가 될 때는 모든 주제들이 새로운 진술에 같이 짜여 들어갈 수 있게 한다.

4.3.4 창의적 문제해결 학습모형의 교수·학습 활동

〈표 4-6〉 창의적 문제해결 학습모형의 교수·학습 활동(신종훈, 2007)

사고의 단계, 유형, 수준	학생 활동	교사 활동
1단계: 관심영역 발견	목표 선택하기	개인별 또는 조별 연습 활동 하도록 안내하기
2단계: 자료 탐색	알고 있는 것과 알 필요가 있는 것을 구별하기	보조할 수 있는 연습 활동 개발 또는 선택하기
3단계: 문제 탐색	좀더 풀기 쉬운 형태로 문제를 고치기	도와주기
4단계: 아이디어 탐색	많은, 다양한 아이디어를 제시하기	아이디어를 자극하는 질문하기
5단계: 해결책 탐색	논리적인 근거를 갖고 해결책 지지하기	해결책에 대한 보충 설명하기
6단계: 수용성 탐색	계획평가 수정하기	브레인스토밍 규칙 적용하기

4.3.5 현장 적용의 시사점

- 영재교육프로그램을 개발함에 있어 확산적 사고와 수렴적 사고를 사용하여 창의적 문제해결력을 신장시킬 수 있는 프로그램을 구성하고 이를 적극 활용할 수 있도록 해야 한다.
- 이 모형은 영재학생들이 독특한 산출물을 개발할 수 있도록 해주고 창의적 잠재력을 향상시켜준다.
- 창의성을 증진시킬 수 있는 구조와 과정을 제공해 주며 목표 및 절차와 평가 준거가 명확하게 설명되어 있어서 교사들이 용이하게 활용할 수 있다.
- 이 모형은 실제적으로 부딪히는 문제를 해결할 수 있다는 것과 여러 상황에서 쉽게 사용될 수 있다는 큰 장점이 있다.
- 영재지도 교사는 창의적 문제해결력을 신장시킬 수 있는 교수법을 습득하도록 훈련하여야 하며, 확산적인 대답을 촉진하기 위해 교사와 학생의 질문은 개방적이어야 한다.
- 학생들의 창의적 능력의 발휘는 환경에 크게 의존되므로 학생들의 의견이 존중되고 자유로운 분위기에서 학습할 수 있는 환경을 조성해야 한다.

4.4 Van Tassel-Baska의 통합교육과정모형

4.4.1 개요

Van Tassel-Baska의 통합교육과정모형(Integrated Curriculum Model: ICM)은 영재들의 재능 개발을 위한 교육과정 재구성과 실제 수업을 결합한 통합교육과정 모형으로 연구되었다. 통합교육과정모형은 교육과정에 대한 모형이지만 영재교육에 있어서 교과 간, 영역 간의 통합을 강조하는 현장에서 교사들에게 교수·학습모형으로 조정·적용 가능성이 높다. 재능 발달을 위한 통합교육과정은 1986년에 제안되었으며, 영재학생들은 일반학생들과는 다른 학습 특성을 가지고 있음을 고려하여 세 가지 상호 관련 영역으로 구성되었다.

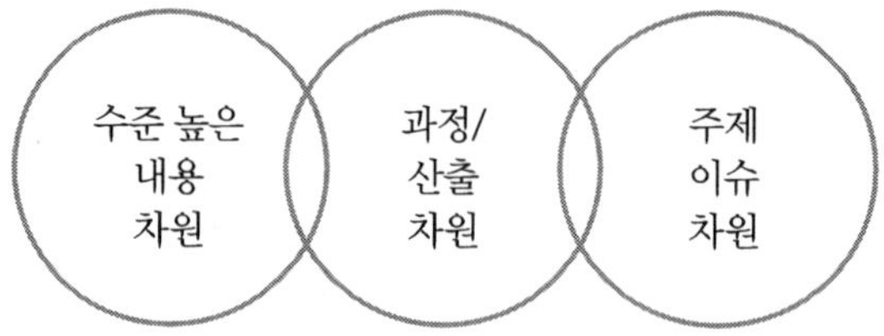

[그림 4-2] 통합교육과정모형

4.4.2 주요 요소

1) 수준 높은 내용 차원

내용 차원에서는 특정 영역에서의 학습할 내용은 정규교육과정과 비교할 때 수준이 높아야 한다. 이를 위해서 영재들의 현재 지식수준을 주의 깊게 진단하고 이에 적절하게 처방을 내림으로써 현 수준에 가장 적절한 내용을 제공해야 한다는 점을 강조하고 있다.

2) 과정/산출 차원

과정 및 산출 차원에서는 고급 사고 기능 및 탐구기능을 적용하도록 요구하고 이러한 학습 활동을 하는 영재들을 격려해야 한다고 강조한다. 이는 프로젝트나 토론 활동 등을 통해 정보를 활용하게 함을 의미한다. 즉, 일반적인 사고 및 탐구기능을 활용하여 높은 수준에서 정보를 조작할 기회를 제공해야 한다는 것이다.

4) 주제, 이슈 차원

실제적인 문제를 해결하는 과정에서나 이론적인 모델을 만들어 내는 과정에서 해결해야 하는 문제, 논란의 여지가 있는 이슈, 아이디어를 중심으로 하는 경험에 초점을 두어야 한다는 점을 강조하고 있다. 그러므로 각 학습영역에서 가장 중요하고 논란의 여지가 있는 주요 아이디어, 이슈를 선택하는 데 신중을 기해야 한다. 그리고 이 이슈를 중심으로 깊이 있게 학습이 이루어지도록 해야 한다. 이는 영재교육은 특정 아이디어에 대해서 겉핥기식으로 알기보다는 깊이 있게 이해하도록 하는 데 목적이 있기 때문이다.

4.4.3 현장 적용의 시사점

- 영재집단에 대한 통합교육과정모형 적용 연구 결과, 문장의 분석과 해석, 설득력 있는 작문, 언어 예술 능력 면에서 효과가 입증되었으며, 문제에 기초한 과학 단원을 활용하면 고차적인 절차 기능을 통합하는 능력을 향상시킨다는 연구 결과이다.
- 이 모형은 학습자의 요구에 대한 여러 측면에 민감하게 대응해주며, 학교의 전통적인 학습영역에서 필요한 차별화를 이끌어 내는데 용이하다.
- 고등사고기능을 자극하고, 보다 장기적인 학습과정으로 학습한 것을 전이할 수 있으며, 고차적인 기능과 개념의 조작을 통해 학습이 이루어진다는 점에서 유용하다.
- 수학 및 타 교과간의 간학문적인 접근을 통한 영재교육과정을 구성할 때 내용, 과정, 산출물, 주제 등의 다차원적인 분석의 틀로 활용할 수 있다.

4.5 Renzulli의 다중메뉴모형

4.5.1 개요

Renzulli의 다중메뉴모형(Multiple Menu Model)은 교사들이 각 교과의 구조와 내용, 방법론 그리고 교수 학습 경험을 개발할 수 있는 다양한 범주의 교수 기법 등을 동시에 이해하여 심도 있는 단원 개발을 하는 데 목적이 있다(Renzulli 외, 2000). 이 모형은 영재 프로그램을 학교 수준의 전체적 관점에서 접근하기보다는 교사들의 교육과정 개발 과정을 돕기 위한 개발의 도구에 가깝다. 다중메뉴모형은 지식의 구조 메뉴, 수업목표 및 학생활동 메뉴, 수업전략 메뉴, 수업계열 메뉴, 예술적 수정 메뉴, 수업 산출물 메뉴로 구성되어 있으며 기본 가정은 다음과 같다.

- 학생들에게 영감을 주고 새로운 교과를 탐구할 수 있도록 유도할 수 있는 교사들은 자신이 교과 자체에 흥미와 열정을 가지고 있다.
- 실제적인 학습은 학생들이 직접 조사해 보고, 기록해 보고 , 표현해 보고, 다양한 유형의 전문가로서 역할을 수행할 수 있는 조사활동과 창의적 산출물을 생산하는 활동으로 구성되어야 한다.

- 따라서, 교육과정 개발의 중요한 목적은 학생들이 생각하고, 느끼고, 실제 전문가들이 특정한 분야에서 내용과 방법을 찾아내는 것과 같은 일을 해볼 수 있도록 상황을 만들어 주는 것이다.

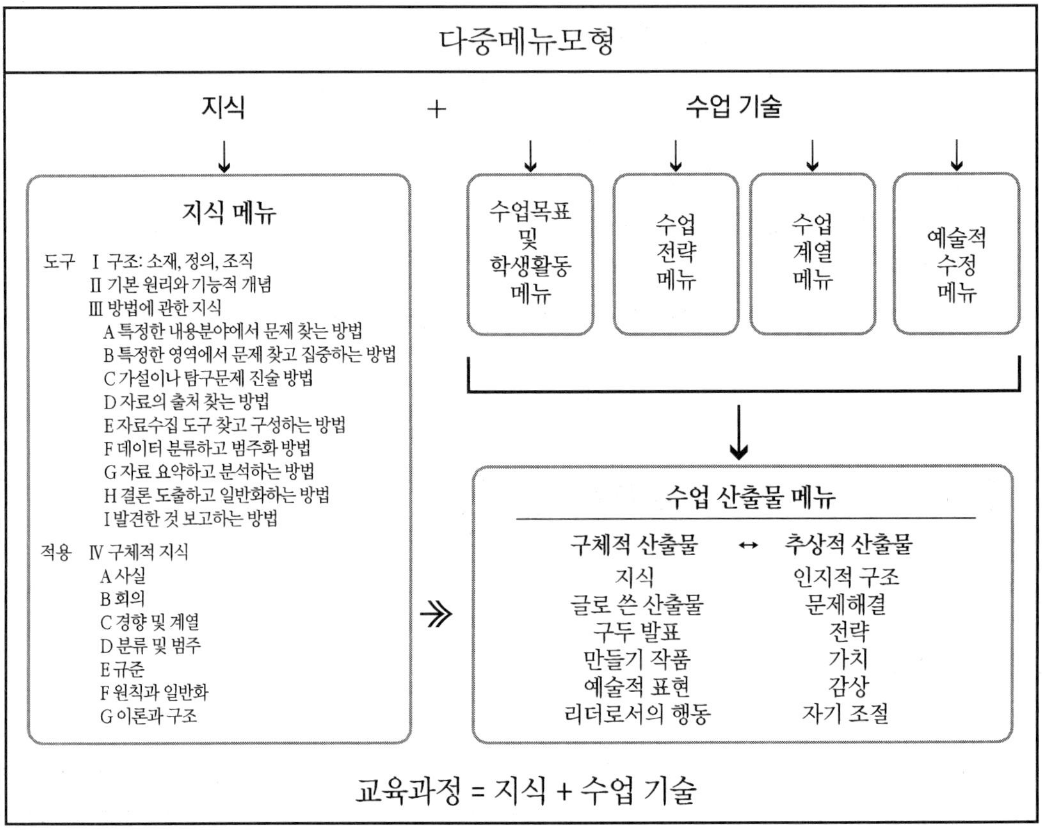

[그림 4-3] 다중메뉴모형

4.5.2 주요 요소

1) 지식 메뉴

지식 메뉴는 4개의 하위 부분으로 나누어져 있고 각 각의 부분은 교사들이 학생들을 가르치고 그들에게 제시할 가장 중요한 아이디와 개념을 선택할 수 있도록 도와준다. 첫 번째 부분인 구조에서는 소개 활동, 핵심 질문, 지식의 계통도 등을 통해서 학생들이 '대략적 윤곽'을 잡을 수 있도록 도와준다. 두 번째 기본 원리와 기능적 개념 부분에서는 학생들이 학습할 분야의 핵심 원리과 개념을 찾아냄으로써 '큰 아이디어'를 찾도록 도와준다. 세 번째 방법에 관한 지식 부분은 실제 전문가들이 행하는 것처럼 방법에 관한 것들이다. 마지막 구체적 지식 부분은 이전 부분에서 학습한 도구들을 직접 학생들이 적용해 보는 것으로 구성되어 있다.

2) 수업목표 및 학생활동 메뉴

이 메뉴는 주제에 관한 정보 수집에 사용된 절차들을 세부적으로 나누고 '절차적 기술 명확히 하기'를 통해 Bloom의 Taxonomy 개념을 포함하고 있다(Renzulli, 2000). 동화와 파지, 정보의 분석, 정보의 종합과 적용, 평가 등과 같이 4개 범주로 나누어 학습 행동의 예시를 제시하고 있다. 각 범주별 학습의 예는 다음과 같다.

하위 범주	목표	학습 활동의 예시
동화와 파지	정보투입	듣기, 관찰, 읽기, 조작, 노트 정리 등
정보의 분석	상위 수준의 이해	분류, 설명, 자료수집, 해석, 대안탐색, 결론, 설명 등
정보의 종합과 적용	사고 과정의 산출물	쓰기, 말하기, 구성하기, 수행하기 등
평가	정보의 재고 및 판단	자신의 의견 말하기, 평가하기 등

3) 수업전략 메뉴

수업전략 메뉴에서는 교수전략을 어떻게 향상시킬 수 있는지에 관한 다양한 예시 자료목록을 제공한다. 수업전략에는 교사중심 전략, 독자적 전략, 학생주도 전략 등이 있으며, 연습문제와 암송, 강의, 토의, 동료지도, 학습센터 활동, 모의수업과 역할놀이, 학습 게임 등이 포함되어 있다.

4) 수업계열 메뉴

수업계열 메뉴는 '학생들의 지식의 토대, 경험, 학습 가능성'을 평가하여 해당 학습 분야에서 학습의 진행 상황을 평가할 수 있도록 하는데 목적이 있다(Renaulli 외, 2004). 이 메뉴는 계열화되어 있고 각 단원에는 형성평가를 할 수 있도록 다음과 같이 총 8개의 영역으로 구성되어 있다. 주의 집중, 학습목표제시, 학습주제 타 내용과 관련짓기, 다양한 방법으로 학습자료 제시, 선택활동 제시, 수행평가, 차시예고, 적용기회 제공

5) 예술적 수정 메뉴

예술적 수정메뉴는 교사들이 교육과정의 내용을 스스로 수정하여 '생명력을 가지고 의미 있는 내용'으로 만들 수 있는 다양한 예시들을 포함하고 있다. 이 모형은 교사가 개인적 지식, 경험, 신념, 회원의 정보, 해석, 논쟁, 편견 등에 따라 나름대로 자료를 수정해서 사용하기를 제안하고 있다.

6) 수업 산출물 메뉴

수업 산출물 메뉴는 교사들이 단원을 개발할 때 사용할 수 있도록 구체적 산출물과 추상적 산출물의 예를 제시하고 있다. 구체적 산출물은 지식, 작문, 구두 발표, 만들기 작품, 신체적 표현, 리더로서의 행동 등이 있으며, 추상적 산출물에는 인지적 구조, 문제해결, 전략, 가치, 감상, 자기조절 등이 있다.

4.5.3 현장 적용의 시사점

- 다중메뉴모형은 가르쳐야 할 지식과 교사의 수업기술, 창의적 산출물이라는 통합적인 관점에서 제시하므로 교사들이 단원개발뿐만 아니라 영재교육과정 개발에서 실제 활용도가 높다.
- 각 각의 메뉴는 독립성을 유지하면서도 지식, 수업지도 기술, 산출물의 상호 관련성을 시각적으로 잘 구분하고 있어서 교사들이 쉽게 이해할 수 있다.

4.6 한국교육개발원의 영재 교수·학습모형

4.6.1 개요

한국교육개발원에서 개발한 영재 교수·학습모형은 Renzulli의 삼부심화학습모형, Treffinger

의 자기주도적 학습모형에 창의적 문제해결개념모형(김경자, 김아영, 조석희, 1997; 신종훈 2007 재인용)을 결합하여 구안한 것이다.

다음은 한국교육개발원의 영재 교수·학습모형을 나타낸 것이다.

〈표 4-7〉 한국교육개발원의 영재 교수·학습모형

프로그램 전개 단계	탐색	이해	프로젝트
활동 운영 형태	교사주도	교사/학생주도	학생주도
목표 능력	영역별 지식		
	동기적 요소		
	확산적 사고력		
	비판적 사고력		

4.6.2 주요 요소

1) 프로그램 전개 단계

프로그램 전개 단계란 프로그램이 여러 활동으로 구성되었을 때, 각 소활동이 초반부, 중반부, 후반부 중 어디에 위치해 있는가에 따라서 어떤 성격을 가진 활동이 되어야 하는가에 초점을 두어 나눈 것이다. 특별히 영재를 대상으로 하는 프로그램의 경우에는 Renzulli가 지적하였듯이 창의적인 산물을 중시한다. 이에 영재 교수·학습모형에서는 Renzulli 모형에 기초하여 프로그램의 전개단계를 1부 탐색, 2부 이해, 3부 프로젝트 단계로 설정하였다.

1부: 탐색 단계

학생들로 하여금 자신의 능력과 관심 분야를 찾아내고 이후의 프로젝트 활동을 수행하기 위해서 먼저 다양한 주제에 고루 참여하여 탐색하는 기회를 제공하는 과정이다.

- 시간 구성: 전체 12차시 중 약 1~2차시(10~20%)로 구성
- 주요 활동: 전문가 초청 강연, 전문가 면담, 견학, 비디오 상영, 조사, 토론 등

2부: 이해 단계

이 단계의 활동들은 그 분야의 개념을 충분히 이해하고 다양한 문제들을 좀 더 효과적으로

처리할 수 있도록 하는 기술, 노력, 태도, 방법의 향상을 위한 실제 기능 훈련 활동이 이루어지는 단계이다.

- 시간 구성: 12차시 중 약 5~7차시(50%)로 구성
- 주요 활동: 문헌 분석, 문제 풀이, 토론, 조사, 실험, 실습, 도서관 사용법 실습, 자료의 분석, 자료의 종합, 분석 결과에 대한 평가 등

3부: 프로젝트 단계

실제 문제에 대한 프로젝트 연구 단계로 1부와 2부에서 학생이 특별히 관심을 갖게된 주제에 대하여 프로젝트를 수행하는 단계이다. 학생들은 실질적인 연구자가 되어 생활 속에서 직면하는 문제를 탐구해 보고 산출물을 만들어 내는 생산자가 되도록 한다.

- 시간 구성: 12차시 중 3~6차시(30~40%)
- 주요 활동: 전문적 연구, 작품 활동 등

2) 활동 운영 형태

활동 운영 형태란 실제로 프로그램을 운영할 때, 중심이 교사와 학생 중 누구에게 있느냐에 초점을 두어 설정한 것이다. 영재를 대상으로 하는 경우에는 후반부의 활동일수록 활동의 중심이 학생에게 있어야 할 것이다. 이에 영재 교수·학습모형에서는 특별히 이 점을 강조하여 활동 운영 형태가 최종적으로는 반드시 학생 중심으로 옮아 갈 수 있도록 하였다. 즉, 활동 운영 중심이 프로그램 전개 형태에 맞추어 제1단계: 교사주도단계, 제2단계: 교사/학생주도단계, 제3단계: 학생주도단계의 3단계를 통해 점진적으로 이루어지도록 하였다.

제 1단계: 교사 주도 단계

교사가 학생, 학급에 내용을 제시하고 활동하는 단계이다. 이때 교사는 출발점 행동을 수행평가 방식으로 평가하고 점수를 준다.

제 2단계: 교사/학생 주도 단계

교사는 학생에게 수준에 맞는 여러 가지 대안 활동을 제공한다. 교사는 평가와 목표를 관련시키고 학생이 반응할 수 있는 기회를 제공한다. 교사와 학습자가 진단을 위한 회의를 하여 교사는 대안 선택 과정에 학생이 포함될 수 있게 한다. 동료 학습자가 피드백을 제공하는 사람의 역할을 할 수 있으며, 이 단계의 평가를 위해서도 교사와 학생이 함께 회의를 한다.

제 3단계: 학생 주도 단계

학습자가 대안활동이나 프로젝트를 스스로 통제하고 교사는 자료 및 교재를 제공한다. 학습자가 교사의 도움을 받아서 진단을 통제하여 학습자 자신이 평가하도록 한다.

3) 목표 능력: 창의적 문제해결력

목표 능력이란 프로그램 전개 단계, 활동 운영 형태 등에 관계없이 영재를 위한 학습 프로그램에 포함되어 있는 모든 활동이 추구하는 능력을 말한다. 영재 교수·학습모형에서는 창의성 문제해결력을 목표 능력에 초점을 두었으며, 영재들의 창의성 문제해결력을 계발시켜 주기 위하여 다음의 네 가지를 강조하였다.

첫째, 특정 영역에서의 지식과 기능이다. 창의적 문제해결력은 특정 주제나 분야의 개념이 충분히 이해되고 필요한 기능이 숙달되었을 때 원활히 일어나기 때문에 창의적 문제해결력이 잘 발휘되기 위해서는 반드시 필요한 요소이다.

둘째, 동기적 요소이다. 창의적 문제해결이 이루어지기 위해서는 정의적 측면의 동기가 충분히 높아야 한다.

셋째, 확산적 사고력이다. 확산적 사고력은 남들이 인식하지 못했던 문제를 찾아내거나, 기존의 문제를 새롭게 정의하고, 전에는 생각하지 못했던 새로운 해결책 또는 대안을 찾아내는 능력이다. 여기에는 유창성, 융통성, 독창성, 정교성이 포함될 수 있다.

넷째, 비판적 사고력이다. 비판적 사고력은 분석하고 평가하고, 추론하고, 판단의 증거를 검토할 수 있는 능력을 말한다. 비판적 사고력을 계발시켜 주기 위해서는 교사가 적절한 질문을 하고, 학생들이 충분히 사고하도록 기다려 주고 격려해야 할 것이다.

4.6.3 현장 적용의 시사점

- 한국교육개발원의 영재 교수·학습모형은 목표 능력이 창의적 문제해결력에 있기에, 영재 선발, 영재프로그램 적용, 평가 등 창의성을 중시하고 있는 우리나라의 전체적인 영재교육의 흐름과 일치한다고 볼 수 있다.
- 프로그램 개발에서 기존의 여러 모형 중에서 우리의 영재교육에서 요구하는 있는 특성에 맞는 요소들을 추출하여 개발한 모형으로 현장 적용이 용이하다.

참고문헌

경상북도교육청(2012). 초등수학영재교육과정.

김정휘 · 주영숙 · 문정화 · 문태형(2004). 영재학생을 위한 교육-부모와 교사를 위한 지침서. 서울: 박학사.

김홍원 · 서혜애 · 정현철 · 김남균 · 박윤미 · 한규철(2004). 교육청 영재 심화 교수-학습자료 개발 연구(Ⅱ) 한국교육개발원. 수탁연구 CR2004-17.

김홍원 역(2003). 학교전체 심화학습모형(Renzulli, J. S, & Reis, S. M, 1997). 서울: 문음사.

김홍원(2006), 영재교육과정, 2006년 영재교육 교원 연수 기초연수 교재, 한국교육개발원.

구자억 · 조석희 · 김홍원 · 서혜애 · 임희준 · 장영숙 · 방영진(2000), 영재교육과정 개발 연구, 한국교육개발원. 수탁연구 CR2000-14.

박성익 · 조석희 · 김홍원 · 이지현 · 윤여홍 · 진석언 · 한기순(2004). 영재교육학 원론. 서울: 교육과학사.

박춘성(2007). 심화, 속진, 지능이론과 영재교육프로그램의 관련성. 경북초등 수학영재 지도 교사 직무연수[전문]교재. 대구교육대학교 부설 초등교육연수원.

서혜예(2006), 영재교육과정, 2006년 영재교육 교원연수 기초연수 교재, 한국교육개발원

신종훈(2007). 수학영재아 교수 · 학습모형. 초등 영재교육 직무연수교재 p. 147-154. 한국교육개발원.

장영숙(2003). 영재교육 프로그램 개발 방법. 창의적 지식 생산자 양성을 위한 영재교육연수교재 p. 41-44. 한국교육개발원.

조석희(2004). 영재를 위한 교육과정 모형. 영재교육프로그램 개발에 관한 지역교육청 영재교육담당자 워크숍. 한국교육개발원, 시 · 도 교육청.

Betts, G. T. (1986). *The Autonomous Learner Model for the Gifted and Talented.* In J. S. Renzulli(Ed.)(1986). System And Models For Developing Programs For The Gifted And Talented. Creative Learning Press.

Heacox, D. (2002). *Differentiation instruction in the regular classroom.* Minneapolis, MN: Free Spirit publishing Inc.

Gifted Education Branch, *Ministry of Education, Singapore.* (1999). Gifted Education Programme Handbook.

Kaplan, S. (2001). Layering differentiated curriculum for the gifted and talented. In F. Kames & S. Bean.(Eds.) *Methods and materials for teaching the gifted* (p. 133-158) Wack. TX: Prufrock Press, Inc.

Van Tassel-Vaska, J. (2006). *Comprehensive Curriculum for Gifted Learners.* Boston, MA: Pearson Education, Inc.

Renzulli, J. (1976). *The enrichment triad model: A giude for developing defensible programs for the gifted and talented.* Gifted Child Quarterly. 20.

Renzulli, J., Leppien, J. H., & Thomas, S. (2000). *The Multiple Menu Model: A Practical Guide for Developing Differentiated Curriculum.* Mansfield Center, CT: Creative Learning Press.

Chapter 05

수학영재 교수·학습 방법

수학영재를 어떻게 지도해야 성공적이라 할 수 있는가? 이것은 간단히 해결될 문제는 아니다. 그러나 수학영재교육을 효과적으로 수행하기 위해서는 일반적으로 수학영재의 특성과 판별, 수학영재교육의 철학과 목적, 교육의 시기, 평가 방법, 교육과정상의 지도 내용 등을 종합적으로 고려해야 결실을 맺을 수 있을 것이다.

수학영재교육에 관한 지금까지의 연구를 살펴보면 수학영재학생들만을 위한 교수·학습 방법이라기보다는 일반적인 교수·학습 방법에서 수학영재학생의 특성과 수학영재교육의 목표에 맞게 재구성한 것들이 대부분이다.

이에 본 장에서는 수학영재교육을 담당하는 교사들에게 다양한 교수·학습의 방법과 그 방법을 적용하여 활용한 실례를 소개하고, 학생들의 사고를 촉진하기 위한 질문 전략과 그 예를 소개하여 수학영재 담당 교사에게 도움이 되고자 한다.

5.1 수학영재를 위한 교수·학습 방법의 원리

수학영재를 위한 교수·학습 방법이나 원리는 일반 교수·학습 방법과 크게 차이가 있는 것은 아니다. 그러나 수학영재학생을 담당하는 교사들은 그들의 인지적, 정서적 특성을 고려하고, 흥미와 욕구를 충족시켜 주기 위해서 다음에 제시되어 있는 내용을 고려하여 교수·학습을 설계하고 수업을 진행해야 할 필요가 있다.

5.1.1 과정 중심으로 활동한다

수학영재 교수·학습 방법의 핵심적인 원리는 과정 중심적이어야 한다. 지식의 습득보다는 지식의 탐구 과정에 의미를 부여하며, 학습하는 방법의 습득을 중시한다는 것이다. 이 방법에서는 탐구적인 방법으로 학습 내용을 숙지하고 탐구를 위한 계획을 세우고 자료를 수집하고 조직하고 분석하는 과정을 거쳐야 하기 때문에 학습자가 능동적으로 학습 활동에 참여할 수 있다. 또, 학생 각자에 대한 목표 수준을 설정하며, 학습의 과정 및 방법은 교사가 결정하지 않고 학생 스스로 결정할 수 있도록 하므로 학습의 개별화를 추구하게 된다.

5.1.2 다양한 교수·학습 방법을 활용한다

수학영재들을 위한 수업은 조사, 탐구 및 발견, 개별/집단 연구, 실험 실습, 시뮬레이션, 토론, 발표 등 다양한 교수·학습 방법을 수업계획서에 포함시켜 설계해야 하며, 실제 수업에서 다음과 같은 사항에 초점을 두어 진행해야 한다.

1) 수업 내용을 효과적으로 설명하기 위해 다양한 프레젠테이션 방법을 활용해야 한다.
2) 수업 지도안에는 전체 학습 활동, 조별 학습 활동, 개별 학습 활동이 조화롭게 포함되어 있어야 한다.
3) 학생들의 다양한 성취 수준에 따라 각 단원별로 다양한 수준의 과제를 제공해야 한다.
4) 수업 내용 가운데 일정 부분을 이미 숙달한 학생에게는 그 부분의 학습을 생략할 수 있도록 허용해야 한다.
5) 수업 내용과 관련된 참고 서적을 최대한 제공하며, 특히 개별학생들의 이해 수준의 차이를 고려하여 서로 다른 수준의 참고 서적을 다양하게 제공한다.

5.1.3 교과간 융합을 시도한다

교과간 융합은 수학영재들의 창의적 사고력을 증진시켜 주고, 새롭고 참신한 아이디어를 창출하는 데 결정적인 학습 경험을 제공해준다는 점에서 수학영재교육에서 널리 각광받고 있는 접근법이다.

교과간 융합의 한 예로 수학과 과학의 통합이 있다. 수학과 과학은 현실 세계에서 논리적으로 상호 연관성을 가지고 있으며, 과학은 탐구할 문제를 제공해줄 수 있고, 수학은 그 문제를 해결하기 위하여 자료를 수집하고 분석하는 도구로서 역할을 하기 때문에 수학과 과학이 융합되면 수학영재교육에서 의미 있는 효과를 볼 수 있다.

수학과 과학의 통합에 대한 요구는 오랜 역사를 가지고 있다. 실제로 과학자들은 과학적인 현상을 연구하기 위해 수학적 개념을 사용하여 왔고, 수학자들 역시 그들의 연구에서 과학적인 현상을 이용해 왔기 때문이다.

■ 학습 주제: 분수
■ 관련 영역: 수학-분수
　음악-리듬치기, 표현 및 작곡
■ 학습 활동: 분수로 작곡하기
- 음표에 숨겨진 분수의 비밀을 생각한다.
- 분수를 바르게 쓰고 읽기
- 4/4박자 리듬꼴 만들기
- 발표하기

5.1.4 창의적 사고를 자극한다

수학영재들을 위한 수업은 학생들의 창의적이고 개방적인 사고를 유도하는 학습 활동을 중심으로 진행되어야 할 것이며, 이를 위해 교사는 다음과 같은 사항에 유의한다.

1) 학생들이 주어진 과제를 탐구할 때 다양하고 창의적인 방법을 사용하도록 유도한다.
2) 학생들이 탐구결과를 발표할 때 작문 등의 보고서 형식, 파워포인트, 예능 계통의 표현, 탐구 활동 보고 대회 등의 창의적이고 다양한 방식으로 발표하도록 유도한다.
3) 학생들에게 정답을 묻는 질문을 하기보다는 개방형 질문을 자주하여 창의적으로 응답하도록 유도한다.
4) 학생들에게 흥미 있는 창의적 과제물을 제시하고, 학생들이 창의적으로 과제물을 완성하도록 유도한다.
5) 창의적 사고력을 신장시키기 위한 교수법으로 브레인스토밍(brainstorming), 스캠퍼(scamper), 시네틱스(synetics), 마인드맵(mind map), 자유연상법(free association) 등을 수업 중에 활용한다.

5.1.5 논리적으로 사고하도록 한다

수학영재들을 위한 수업은 학생들의 논리적 사고를 유도하는 학습 활동을 중심으로 진행되어야 할 것이며, 이를 위해 교사는 다음과 같은 사항에 유의하면서 수업을 전개한다.

1) 수업 내용을 소개할 때 정교하게 도식화된 자료를 사용하여 설명한다.
2) 탐구과제 해결에 이용되는 자료 수집 및 분류, 가설 설정, 자료 및 실험 결과 해석, 결론 도출, 추론 등 구체적 탐구 기능을 지도한다.
3) 학생들이 지식, 이해, 적용, 분석, 종합, 평가의 학습 활동을 단계적으로 경험할 수 있는 과제를 제시한다.
4) 비판적 사고력 증진을 위한 교수방법으로 토론, 세미나, 문제중심학습 등을 수업 중에 활용한다. 이와 같은 교수 방법은 다음 절에 자세히 소개한다.

5.1.6 스스로 계획을 세워 학습하도록 한다

영재들을 위한 수업은 학생들이 자기주도적으로 학습할 수 있는 학습 활동을 중심으로 진행되어야 할 것이며, 이를 위해 교사는 다음과 같은 사항에 유의한다.

1) 수업 전반에 걸쳐 교사가 결정하는 부분과 학생이 결정하는 부분이 적절히 조화되도록 학습 활동을 구성한다.
2) 학생들은 과제를 해결하는 탐구 방식을 스스로 결정하도록 유도한다.
3) 학생들이 필요에 따라 학습 속도를 조절할 수 있도록 허용하며, 학교에서 보내는 시간 가운데 자유 시간을 할당하여 개별 프로젝트를 수행하도록 지도한다.
4) 학생들이 선호하는 방식으로 다양한 산출물을 만들도록 허용한다.
5) 학생들은 자기주도적으로 개별 프로젝트를 수행하고, 교사는 학습 촉진자로서의 역할을 수행해야 한다.

5.1.7 협동 학습 활동의 기회를 많이 제공한다

수학영재들을 위한 수업은 학생 상호간의 협동 학습을 유도하며, 이를 위해 교사는 다음과 같은 사항을 고려하여 수업을 전개한다.

1) 효과적인 협동 학습을 위해 학생들 간의 협력이 잘 이루어지도록 지도한다.
2) 수업 내용에 따라 학생들의 성취수준을 고려하여 융통성 있게 소집단을 편성한다.
3) 학생들은 소집단별 산출물 완성 및 제출 방식에 대해 함께 협의하고 계획하는 과정이 활성화되어야 한다.
4) 수업 내용에 따라 짝을 지어 서로 도움을 주는 활발한 활동이 이루어지도록 유도한다.

5.2 영재를 위한 학습 집단 편성하기

영재 교수·학습의 시행을 위해서는 영재학생들을 적절한 집단으로 모으는 일이 먼저 선행되어야 한다. 영재학생들에게 적절한 수준의 다양한 교육과정과 수업을 제공하기 위하여 능력이 뛰어난 학생들 또는 높은 성취수준을 보이는 학생들을 특정 방식으로 모으는 것을 학습 집단 편성이라 한다.

여기서는 영재를 위한 학습 집단 편성을 크게 전일제 동질집단 편성, 전일제 이질집단 편성, 시간제 집단 편성의 세 가지로 분류하여 사례를 중심으로 소개하고자 한다.

5.2.1 전일제 동질집단 편성

1) 지역공동 영재학교(마그넷 스쿨)

미국의 대도시들은 영재학생들뿐만 아니라 특별한 직업 훈련을 필요로 하는 일반 학생들의 요구를 충족시키기 위해 지역공동 영재학교, 일명 마그넷 스쿨(Magnet School)을 운영하고 있다.

지역공동 영재학교에서는 예술, 수학, 과학, 경영 등에 대한 특별 교육이 제공된다. 어떤 경우, 학생들은 학교에 다니면서 동시에 장래의 진로와 관련된 직종에 배치되어 돈을 벌면서 가치 있는 경험을 쌓기도 한다. 이러한 프로그램은 학생의 개별적 요구를 충족시키면서 학생들이 학교에서 낙오되는 비율을 감수시키는 것으로 알려져 있다.

2) 영재학교

우리나라에서는 부산 과학 고등학교가 2003년부터 과학 영재학교로 지정되어 영재를 위한 특별한 교육이 시작되었다. 부산과학고는 우리나라 최초의 영재학교로서 대학 입시와 무관하게 기존 교육의 틀을 완전히 깨는 맞춤식 교육 운영으로 과학고 영재교육의 정상화는 물론 창의성 있는 세계적 과학자 배출의 요람으로 거듭날 것으로 기대된다.

미국에서는 중·대도시를 중심으로 초등 또는 중등 수준에서 영재를 위한 학교가 운영되고 있다. 영재학교의 교육과정은 그 지역 여건에 토대를 둔 전통적 학업내용과 더불어 학문분야, 예술분야, 과학분야 등 해당 학교가 특별히 선정한 분야에 대한 심화 및 속진 학습을 포함한다.

초등 영재를 대상으로 하는 영재학교의 예로는 밀워키에 있는 골다 메이어(Golda Meir) 학교를 들 수 있다. 이 학교의 학생들은 연방정부가 규정하는 일반 능력, 특수 학업 적성, 창의성, 지도성, 미술 또는 공연예술 재능에 관한 성적과 시험 점수, 교사, 부모, 또래의 평정에 기초하여 전 교육 구에서 선발되는데, 학생 선발에 있어서 밀워키 지역의 모든 학교에서 인종이나 성별 등에 대한 균형이 유지되도록 할당 제도가 시행되고 있다고 한다. 이 학교는 초등학교이기 때문에 교과 속진은 특정 교과로 제한되며, 따라서 학생들이 일반 중학교에 진학할 때에는 자신의 학년 수준을 넘지 못한다. 그러나 심화 학습의 기회를 매우 다양하여 외국어 훈련이나 피아노, 바이올린, 비올라 등 일반 음악 수업, 밀워키의 신문기자들의 지원을 받는 학교신문 제작, 밀워키 시민회관이나 재무센터 및 문화센터로 현장견학(연 12~30회 실시) 등이 제공된다.

3) 영재 특수 학급

영재들을 위한 시간제 프로그램은 부분적인 해결책에 불과하기 때문에 전일제 특수학급에 대한 전문가들의 관심이 증가하고 있다.

영재 특수 학급은 다양한 형태가 있다. 예를 들어, 학생의 학년, 연령 등을 고려해서 특수학급을 만들 수 있을 것이다. 특수 학급에서는 사전에 설정된 교육 목표를 숙달하기 위한 활동은 물론 다양한 심화 학습, 개인적 발달, 기술 발달을 위한 활동들이 제공되도록 계획할 수 있다.

영재 특수 학급의 장점은 영재학생들의 학업에 도움이 되고, 학생들의 동기가 높아지며, 사회·정서적 발달에 좋은 효과를 얻을 수 있다는 점이다. 반면 영재 특수 학급의 부정적인 측면을 살펴보면, 영재학생들은 다른 일반 학생들과 물리적·심리적으로 분리되는 것에 거부감과 불편함을 느낄 수 있다는 점이 있고, 특히 중등 수준에서는 교사들의 정규 분포에 따라

성적을 평가할 때 일반 학급에서보다 낮은 학점을 받게 된다는 것이다.

5.2.2 전일제 이질집단 편성

1) 복합학년 학급(무학년제)

학년을 통합하여 학급을 운영하는 경우로서, 주로 행정적 편의를 활용되는 경우가 많다. 예를 들면 4, 5학년 학생 수가 기존 학급 체제로 편성하기에는 너무 많고 그렇다고 별개의 두 학급으로 하기에는 충분치 않은 경우 두 학년을 통합하여 운영하는 경우가 이에 속한다. 이런 경우 우수한 4학년 학생들은 1세 나이 많은 학생들과 함께 복합 연령 학급에 편성되며 이는 속진의 한 형태이다.

2) 클러스터 집단 편성(cluster group)

일반적으로 집단을 편성할 때, 모든 학급에 다양한 능력 수준의 학생들이 골고루 분포되도록 한다. 그러나 일반 학급에 일부 우수 학생들로 구성된 집단을 편성하는 경우에는 가장 우수한 약 5~10명의 영재학생들을 한 학급에 몰아준 다음, 나머지 학생들을 모든 반에 고루 편성되도록 하는데 이렇게 영재학생 집단을 편성할 때 클러스터 집단 편성이라 한다. 클러스터 집단에는 능력 수준이 다양한 학생들로 구성되어 있는 혼합 학급 안에서도 능력이 뛰어난 영재학생들이 함께 모여 있으므로, 서로 이해하고 대화가 통하며 상호 자극적이고 도전적인 활동을 공유할 수 있게 하며 영재학생들에게 개별적으로 속진 또는 심화 학습을 제공할 수 있다. 예를 들면, 영재학생들은 도서관 활용 연구, 개별 프로젝트, 고급 수학, 컴퓨터, 과학, 언어 학습 등을 숙달하기 위해 개별적인 활동을 할 수 있게 된다.

클러스터 집단 편성의 대표적인 예는 매사추세츠 주의 프로젝트 LIFT이다. 이 프로젝트에서는 5명의 4~6학년 영재학생을 정규 학급에 배치한다. 이 프로그램의 목적은 고차적 사고력을 신장시키는 것이다. 교사들은 정규 교육과정을 압축 운영해서 시간을 단축시키고 나머지 시간을 창의적 사고력, 비판적 사고력, 연구 기술 등과 같은 심화 학습 활동으로 사용한다.

영재학생들만을 위한 상설 특별 학급을 설치하는 경우, '영재반'이라는 칭호가 많은 사람들에게 거부감을 줄 수 있으나 이런 일반 학급의 일부 우수 집단은 그런 거부감을 강하게 주지 않는 장점이 있으나 한편으로는 우수아 집단을 갖지 못한 다른 반의 교사들과의 사이에 갈등이 야기될 수 있다고 한다.

3) 정규 학급의 주류화(mainstreaming)

정규 학급에서 교사들은 창의적인 영재학생들에게 심화학습 경험을 제공하기 위해 여러 가지 방법을 모색한다. 정규 학급 안의 영재학생들은 개별화 교육프로그램(Individualized Education Program: IEP)의 적용을 받게 된다. 즉, 각 학생의 관심과 학습 스타일, 성취 수준 등을 진단하여 각 학생의 특성에 가장 적절한 심화 또는 속진 학습을 제공하는 방법을 말한다. 개별화 프로그램은 지능검사와 학업성취도 검사, 교사와 학부모의 관찰, 개인적 요구에 기초한 구체적인 교육활동을 계획하며, 자기가 속한 학급의 정규 활동과 자신의 특별 활동의 비율을 정하여 활동을 실시하는 것으로, 적절한 절차와 객관적 기준으로 평가하도록 되어 있다. 짧은 시간 내에 정규 교육과정을 마친 후, 정규 교육과정 속에는 포함되어 있지 않은 주제, 또는 산출물을 만들어 낼 수 있도록 허용하는 심화학습이 가능한 형태이다.

이 방법은 담당 교사가 프로그램을 효율적으로 운영할 수 있다면, 일주일 중 몇 시간만 자기 반에서 빠져나와 특별 학급이나 자료센터에서 심화 또는 속진 학습을 하는 경우보다 더 많은 시간 동안 개별 학습을 할 가능성이 있으며 본 수업을 빠지는 경우 일반 학생들이 한 수업을 혼자 보충해야 하는 문제가 없다는 장점을 지닌다. 그러나 현재로서는 교사들이 많은 학생들을 대상으로 심화 학습을 구상하고 지도하기 어려우며 특히 매우 우수한 영재학생들을 대상으로 한 심화나 속진 학습을 제공하는 것은 더 어렵다.

5.2.3 시간제 집단 편성

1) 풀아웃 프로그램

풀아웃(pull-out)은 영재교육을 하는 오래된 방법으로 영재학생들은 일주일에 2, 3시간 정규 학급에서 나와 특별 심화 학습을 받기 위해 영재학생을 담당하는 교사가 있는 특별반 또는 자료실로 가는 형태이다. 담당 교사는 한 교육구 전체를 책임지고 있으므로 매일 오후 각기 다른 학교에서 온 학생들을 가르치게 된다. 자료실에서는 특별한 읽기 자료와 시설을 제공한다. 특별 학급에서와 마찬가지로 지식과 기술의 습득, 창의성과 사고기술, 의사 소통 기술, 자아개념, 가치 명료화 등의 학습 활동에 학생들은 참여한다.

이 프로그램은 가장 인기가 있으면서도 가장 많은 비판을 받고 있다. 왜냐하면 영재 교사의 수당이 너무 비싸고, 정규 학급의 교사가 영재학생이 정규 수업에 빠지는 것에 대한 책임을 지지 않으며, 영재학생들에게 특권을 주어 선발하는 것은 그 학생의 사회적 관계에 해가 된다는 것이다. 또 이 프로그램의 교육과정이 너무 흥미와 게임에 치우쳐 운영된다는 점도 비판의 대상이 되고 있다고 한다.

그러나 이 프로그램은 긍정적인 측면도 지니고 있다. 특히 영재학생들에게 사회적·지적 지원과 차별화된 심화학습을 제공해주는 성공적인 방법이다. 이 프로그램이 잘 계획되고 도전감을 주며 교육과정을 통합한 형태로 운영된다면 학생들의 고차원적인 사고기술을 개발시킬 수 있을 것이다.

2) 자료실에서 개인 연구(resource program and resource rooms)

풀아웃 학생들은 자료실에서 교육을 받기 때문에 풀아웃 프로그램은 종종 자료실에서의 개인 연구라고도 한다. 이 프로그램의 의미는 특별한 요구를 가진 학생들은 일주일에 1, 2회 특별한 설비를 갖춘 자료센터로 가는 풀아웃 또는 마그넷 형태의 계획을 말한다.

이 형태의 예는 아이오와 주에서 시작된 AGATE(Ankeny Gifted and Talented Education) 프로그램으로 이 프로그램에 참가하는 유치원에서 9학년까지의 학생들은 시에서 제공하는 버스를 타고 시청각 설비를 비롯하여 책, 잡지, 과학 실험실, 어학실습실, 게임, 식물원, 피아노 등 다양한 자료가 갖추어져 있는 학교로 간다. 여기서 이루어지는 심화학습 활동에는 천문학, 천문관측소 설치, 로켓 발사, 애니메이션 영화, 신문 제작, 외국어, 미술, 문학, 연극, 사진 등이 포함되어 있다. 학생들은 오전, 오후, 주말 등의 시간을 선택할 수 있다.

3) 시간제 특별 학급

전일제 동질집단 편성에서의 특수학급도 시간제 특별 학급의 역할을 하기도 한다. 시간제 특별 학급의 예로 워싱턴 주 시애틀에서 시행된 Project Horizon을 들 수 있다. Project Horizon에 참여하는 초등학교 영재학생들은 학교에서 보내는 50~70% 동안을 특별학급에서 수업을 한다. 이들은 주로 창의적이고 고차원적인 사고 기술을 개발하기 위하여 개별 프로젝트, 속진 교과, 소집단 심화 활동에 참여한다.

일리노이 주의 Wheaton-Warrenville 영재 프로그램은 중·고등학생을 대상으로 마그넷 형태의 특수학급을 운영한다. 예를 들면, 어떤 중학교는 속진 수학교실을 제공하고 또 어떤 고등학교는 고차원적인 사고 계발에 초점을 두고 운영되는 세미나 수업과 인문학 수업을 한다.

4) 특별 흥미 집단

대부분의 중·고등학교에는 동아리가 있다. 이 동아리에 속한 학생들은 방과 후나 주말에 만나서 보통 때에 하기 어려운 활동들을 수행한다. 여기에는 드라마 클럽, 독일어 클럽, 불어 클럽, 컴퓨터 클럽, 체스 클럽, 수학 클럽 등과 같이 다양한 분야에 대한 클럽이 있다. 이런 동아리의 리더는 영재교육에 관심을 갖고 있는 교사들이다. 교사는 단기 코스 강의를 주선하고 작곡·컴퓨터 프로그래밍·보석세공·비행·취미 등과 같은 특별한 흥미 분야를 다루는 한편, 미팅·시합·연구 프로젝트·현장견학·지역 전문가와의 만남 등을 주선하고 직업 정보와 진로 교육을 한다.

5.3 수학영재를 위한 교수·학습 방법

수학영재 교수·학습 방법은 매우 다양하다. 일반 학생들에게 활용 가능한 교수·학습 방법 중에서 영재 교사가 담당하고 있는 수학영재학생의 특성에 맞추어 선택하여 활용할 수 있다. 여기서는 다양한 교수·학습 방법의 예를 소개하고, 이 방법들을 영재 아동들의 개별 수준과 특성, 능력에 맞게 수정·보완하여 활용한 사례를 제시하고자 한다.

5.3.1 개별화 학습

개별화 학습은 학습자의 개인차, 즉 지적인 수준, 학습 속도, 학습 양식 등을 최대한 고려하여 학습 활동을 진행하는 방법인데 수학영재들인 경우에는 일반 학생들보다 이해가 빠르며, 성취도가 높고, 언어와 사고의 발달이 빠를 뿐만 아니라 학습 결손이 없으며, 비정형문제를 선호하는 등의 수학영재의 특성을 고려해야 한다.

- 주요 원리 및 특징: 완전학습, 자기보조(self-paced)
- 반영된 영재의 특징: 영재들의 지적인 수준, 학습 속도, 학습 양식에 적합한 개별화된 교수·학습
- 장점: 영재의 학습 속도에 맞게 학습이 가능
- 유의점: 학습량의 적정화, 학습시간의 효율화, 학습계열의 최적화, 피드백의 다양화 등을 고려해야 함
- 활용 방안: 패키지 자료 활용, 프로그램 학습 방법 이용

5.3.2 발견 학습

발견 학습은 학생들 스스로의 힘으로 지식을 획득하는 학습 방법으로 교사의 지시와 설명을 최소로 제한하고, 학생들의 능동적 참여를 중시한다. 또한 학생들은 능동적이며 자율적인 문제해결 활동과 탐구전략을 동원하여 스스로 학습 과제를 수행하여 학습하게 된다.

- 주요 원리 및 특징: 학문적 이론이나 법칙을 깊이 있게 이해하려면 이론이나 법칙을 발견하는 과정에 직접 참여해야 함
- 반영된 영재의 특징: 교사의 지시와 설명을 최소로 제한하고 학생의 능동적, 자율적 문제해결 활동으로 학습 과제 수행
- 장점: 사고력 신장, 발견의 기쁨과 지적인 희열감, 내적 보상이 가능, 파지와 전이 효과
- 유의점: 발견하는 방법(heuristic of discovery)을 학습하는 것은 문제해결에 대한 연습을 통해서 가능
- 활용 방안: 학생의 자율적인 문제해결 활동, 탐구전략 활동

5.3.3 창의적 문제해결 학습

실제 상황이나 실제 문제를 해결하고자 학생들의 상상력을 최대로 활용하도록 촉진시켜주는 교수·학습 방법이다. 이는 고차적 수준의 인지 능력 및 사고 능력을 소유한 영재들에게 적합한 방법이라 할 수 있다.

- 주요 원리 및 특징: 브레인스토밍, 시네틱스(synectics)와 같은 전략을 활용하여 문제해결
- 반영된 영재의 특징: 고등 수준의 사고 능력
- 장점: 고등 수준의 사고 능력 발달에 유용
- 유의점: 논리적인 사고력, 판단력, 분석적 사고력 등을 먼저 획득해야 함
- 활용 방안: 수학 등 다양한 교과에서 활용 가능

5.3.4 프로젝트 기반학습

프로젝트 기반학습은 한 명 또는 그 이상의 학생이 어떤 주제를 깊이 있게 탐구하는 학습

방법으로 자율적으로 의사 결정하고, 자율적으로 행동을 수행하려는 의지가 강한 학생에게 적합하다.

- 주요 원리 및 특징: 프로젝트에 대하여 학생 스스로 주제를 설정하고 계획을 세우고 구체적으로 현장에서 실행하고 검증
- 반영된 영재의 특징: 능동적인 학습 참여, 고등 사고 능력
- 장점: 학생 스스로 적극적으로 교육에 참여할 수 있는 기회 제공, 스스로 창의적인 발견의 기회 제공
- 유의점: 주제 선정할 때 교사와 학생이 함께 참여하는 것이 좋음, 결과를 발표하고 자유로운 상호 토론을 통하여 학습 결과를 공유하도록 함
- 활용 방안: 타 교과간 융합 주제에 적절

5.3.5 토론 학습

토론 학습은 토론자들을 찬성과 반대 집단으로 나누어 주어진 문제에 대하여 논쟁을 벌이는 일종의 토론 시합이다.

- 주요 원리 및 특징: 타당한 근거를 바탕으로 자신의 주장을 발표, 다른 사람으로부터 정보 획득 및 아이디어에 대한 비판적 사고, 사회적 태도와 기능을 학습
- 반영된 영재의 특징: 독창적인 아이디어, 논리적인 사고력, 비판력
- 장점: 새로운 사고방식과 문제해결 방법 획득, 사회적 태도와 기능을 학습, 학습에 적극적으로 참여
- 유의점: 타인의 의견을 존중과 배려, 합리적이고 타당한 근거를 제시하는 것이 중요함
- 활용 방안: 사회, 경제, 문화 등 다양한 방면에 대한 가치관 형성

5.3.6 ICT 활용 학습

ICT 활용 학습은 교사의 수업 활동 일부를 컴퓨터가 대신해 주는 수업의 형태 또는 학생이 주어진 문제를 해결하기 위해 Web, 멀티미디어나 소프트웨어 등의 학습자료를 활용하는 수업의 형태를 의미한다.

- 주요 원리 및 특징: 자기주도적 학습, 전문가 지향적, 시·공간을 초월한 학습 환경, 교사와 학생의 상호작용.
- 반영된 영재의 특징: 관심 분야에 대한 다양한 정보 확보, 온라인으로 전문가와 의사소통 가능
- 장점: 창의성, 비판적 사고력, 문제해결력, 의사소통 능력 발달, 협동 학습 가능
- 유의점: web 상황에서 토론 촉진 전략이 필요함
- 활용 방안: 공간을 초월하여 학생들이 공동의 목표나 문제를 해결할 수 있는 프로젝트

5.3.7 문제중심학습(PBL)

문제중심학습(Problem-Based Learning: PBL)은 일반교육에서 이루어지는 잘 정의되고 통제된 상황 속에서 나타나는 과학적 현상을 다루기보다는 복잡한 실제 상황에서 나타는 현상을 비구조화된(ill-structured)문제의 형태로 제시하여 학생 스스로 의미 있는 해결방법을 찾아내게 한다.

- 주요 원리 및 특징: 문제해결 능력, 관련 분야 지식 및 기능 획득, 협동학습 능력, 토론 능력
- 반영된 영재의 특징: 적극적, 자율적, 책임감, 메타인지 능력 등
- 장점: 실제 상황의 문제를 해결함으로써 가치 있는 수학적 원리 학습 가능
- 유의점: 실제 상황을 바탕으로 비구조적인 과제를 제시해야 함
- 활용 방안: 교과간 융합적인 문제, 장기간 프로젝트 수업 등

5.4 수학영재를 위한 원격 교육과 사사교육

최근에 영재교육에 대한 사회적 요구와 관심이 높아짐에 따라 제도적으로 체계적으로 교육기관이 설치됨에 따라 영재교육에 참여하는 학생 수가 많이 증가하였지만 여전히 전체 학생의 1%에 지나지 않는다. 이런 비율은 영재교육이 발달된 외국과 비교해볼 때 매우 저조할

뿐만 아니라 영재교육 프로그램도 아직까지는 영재학급이나 영재캠프 중심으로 소수 집단에게 제공되고 있다.

영재교육에 참여하는 학생의 비율과 다양한 프로그램의 운영을 확대하는 것은 제도적·재정적 여건이 조성되어야 하기 때문에 단기간에 획기적으로 향상시킬 수는 없다. 하지만 원격교육과 사사교육(mentorship)과 같은 대안적인 방법을 활용한다면 현재의 여건으로도 영재교육 수혜 대상을 확대하고 프로그램의 다양화 및 일반화를 이룰 수 있다.

본 장에서는 다양한 영재교육 프로그램의 운영방안으로써 원격영재교육과 사사교육의 특징과 장점과 단점, 그리고 운영 사례를 살펴보고자 한다.

5.4.1 원격교육

1) 원격교육의 의미

원격교육(distance education)이란 교사와 학생 간에 직접적인 대면으로 교육이 이루어지는 전통적인 방식이 아니라 교수자와 학습자 간에 시간적·공간적 원격성을 전제로 인쇄물이나 방송 통신 및 컴퓨터 등과 같은 다양한 교육 공학 매체들을 매개로 하여 행하게 되는 새로운 형태의 대안적 교육 방식이다(서울대학교 교육연구소, 1995). 전통적인 교육에서 교육 행위란 대체로 교사와 학생은 적어도 서로를 알아볼 수 있을 정도의 비교적 가까운 공간에서 동시적으로 대면(face-to-face)의 의사소통이 이루어지는 것으로 생각되어 왔는데, 원격교육 제도에서의 교육 행위는 이와 같은 기본 전제 자체를 근본적으로 수정하려는 것이다.

원격교육에서 최우선적으로 고려해야 할 사항은 교수자와 학습자 사이에 쌍방향적인 상호작용이 이루어져야 한다는 것이다.

2) 원격교육의 특성

원격교육은 이와 같이 가르치는 교수행위와 배우는 학습행위가 서로 분리되어, 원격의사소통방식(distance communication)을 통해 행하게 되는 새로운 형태의 교수학습 활동으로서 ① 학습자와 교육제공자 간의 공간적·시간적 원격성 극복, 즉 원하는 시간에 원하는 장소에서의 학습이 가능 ② 학습자에 의한 자기주도적 자율학습과 개별 학습의 실시 ③ 사전에 개발·준비·제공되는 체계적이고 조직적인 교육 프로그램 ④ 인쇄물이나 전화, 회로식 TV, 컴퓨터, 비디오 등과 같은 다원적 원격교육 매체를 통한 학습자와 교수자, 교육매체 전문가 간의 다원적 의사소통의 가능성 ⑤ 화상학습이나 상황학습, 모듈코스 등과 같은 다양한 대안적 학습체제 개발과 최신 정보공학 기술 활용을 통한 새로운 교육영역의 개척과 교육 효율성의 제고 ⑥ 교육의 대량 공급과 합리적인 자율학습 체제 등을 통한 교육의 경제적 효율성 제고 등과 같은 특징을 지닌다(서울대학교 교육연구소).

수학영재교육에서 원격교육의 방법을 활용하면 다음과 같은 장점을 살릴 수 있다.

(1) 시간, 공간적 제약으로 인한 교육 기회의 부족을 해소할 수 있다. 인터넷을 주요 매체로 사용하는 원격교육은 언제, 어디서나 컴퓨터만 있으면 접근이 가능하기 때문에 지속적인 학습이 이루어질 수 있기 때문에 수학영재교육에 접근할 수 있는 학생 수가 제한 없이 확대될 수 있다.

(2) 수준이 높고 충실한 수학영재교육 프로그램을 제공할 수 있다. 프로그램 개발 과정에 교과 및 관련 영역의 전문가들이 다수 참여함으로써 체계적이고, 수준 높은 콘텐츠를 다양하게 개발하여 제공할 수 있다. 물론 단위 학급에서 이루어지는 우수한 수학영재 프로그램도 원격 교육을 통하여 전국적으로 제공할 수 있을 뿐만 아니라 콘텐츠 개발 과정에 많은 전문가가 참여하며 콘텐츠의 수정 보완이 꾸준히 이루어질 수 있다.

(3) 학습 속도 및 학습 경험의 차별화를 제공할 수 있다. 원격교육은 특성상 학습자의 선택권과 의사 결정권이 면대면 교육보다 확대된다. 따라서 학습자의 능력과 관심에 따라 학습 속도 및 학습 경험의 차별화를 제공할 수 있다. 수학영재교육 프로그램에서 중요한 개념인 차별화를 원격교육에서는 적극적으로 실현할 수 있다.

(4) 교수·학습의 핵심인 상호작용이 능동적으로 이루어질 수 있다. 질의, 응답, 토의, 토론, 교수 정보 교환 등 교사와 학생, 학생과 학생, 교사와 교사 간에 다양한 상호 상작용이 매체를 이용하여 면대면 수업보다 더욱 활발하게 일어날 수 있다.

3) 원격교육의 유형

영재교육에서 웹을 활용할 수 있는 원격교육의 유형은 다양하다. 활용 가능한 교수·학습 유형과 그 기준은 표 〈표 8-1〉과 같다(조석희, 박인종, 황동주, 금미라, 1998). 이 중 강의형, 반복 연습형, 참고형, 요약형 등이 많이 사용되고 있다.

〈표 8-1〉 원격교육의 유형 및 분류 기준

유형	분류 기준
강의형	전통적인 교사중심의 강의와 설명이 많다. 방송통신 고등학교와 방송대학, 사이버 대학의 프로그램들이 전형적으로 사용하는 방법이다.
참고형	교과내용과는 별도로 역사적인 사실이나 유명한 수학자의 소개, 일상생활과의 관계 등에 관한 백과사전식 자료를 탑재한다. 대부분의 원격교육 프로그램들이 방대하고 다양한 자료를 탑재하고 있다.
요약형	학습자가 학습한 내용을 요약하거나, 새로운 학습내용의 도입에 따른 학습목표를 제시한다.
실험형	학습자가 자유롭게 수학적인 실험을 해볼 수 있게 함으로써, 실험으로 얻은 결과를 통해서 수학의 원리나 공식, 문제해결의 실마리 등을 발견하게 된다.
실습형	정해진 순서대로 학습자와 컴퓨터간의 상호작용에 따라 수학활동을 전행하여 추상적인 개념과 문제풀이 방식을 이해하게 한다.
문제풀이형	다양한 문제들을 풀어보면서 문제풀이 결과가 맞았는지를 확인하는 반복적인 훈련을 통해 문제해결력을 길러준다. 때로는 문제의 유형에 대해서 학습하게 하고 유형별 문제해결 방식을 익히거나, 개념의 이해도나 기능의 숙달 정도를 확인한다. 한국과학기술원의 과악영재교육센터의 홈페이지에서 주로 활용하는 방식이다.
게임형	학습 동기와 흥미를 유발하고 학업성취도에 따라 적절한 보상이 이루어지는 에듀테인먼트(edutainment)의 형태이다.
프로젝트형	복잡하고 종합적인 문제를 장기간에 걸쳐 탐구하도록 유도하였고, 영재들이 자발적으로 탐구하는 과정에서 스스로 문제를 발견하고 정의한 후, 스스로 해결하도록 요구한다.

4) 원격 영재교육의 사례

(1) 스탠포드대학 영재교육프로그램(http://epgy.stanford.edu)

① 프로그램의 개요

1963년부터 스탠포드대학은 컴퓨터에 기반을 둔 원격 영재교육에 관심을 가지고 연구하여 왔으며, 현재까지 영재교육 프로그램을 운영하고 있다. 특히 1985년부터 스탠포드 대학의 EPGY(Education Program for Gifted Youth)는 컴퓨터기반 멀티미디어 수학 교과를 개발하여 왔으며 스탠포드의 평생 교육시스템에 포함된 프로그램으로 원거리에 있는 우수한 초중고 학생들이 수강할 수 있는 교과들을 제공해 오고 있다. 현재는 수학, 영어, 물리, 컴퓨터과학, 음악 영역의 프로그램을 제공하고 있으며, 원격 수학교육은 초등에서 대학 수준까지 걸쳐 이루어지고 있다. 수강 학생들이 정규 교실 수업을 할 수 없음으로 컴퓨터를 교수 에이

전트 및 매체 학습 도구로 사용하고 있다.

② 참가 대상 및 자격.

5개의 연령 그룹으로 나누어 각 그룹의 교과 수강 허용 기준이 있으며 교육과정에서 선수과목에 대한 조건들이 명시되어 있다. 5개의 연령 그룹은 6세 이하 그룹, 7~8세 그룹, 9`~12세 그룹, 13~14세 그룹, 그리고 15세 이상 그룹으로 나누어진다. 수학 교과를 수강하려면 수학 시험에서 일정 기준을 통과해야 한다. CAT-5, CTBS/4, CTP-Ⅲ, ERB, ITBS, MAT-7, OLSAT, PLUS, SQT-8, SAT-9, Woodcock-Johnson. PAST 또는 SAT와 같은 테스트의 점수를 제시하여야 하고 약 상위 15% 이내에 속하는 학생들에게만 수강이 허가된다.

③ 교육 내용 및 소프트웨어 구성

교과서는 대부분 스탠포드 대학에서 개발된 것이 아니다. 컴퓨터 기반 교육 콘텐츠 및 학습 도구는 스탠포드대학에서 개발한 것을 CD-롬에 담아 배포하여 사용하고 있다. EPGY 수학 교육 프로그램은 속진 및 심화를 적절히 혼합한 그리고 표준 교육과정 규준을 포함하는 수학 내용으로 구성되어 있다. 현재 개발되어 제공되고 있는 내용은 EPGY 홈페이지를 통해서 사용 교과서, 주제, 학습 소프트웨어의 구성 등을 자세히 소개하고 있다.

EPGY 소프트웨어는 정규 학교 교실 수업을 제공할 수 없는 교육적 상황에서 학생의 학습 활동에 사용되도록 설계되었다. 일방적인 교수 전달 도구가 아니라 소프트웨어는 학습에 필요한 도구이다. EPGY 교과를 설계하는데, 학생의 학습 능력 및 등급의 다양함 등도 고려하였다.

EPGY의 수학 개별 교과 학습 환경의 특징은 멀티미디어, 상호작용, 심볼 계산, 학생의 문제풀이 자동인식 등으로 구성되어 있다. EPGY 수학 교과 학습 시스템은 교과에 따라 조금씩 다르다. 그러나 중요한 학습 환경 및 도구로써 다음과 같은 것을 가지고 있다.

- 강의학습 창
- 연습 및 퀴즈 작업 창
- 추론 작업 창
- 숙제와 시험

④ 운영

EPGY 프로그램은 컴퓨터 기반 원격교육 프로그램으로 일선 학교와 연계하여 교육을 할 수 있도록 운영하고 있다. EPGY에서 개발한 교육 콘텐츠 및 소프트웨어 사용 권한을 일선 학교에 제공하기도 하고, EPGY 교육 프로그램을 운영하는 학교의 교사 및 교육지원자 및 운영자 교육 프로그램을 운영하며 EPGY를 수강하는 학생의 학습 지도를 연계하여 운영하고 있다.

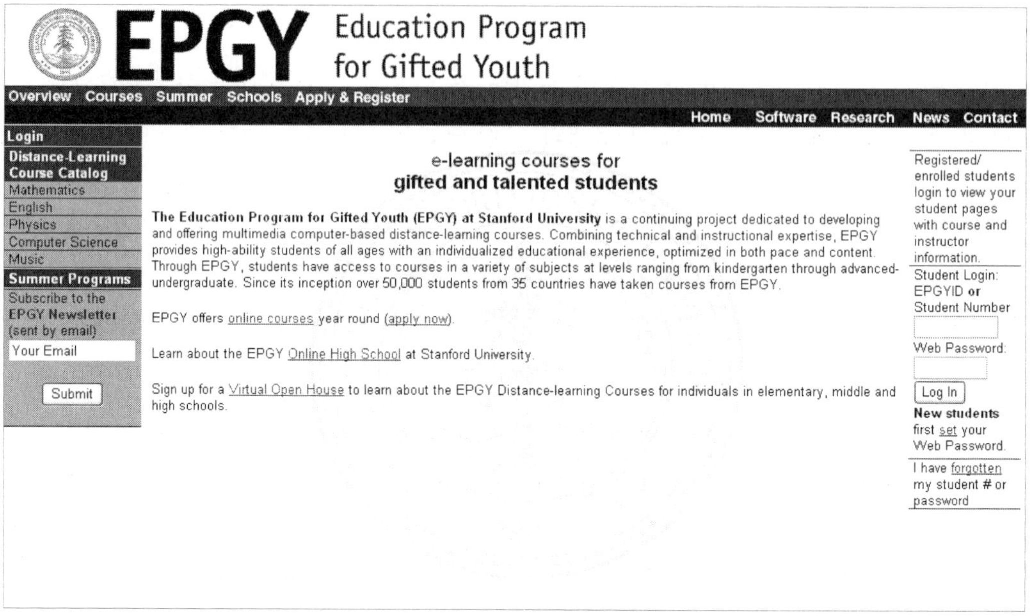

[그림 8-1] EPGY 영재교육 프로그램 초기 화면

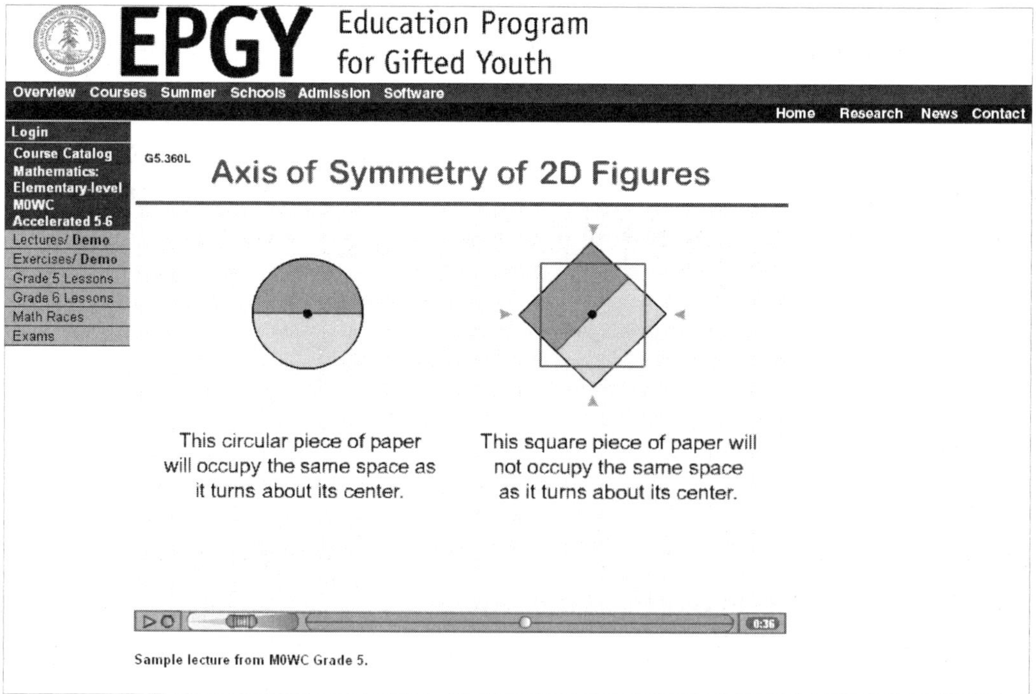

[그림 8-2] 수학영재 프로그램 예시

(2) 한국교육개발원의 '사이버 영재교육시스템' 운영의 사례

① 프로그램의 개요

한국교육개발원의 사이버 영재교육시스템은 교육과학기술부의 지원을 받아 1998년도에 구축하여 운영하기 시작하였다. 사이버 영재교육시스템은 교육과학기술부와 16개 시도교육청이 공동으로 개발한 영재교육용 웹기반 프로젝트 중심학습 사이트다. 프로그램은 창의성과 자기주도적 학습능력 개발을 위해 답이 정해져 있지 않는 탐구 주제를 안내된 과정을 따라 자율적으로 탐구활동을 수행하도록 하고 있다. 이 프로그램은 원격교육뿐만 아니라 교실에서도 활용이 가능하다.

② 교육 내용

이 시스템의 영재교실, 즉 코스웨어의 내용은 모두 10종의 개념을 다루고 있다. 즉, 과학에서는 역학과 관련된 세 가지 개념(힘과 운동, 속도, 에너지)을 '롤러코스터의 비밀'이라는 제목 아래 통합적으로 다루었으며, 파동과 관련된 세 가지 개념(빛, 소리, 파동)을 '흔들리는 세계'라는 제목 아래 통합하여 다루었다. 수학에서는 평면기하와 관련된 두 가지 개념(넓이, 둘레)을 '평면의 세계'라는 제목 아래 통합적으로 다루었다. 또 입체기하와 관련된 두 가지 개념(겉넓이, 부피)를 '공간의 이해'라는 제목 아래 통합적으로 다루었다.

③ 시스템 구조 및 특징

- 웹 시스템: 회원 식별, 회원별 담임선생님 말씀, 회원전체 공지사항, 게시판, 회원별 학습관리, 명예의 전당, 담임선생님 방, 영재교실, 내부 및 외부 홈페이지 검색, 과목별 질문, 과목별 관련자료, 과목별 이야기보따리, 사이트 안내, 상담코너, 영재 판별 조사, 자료실, 이 달의 문제, 게임, 우리들의 작품
- 관리 시스템: 회원관리, 공지사항 관리, 자료실 관리, 사용 현황관리, 학생활동 현황관리, 개인별 활동 현황관리, 교사활동 현황관리, 상담현황, 이 달의 문제 관리, 신규 등록 학생 담임지정, 홈페이지 활용도 관리
- 교사 시스템: 사용현황 모니터링, 개인별 사용실적 관리, 질문관리, 프로젝트 관리, 상담관리, 담임선생님 말씀 관리, 이달의 문제 관리, 개인별 학습 관리
- 질의응답 시스템: 교과 전문가와의 질의응답, 일반적인 질의응답, 교과별·단원별 질의응답, "물어보세요"에서 전체 질의응답 내용을 검색
- 서버 및 운용 소프트웨어 구축: 하드웨어 시스템 구성, 웹서버, 데이터베이스 서버, CGI 프로그램 구성, 저장 프로시저로 구성됨.

이 시스템의 특징은 웹, 관리자용, 교사용 프로그램으로 구분하여 시스템 관리를 효율적으로 하게 한 것이다. 담임교사의 회원관리로 학습관리가 가능하며 교사와 관리자에 의한 회원

의 활동현황에 대한 파악이 가능하여 올바른 학습관리와 학습방향을 제시할 수 있다.

④ 시스템의 학습 모델

사이버교육의 특징인 개별화 수업이 효율적으로 이루어지기 위해서는 학습내용의 난이도, 학습자의 관심이나 선호하는 학습 활동 등에 따라 계열화가 이루어져야 한다. 따라서 이 시스템의 코스웨어는 Renzulli의 3부 심화학습 모델(Renzulli, 1977)을 적용하고 있다.

(3) KAIST 사이버 과학영재교육센터

① 프로그램의 개요

KAIST 사이버영재교육(http: //talent.kaist.ac.kr)은 1998년에 정보통신부의 지원으로 시작한 인터넷 영재교육 프로그램이다. 미래 한국을 짊어질 수학, 과학 영재를 양성하고 또한 인터넷 시대에 대비해 정보 분야의 인재를 양성한다는 취지에서 출발하였으며 수학, 과학, 정보 등 세 분야의 프로그램을 운영하고 있다.

② 참가 대상 및 모집 방법

이 프로그램은 고등학교 1학생 학생들 중 수학, 과학, 정보 분야에 높은 수준의 재능이 있는 학생을 주 대상으로 하고 있다. 이것은 교육의 눈높이를 고 1에 맞춘다는 것뿐이고, 영재교육이란 학년으로 구분하기가 원래 적절하지 않은 것이므로 타 학년 학생들도 학년과 상관없이 참여할 수 있다. 단, 초등학생과 고 3 학생은 참가가 곤란하다(정보과목만큼은 초등학교 6학년의 참가가 허용되고, 고 3은 원한다면 과제교육에 참여할 수는 있으나 캠프에는 선발될 수 없습니다). 모집 방식은 학교 혹은 지역 영재교육원에서 기관단위의 신청으로 이루어지는 추천방식과 개별적으로 참가신청서를 작성하여 제출해야 하는 개별 신청이 있다. 희망하는 학생들은 대부분 참가가 가능하다.

③ 프로그램의 구성

- 과제교육

  학기 중(3월~6월, 9월~12월)에 실시하며, 각 분야별로 본 과제, 부수 과제 및 자율학습 과제 등을 제시하면 학생은 그 중에서 3개 과제를 선택하여 해결하고 보고서를 작성하여 제출한다. 과제는 영재들을 위한 심화학습 콘텐츠로 구성되어 있으며, 문제해결형, 탐구형 등 다양한 학습 유형을 적용하여 자기주도적 학습 능력을 배양시키려는 의도이다.

- 캠프교육

  여름/ 겨울 방학 중(8월, 1월)에 실시하며, 캠프 참가자는 과제교육에서 우수한 평가를 얻은 학생 중에서 선발되며, 여름 방학에는 분야 구분 없이 4박5일(전체 약 120명), 겨울 방학에는 분야별로 구분하여 8박9일(수학/과학/ 분야별로 약 40명) 동안 토론 및 실험 수업을 주로 하며, 강의와 연구 수업은 선택이다.

- e-mentoring

  과제 및 캠프교육에서 우수한 능력을 보인 영재들에게 별도의 참여 기회를 제공하는 것으로 KAIST 교수 및 대학원생을 멘토로 하고, 멘토 1명에 멘티 2~3명 정도로 팀을 이루어 교육 및 연구를 진행하게 한다.

[그림 8-3] KAIST 사이버 과학영재교육센터 초기화면

④ 교육 내용

사이버 과학 영재교육은 과목 구분이 되어 있다. 교육의 내용은 크게 콘텐츠 교육, 과제교육, 캠프 교육 이렇게 세 가지로 구분되어 있다. 그러나 두 가지 분야 이상의 교육에 동시에 참여해도 무방하다. 콘텐츠 교육은 [학습방]에 부정기적으로 업로드 되는 학습자료를 통해 교육생이 스스로 학습을 하는 것이다. 이 자료로 학습하다가 의문점이 생기면 학습 Q&A 등을 통해 학습자료를 개발한 조교선생님께 질의할 수 있다. 콘텐츠 학습자료는 단순히 자율학습으로만 그치는 것은 아니고 정기적으로 출제되는 과제나 캠프 프로그램을 수행하는데 필요한 기초적인 지식을 제공하는 중요한 역할을 한다.

⑤ 프로그램의 운영

교육 프로그램은 크게 각 학기 중의 과제교육과 거기서 선발된 우수한 학생들을 방학 때 모아 운영하는 캠프교육의 두 가지로 이루어져 있다. 과제는 홈페이지의 과제 게시판에 게시되며, 마감날짜를 확인하고 과제연구에 임해야 한다. 매달 하나 정도씩, 한 학기에 3개의 정규 과제에 참여해야 한다.

5) 원격교육 운영 시 고려할 점

원격 영재교육은 이제 막 시작 단계에 불과하지만 성공적인 영재교육 방법으로 정착되기 위해서는 다양한 측면에서 많은 노력들이 요구되며 그 중의 고려할 점은 다음과 같다.

(1) 원격 영재교육의 기본 방향은 일반 영재교육의 기회를 갖기 어려운 사람들에게 영재교육에 대한 접근 기회를 확대시켜주는 방향으로 나아가야 한다. 사이버에서 이루어지는 교육은 특정한 공간과 시간 속에서 선택된 사람들을 대상으로 이루어지는 일반교육과는 다른 개방적인 체제이다(강숙희, 1977). 사이버교육의 이러한 본래의 특성을 반영하여 원격 영재교육은 영재교육을 필요로 하는 누구에게나 개방시킴으로써 보다 많은 사람들이 혜택을 누릴 수 있도록 하여야 할 것이다.

(2) 원격 영재교육 참여자들 간의 활발한 상호 작용을 통해 그들의 각기 다른 요구들을 충족시킬 수 있어야 한다. 원격 영재교육은 학습자가 필요한 자료를 얻고 또 교수자는 일방적으로 학습 내용을 전달하는 일방적인 체제가 아니라 역동적이며 상호작용적인 체제가 되어야 한다.

(3) 다양한 영역에서의 영재교육이 이루어져야 한다. 영재교육의 범위는 몇 몇 교과나 영역에만 국한된 것이 아니라 매우 다양하다. 그 중에서 원격교육을 통해 면대면 교육의 효과, 또는 그 이상의 효과를 거둘 수 있는 영역을 찾아내어 보다 폭넓고 깊이 있는 영재교육이 이루어져야 할 것이다.

사이버교육은 기존 교육이 시간적·공간적 제약 속에서 선택된 사람들을 대상으로 교육을 실시하는 것과는 전혀 다른, 교육에 대한 새로운 접근 방식이다. 사이버 영재교육을 기존의 교육 방식으로 접근하기보다는 사이버교육의 특성을 살려 기존 교육이 해결하지 못한 교육적 요구와 문제들을 충족시키고 해결하는 방향으로 추진되어야 할 것이다.

6) 원격 영재교육에서 참고할 수 있는 인터넷 사이트 및 주요 내용

http: //www.mathlove.com/: 수학사랑 홈페이지

http: //math.kongju.ac.kr/: 공주대학교 수학교육과

http: //school.hongik.ac.kr/~ydhome/yoon/: 정윤석의 수학이야기

http: //user.chollian.net/~dj727/math/mathhistory.htm/: 수학사

http: //library.thinkquest.org/22584/kindex.html/: 서양수학사 시대별 정리
http: //science.kongju.ac.kr/ms/math/mathedu/intro/home2.htm/: 수학사 연대표
http: //www.math.inha.ac.kr/~tsjang/MathWorld.html/: 태수의 수학세상
http: //www.math.inha.ac.kr/~tsjang/MyStory/my19990601.html/: 뫼비우스 띠와『난장이가 쏘아 올린 작은 공』의 이야기가 수록
http: //210.218.29.140/~wiseroad/: 김세건의 수학나라
http: //www.inue.ac.kr/~shsong/: 송상헌 교수 수학 교수/학습자료, 퍼즐 등의 다양한 자료
http: //www.seoul-e.ac.kr/wkang/index.html: 서울교대 강완 교수의 홈페이지
http: //lina.infobank.net/sung/: 수준 높은 수학 유머, 퍼즐 등이 매우 잘 정리되어 있음
http: //myhome.netsgo.com/dairyong/default.htm/: 정대룡님의 홈페이지(숫자놀이) 마방진에 관한 자료수집과 연구사항을 전하는 사이트로서 마방진에 관한 모든 것이 잘 정리되어 있는 사이트이다.
http: //www.cream.co.kr/: 종이접기, GSP등이 잘 정리되어 있음
http: //my.netian.com/~math/intro.html/: 신문, 잡지에 실려 있는 수학에 관한 최신 기사와 지난 기사가 잘 정리되어 있고, 수학 경시대회 문제 등이 있다.
http: //www.mathlove.or.kr/GSP/parabola.html/: 원뿔곡선 그리기 및 시뮬레이션
http: //www.math2000.co.kr/h_simulation/high/3h2_0002.htm

5.4.2 사사교육

1) 사사교육의 이해

그리스 신화 호머의 오디세이에서 오디세우스 왕의 친구이자 아들의 스승인 멘토(Mentor)는 오디세우스 왕이 트로이 전쟁을 위해 20년간이나 그리스를 떠나 있는 동안 왕자인 텔레마코스를 훌륭한 인물로 교육시켰다. 그 후로 멘토라는 그의 이름은 지혜와 신뢰로 한 사람의 인생을 이끌어주는 지도자의 동의어로 사용되었다. 소크라테스는 플라톤의 멘토였고, 플라톤은 아리스토텔레스의 멘토였으며, 아리스토텔레스는 알렉산더의 멘토였다(Miller, 2002; Sunk, Hyun- Sook 외, 2004).

사사(師事)교육은 도움을 주는 자인 멘토가 도움을 받는 자인 멘티(mentee)와 일대일 관계를 맺고 멘토의 도움으로 멘티의 잠재력을 개발하여 지혜롭고 능력 있는 사람으로 만드는 일을 뜻한다.

멘토란 상대방보다 경험이나 연륜이 많은 사람으로서 상대방의 잠재력을 볼 줄 알며, 그가 자신의 분야에서 꿈과 비전을 이루도록 도움을 주며 때로는 도전도 해줄 수 있는 사람이다. 예를 들면, 교사, 인생의 안내자, 본을 보이는 사람, 후원자, 장려자, 비밀까지 털어놓을 수 있는 사람, 스승 등을 들 수 있다.

사사교육 프로그램은 오늘날 여러 경우에 활발히 적용되고 있는데, 특히 20여 년 전부터 북미 지역의 초, 중, 고, 대학, 교회, 기업에서의 인성교육, 영재교육, 재능 개발 교육 등에 활발하게 적용되고 큰 효과를 얻고 있다.

사사교육은 점차 영재교육에서도 점차 많이 사용되고 있다. 현대적인 의미의 사사교육은 영재들이 엔지니어, 의사, 판사, 교수, 방송인 등과 같은 전문가와 오랫동안 사제의 관계를 유지하면서 그들의 지식과 경험을 전수하도록 하는 것이다. 영재학생은 자신의 멘토와 만나서 일주일에 2~3시간 공부하며, 다양한 활동이나 문제를 직접 배우게 된다.

2) 사사교육의 특징

사사교육은 학생의 개별적 특성 및 개인차를 고려할 수 있고, 대면 학습을 통해 멘토의 지식과 경험뿐만 아니라 인품까지 본받을 수 있으며, 그 분야의 전문가를 만나 학생의 재능을 최대한 발현 실현할 수 있는 기회를 제공할 수 있다.

사사교육의 장점을 Edland와 Haensly(1985)는 다음과 같이 일곱 가지 특성으로 설명하고 있다.

(1) 영재들의 특별한 요구 충족

사사교육은 정규 학교가 해줄 수 있는 것을 초월하는 요구를 표출하고 그에 대해 충분한 준비성을 지닌 학생들에게 고차원적 학습 경험을 제공하려는 것이다. 사사교육의 관계성을 통해서 학생들을 동기화하고, 자극하고, 변화된 능력과 흥미 수준을 갖게 할 것이다. 이러한 발달 열망을 가진 학생들을 위해 그들의 열정을 공유할 수 있고, 더 넓은 상황에 관심을 가질 수 있게 양육한다.

(2) 직업 탐색과 개발

개인의 직업과 관련해서 사사교육의 영향에 대해 밝혀 놓은 연구들에 따르면, 멘토는 종종 성공적인 개인의 직업에서 매우 중요한 영향을 끼쳤음을 알 수가 있다. 어린 학생들이 자신의 능력이나 흥미에 대해 여전히 의문이 있을 때에, 사사교육은 “어린 학생들의 특수성을 너무 초기에 직업과 직결하지 않고도 후원할 수 있다”고 주장한다.

(3) 잠재성의 발달

많은 재능 있는 젊은이들에게 사사교육은 특별한 기회라고 볼 수 있다. 사사교육 관계는 학생들을 위한 태도와 성취에서의 변화를 위한 필수적인 환경을 제공하는 것임이 틀림없는데, 그것은 영재 및 재능 프로그램이나 속진 학급에서 더욱 뚜렷이 나타나고 있다. 이것은 미성취, 학습 불능, 장애, 경제적 불리함, 그리고 소수 학생 등에도 해당된다(Richert, 1991).

(4) 심리 사회적 향상

사사교육이 일어나는 동안, 자기 존중감, 개인의 책무성, 그리고 자기주도 학습이 고무되고 강화된다. 멘토로부터 멘티는 개인 내면의 기술이나 감정에 대한 자기 관리 기술을 학습하며, 다른 사람과 상호작용하는 지혜도 배울 수가 있다(Moore, 1992). 이런 경험의 총체가 자기 존중, 자신감, 정체성 등을 향상시킨다.

(5) 더 넓은 세계와 소통

사사교육은 학생들로 하여금 그들 자신이나 그들의 관심사가 더 큰 세상의 일부이며, 그들의 작업이 특별한 연구 분야와 연결되는 여러 영역들에 공헌하고 있음을 알 수 있도록 도와준다.

(6) 보상에 대한 공유

여타의 동반자적 관계에서처럼 사사교육은 파트너에게 상호 이익이 될 수 있음에 틀림없다. 멘티가 지식과 기술의 진보, 직업에 대한 통찰, 감성적 후원을 얻는 동안, 멘토는 새로운 세대에서 전통을 전달하는 일로 만족감을 가진다. 그리고 초보자의 관점을 통해서 멘토는 새롭게 갱신되는 에너지와 그 분야에 대한 열망을 발견하게 된다. 영재교육에 관한 문헌에서 사사교육에 관한 내용을 보면, 멘토가 네 가지의 영역에서 보상을 받게 된다는 것을 알 수 있다; 프로젝트의 완성, 새로운 아이디어와 관점에 대한 자극, 장기간의 인간적 친밀성, 다음 세대를 준비시킨다는 개인적 만족감(Edlind & Haensly, 1985). 이러한 과정을 사회 심리학자인 Erik Erikson (1968)은 '생산성'이라고 명명했다.

(7) 지역사회와 학교의 협응

공사립의 학교와 지역사회의 협력으로 영재와 재능 학생은 자신들의 욕구를 충족시키는데 더 많은 자원들을 활용할 수 있게 될 것이다. 동반자적 관계는 공공의 관계를 긍정적으로 발전시킬 수가 있다. 학교의 직원, 지역사회의 지도자. 대학 교수 그리고 지역 전문가들이 학생들을 위해서 함께 뭉치고, 학교와 지역사회 간에 유대가 결속된다.

3) 멘토의 역할

사사교육에서 멘토의 역할은 매우 중요하다. 영재교육에서 멘토의 역할은 단순히 지식과 경험을 전수하는 교사로서의 역할을 넘어서 친구, 롤모델로서의 역할도 함께 수행해야 한다. 멘토의 역할을 정리하면 다음과 같다.

(1) 교사로서 멘토: 교사로서 멘토는 멘티들을 지식과 기능의 경계 안으로 밀어 넣어야 한다. 멘토는 멘티에게 작업에 대한 체계적인 피드백을 해주어야 하고, 작업의 과정과 산출을 분석하고 평가하도록 도와주어야 한다.

(2) 전문가로서 멘토: 멘토는 기회를 창출하는 능력과 경험을 가지고 있고, 초보자들에게 전문가로서의 그 영역에 대한 관점을 소개하며 자신이 그들보다 먼저 깨달은 지혜를 공유해야 한다.

(3) 안내자로서 멘토: 멘토는 멘티들이 성공의 길과 목표에 도달하는데 어떤 장애들이 있는지, 그리고 개인적 탐색이 허용되는 길이 어디인지를 보여준다.

(4) 조언자로서 멘토: 멘토는 멘티들에게 예상되는 가능성을 고려할 수 있도록 충고하고, 그 분야의 기준을 소개하며, 문제를 해결할 수 있도록 도와준다.

(5) 친구로서 멘토: 멘토는 감성적 후원의 원천적이고, 멘티가 신뢰할 수 있으며 자신의 느낌을 공유할 수 있는 사람이다.

(6) 역할 모델로서 멘토: 멘토는 멘티에게 특정한 가치, 태도 그리고 행동 유형의 예시자가 된다.

4) 멘티(Mentee)의 역할

사사교육에서는 멘티의 특성도 매우 중요하다. 모든 영재들이 준비가 된 것도 아니고 사사교육을 받을 수 있는 것도 아니다. 사사교육이 시작되기 전에 멘티의 준비성이 신중하게 평가되어야 한다. 준비성은 한 분야에서 특별한 능력과 남들보다 뛰어난 잠재력을 소유하고 연구를 위해 지속적인 관심과 열정, 인내심 그리고 기꺼이 시간을 할애하고 노력하려는 태세를 말한다.

Relly(1992)는 사사교육에 참여할 멘티가 가져야 할 특징으로 아래와 같은 아홉 가지를 제시하고 있다.

- 강한 도전감(motivated by challenges)
- 창의성(creative)
- 힘든 일을 기꺼이 하려는 의지(willing to work hard)

- 고급 수준의 학습에 대한 기대감(looking for advanced learning)
- 스스로 통학할 수 있는 능력(able to provide your own transportation)
- 교외 학습 활동 시간을 기꺼이 최소화하려는 의지(willing to minimize outside of school work hours)
- 응용 활동을 기꺼이 완결 지으려는 의지(willing to complete an application)
- 선별심사위원회에서 수락할 수 있어야(acceptable to a screening committee)
- 의미 있고 중요한 학습 프로젝트를 기꺼이 완결 지을 수 있는 의지(willing to complete a meaningful learning project)

5) 사사교육의 운영 절차

다른 모든 동반자 관계와 마찬가지로 사사교육방식에서는 유목적적이고, 상대에 대한 헌신적 태도를 강조한다. 일반적으로 사사교육은 세 가지 단계로 진행되며, 각 단계는 여러 과정들로 구성되어 있다(Clasen, 1997).

(1) 제1단계: 준비 단계

① 요구의 수집: 사사교육이 현재의 학생 개인 또는 집단에게 가장 최상의 교육적 선택사항인지 아닌지를 결정한다. 그 대답은 학생들을 고려해야 하고, 참여할 수 있는 멘토가 있는지, 학생들이 사사교육과정에 참여하기를 바라고 있는지를 고려해야 한다.

② 멘토의 공모: 멘토는 대학, 직장, 지역사회 단체, 그리고 기타 조직으로부터 선발된다. 대개가 프로그램과 학습 요구에 관하여 설명해 주는 책임을 맡은 사람이 예비 멘토들과 개인적 접촉으로 추진되는 경우가 많다.

③ 잠재적 멘토의 선발: 면접, 동료에 의한 추천서, 영재들을 지도해본 과거 경험 등을 검토하여 잠재적인 멘토를 선발하게 되는데, 최종 선발 조건은 결국 멘토와 멘티가 결합할 수 있는 가에 달려 있다.

④ 멘토와 멘티의 연결: 멘토와 멘티 간의 조화로운 관계가 사사교육의 성패를 좌우하는 핵심 요인 가운데 하나이다. 그러기에 이 단계에서 시간과 노력이 가장 많이 들게 되는데, 사사교육이 오랜 기간 지속될 때에는 특히 중요하다. 흥미도 조사, 전기적 자료, 교수·학습 방식 목록 등을 활용하는 것이 파트너를 찾는데 도움이 될 수 있다. 최종 결정이 나기 이전에, 멘토와 멘티가 비공식적으로 만나서 이야기하는 것도 필요하며, 멘토가 일하는 장소를 방문해 보는 것도 도움이 된다.

⑤ 오리엔테이션 제공: 참가자들에게 사사교육의 개념을 소개하는 것은 매우 중요하고 가

치 있는 일이다. 대학생이 더 어린 학생들을 사사교육하기 위해서는 이 단계에서 수업이나 워크숍 등을 해보는 것이 좋다. 멘토나 개인교사와 학생들 간에 인종적, 문화적 그리고 사회경제적 차이가 있는 경우에는 멘티와 그 부모들에게도 오리엔테이션 시간을 갖는 것이 좋다.

2) 제2단계: 사사교육의 실행

① 작업 계획 결정: 멘토와 멘티는 자신의 역할이나 책무성을 확인해야 한다. 초기의 만남에서 학습 계획이나 스케줄에 대해서 멘토와 멘티가 협의를 하고 연구의 구체적인 분야가 대강 윤곽을 잡아 간다.

② 체계적인 피드백 준비: 사사교육을 조절하고 개방적 관계를 유지하기 위해서, 그리고 학습자가 요구하는 대로 변화를 주기 위하여, 멘토와 멘티 간에는 체계적인 피드백이 마련되어야 한다. 물론, 피드백은 멘티의 교사, 부모 그리고 프로그램 조정자 등 누구로부터 나올 수가 있다.

③ 이수 코스 수정: 사사교육은 일련의 계획된 활동들을 포함하고 있으며, 멘토나 멘티가 그 영역을 탐구하면서 새로 생긴 요구나 관심, 그리고 쟁점에 의해 더욱 세련되어 간다. 이상적으로는 앞으로 나아가거나 후퇴하거나 또는 비용을 절감하기 위해서는 반성의 시간이 필요하며 또 그래야 한다.

3) 제3단계: 최고점, 극점, 정상

① 최종 산출: 보고서, 과학 프로젝트, 예술전시회 및 박람회 등 최종 산출물이 나오면 사사교육은 끝이 나고 모든 참여자들이 만족한다. 최고점의 활동은 멘티들에게 그들의 작품을 공유할 수 있는 기회를 주고, 사사교육의 과정도 청중들과 함께 경험을 한다.

② 사사교육의 평가: 사사교육이 형성 평가를 통해 체계적인 피드백을 받는다면, 총괄 또는 최종 평가는 모든 참여 집단들 — 멘토와 멘티, 학교 직원, 부모 그 밖의 주요한 개인들 — 에 의해 수행된다. 평가는 사사교육의 과정과 효과성에 근거하여 멘토와 멘티 등에 의해서 사례연구, 질문지, 조사연구, 그리고 자기 보고서 등을 검토하게 된다. 이때 평가는 프로그램 목적을 반영해야 하는데, 예를 들어, 미성취 아동이나 결함이 있는 학생을 위한 것이었다면, 태도, 성취, 자아개념 등을 반드시 평가해야 한다.

비록 사사교육이 영재교육 프로그램의 일부로서 선택되기는 하지만, 흔한 방식은 아니다. 대부분의 사사교육은 중·고등학생들만 참여시키고 있으나(Beck, 1989), 점차적으로 초등학생을 위한 사사교육 프로그램이 증가하고 있다(Wright & Borland, 1992). 대개가, 직업 탐색이나 특정 교과에 집중되고 있으나, 그 초점이 리더십, 비판적 사고, 미성취 아동 그리고 연구 기술 등으로 확장되고 있다.

5.5 효과적인 질문을 위한 방법

교수·학습 과정에서 질문은 학생들의 사고를 자극하는 효과적인 방법이라는 것을 이미 경험을 통해 알 수 있다. 여기서 질문은 교사들이 학생들의 사고를 자극하기 위해 제공하는 질문과 학생 스스로 더 나은 답을 탐구하도록 자극하는 질문이라 할 수 있다.

수학영재학생들은 일반 학생들에 비해 호기심이 많고 그 호기심은 효과적인 질문을 통해 충족할 수 있다고 한다.

여기에서는 수학영재학생들에게 효과적인 질문을 제공해 주거나 스스로 질문을 할 수 있도록 하기 위해 마련되어야 할 교실 분위기를 알아보고, 효과적인 질문을 만드는 전략을 소개하도록 한다.

5.5.1 효과적인 질문을 위한 교실 분위기 조성

수학영재학생들의 특성 중 하나는 호기심이 많다는 것이다. 이러한 호기심은 질문을 통해 충족될 수 있으며 그들로 하여금 자신의 호기심에 대한 더 나은 답을 탐구하도록 자극해 주어야 한다. 따라서 교사들은 그들의 호기심을 충족시키고 탐구를 자극하기 위해 어떻게 도와주어야 하는지를 고려해 보아야 한다. 여기서는 영재학생들이 그들의 호기심을 충족할 수 있는 질문을 위해 교사가 교실 분위기를 어떻게 조성해야 하는지에 대해 간단히 소개해 보고자 한다.

1) 자유로운 분위기를 조성하라: 학생들은 학습 중 언제라도 자유롭게 인지적이고 정의적인 질문을 던질 수 있는 분위기를 느껴야 아이디어와 질문을 도출하는 과정에서 모험적이고 도전적으로 사고할 수 있게 된다.

2) 학생의 생각을 존중하라: 학생의 생각을 존중하는 분위기는 교사의 적극적인 반응을 통해 학생들에게 전달된다. 즉 교사의 적극적인 경청은 학생에게 그의 생각이 가치 있음을 인식시켜 주고, 해결책을 추측함에 있어 위험을 감수해도 괜찮은 안전한 환경임을 암묵적으로 알려준다.
3) 학생의 반응을 촉진하라: 교사는 학생들의 반응을 촉진하기 위해 학생들에게 질문을 어떻게 만들고 제기하는지, 소리 내어 사고하는 과정에서 다른 사람들과 어떻게 상호작용하는지, 아이디어를 생각하는 과정에서 어떻게 학생들과 동료들을 격려하고 지원하는지 등과 관련하여 필요한 학습을 제공하여야 한다.
4) 학생들에게 도움을 줄 수 있는 자료를 제공하거나 시간을 허락하라: 교사는 학생들이 사고하는 과정에 도움을 줄 수 있는 자료들을 제공할 수도 있고, 혹은 그러한 자료를 찾거나 토론할 수 있도록 시간을 제공해 주어야 한다.
5) 교실 분위기를 지속적으로 모니터하라: 교사는 학생들 사이에 열린 탐구를 촉진할 수 있는 적절한 분위기, 즉 앞서 제시한 교실 분위기가 조성되었는지를 지속적으로 점검하여야 한다. 교실 분위기의 지속적인 모니터를 위한 체크리스트는 부록에 소개해 두었다.
6) 학생들이 질문에 어떻게 반응하는지를 살펴라: 학생들이 도전적인 아이디어를 탐구할 수 있도록 적절한 분위기를 조성하기 위해서는 무엇보다 교사와 학생 간의 열린 관계가 중요하다. 이러한 분위기가 형성되었는가를 인식하는 주요단서는 학생들이 일련의 탐구와 질문에 어떻게 반응하는지를 살피는 것이다. 이때 학생들이 질문에 대해 방어적으로 반응할 때는 상호 존중이나 개방이 아직 형성되어 있지 않았음을 의미하는 것이므로 이러한 경우 교사는 학생들에게 덜 위협적으로 느끼게 다가가야 한다.

지금까지 효과적인 질문을 위한 교실 분위기를 어떻게 조성해야 하는지를 알아보았다. 이러한 교실 분위기가 조성되었는지를 교사 스스로 점검해볼 수 있는 교사용 체크리스트를 이 장의 끝부분에 제시하였다.

5.5.2 효과적인 질문법

학생과 교사의 상호작용은 워낙 복잡하고 예측 불가능하기 때문에 수업을 위한 사전 준비나 계획이 필요하다. 그러나 이것은 교사로 하여금 구체적으로 수업의 어느 시점에 정확하게 어떤 질문을 던질 것인지 사전에 치밀하게 계획하라는 것을 의미하지는 않는다. 이는 학생들의 상호작용에 따라 학습이 어디로 흐를 것인지, 그리고 구체적으로 던져진 질문들이 수업

상황을 어떻게 바꾸고 심화시키며 또는 확장할 것인지를 교사가 파악하여 학습의 흐름을 인식해야 함을 의미한다. 언제 그리고 왜, 어떠한 질문을 할 것인가를 아는 것은 교사의 노력에 의한 경험으로 연마되는 것이므로 여기서는 교사들에게 도움이 될 만한 일반적인 질문 전략을 소개하고자 한다(한기순, 이금숙, 2008).

1) 혼합 전략(Mixed Strategy)

이 전략은 교사들이 의도적으로 다양한 종류의 질문을 다채롭게 활용하는데, 이때 가급적 같은 종류의 질문은 삼가고 아래에 제시된 것과 같이 인지적 요인들을 포함하고 있는 질문들을 다양하게 혼합하여 제시하는 방법이다. 즉 개념적인 질문들만 일관하기보다는 개념적, 경험적, 평가적, 형이상학적인 질문이 혼합되어 제시되어야 한다는 것이다.

▪ **인지적 요인이 포함된 질문의 예**

① 개념적인(의미를 부여하는) 질문 - 무엇이 비폭력적인 투쟁인가?
② 경험적인(인식이나 관찰에 따라 반응을 제공하는) 질문 - 세계는 다른 문화들에 대하여 점점 더 관용적이 되어 가는가?
③ 평가적인(가치 판단) 질문 - 운전을 할 수 있는 법적인 나이가 높아져야 하는가?
④ 형이상학적인(도덕적/윤리적인) 질문 - 인간은 세계 평화를 위해 투쟁해야 하는가, 아니면 마찰을 빚는 것은 인간의 본성인가?

2) 절정 전략(Peaks Strategy)

이 전략은 한 학생에게 질문을 하고 관련된 질문을 계속해서 제기하여 다른 학생에게 질문하는 방법이다. 이때 간단한 질문(지식 혹은 사실적인 질문)부터 좀더 복잡한 질문(결론, 평가 등)을 진행하여야 한다. 이 전략과 관계된 질문의 예를 소개하면 아래와 같다.

▪ **질문의 예(①에서 ④의 순서로 질문 제시)**

① 베트남 전쟁이 언제였는가? (사실적)
② 베트남 전쟁과 다른 전쟁을 비교하여라.(비교)
③ 왜 베트남 전쟁이 발생했는가?(원인)
④ 베트남 전쟁을 통해서 우리 정부는 어떤 시사점을 찾을 수 있는가?(결론, 일반화, 사실로부터 추론)

3) 고원(高原) 전략(Plateaus Strategy)

이 전략은 교사가 4명의 학생에게 동일한 종류의 일련의 질문을 던진 후 그 학생들에게 다음 수준의 질문을 제기하는 방법이다. 이 전략은 각 질문 수준에서 토론이 충분히 이루어지기 전까지 탐색하는 질문을 활용함으로써 다양한 반응을 도출할 수 있다. 그런 다음 교사는 동일한 학생들에게 좀더 어려운 수준의 질문을 제시하는 것이다.

■ 질문의 예(①~④의 질문을 먼저 한 후 ⑤~⑧의 질문 제시)
① 수정아, 인권 선언에서 제기된 인권 중 하나가 무엇이지?
② 태수야, 또 다른 인권은 뭐니?
③ 광희야, 또 다른 인권 중 생각나는 것 없니?
④ 민지야, 친구들이 말한 것 이외에 더 생각나거나 빠진 것이 없니?
⑤ 수정아, 네가 말한 인권의 목적이 뭐지?
⑥ 태수야, 세 번째 권리의 목적이 무엇인지 설명해 보겠니?
⑦ 광희야, 무기를 소유할 권리의 목적은 무엇일까?
⑧ 민지야, 공정한 재판을 받을 권리의 목적이 무엇이지?

4) 발견적 학습 전략(Heuristic Strategy)

이 전략은 학생들의 창의적 사고를 계발하는 데 매우 유용한 방법이다. 이 전략 중 하나는 속성열거법인데, 이것은 어떤 것을 변화 또는 향상시키기 위한 아이디어를 생성하고 어떻게 그러한 변화를 시행할 것인가 등의 활동에 질문을 활용하는 전략이다. 이 외에도 속성열거법과 유사한 형태학적 분석법은 기존 요소들을 새로운 방식으로 조합하여 새로운 물건이나 산출물을 만드는 것으로 이 전략을 위한 질문의 리스트를 아래에 소개하고 있다.

■ 질문의 예
① 적용 - 이것은 그 밖에 무엇과 같은가?
② 수정 - 어떤 새로운 전환이 모색될 수 있는가?
③ 확대 - 무엇이 더 더해질 수 있는가?
④ 축소 - 무엇이 더 생략될 수 있는가?
⑤ 대체 - 그 밖에 무엇을 할 수 있는가?
⑥ 재배치 - 다른 순서를 활용할 수 있는가?
⑦ 전도 - 반대로 할 수 있는가?
⑧ 조합 - 요소들이 혼합될 수 있는가?
⑨ 변환 - 형태를 다른 방식으로 변화할 수 있는가?

5) 소크라테스 방법

질문을 하면서 사고를 가르치고 자극하는 것을 흔히 소크라테스 방법이라고 부른다. 명료화, 가설 분석, 이유와 증거 검정, 관점 분석, 암시와 결과 분석, 질문 등을 유도해 낼 수 있는 '소크라테스식 질문'을 분류한 것을 소개하면 아래 표와 같다. 여기에서 제안된 많은 질문들은 비판적 사고에 주로 초점을 맞추고 있다.

질문 유형	질문의 예
명료화 질문	■ ~은 무슨 의미인가? ■ 중요한 요점은 무엇인가? ■ 예를 제시할 수 있는가? ■ 더 자세히 설명할 수 있는가? ■ ~는 ~와 어떤 관계가 있는가? ■ 또 다른 방법을 제시할 수 있는가? ■ 여기서 주요한 논쟁점이 무엇이라고 생각하는가?
가정 증명 질문	■ 그것은 무엇을 가정하고 있는가? ■ 무엇을 가정할 수 있는가? ■ ~보다는 ~을 기초로 추론하는 이유는 무엇인가? ■ 어떻게 그것을 정당화시킬 것인가?
이유 및 증거 확인 질문	■ 그것이 왜 사실이라고 생각하는가? ■ 그것에 대한 증거는 무엇인가? ■ 그 증거를 의심하는 이유가 있는가? ■ 그것의 사실 여부를 어떻게 확인할 수 있는가? ■ 그 문제를 해결하기 위해서는 그 밖에 어떤 정보가 필요한가?
관점과 전망에 관한 질문	■ 그러한 관점을 택한 근거는 무엇인가? ■ 그것을 다른 관점에서 파악할 수 있는가? ■ 반대하는 사람에게 어떻게 대처할 것인가? ■ 대안은 무엇인가? ■ ~와 ~의 생각은 어떻게 비슷한가?
암시 및 결과 확인 질문	■ 그것은 무엇을 암시하고 있는가? ■ 그 일의 결과로 또 어떤 일이 발생할 것인가? ■ 그것은 어떤 결과를 가져올 것인가?
질문에 관한 질문	■ 무엇을 발견할 수 있는가? ■ 이 질문을 해결할 수 있는 사람은 누구인가? ■ 이 질문은 무엇을 가정하고 있는가? ■ 이 질문은 무엇을 평가하도록 요구하는 질문인가? ■ 이 질문에 동의하는가?

6) 정의적 영역의 질문 전략

인지적 영역의 질문과 함께 정서 영역에서의 질문도 매우 중요하다. 이는 학생들을 지도하는 것이 인지 영역과 정의 영역으로 구분되어야 하는 것을 의미하는 것이 아니라, 정의적 영역의 질문이 학습 과정의 일부분이 되게 함으로써 학생들이 인지적 영역의 정보를 처리할 때 그 정보의 가치에 관해서도 생각하도록 격려하는 것이 중요함을 시사하는 것이다. 정의적 영역의 질문의 예는 다음과 같다.

질문 유형	질문의 예
받아들이기 (참여하기)	■ ~을 인식하고 있는가? ■ ~을 알고 있는가? ■ ~을 들어 봤는가? ■ ~을 인정하는가? ■ ~을 받아들이는가? ■ ~에 관심 있는가? ■ ~을 하고 싶은가? ■ 이 문제 중에 네가 더 알고 싶은 문제는 무엇이니?
반응하기	■ 어떻게 하는지 기록하라. ■ 너는 ~에 기여했는가? ■ ~을 관찰했는가? ■ 무엇인지 지적하라. ■ ~을 알아냈는가? ■ 이 사진을 보고 너의 느낌을 적어 보아라.
가치 판단하기	■ ~에 대해서 책임을 느끼는가? ■ ~을 나열하라. ■ 너의 입장을 설명해보아라. ■ ~에 성실했는가? ■ ~의 순서를 정해 보아라. ■ ~에 열심히 참여했는가? ■ 〈맥베스〉에서 어떤 인물이 가장 책임감이 있다고 생각되는가?
구조화하기	■ 네가 생각할 때 ~을 설명해 주겠는가? ■ 대안을 생각해 보았는가? ■ 너 자신의 말로 표현되었는가? ■ 최근 우리나라의 대외 관계를 살펴볼 때, 우리나라가 높은 도덕관념을 갖고 그렇게 하고 있다고 생각하는가?
가치·가치의 복잡함에 대한 묘사	■ ~을 확신하는가? ■ ~을 하고 싶은가? ■ 어떻게 생각하는가? ■ 이게 너의 철학인가? ■ ~을 지적하라. ■ 다음의 인생 목표 중 너의 인생에서 추구하고 싶은 것은 무엇인가?

참고문헌

강숙희·조석희·금미라(2000). 사이버 영재교육의 가능성 탐구를 위한 사례 연구. 교육정보방송연구, 6(1), 49-70. 한국교육정보방송학회.

김홍원(2002). 수학영재 지도를 교사 연수 교재.

김성호(2007). 세계 4대 유수 영재교육 프로그램 연수 자료 참고.

김용태(2001). 수학영재아를 위한 원격교육의 교육적 효과와 결과 분석. 초등교육연구, 16(2). 61-80. 광주교육대학교 초등교육연구소.

김은혜·박만구(2011). 수학영재교육 대상 학생과 일반학생의 개방형 문제해결 전략 및 행동 특성 분석. 한국초등수학학회지, 15(1).

라상숙(2004). 다가온 커뮤니케이션 시대의 웹을 활용한 영재교육. 全北敎育, 34, 15-21. 전라북도 교육청.

박경미·임재훈(1999). 수학교육의 교수-학습 참평가 모형 및 예시 도구 개발-프로젝트법을 중심으로-. 대한수학교육학회지 〈학교수학〉, 14(1).

박성익 외(2006).

박은영(2001). 수학영재교육에 있어 웹 기반 협동학습의 적용 가능성 탐색: 웹 기반 구조적 의사교류법을 중심으로. 영재교육연구, 11(3), 45-68. 한국영재학회.

방순길(2007). 세계 4대 유수 영재교육 프로그램 연수 교재참고.

방승진·이상원(2003). 수학영재교육에서의 사사. 한국수학교육학회지시리즈 E, 17, 127-138. 한국수학교육학회.

송상헌(2008). 경북초등 수학영재 지도교사(심화) 직무연수 교재.

서울대학교 교육연구소(1995). 교육학용어사전. 하우동설.

심규철·박종석·육근철(2001). 사이버 상에서 과학 영재들을 위한 새로운 교육 방법 및 프로그램 개발 연구. 영재교육연구, 제 11권 제 3호. p. 69-84. 한국영재학회.

이군현(2000). 전담부서·사사학습제도 필요: 영재교육 활성화 방안. 새교육 553. 103-107 한국교육신문사.

최용석·이국행(2006). 과학영재아 사사교육(GTP) 프로그램 개발과 응용에 관한 연구. 과학교육논총, 31, p. 45-55. 전북대학교 과학교육연구소.

최호성(2003). 중등 영재 판별과 교육 프로그램의 비판적 검토. 영재교육연구, 13(4), 1-28.

편은진·김영주·김성길(2007). 과학 영재를 위한 이멘토링 시스템의 적용. 韓國敎育, 34(1), 23-44. 한국교육개발원.

홍순천(2007). 세계 4대 유수 영재교육 프로그램 연수 교재참고. 프로젝트 기반학습의 예.

Miller, A. (2002). Mentoring students and young people: A handbook of effective practice. London: Kogan Page.

Sunk, H. S., Lee, S. C., Heo, J. Y., & Woo, J. S. (2004). A mentorship model based on KIGES' mentorship program. 영재교육연구, 14(4), 93-112.

〈부록 5-1〉 교실 분위기 점검을 위한 교사용 체크리스트 (효과적인 질문 전략 관련)

다음은 교실 분위기 점검을 위한 교사용 체크리스트이다.

	예	아니요
■ 나는 위협적이지 않은 분위기를 제공했으며, 학생들이 제한없이 하고 싶은 질문을 할 수 있도록 격려했는가?	______	______
■ 나는 학생들로 하여금 그들의 질문을 명료하게 표현하고 교사, 반친구들과 함께 논의할 기회를 제공하였는가?	______	______
■ 나는 학생이 제기한 질문의 중요성을 함께 논의할 공유된 탐구의 분위기를 조성했는가?	______	______
■ 나는 학생들에게 필요한 정보를 얻기 위해서 어떻게 그리고 어떠한 질문을 계획하고, 구분하고, 제기할 것인가에 관하여 구체적인 제안을 제시했는가?	______	______
■ 나는 학생들에게 그들의 질문을 역할 연기나 모의 실험 등을 통해 검증해볼 기회를 제공했는가?	______	______
■ 나는 교수자로서 좋은 질문가의 효과적인 예시를 보여 주었는가?	______	______
■ 나는 특정 학생들 혹은 교실 전체와의 토론에서 특정 전략들을 광범위하게 논의하고. 이러한 과정에서 적절한 질문을 사용하는가?	______	______
■ 나는 학생들에게 관련되거나 참고할 만한 질문들을 분석할 기회를 제공하는가?	______	______
■ 나는 학생들로 하여금 교재나 프린터물에 제시된 질문들을 분석하게 하고, 또 이에 대해 함께 토의하는가?	______	______
■ 나는 학생들에게 특정 타입의 질문들을 구분하거나 자료로부터 질문을 만들어 내는 활동 등을 게임 등의 형식을 통해 제공하는가?	______	______
■ 나는 학생들로 하여금 그들이 제기하는 질문의 유용성을 파악하도록 학 위해서 그들의 질문을 미니 실험이나 탐구 등을 통해 알아볼 수 있는 기회를 제공하는가?	______	______
■ 나는 학생들이 제기되거나 계획된 질문들에 인지적·정의적으로 반응할 기회를 계획하는가?	______	______
■ 나는 학생들이 인지적이고 정의적인 수준에서 그들의 질문을 판단할 수 있도록 적절하게 지도하는가?	______	______
■ 나는 학생들이 그들의 질문과 관련하여 자기 분석을 할 수 있도록 격려하고 도와주는가?	______	______
■ 나는 학생들이 효과적인 질문의 준거와 그들이 제기하는 질문에 이러한 준거를 적용하는 것과 관련하여 배울 기회를 제공하는가?	______	______
■ 나는 학생들이 그들의 질문을 스스로 분석해볼 기회와 어떤 문제가 존재할 경우 이에 대한 결정을 도울 수 있도록 질문 전략들을 제공하는가?	______	______

출처: Involving Students in Questioning(PP11-12), by P. Hunkins, 1976, boston: Allyn & Bacon에서 인용한 것을 재인용(한기순·이금숙, 2008).

Chapter 06

수학영재 교수·학습 프로그램 개발

6.1 수학영재 프로그램의 원리 및 유형

6.1.1 수학영재 프로그램 개발을 위한 기본 원리

영재교육에서 가장 중요한 이슈들로는 영재의 정의와 판별 및 영재를 지도하기 위한 프로그램의 구안, 영재를 지도하기 위한 지도자의 육성 또는 교육을 들 수 있을 것이다. 이 중에서도 가장 중요한 사항은 아마도 영재를 지도하기 위한 프로그램의 구안이 아닌가 생각한다. 영재에게 제공되는 교육 프로그램은 재능과 정서적 특성에 따라 프로그램의 유형, 길이, 기간, 초점, 판별과정, 교사의 질 등에서 다양하다. 수업을 맡은 지도교사는 수업을 할 수 있는 능력뿐 아니라 프로그램을 직접 개발하고 평가할 수 있는 자질을 갖추어야 한다.

영재교육 프로그램의 네 가지 전통적인 구성요소는 왜, 누가, 무엇을, 어디서, 언제, 어떻게 등의 질문에 대한 대답이 포함된다(Treffinger, 1986).

1) 프로그램 철학과 목적

영재들에 대해 어떤 태도를 갖고 있는가? '왜'이러한 일을 하는가? 목적과 목표는 무엇인가? 달성하고자 하는 것은 무엇인가? 프로그램의 철학과 목적을 설득할 수 있는 논리를 준비할 수 있는가?

2) 정의와 판별

영재성은 무엇을 의미하는가? 이 프로그램은 어떤 부류의 영재에게 도움이 될 것인가? 어떻게 영재들을 판별할 것인가? 우리 학교 프로그램에서는 영재를 어떻게 조작적으로 정의할 것인가?

3) 수업

- 학생: 학생들의 요구는 무엇인가?
- 프로그램: 집단편성, 속진, 심화학습은 어떤 형태로 할 것인가? 어떻게 최선의 결과를 산출할 것인가? 비용효과는 어떠한가? 이질집단 내에서는 어떤 프로그램이 사용될 수 있는가?
- 인적구성: 누가 프로그램을 설계하고 보조하고 관리할 것인가? 모든 교사들을 대상으로 프로그램에 대한 연수를 시킬 것인가?
- 지역: 어디서 실행할 것인가? 정규교실에서인가? 특별교실에서인가? 지역자원센터에서인가? 어떤 영재교육원에서인가?
- 시기: 언제 실행할 것인가? 특수한 프로젝트를 완성할 수 있는 시간을 제공해 주기 위해 교육과정을 압축해서 운영하는가? 수요일 오후 혹은 매일 하루 종일? 방과 후? 토요일? 여름? 시간표는 어떻게 편성할 것인가?

4) 평가

어떻게 학생들의 지식 향상과 인지 기술의 수준을 평가할 것인가? 학생과 부모의 만족도는 어떻게 평가할 것인가? 학교에 다니는 동안의 적응과 진전 정도를 어떻게 평가할 것인가? 어떻게 프로그램의 성공을 평가할 것인가? 수업활동의 효과, 자료, 수업, 교수/학습 활동 그리고 전략 등의 효과를 어떻게 평가할 것인가?

영재교육 프로그램이 학생의 능력 수준에 맞추어졌고, 높은 성취를 보장한다고 해서 성공적일 수는 없다. 지적, 정서적, 사회적 발달을 도와주면서 아울러 학습상의 문제점이나 결함을 시정해줄 수 있는지 종합적으로 검토되어야 한다. Rogers(2002)는 특정 영재교육 프로그램이 그들에게 어떤 도움을 줄 것인지 다음과 같이 묻고 있다(우동하, 2004).

첫째, 학업적 진전을 가져올 수 있는가?
둘째, 학업적 약점을 교정해줄 수 있는가?
셋째, 심리적 성장을 도울 수 있는가?

영재를 위한 프로그램은 일반 학생들과는 질적으로 다른 교육과정이 아닌 즉 일반적인 교육과정의 내용을 수정·재구성하여 단축, 압축, 다양화, 심화과정을 거쳐 보다 진보적이고 복합적인 개념, 추상적인 개념과 자료가 제공되는 특수한 프로그램으로 발전되어야 한다(Miller, 1999; 우동하, 2004).

영재 지도를 위한 자료 개발은 학생의 개인차를 고려해야 하기 때문에 개개인에게 적합한 자료를 개발·제공한다는 것은 매우 어렵다. 수학적 재능이 우수한 학생 지도를 위한 자료를 개발하는 데 있어서는 다음의 몇 가지 사항에 관심을 가져야 할 것이다(구자억 외, 1999).

① 성취 목표를 분명히 설정해야 한다. 즉 학생들에게 어떤 능력을 신장시킬 것인가? 하는 목표를 분명히 설정해야 하며 발문도 분명해야 한다.

② 학생의 능력을 고려해야 한다. 즉 성공적인 경험, 도전 의욕을 자극할 수 있도록 학생의 학습 수준에 근거한 문제를 제시해야 한다. 문제해결과정에서 적절한 좌절과 희열을 맛보게 함으로써 또 다른 차원의 도전과 탐구의욕을 자극할 수 있을 것이다.

③ 추상적인 사고를 요구하는 과제뿐만 아니라 구체물이나 실제 상황과 접해봄으로써 수학적 관계나 구조를 발견할 수 있는 과제도 중요하다.

④ 개별 과제뿐만 아니라 소집단별로 해결할 수 있는 공통 과제도 중요하다. 상호 의사소통의 기회의 확대는 자신의 사고에 대한 반성과 공동체 의식의 신장시킬 수 있다.

⑤ 단시간에 해결하는 문제뿐만 아니라 장시간에 걸쳐서 해결하는 과제도 필요하다. 장시간에 걸쳐서 문제를 해결해 봄으로써 문제해결에 대한 집착력을 신장시킬 뿐만 아니라 다양한 해결 방법을 구상함으로써 수학적 지식을 수평적으로 풍부하게 늘일 수 있다.

⑥ 판별 및 선발의 결과를 프로그램 개발에 반영해야 한다. 영재의 선발은 교육 프로그램과 유기적인 관계에 있다. 때에 따라 프로그램의 운영은 판별의 연장선상에 이루어지기도 한다. 선발 과정에서의 학생의 장단점을 파악하여 그에 맞는 개별화 프로그램의 구성과 교육도 고려해볼 필요가 있다.

⑦ 창의성 신장과 수학적 사고력 개발을 고려해야 한다. 이를 위해 가능하면 단답형 과제보다는 개방형(open-ended problem) 과제의 비중을 높인다. 즉 풀이 방법이 다양한 과제의 비중을 높인다. 해에 이르는 길은 여러 가지가 있음을 인식함으로써 발산적이고 창의적인 사고를 도울 수 있다.

⑧ 호기심을 느끼는 재미있는 소재를 활용한다. 경험 및 실생활과 관련이 있거나 일상생활에서 필요한 교양을 활용함으로써 수학에 대한 위력과 가치를 높일 수 있다.

⑨ 독립적인 내용보다는 수학의 구조나 연결성 및 타 교과와의 연계성도 고려해야 한다.

6.1.2 수학영재 프로그램의 유형

영재를 위한 어떤 종류의 프로그램을 만들어야 할 것인가는 '속진(Acceleration)'과 '심화(Enrichment)'에 대한 논의를 피할 수 없을 것이다(NCTM, 1987). 그러나 이 두 가지는 엄격히 구분하기는 어려운 점이 있다. 때에 따라 같은 프로그램 내에서도 심화-속진이 교대로 나타날 수도 있다. 여기서 속진이란 교과과정의 진도를 평균 학생들보다 빨리 마치는 것을 의미한다. 속진의 정도는 같은 학년의 과정을 다른 학생보다 일찍 마치고 다른 활동을 하게 하거나 정규 교육과정을 짧은 기간 안에 마치고 상위 학교 수준의 내용을 다루는 것까지 다양할 수 있다. 일반적으로 속진 프로그램은 일반 교육과정의 범위를 벗어난 내용의 확장을 공통된 특징으로 한다. 반면 심화 학습은 여러 상황에 따라 달리 해석되기는 하지만 일반적으로 일반 교육과정에 제시되는 학습 내용에 대한 그 깊이의 확장을 의미한다. 이러한 심화 교육에서는 일반 교육과정에 직접 제시되지 않는 주제 및 보다 높은 수준의 인지 활동을 필요로 하는 수학적 활동까지를 대상으로 한다. 영재를 위한 프로그램의 수학 내용은 세 가지 방식에서 강화되어야 할 것이다.

① 표준적인 토픽을 심도 있게 포함해야 한다.(예컨대, 소수를 배울 때의 오차의 분석)
② 비표준적인 내용의 추가(예컨대, 그래프 이론, 비유클리드 기하학 등)
③ 고급 내용의 조기 연구(예컨대, 중학교에서의 간접 증명)

그리고 내용은 분명 그 시대의 수학적 개념과 교육과정을 반영해야 하며, 수학화 과정이 자연스럽게 진행될 수 있도록 배려해야 할 것이다.

국내외에서 이루어지고 있는 수학학습 프로그램의 내용을 분석하여 세 가지로 분류한다면, 문제해결형 프로그램, 주제 탐구형 프로그램, 과제(Project) 개발형 프로그램으로 나눌 수 있다. 이들 프로그램의 공통적인 성격은 학생들의 대한 창의적인 사고력의 개발에 있으며, 프로그램 사이의 명확히 구별은 어려우나 다음과 같은 특징이 있다(남승인, 2006).

1) 문제해결형 프로그램

- 정규 수학 교육과정의 연장선상에서 이루어지는 프로그램으로 이미 학습한 내용에 대한 통합 및 이를 심화·발전시킬 기회를 제공한다.
- 보다 창의적이고 다양한 문제해결 전략을 활용하고 개발하도록 한다.
- 수학에 대해 이해의 촉진과 확장, 지적 호기심 및 도전의식의 자극을 통한 수학적 재능을 개발하는데 초점을 둔다.

문제해결형 프로그램의 개발은 교과서를 중심으로 보편적으로 가르치고 있는 내용과 관련하여 보다 심화시킨 문제, 전문 서적이나 국내외의 각종 참고 도서 및 수학 경시대회 문제 등을 수집·분석하여 모방과 변형을 통해 학생들의 수준을 맞게 재구성하여 제공할 수 있을 것이다.

〈표 6-1〉 문제해결형 프로그램의 예
('다양한 방법으로!'의 교수·학습안: KEDI의 2002년도 개발 자료, 5학년 1영역 초수5-1-3)

<table>
<tr><td>주제명</td><td colspan="2">다양한 방법으로!</td><td>담당교사</td><td>○ ○ ○</td><td>장소</td><td>○ ○ 실</td></tr>
<tr><td>학습 목표</td><td colspan="6">• 문제를 이해하고 그림이나 표로 나타내어 문제를 해결할 수 있다.
• 문제를 이해하고 규칙을 찾아내어 해결할 수 있다.
• 문제의 조건과 결과를 알고, 결과로부터 거꾸로 생각해 처음의 조건을 구할 수 있다.
• 주어진 문제의 해결 방법이 다양함을 알고, 해결 방법들을 비교해 더 좋은 방법을 찾을 수 있다.</td></tr>
<tr><td rowspan="2">학습 내용</td><td>주활동</td><td colspan="5">• 다양한 방법으로 문제해결하기(1)
• 다양한 방법으로 문제해결하기(2)</td></tr>
<tr><td>심화활동</td><td colspan="5">• 알맞은 방법으로 문제 풀기</td></tr>
<tr><td rowspan="2">준비물</td><td>교사용</td><td colspan="5">• 실물화상기</td></tr>
<tr><td>학생용</td><td colspan="5">• 필기도구, 색연필</td></tr>
<tr><td>학습 단계</td><td colspan="3">교수·학습 활동</td><td>시간 (160분)</td><td colspan="2">유의점</td></tr>
<tr><td>도입</td><td colspan="3">• 전체 주제에 대한 활동 소개 및 학습 방법을 안내하고 동기를 갖게 한다.
• 활동 내용에 따른 학습 목표를 안내한다.</td><td>5분</td><td colspan="2"></td></tr>
<tr><td>본활동</td><td colspan="3">• 다양한 문제해결전략에 대해 소개를 한다.
• 그림이나 표를 만들어 해결하기 전략을 이용해 문제를 해결해본다.
• 예상하고 확인하기 전략으로 문제를 해결해본다.
• 규칙을 찾아내어 문제를 해결해본다.
• 단순화해 문제를 해결해본다.
• 확인활동 문제를 해결해본다.
• 주어진 문제의 해결 방법이 다양함을 알고, 친구들과 해결 방법들을 비교해 더 좋은 방법을 찾아본다.</td><td>140분</td><td colspan="2">• 학생들의 생각을 다양하게 발표하게 함으로써 여러 가지 생각을 공유할 수 있도록 한다.</td></tr>
<tr><td>정리</td><td colspan="3">• 심화활동을 다양한 방법으로 해결해 본다.</td><td>15분</td><td colspan="2">• 심화활동을 해결하는데 어려움을 느끼는 학생은 짝끼리 활동하게 한다.</td></tr>
</table>

2) 수학 탐구형 프로그램

- 교과 내용과 연계된 과제에 대해서 귀납적 또는 연역적 탐구활동을 통해 학생이 주체가 되어 학생 스스로 수학적 개념과 원리·법칙 등을 일반화할 수 있는 기회를 제공한다.
- 기존의 문제해결 접근 방법과 달리 학생들의 독창적인 탐구활동을 통해 새로운 문제해결 전략의 일반화 및 수학적 원리와 법칙의 창안과 확장에 초점을 둔다.
- 학교 교육과정과 직접적으로 관련을 맺지는 않더라도 해당 연령의 학생들이 호기심을 가지고 재미있게 배우고, 탐구적 활동, 창의적 사고 활동을 할 수 있는 기회의 제공한다.
- 학생들이 일상생활에서 경험하고 생각할 수 있는 재미있는 수학적 사고와 관련된 주제를 선정하여 내용 및 활동을 구성한다.
- 지신이나 개념, 원리를 배우는 자체로 그치지 않고, 이로부터 새로운 것을 생각하거나 고안하여 발표하고 토론하는 활동을 수행한다.

〈표 6-2〉 수학 탐구형 프로그램의 예
('기하판이 마술을 부려요!'의 교수·학습안: KEDI의 2002년도 개발 자료, 5학년 2영역 초수5-2-1)

주제명	기하판이 마술을 부려요!	담당교사	○ ○ ○	장소	○ ○ 실
학습 목표	• 기하판에 여러 가지 삼각형과 사각형을 구성할 수 있다. • 도형의 크기를 늘리면 둘레와 넓이가 어떻게 변화하는지 그 관계를 탐구할 수 있다. • 기하판에 다각형을 만들고, 변에 있는 못의 수와 내부에 있는 못의 수 사이의 관계를 탐구하여 도형의 넓이를 구할 수 있다.				
학습 내용	주활동	• 5×5기하판 위에 여러 가지 삼각형, 사각형을 구성하는 활동하기 • 기하판 위의 도형의 둘레와 넓이의 관계 탐구하기 • 기하판 위의 도형의 넓이 공식 탐구하기			
	심화활동	• 기하판 위의 구멍이 있는 도형의 넓이 구하기			
준비물	교사용	• 기하판, 고무줄			
학습 단계					
도입					
본활동					
정리					

3) 과제 해결형 프로그램

- 학생 개개인이 갖고 있는 기존의 범교과적인 모든 지식과 도구를 활용하여 비교적 장기간에 걸쳐서 실생활과 관련된 독립된 문제를 해결하는 과정에서 보다 고차적인 수학적 사고력과 창의적인 아이디어를 개발·신장시키는 데 초점을 둔다.
- 단순히 수학적 지식에 국한되는 것이 아닌 개인이 갖고 있는 범교과적 지식을 연결·통합하여 주어진 문제를 해결하는 과정에서 타고난 수학적 재능을 최대한 발휘할 수 있는 기회와 환경을 제공한다.
- 개인 또는 집단으로 활동할 수 있고, 창의적 산출물을 만드는 활동을 수행한다.

〈표 6-3〉 과제 해결형 프로그램의 예
('자료를 말해요!'의 교수·학습안: KEDI의 2004년 개발 자료, 초등수학 중급)

<table>
<tr><td>주제명</td><td colspan="2">자료를 말해요!</td><td>담당교사</td><td>○ ○ ○</td><td>장소</td><td>○ ○ 실</td></tr>
<tr><td>학습
목표</td><td colspan="6">• 자료 분석과 추론에 근거하여 수학적으로 의사소통하고 표현하는 태도를 갖게 한다.
• 자료를 수집하는 방법과 필요성을 알고 자료수집 과정을 설계할 수 있다.
• 자료를 수집하고 체계적으로 정리하여 표와 그래프로 표현할 수 있다.
• 주어진 자료를 분류기준에 따라 분석하고 그 결과에 근거하여 추론, 예측하며 합리적인 주장을 할 수 있다.
• 평균개념을 이해하고 문제 상황에 적절하게 사용할 수 있다.
• 합리적인 의사결정의 근거로 이용되는 통계자료와 그 표현방법을 이해하고 음미할 수 있다.</td></tr>
<tr><td rowspan="2">학습
내용</td><td>주활동</td><td colspan="5">• 생활 속 통계자료 찾고, 분석, 예측 경험하기
• 통계 조사 과정 알고, 조별 탐구주제 정하기
• 자료의 대푯값 알고, 자료 수집 방법 알기
• 자료 해석하고, 분석 방법 알아보며, 보고서 작성하고 발표하기</td></tr>
<tr><td>심화활동</td><td colspan="5">• 분류기준 세워 우승반 가려내기</td></tr>
<tr><td rowspan="2">준비물</td><td>교사용</td><td colspan="5">• 컴퓨터실(인터넷 가능한 교실)</td></tr>
<tr><td>학생용</td><td colspan="5">• 필기도구, 활동지, 생활 속에서 찾은 통계 자료, 백과사전</td></tr>
<tr><td>전개
단계</td><td>활동명</td><td colspan="2">주요 수업활동</td><td>주요수업
형태</td><td>탐구단계</td><td>예상
시간</td></tr>
<tr><td>1단계
계획
수립
하기</td><td>생활
속의
통계
자료!</td><td colspan="2">• 단원소개
• 생활 속 통계자료 보며 분석, 예측 경험하기
• 생활 속 통계자료 찾기</td><td>• 교사강의
• 모둠활동
• 전체토론</td><td></td><td>80분</td></tr>
</table>

<table>
<tr><td rowspan="6">2단계
지식
및
기능
습득
하기</td><td rowspan="2">자료를
모아요!</td><td>• 통계 조사 과정 알기
• 통계 처리 과정에 따른 주제별 처리 내용 및 방법 토의하기</td><td>• 교사강의
• 모둠활동
• 전체토론</td><td></td><td>60분</td></tr>
<tr><td>• 조별 탐구 주제 선정하기</td><td>• 모둠활동</td><td>연구진행에 대한 안내 및 계획 세우기</td><td>20분</td></tr>
<tr><td rowspan="2">자료의
대표는?</td><td>• 운동경기 채점 방식의 조사를 통해 여러 가지 대푯값 알기
• 대푯값으로서의 평균의 타당성 검토하기</td><td>• 개인실습
• 개별피드백
• 모둠활동
• 전체토론</td><td></td><td>60분</td></tr>
<tr><td>• 주제에 따른 자료 수집 방법 토의하기</td><td>• 모둠활동</td><td>자료 수집</td><td>20분</td></tr>
<tr><td rowspan="2">자료를
말해요!</td><td>• 통계처리 방식에 따른 자료 해석하기
- 우승반 가려내기
- 경기 성적 판단하기</td><td>• 개인실습
• 개별피드백
• 모둠활동
• 전체토론</td><td></td><td>60분</td></tr>
<tr><td>• 자료 분석 방법 토의하기</td><td>• 모둠활동</td><td>자료 분석</td><td>20분</td></tr>
<tr><td rowspan="2">3단계
수행
하기/
발표
및
평가</td><td rowspan="2">우리가
말하는
자료!</td><td>• 보고서 작성하기</td><td>• 모둠활동</td><td>최종 마무리</td><td>80분</td></tr>
<tr><td>• 산출물 발표 및 평가</td><td>• 모둠활동</td><td>연구 결과 발표 및 평가</td><td>80분</td></tr>
<tr><td>평가
내용</td><td colspan="2">• 자료별 조사 방법의 타당성 평가
• 과제 수행 능력 평가
• 과제 수행에 따른 자기평가 및 동료평가
• 산출물 평가(교사에 의한 평가, 동료평가)
• 학생설문지(교수활동 및 프로그램 평가)
• 교사설문지(프로그램 평가)</td><td>평가
방법</td><td colspan="2">• 지필 고사
• 관찰 및 면담
• 체크리스트
• 체크리스트 및 서술평가
• 체크리스트 및 서술평가
• 체크리스트 및 서술평가</td></tr>
</table>

6.2 프로그램 개발의 절차

6.2.1 수학영재 프로그램 개발 절차

프로그램의 개발은 장·단기적인 계획에 따라 기본적인 원리, 수업 기법, 영재의 특성, 심화, 속진, 전체 수업 시수 등을 고려하여 체계적으로 설계하여 구안할 필요가 있다. 프로그램을 개발하기 위해서는 프로그램의 성격과 목표를 분명히 하고, 단계별(또는 과정별) 내용 체계표나 지도 계획을 미리 작성하여 구체적인 프로그램을 개발하는 것이 좋을 것이다. 또한 프로그램을 운영한 다음에는 학생이나 담임, 강사 등의 프로그램 평가를 통해 수정, 보완, 확장할 필요가 있다.

일반적으로 영재 교수·학습 프로그램을 개발하기 위해서는 다음과 같은 절차를 생각할 수 있다.

영재학생의 특성 파악(선발과정 분석)
⬇
영재 교수/학습모형 분석 및 개발
⬇
영재 교수/학습자료의 집필 지침 개발
(성격과 목표, 과정별 내용 체계, 편집 양식 등)
⬇
영재 교수/학습자료 집필자 회의
⬇
영재 교수/학습자료의 개발
⬇
개발된 자료의 수정 및 검토
(집필진 협의, 전문가 자문, 세미나 등)
⬇
현장 적용 및 평가
⬇
현장 적용 결과에 따른 수정, 보완
⬇
영재 교수/학습자료의 최종 검토
⬇
영재 교수/학습자료의 최종 개발 완료

[그림 6-1] 수학영재 프로그램 개발 절차

한편, 최종현(2004)은 수학영재 교수·학습자료 개발의 절차를 다음과 같이 제안하고 있다.

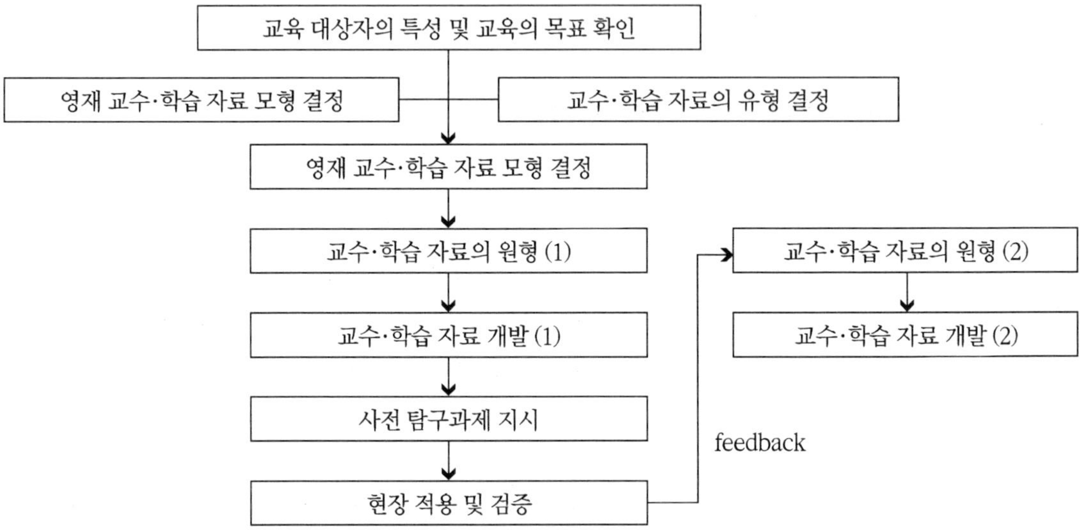

[그림 6-2] 수학영재 교수·학습자료 개발의 절차 모형

1 교육 대상자의 특성 및 교육의 목표 확인

수학영재의 지적, 정의적 특성과 그들 수준에 맞는 학습목표를 분명히 한다.

2 소재 및 주제 발굴

수학영재 프로그램에 적합한 소재 및 주제의 유형은 다음과 같다.

1) 내용면

(1) 수학적 수준이 높은 주제
(2) 수학 내용을 응용하는 주제
(3) 순수 수학 이론의 발달 과정과 앞으로의 방향을 반영하는 주제
(4) 수학적 사실의 본질을 설명할 수 있는 주제
(5) 추상화된 수학 내용의 내적 관련성을 제시해줄 주제

2) 방법면

(1) 실생활 상황과 관련된 새로운 탐구 기회를 제공해 주는 주제
(2) 다양한 사고 활동을 개발하는 주제
 - 다양한 탐구, 새로운 문제의 설정 기초 제공
(3) 수학적 사고 활동의 습관을 계발하도록 돕는 주제
 - 풍부한 주제 중심 탐구 활동
 - 많은 노력과 시간 통한 수학적 활동 제공

수학영재에게 적합한 주제를 선정하기 위해서는 정규교육과정과 영재교육과정을 비교하면서 학년 수준을 고려하여 창의성 요소, 프로그램 유형, 학습내용 성격, 수업전략(학습 형태, 교수 방법 등), 평가 방법 등을 고려해야 한다. 이를 위해 다음과 같은 기본 틀을 활용하면 도움이 된다.

〈표 6-4〉 주제 선정을 위한 기본 틀

<table>
<tr><td>관 련</td><td colspan="2">영재교육과정</td><td colspan="2"></td><td>정규교육과정</td><td colspan="2"></td></tr>
<tr><td>주제명</td><td colspan="7"></td></tr>
<tr><td>활동명</td><td colspan="7"></td></tr>
<tr><td>학 습
목 표</td><td colspan="7"></td></tr>
<tr><td>창의성
요 소</td><td colspan="7">□ 민감성 □ 유창성 □ 융통성 □ 독창성 □ 정교성</td></tr>
<tr><td>유 형
구 조</td><td colspan="2">프로그램 유형</td><td>학습내용성격</td><td colspan="2">수 업 전 략</td><td colspan="2">평 가 방 법</td></tr>
<tr><td rowspan="3">유형
요소
설계</td><td rowspan="2">교육
과정</td><td rowspan="2">□심화
□속진</td><td rowspan="3">□수행 과제 안내 탐색
□수학적 개념·원리 이해
□수학적 문제해결
□종합적 연구 활동
□발표 및 전시회</td><td>학습
형태</td><td>□개별학습구조
□협동학습구조
□경쟁학습구조</td><td rowspan="2">평가
주체</td><td rowspan="2">□교사
□동료
□학습자</td></tr>
<tr><td>학습
활동
유형</td><td>□지필활동
□실험활동
□탐구활동
□놀이활동
□기타</td></tr>
<tr><td>학습
내용</td><td>□문제해결형
□주제탐구형
□과제개발형</td><td>교수
방법</td><td>□의미충실한 설명식 교수방법
□발문을 활용한 교수방법
□학생중심의 토의방법
□안내된 재발명의 방법
□증명과 반박의 방법
□창의적문제해결</td><td>평가
도구</td><td>□일화기록
□체크리스트
□과정산출물
□포트폴리오
□수학일지</td></tr>
<tr><td>주요
내용
및
활동</td><td colspan="7"></td></tr>
</table>

③ 수학 교수·학습자료의 유형 결정

최종현(2004)과 송상헌(2012)은 교수·학습자료의 유형을 다음과 같이 나누었는데 어떤 것을 선택할 것인지는 내용과 방법, 학생 수준, 교사중심인지 학생중심인지를 잘 고려하여 판단해야 한다.

1) 운영의 관점: 교육과정의 기본틀을 결정하는 시스템과 연간계획서
   - 교육과정과의 관련에 따라 속진(acceleration)형과 심화(enrichment)형
2) 방법의 관점: 수학 학습 형태와 그 자료의 성격에 따라 문제해결형(problem solving), 주제 탐구(exploring Topics)형, 과제개발(project)형, 연구-교육(research & education)형
3) 내용면: 중심 아이디어에 따라 문제중심(problem-based)형, 주제중심(topic-based)형, 과제중심(project-based)형, 연구중심(research-based)형

〈표 6-5〉 수학영재 교수·학습자료의 유형

자료 유형		←기초과정 심화과정 →		특징
방법면	내용면			
문제해결형 (problem Solving)	문제 중심형 (problem-based)	문제해결	문제만들기	기존의 문제풀이 전략 습득을 넘어 학생들이 직접 문제를 만들고 평가함
주제 탐구형 (exploring Topics)	주제 중심형 (topic-based)	주제학습	주제탐구	주제별 학습을 넘어 자기주도적으로 깊이있는 내용을 탐구함.(단일 주제 심화형, 다 주제 통합형으로도 구분)
과제 개발형 (project)	과제 중심형 (project-based)	과제수행	자기주도적 프로젝트	예상하는 답을 향해 주어진 과제를 수행해 나가도록 요구하는 수준을 넘어 창의적인 산출물을 생산해냄
연구-교육형 (research & education)	연구 중심형 (research-based)	안내된 (재)발명	창의적 개별연구	지도교사의 조언을 바탕으로 전문가 수준의 연구/개발, 보고서, 논문 작성을 요구함

④ 영재 교수·학습자료 모형

영재 교수·학습자료 모형에는 보통 Renzulli의 3부심화학습모형, Parnes의 창의적 문제해결(Creative Problem Solving: CPS) 모형, 문제중심학습(PBL) 모형, KEDI의 영재교수·학습자료 모형, STEAM 교수·학습모형 등을 생각할 수 있다. 여기서는 가장 많이 활용하고 있는 KEDI의 영재교수·학습자료 모형에 대해 간단히 소개한다.

KEDI의 영재교수·학습자료 모형은 앞의 세 가지 모형을 참고하여 학생들이 능동적으로 참여하고 활동 및 과정 중심적이며, 상호작용 및 토론을 강화하기 위한 것으로 다음과 같다(조석희 외, 2004).

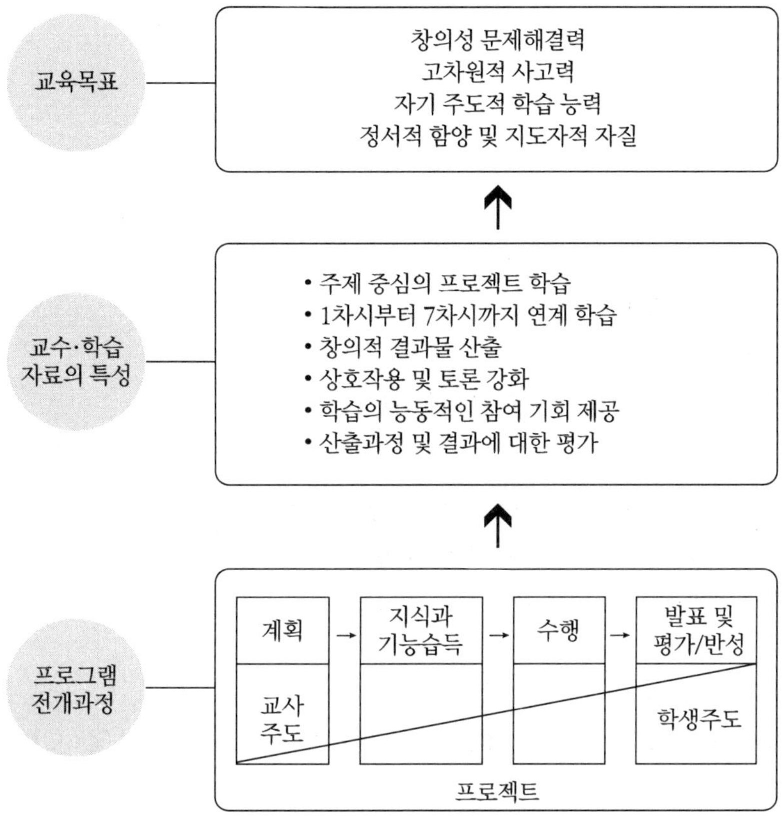

[그림 6-3] KEDI의 영재 교수·학습자료의 모형

KEDI의 영재 교수·학습자료의 모형의 예시는 앞의 〈표 6-3〉을 참고하기 바란다.

5 교수·학습자료의 원형 개발

교수·학습자료의 원형은 프로그램을 개발하기 위한 기초가 되는 것으로 이것을 바탕으로 프로그램을 개발하게 된다. 원형 속에 포함되는 내용은 다음과 같다.

1) 교육의 목표
2) 주제
3) 대상

4) 교수·학습자료의 유형
5) 개요
6) 학습 목표
7) 교수·학습 설계: 주요 학습 개념, 학습 내용, 주요 기능, 산출물
8) 평가 계획
9) 학습 활동의 전개 절차
10) 참고 문헌

6 교수·학습자료용 개발

1) 학생용 프로그램
[도입] 주제, 활동안내, 학습목표, 준비물
[본활동] 활동 1, 활동 2, …
[후속활동] 심화활동, 참고자료(읽을거리)

2) 교사용 자료
[수업을 위한 준비 활동] 주제명, 주제 설정의 취지, 관련교육과정, 학습목표, 주요 학습 개념, 주요 기능, 준비물, 활동 전개 계획
[수업 활동] 활동 과정안(본활동, 심화활동), 보충 지도 자료

7 사전 탐구 과제 제시

개발된 교수·학습자료 중 필요한 부분은 사전 탐구 과제로 제시할 수 있다. 원격 과제로 활용하기도 한다.

8 현장 적용 및 검증

사전 탐구 과제를 통하여 학습한 학생들을 대상으로 현장에서 수업이 이루어짐으로써 개발자의 생각을 수학적 의사소통을 통하여 교류하여 프로그램의 타당성을 검증하고 더 발전시키는 활동이다. 검증을 할 때는 다음 장에서 다루는 프로그램 평가 틀이나 부록의 프로그램 수정 틀(송상헌, 2012)을 바탕으로 타당성을 살펴보아야 한다.

9 자료의 수정 및 보완

개발된 자료를 실제 수업에 투입하여 타당성을 평가한 후에는 문제점이나 내용의 가감을 통해 수정, 보완해야 한다. 특히 학생들의 수준이나 산출물의 기대치를 중점적으로 볼 필요

가 있다. 이러한 과정은 교육목표가 달성될 때까지 하는 것이 원칙이다.

지금까지 수학영재를 위한 프로그램은 한국교육개발원과 한국과학창의재단, 각 시도별 교육청에서 다양하게 개발하여 활용하고 있다. [부록 1]~[부록 3]에 수학영재 프로그램 목록의 일부를 소개하였다.

프로그램의 개발 양식도 다양할 수 있으나 여기서는 STEAM 모형에 따라 개발된 프로그램의 예시를 [부록 4]에 제시하였다.

경상북도교육청(2012)에서는 4, 5, 6학년의 초등수학 영재교육과정을 개발하여 일선 학교에서 프로그램을 개발할 때 참고하도록 하였다. 초등수학 영재교육과정의 영역별 내용 체계는 [부록 5]에 제시하였다.

참고문헌

경상북도교육청(2012). 초등수학영재 교육과정의 이론과 실제.

고영육(2013). 수학기반 융합인재교육(STEAM) 프로그램 구안 및 적용. 경인교육대학교 교육전문대학원 석사학위논문.

구자억·김홍원·조석희·서혜애·장영숙(1999). 수학과 영재교육과정 시안. 서울: 한국교육개발원.

남승인(2006). 수학영재학습 프로그램 개발. 제7기 영재교육 교원 기초연수. 서울: 한국교육개발원.

백윤수·박현주·김영민·노석구·박종윤·이주연·정진수·최유현·한혜숙(2011). 우리나라 STEAM 교육의 방향. 학습자중심교과교육연구, 11(4), 149-171. 학습자중심교과교육학회.

송상헌(2012). 수학영재 프로그램의 재구성. 2012학년도 대구 초등수학영재지도교사(심화과정) 직무연수 교재. 대구교육대학교 부설 교육연수원.

우동하(2004). 영재 어린이의 이해와 교육. 서울: 학문사.

조석희 외(2004). 영재교육 업무 운영 편람(KEDI 연구자료 RM2004-63). 교육개발원.

최종현(2005). 주제 탐구형 수학영재 교수·학습자료 개발에 관한 연구. 석사학위논문. 경인교육대학교.

Karnes, F. A., & Bean, S. M. (2001). *Methods and materials for teaching the gifted.* Prufrock Press Inc. 이화국·김언주·문정화 옮김(2003). 영재교육의 방법과 자료. 대교.

Renzulli, J. S. (1977). *Enrichment triad model: A guide for developing defensible programs for the gifted and talented.* Mansfield Center, CT: Creative Learning Press.

Rogers, K. B. (2002). *Re-Forming gifted education: Matching the program to child.* Scottsdale, AZ: Great Potential Press, Inc.

Treffinger, D. J. (1986). Fostering effective, independent learning through individualized programming. In J. S. Renzulli (Ed.), *Systems and models for developing programs for the gifted and talented* (p. 429-460). Mansfield Center, CT: Creative Learning Press.

[부록 1] 3~6학년 영재학급용 프로그램 목록 (대구광역시교육청, 2010)

1) 3학년

1.더할까? 뺄까? • 앞뒤가 바뀐 뺄셈 • 연속된 자연수들의 합 • 필요한 카드만 쏙! 쏙! 2.나만의 무늬 꾸미기 • 무늬에서 규칙 찾기 • 단위 무늬 만드는 법 탐구하기 • 나만의 무늬 꾸미기 3. 새로운 도형 만들기 • 기하판에서의 도형이동 • 도형 붙이기 I • 도형 붙이기 II 4. 숨은 도형 찾기 • 칠교판에 숨은 직각 찾기 • 숨은 도형 찾기 I • 숨은 도형 찾기 II 5. 칠교놀이에 풍덩! • 칠교 조각의 성질 탐구 • 도형 만들기 • 숫자 만들기 6. 패턴블록으로 만들어진 수학나라 • 패턴블록 탐구하기 • 패턴블록으로 도형 만들기 • 규칙 찾기 7. 똑같이 나누기 • 분수로 나타내기 (1) • 분수로 나타내기 (2) • 똑같이 나누기 8. 길이 구하기 • 역사적으로 사용된 길이의 단위 • 단명수와 복명수를 이용한 덧셈과 뺄셈 • 길이 단위사이 관계파악 9. 길이 사이에 어떤 관계가? • 사물의 길이 어림하기 • 도형에서 길이관계 파악하기 • 복사용지의 비 찾기 10. 신나는 시간 여행 • 시간 어림하기 • 시차 구하기 • 디지털시계의 시각 찾기	11.게임 속의 규칙 찾기 • 게임속의 규칙을 표를 이용하여 찾기 • 예상과 확인의 방법으로 해결하기 • 다양한 해결방법으로 문제해결하기 12.재미있는 계산식 만들기 • 덧셈식, 뺄셈식 만들기 • 곱셈식 만들기 • 숨겨진 수 찾기 13.다양한 문양 만들기 • 원의 구성요소 • 원 그리기 • 원으로 여러 가지 문양 만들기 14. 나는야 연산 마법사 • 새로운 연산 기호 (1) • 새로운 연산 기호 (2) • 새로운 연산 기호 (3) 15. 곱할까? 나눌까? • 미로에 빠진 곱셈 • 뒤죽박죽 곱셈과 나눗셈 • 곱셈구구를 그려보자 16. 그릇 만들기 • 부피 및 들이의 여러 가지 단위 알아보기 • 부피와 들이의 차이알기 • 그릇 만들기 17. 우리 생활과 무게 • 무게에 대해 탐구해보기 • 추로 무게 재기(1) • 추로 무게 재기(2) 18. 나도 통계 분석가! • 표와 그래프 탐구하기 • 자료 수집과 그래프 그리기 • 통계를 이용해 문제해결하기 19. 어떤 규칙일까(1) • 수 배열 규칙 찾기 • 수 배열 규칙 계산하기 • 수 배열 규칙 만들어 해결하기 20. 어떤 규칙일까(2) • 100수표 규칙 찾기 • 곱셈표 규칙 찾기 • 100수표와 곱셈표 규칙 찾아보기

2) 4학년

1.더할까? 뺄까? • 수의 자리에 의한 크기비교 • 자릿수 바꾸기 • 거울수 알아보기 2.홀수와 짝수의 세계 • 홀수와 짝수 알아보기 • 홀수와 짝수 계산하기 • 홀수와 짝수의 성질을 이용한 문제해결하기 3.도미노 알아보기 • 도미노의 원리 알아보기 • 도미노 식 만들기 • 도미노 방진 해결하기 4.삼각형 나라 이야기 • 여러 가지 삼각형 • 성냥개비 삼각형 • 뢸로 삼각형 5. Logo 프로그램으로 도형그리기 • logo 프로그램 알기 • 여러 가지 도형 그리기 • 재미있는 그림 그리기 6. 바둑돌 게임 • 바둑돌 배열하기 • 바둑돌 자리 바꾸기 • 검은 돌 옆에 흰 돌 놓기 7.식 만들기 • 사칙연산을 이용하여 식 만들기 • 매직믹서를 이용한 식 만들기 • 계산식 완성하기 8. 여러 가지 수 알아보기 • 모양수 알아보기 • 여러 가지 모양수 관계 알아보기 • 파스칼 삼각형 알아보기 9. 다양한 수 탐구 • 다양한 수의 규칙 찾기 • 다양한 도형수의 규칙 찾기 • 자신만의 규칙 만들기 10. 다음 모양 찾기 • 변하는 규칙 찾기 • 행과 열 바꾸기 • 조건에 따른 알맞은 모양 바꾸기	11.나눠먹어요 • 분수의 이해 • 피자 나누어 먹기 • 단위 분수의 합으로 나타내기 12.알쏭달쏭 논리 여행 • 전체와 부분에 관한 논리 여행 • 포함에 관한 논리 여행 • 논리로 그림 완성하기 13. 점과 선, 도형 속의 규칙성 탐구 • 선의 개수 알아보기 • 선의 개수와 교점의 개수 사이의 관계 알아보기 • 성냥개비의 개수 알아보기 14. 사각형 나라 이야기 • 여러 가지 사각형 • 성냥개비 사각형 • 달팽이의 우아한 곡선 15. 점판으로 평면도형 알기 • 도형 찾기 • 도형 나누기 • 넓이 구하기 16. 종이로 도형 만들기 • 도형 만들기 • 넓이가 다른 도형 만들기 • 정다각형 만들기 17. 종이로 만드는 다각형 • 종이접기로 정다각형 만들기 • 자르고 붙이고 (1) • 자르고 붙이고 (2) 18. 수의 범위는 어떻게 할까? • 수직선으로 수의 범위 나타내기 • 숨겨진 수 찾기 • 수의 범위로 그림그리기 19. 나는 예언가! • 꺾은선 그래프 • 뭐가 틀렸지? • 나는 예언가! 20. 수평저울 • 수평 저울 (1) • 수평 저울 (2) • 수평 저울 (3)

3) 5학년

1.네모로직 • 네모로직이란? • 네모로직을 쉽게 해결하자! • 도전! 네모로직 2.나는야 배수 판정가 • 끝자리 숫자로 배수 판정하기 • 각 자리 숫자의 합으로 배수 판정하기 • 숫자 카드로 배수 만들기 3. 피타고라스학파 되기 • 소수 알아보기 • 완전수 알아보기 • 친구수와 부부수 알아보기 4.벽지 디자이너 • 도형 움직이기 알아보기 • 가능한 모양 추측하기 • 규칙적으로 무늬 만들기 5. 정다각형 나라 탈출기 • 정테셀레이션 만들기 • 준정테셀레이션 만들기 • 반정테셀레이션 만들기 6. 직육면체의 비밀(1) • 직육면체 알아보기 • 4색 정육면체 퍼즐 • 정육면체의 단면 7. 직육면체의 비밀(2) • 정육면체로 배열하기 • 전개도 찾기 • 짧은 길 찾기 8. 누구의 땅이 더 넓을까 • 도형 덮기 • 넓이가 같을까? • 누구의 땅이 더 넓을까? 9. 둘레와 넓이는 어떤 사이일까? • 칠교판 속 둘레와 넓이 • 펜토미노 속 둘레와 넓이 • 둘레와 넓이 사이의 관계 10. 모빌의 평형 만들기 • 지레의 원리 • 모빌의 평형 원리 알아보기 • 모빌의 평형 문제해결하기	11. 알쏭달쏭 숫자퍼즐 • 숫자 넣기 • 스도쿠 World • 나만의 숫자 퍼즐 만들기 12. 도형의 합동 1 • 합동이란 • 패턴블록을 활용한 합동인 도형 만들기 • 합동인 도형으로 퍼즐 만들기 13. 도형의 합동 2 • 모자이크 퍼즐 놀이 • 작도란? • 합동인 삼각형 작도하기 14. 신기한 수 소수 계산 • 소수점은 어디로 갈까? • 가장 큰 소수와 가장 작은 소수 • 소수 해결 박사 15. 얼마쯤 될까 • 어림하기 • 어림은 어떻게 하나요? • 어림은 어디에 쓰이나요? 16. 대칭도형의 세계로 1 • 대칭도형 탐구하기 • 대칭도형 만들기 • 대칭도형 완성하기 17. 대칭도형의 시계로 2 • 대칭도형 탐구하기 • 대칭도형 만들기 • 대칭도형 완성하기 18. 대한민국 관광책자 1 • 어린이 통계 동산 탐구하기 • 대한민국 계획서 구상하기 • 대한민국 계획서 만들기 19. 대한민국 관광책자 2 • 보고서 작성하기 • 보고서 발표하기 • 통계경진대회 문제해결하기 20. 방법 따져보기 • 방법 알아보기 (1) • 방법 알아보기 (2) • 문제해결하기

4) 6학년

1. 분수와 소수가 만났을 때 • 이집트인들이 만든 분수 • 분수가 낳은 소수 • 이상한 분수 규칙 2. 소마큐브를 활용한 입체퍼즐 탐구 • 소마큐브 조각 탐구하기 • 3x3x3 소마큐브 퍼즐 만들기 • 여러 가지 입체도형 만들기 3. 여러 방향에서 보자 • 여러 방향에서 보자 • 없어져도 몰라요! • 모두 같은 모양 4. 입체도형의 겉넓이와 부피 • 직육면체와 각기둥의 부피 • 원기둥의 겉넓이와 부피 • 회전체의 겉넓이와 부피 5. 대구 탐방 계획 세우기 • 그림을 점과 선으로 나타내기 • 오일러 순환길과 해밀턴 순환길 • 대구 탐방 계획 세우기 6. 논리회로 실험장치 꾸미기1 • 논리 이해하기 • 논리 활용하기 • 논리회로 탐구하기 7. 논리회로 실험장치 꾸미기2 • 브레드보드 알기 • 브레드보드 작동하기 • 제로게임 회로 만들기 8. 나머지가 같은 수 • 달력에서 나머지가 같은 수 찾기 • 시계에서 나머지가 같은 수 찾기 • 암호 풀기 9. 수의 규칙을 찾아라 • 디피란? • 디피의 성질 탐구 • 가장 긴 디피 만들기 10. 바코드 만들기 • 매직카드의 비밀은? • 천공카드의 원리를 찾아라. • 우편번호 바코드 만들기	11. 오일러의 비밀 • 여러 가지 각기둥 • 여러 가지 각뿔 • 오일러의 비밀 12. 수막새 탐구하기 • 원 속에서 관계 찾기 • 현을 이용한 원의 중심 찾기 • 깨진 수막새 복원하기 13. 쏙쏙 부피 세상 속으로 • 사각기둥 부피 구하기 • 원기둥 부피 구하기 • 부피 사이의 관계 알기 14. 괄호, 너는 누구냐 • 괄호의 순서, 위치는 어디에? • 괄호로 자연수 만들기 • 새로운 괄호의 뜻 알아보기 15. 분수와 소수2 • 이야기 속 분수 • 서로 짝인 분수 • 나만의 분수 문제 16. 몇 가지일까? • 경우의 수 • 리그전 VS 토너먼트전과 길 찾기 • 여러 가지 경우의 수 17. 확률 보고서 • 확률과 비율그래프 • 로또의 확률 • 확률보고서 18. 종이 당구의 비밀 • 종이당구 배우기 • 어떤 규칙이 숨어있을까? • 몇 개나 지났을까? 19. 논리야 놀자 • 논리적인 모순 찾기 • 비밀을 찾아 문제해결하기 • '알쏭달쏭' 문제 만들기 20. 도형의 규칙을 찾아라 • 어떻게 바뀔까? • 빈 곳을 채우자. • 발상의 전환

[부록 2] 중등수학 프로그램 목록
(대구광역시교육청, 2010)

1) 중학교 기초반 대상

분야	소주제(각 3시간)	내 용
일반	수학사	• 고대수학과 현대수학
	GSP1	• GSP사용의 기초
	GSP2	• GSP를 사용한 문제해결
	수학과 논리	• 논리와 증명
기하학	여러 가지 작도	• 여러 가지 작도를 직접 해보는 단원
	작도 가능한 각	• 자연수의 범위에서 작도 가능한 각을 찾는 단원
	다면체	• 오일러 공식을 이용하여 다면체의 면, 모서리, 꼭짓점의 개수를 찾고, 그 다면체를 만들어 보는 단원
대수학	정수론의 기초	• 나머지 계산과 문제해결
	연산	• 새로운 연산에 따른 문제해결
조합론	헤아리기의 기초1	• 헤아리는 방법(합의 법칙과 곱의 법칙)
	헤아리기의 기초2	• 순열과 조합을 이용한 헤아리기
정보	고전 암호	• 여러 가지 암호와 암호속의 수학
	기초부호이론	• 생활 속의 부호·바코드를 중심으로
확률	확률과 기댓값 1	• 확률과 기댓값의 정의와 성질
	확률과 기댓값 2	• 기댓값을 이용한 문제해결

2) 중학교 고급반 대상

분야	소주제(각 3시간)	내 용
기하학	공간작도1	• 몇 가지의 약속을 정하여 공간상에서 작도를 정의하고, 공간상에서 도형을 작도해보기
	공간작도2	• 삼각형의 외심, 내심을 공간으로 확장하여 사면체에서 외심, 내심을 찾아보는 단원
	사면체의 외심, 내심1	• 오일러의 작은 정리
	사면체의 외심, 내심2	• 연분수와 펠의 방정식
대수학	정수론	• 오일러의 작은 정리
	연분수와 펠의 방정식	• 연분수와 펠의 방정식
	행렬과 행렬표현	• 행렬을 이용한 표현과 문제해결
조합론	헤아리기 고급	• 포함배제의 원리
	그래프	• 그래프의 표현과 문제해결
정보	공개키 암호1	• 함수와 역함수를 이용한 공개키 암호
	공개키 암호 2	• 정수론을 이용한 공개키 암호
	공개키 암호 3	• 이진수열의 부호론 이해
게임 이론	게임이론 1	• 전략형 게임의 이해
	게임이론 2	• 내쉬균형점
일반	고급 GSP	• 아폴로니우스의 문제해결

3) 고등학생 대상

분야	소주제(각 3시간)	내 용
대수	부등식의 다양한 이해와 그 응용	• $n\sum_{i=1}^{n} a_i \le n\sum_{i=1}^{n} a^n$의 초보적인 증명 • 산술평균, 기하평균, 조화평균 • $n\sum_{i=1}^{n} a_i \le n\sum_{i=1}^{n} a^n$의 다양한 증명 • 재배열 부등식과 체비셰프부등식 • Cauchy·Schwartz 부등식, HÖlder 부등식 • 부등식의 확장 • 부등식을 이용한 다양한 문제의 해결 • 볼록(Convexity) 함수와 부등식의 관계
	무리수와 연분수	• 사각형을 정사각형으로 쪼개기(직소 퍼즐) • 유리수를 단순연분수로 나타내기 • 연분수의 패턴 찾기 • 제곱근을 연분수로 나타내기 • 황금분할(Golden Mean)을 연분수로 나타내기 • 은분할(Silver Means)의 성질 알기
해석	삼각함수의 덧셈 정리 탐구	• 삼각비의 정의를 이용하여 사인의 덧셈정리 유도하기 • 삼각형의 넓이를 이용하여 사인의 덧셈정리 유도하기 • 사인법칙을 이용하여 사인의 덧셈정리 유도하기 • 톨레미(ptolemy)정리를 이용하여 사인의 덧셈정리 유도하기 • $\sin\theta + \cos\theta$의 최댓값과 최솟값을 구하기
	다각형의 넓이 구하기	• 주어진 도형의 넓이와 같은 다각형 작도하기 • 삼각형의 두 변의 길이와 그 사이의 끼인각이 주어질 때, 넓이 구하기 • 사인법칙과 코사인 법칙을 이용한 삼각형의 넓이 구하기 • 브라마굽타 정리 증명하기
	삼각함수의 이해	• 일반각의 뜻 알아보기 • 호도법을 알고 일반각을 호도법으로 고치기 • 부채꼴의 호의 길이와 넓이 구하기 • 삼각함수의 뜻 알아보기 • 삼각함수의 부호 조사하기 • 삼각함수 사이의 관계와 성질을 알고 적용하기 • 실생활 속에서의 삼각함수문제 풀기
	수열과 방정식	• 삼각수와 사각수 • 무한등비급수
	수열과 프랙털	• 평면도형의 규칙성 찾기 • 3차원 도형의 규칙성 찾기 • 여러 가지 프랙털 도형 그리기

분야	소주제(각 3시간)	내 용
기하	이차곡선과 공간도형, 공간좌표	• 이차곡선의 정의 알기 • 삼수선, 이면각, 정사영의 뜻 알기 • 공간좌표의 뜻을 알고 공간에서 두 점사이의 거리 구하기 • 원뿔곡선이 이차곡선임을 알고, 증명하기
	평면에서 이차곡선의 정의 변형	• 정의 변형 방법 • 포물선의 정의를 변형한 도형 • 타원의 정의를 변형한 도형 • 쌍곡선의 정의를 변형한 도형
	공간에서 이차곡선의 변형	• 공간에서 이차곡선의 정의 변형하기 • 변형된 정의를 만족하는 곡선의 모양 추측하고 확인하기 • 정의를 변형하여 만든 곡면과 이차곡면을 비교하고, 새로운 변형에 대하여 탐구하기
	택시기하에서의 이차곡선	• 택시를 타고 학교에 가는 거리 • 택시거리, 택시 포물선, 택시 타원, 택시 쌍곡선, 거리공간
이산 수학	경우의 수 순열, 조합	• 경우의 수 • 순열 • 조합
	그래프	• 그래프 이론, 오일러 그래프, 해밀턴 그래프, 프로젝트 구상 및 창의적 산출물 발표
	비둘기집의 원리	• 비둘기집의 원리, 비둘기집의 원리2 • 프로젝트 구상 및 창의적 산출물 발표
	파스칼의 삼각형	• 파스칼의 삼각형의 기초와 성질 • 파스칼의 삼각형을 이용한 문제해결 • 프로젝트 구상 및 창의적 산출물 발표
정수론	패리티	• 서로 번갈아, 짝으로 나누는 일, 홀수와 짝수
	정제와 나머지	• 정렬순서쌍 원리(Well·Ordering Principle) • 나눗셈 정리(The division algorithm) • 나누어떨어짐의 성질
	소수와 소인수분해	• 소수와 관련된 여러 가지 성질 탐구 • 르장드르 공식을 이용한 다양한 문제해결
	합동식	• 합동식의 정의와 관련된 여러 가지 성질 탐색 • 중국인의 나머지 정리를 이용한 다양한 문제해결
	페르마의 정리와 윌슨 정리	• 페르마의 정리와 관련된 여러 가지 성질 탐색 • 윌슨 정리를 이용한 다양한 문제해결
	정수론적 함수	• 정수론적 함수의 정의와 성질 • σ, τ, ϕ 함수의 성질을 이용하여 값 구하기

[부록 3] 영재를 위한 융합인재교육(STEAM) 프로그램(초등)

(한국교육개발원 영재교육 연구센터, 2012)

초등기초		초등심화	
제목	내용	제목	내용
1. 드라이아이스, 무대 위에 오르다	① 무대 위의 연기 ② 무대 위 연기의 정체 ③ 신데렐라의 파티 ④ 신데렐라의 마차 ⑤ 도전! STEAM 활동	1. 뇌가 보여주는 세상, 참 또는 거짓	① 착시야 뇌하고 놀자! ② 뇌가 보여주는 멋진 세상 ③ 뇌 속으로의 탐구여행 ④ 뇌돌이 건망증에서 탈출하라 ⑤ 나는야 미래 안전 디자이너
2. 밸런싱 아티스트	① 다양한 쌓기 ② 무게중심을 찾아라 ③ Moving ④ 나를 보여줘! ⑤ 도전! STEAM 활동	2. Eversphere (에버스피어)	① 하나뿐인 지구와 생물권 조건 ② Bioshere 2 실험실 해부 ③ 탄소와 질소의 순환 ④ 생물 정화 ⑤ Eversphere 제작
3. 거품의 세계로	① 아름다운 거품! ② 거품이 잘 생기는 액체를 찾아라 ③ 거품에 기체를 담아라! ④ 거품모양의 규칙을 찾아라! ⑤ 도전! STEAM 활동	3. 나는 다리건축가	① 만남에는 아름다움이 존재한다 ② 우리나라 전통다리의 원리와 특성 ③ 현대의 다리의 특징과 구조 ④ 나만의 다리를 재료와 원리, 구조를 생각하며 제작하자 ⑤ 미래 교량의 역할
4. 공기의 힘	① 공기의 힘을 느껴 보자! ② 공기의 힘으로 만든 vortex ring ③ 공기의 힘으로 오랜 시간 띄워 보자! ④ 공기의 힘으로 멀리 쏘아 보자! ⑤ 도전! STEAM 활동	4. 요리와 과학의 만남	① 라면속의 비밀 ② 발효음식의 비밀 ③ 새로운 조리법 탐구 ④ 요리의 짝꿍 조리도구 ⑤ 도전! 쿡티스트!
5. 소리가 만드는 예술	① 춤추는 알갱이의 비밀을 찾아라 ② 소리는 떨림이다 ③ 소리의 모습 관찰하기 ④ 소리로 만드는 음악 ⑤ 음향효과의 세계 ⑥ 도전! STEAM 활동	5. 바람아, 학교를 부탁해!	① 바람이 필요해 ② 대류로 통풍을 만들자 ③ 공기의 압력으로 통풍을 만들자 ④ 통풍과 더 친해지기 ⑤ 바람이 들어오는 학교 만들기

[부록 4] 수학중심의 STEAM 프로그램 개발 예시

우리 시(군)의 안경점은 몇 개일까요?

1 주제의 개관

21세기에 들어서면서부터 영재교육뿐만 아니라 모든 교육에 있어서 창의성과 인성은 교육의 가장 중요한 요소로 다루어지고 있다. 그럼에도 불구하고 창의성과 창의성을 기르는 방법은 명확하게 정의되거나 설명되지 않고 있다.

현재 융합교육에 대한 많은 관심과 다년간의 영재교육의 경험들은 창의성과 인지적 능력, 논리성 등의 다양한 인간의 지적 능력들을 분리하여 가르치고 익히려했던 것에 대한 의문을 가지게 하였다. 뿐만 아니라 정의적인 영역에 대한 요소는 고려조차 되지 않은 영재프로그램들을 운영하고, 그와 별도로 리더십과 정의적인 요소들을 교육해야 하는 상황이 벌어지고 있다. 근세 이전에는 인문, 사회, 수학, 과학, 철학, 의학, 음악, 미술 등 거의 모든 분야에 탁월한 능력을 지닌 학자들을 흔히 볼 수 있었다. 융합교육은 우리가 과제를 분석하고 요소로 분리하여 교육하는데 대한 반성에서 시작되었다고 할 수 있다. 영재교육에서도 실생활 속의 다양한 문제현상들을 소재로 종합적인 사고력과 인간미를 함께 계발할 수 있는 대안으로 영재융합교육프로그램을 만들고자 하였다.

"시카고의 피아노 조율사는 몇 명인가?"처럼 본 주제와 유사한 문제들을 제자들에게 가르쳤던 엔리코 페르미의 제자들은 6대에 걸쳐 노벨상을 수상하였다. 서양의 경제와 힘이 동북아로 옮겨오고 있는 시점에서 강국으로 발돋움할 우리의 미래를 짊어져야 할 인재들에게 종합적인 사고력과 현상을 보는 지혜를 기를 수 있는데 작은 도움이 될 수 있기를 바란다.

본 프로그램은 먼저 기본적인 어림하기 방법들을 터득하고, 다양한 상황 속에서 어림하는 경험을 통해 수나 양에 대한 어림하기 감각을 익힌다. 그 후에는 정확한 측정이 불가능하거나 너무 큰 양이나 수로 인해 측정 자체가 안 되는 상황에서 알거나 알 수 있는 자료들로부터 페르미 추정과 같은 방식으로 타당한 가정과 논리적인 어림하기를 통해 어느 정도 유의미한 값을 구한다. 그리고 실제로 비교 가능한 데이터를 찾아 비교함으로써 자신의 어림과정 속에서 오류를 찾아 수정하고, 이를 통해 종합적인 사고력과 전체와 부분에 대한 감각, 그리고 자연적·사회적 현상을 보는 지혜를 얻을 수 있도록 활동을 구성하였다.

2 학습 목표

가. 타당한 근거를 들어 가정하기와 논리적인 어림하기 방법 익히기
나. 알고 있는 또는 알 수 있는 우리 시(군)에 대한 중심자료(key데이터)로 부터 가정과 어림하기
다. 우리 시(군)의 안경점 수를 논리적으로 어림하고 어림과정 정리하기
라. 실제 비교 가능한 자료와 비교 검증하고 반성하기

3 관련 교육과정

과목	학년	주제	개념
국어	6-1	5. 사실과 관점	• 타당한 근거를 들어 가정하고 논리적으로 정리하기
수학	6-2	8. 문제해결 방법 찾기	• 필요한 수량적 정보를 측정하는 방법을 찾기 • 실제상황에서 수량적 정보 측정해보기
실과	6학년	4. 인터넷과 정보	• 인터넷을 이용하여 측정방법 및 수량 측정에 필요한 자료 등 다양한 정보 수집하기
과학	전학년	타당한 가설 및 가정하기	• 논리적인 단계에 맞고 타당한 내용이나 방법으로 가정하기
영재 교육과정	6학년	수와 연산 도형 측정 확률과 통계 규칙성	• 수의 어림 • 기본적인 도형의 길이, 넓이, 부피 • 대략적인 수량적 감각 • 전체적인 흐름에 의한 알고리즘

4 학습 흐름도

1-2차시	➡	3차시		➡	4차시
상황제시 (문제해결 기술 익히기)		창의적 설계			감성적 체험 (마무리하기)
		문제해결전략 구상하기	문제해결 실행하기		
○가정하기와 어림하기 - 간단한 어림순서도 짜기 - 중심자료(Key데이터)를 정하고, 타당한 가정하기와 논리적인 어림하기	➡	○알고 있는 또는 알 수 있는 우리 시(군)에 대한 중심자료(key데이터)로부터 가정과 어림하기	○우리 시(군)의 안경점 수를 논리적으로 어림하고 정리하기	➡	○실제 비교 가능한 데이터와 비교 검증과 반성하기

5 교수 학습 활동 안내

(M A E T S)

※ 학생 수준과 교실상황에 따라 차시 중 '전체' 또는 '필요부분'을 프로젝트로 운영가능

흐름 (steam)	차시 (4)	활동내용(STEAM 요소)	운영방법 및 유의점	프로젝트
상황 제시 (문제 해결 기술 익히기)	1-2	◎가정하기와 어림하기 M E T • 간단한 어림순서도(방법) 짜기 ①1봉지의 쌀알의 개수 ≒1봉지 부피÷쌀알 1톨의 부피 ②1봉지의 부피 구하기 ③쌀알 1톨의 부피 구하기 ④위에서 구한 자료로 다양한 조건을 고려하여 어림하기 • 어림하기 위해 필요한 정보와 기준(활동예)1봉지(1되,1L)의 쌀알의 개수 어림하기 - 1봉지의 부피, 비교 가능한 물체의 부피, 소주잔의 쌀알 개수, 쌀알 1개의 부피, 1되≒1.8L≒2L 등	• 현실적으로 활용 가능한 값을 얻기 위해서는 타당한 가정으로부터 논리적으로 어림이 되어야 한다. - 정확한 값을 구하기 위한 활동이 아니라 신속하게 어느 정도 유의미한 근사값을 구하기 위한 활동으로 타당한 가정과 논리성이 중요함을 인식하게 한다. • 타당한 가정도 자신의 경험 및 지식 등으로부터 나온다. 따라서 평소의 논리적이고 합리적인 습관을 기르는 것이 중요하다. • 컴퓨터 등의 정보장비 및 주변의 사물 활용	문제해결 기술 익히기

		- 알고 있는 중심자료(Key데이터): 1되≒1.8L=1800cm^{3}의 쌀 - 타당한 가정: 일반적으로 쌀 한톨을 길이가 5mm 직경 2mm인 원기둥이라 가정하기(쌀알 사이의 공간도 포함하도록 가정) → 쌀 1톨의 부피: $5\times1\times1\times3.14$ ≒15.7mm^3≒15mm^3≒0.015cm^3 → $1800\div0.015=120,000$ 따라서, 1되에는 쌀알이 약 12만개 정도로 예상된다. • 타당한 가정하기와 논리적인 어림하기 - 쌀알의 크기 또는 무게를 어림하고, 1봉지의 부피 또는 무게와 비교하여 쌀알의 수 어림하기 - 페르미 문제 등 다양한 문제 활용	- 인터넷을 이용하여 측정방법 및 수량측정에 필요한 자료 등 다양한 정보 수집하기 - 타당한 가정에 대한 아이디어를 끌어내기 위해서 주변의 모든 사물을 활용 가능하도록 허용한다. • 너무 큰 수 또는 양이거나, 너무 오랜 시간이 걸려서 어림하기가 불가능할 것처럼 보이는 문제들을 타당한 가정과 논리적인 어림을 통해 짧은 시간에 구하는 능력을 기르는데 중점을 둔다. • 전체와 부분의 연계와 관계성을 이해하고 타당한 가정을 할 수 있어야 실 상황에서 유의미한 값을 어림할 수 있다. • 타당한 어림하기에 대한 방법과 감각을 익히는 것은 많은 시간이 걸리나 이후 다양한 문제들을 어림하고 추론하는 것은 중심자료(key 데이터)만 있으면 짧은 시간 안에 해결할 수 있다. 따라서, 학생들의 수준 또는 교실환경에 따라 차시별 운영 또는 각 차시를 단계별로 세분화하여 더 많은 시간을 투입 운영할 수 있어야 한다.	
창의적 설계 (문제 해결 전략 구상 및 문제 해결 실행)	3	◎문제 이해하기 M A E T • 우리 시(군)의 안경점은 몇 개인가? - 알고 있는 중심자료(key데이터)를 활용하여 우리 시(군)의 안경점의 개수를 어림하여 구하는 방법을 구상한다. ◎어림순서도 M A E T S	• 정확한 안경점의 개수를 세기 위한 것이 아니라 주변의 간접적인 자료와 정보로부터 타당한 가정을 통해 대략적으로 어림하여 구하는 것이다. - 우리나라 전체의 전봇대의 수, 이발소의 수 등 셀 수 없을 정도로 황당하게 많은 수나 정확한 데이터 분석이 어려운 것들을 우리가 알고 있는 간접적인 정보로부터 빠른 시간 안에 대략적인 수량을 어림하여 구할 수 있다.	탐구문제 정하기 탐구하기 (학생주도교사 조력)

		• 안경점의 개수를 어림하여 구하기 위해 알거나 알 수 있는 자료로부터 필요한 자료나 정보를 타당한 가정을 통해 어림하여 구하고 이를 순서대로 나열한다. ◎우리 시(군)의 안경점 수 구하기 M A E T S • 타당한 근거를 들어 가정하고 논리적으로 정리하여 우리 시(군)의 안경점 수를 어림한다.	• 어림 순서도가 힘들면 구할 수 있는 것들을 먼저 구해서 순서를 이어갈 수도 있다. • 정확한 데이터를 구하고자 하는 것이 아니라 '타당한 가정'과 '논리적으로 어림하기'에 중점을 두도록 한다. • 수량적 계산과 정리하기 • 과정을 4차시로 구분하였으나 문제해결전략을 구상하고 문제해결을 실행하는 단계는 거의 동시에 일어나거나 순서가 바뀔 수도 있다. • 본 프로그램에서 제시한 풀이는 하나의 예시일 뿐이며 정답은 없다. 단지 논리적인지, 타당한지 여부를 확인하고 모둠 또는 전체가 풀이를 공유하고 논의한다. • 모든 가정과 세분화와 어림의 과정이 타당하고 논리적이어야 한다. • 처음에는 어림한 값에 대한 일치나 근접성에는 의미를 두지 말고, 타당성과 논리성에 중점을 둔 어림하는 방법과 감각을 익히는데 중점을 둔다.	
감성적 체험 (마무리 하기)	4	◎실제 비교 가능한 데이터와 비교 검증과 반성하기 M A E T S	• 현실과 비교 평가하기 - 추정값과 현실값의 차이에 대한 평가 및 이유 분석하기 • 상호 아이디어 회의 및 반성에 대한 정리하기 • 어림하여 구한 값으로 사회적 현상에 대한 논의하기 • 어림하는 능력이 높아질수록 현상에 대한 타당한 해석과 방향감각을 기를 수 있도록 실제 데이터와 비교하는 활동이 필요하다.	결과 공유

6 교수·학습 활동

1-2차시 ▮ 상황제시(문제해결 기술 익히기)

[활동 1] 가정하기와 어림하기 - 쌀알의 개수 어림하기

[준비물]

○ 필기구, 노트, 쌀 1되 또는 1L(대체물: 주변의 작고 짧은 시간에 세기 어려운 물건들이면 됨) 핀셋 등

1. 1봉지(1되)의 쌀알의 개수 어림하여 보시오.

[활동 2] 가정하기와 어림하기 - 밥알의 개수 어림하기

[준비물]

○ 필기구, 노트, 밥 한 숟가락, A4용지, 핀셋 등

1. 한 숟가락의 밥에는 밥알이 몇 개 정도 될까요?

[활동 3] 가정하기와 어림하기로 실제 문제해결 기술 익히기

1. 다음 페르미 문제를 해결해 보시오.

시카고엔 얼마나 많은 피아노 조율사가 있을까?

※ 페르미가 문제를 낼 당시 시카고의 인구는 300만 명이며 3인 가구가 일반적임.

3차시 ▮ 창의적 설계(문제해결전략 구상하기·문제해결 실행하기)

[활동 1] 우리 시(군)의 안경점 수는?

1. 우리 시(군)의 안경점 개수는 몇 개인지 어림하기 위한 문제해결전략을 구상해 보시오.

2. 자신이 구상한 문제해결전략을 활용해 '우리 시(군)의 안경점 개수는 몇 개인가?' 문제를 해결해 보시오.

4차시 ▮ 감성적 체험(마무리하기)

[활동 1] 반성하기

[준비물]

○ 우리 시(군)의 안경점이 나와 있는 지도 자료(인터넷 검색) 등

1. 자신이 해결한 문제의 어림값과 실제 비교 가능한 자료를 비교 검증하시오.

2. 위에서 오차가 생긴 다양한 이유에 대하여 정리 하시오.

[활동 2] 결과 공유하기

1. 서로간의 어림하는 방법과 가정에 대한 아이디어를 논의하고, 정리하시오.

[확장활동 3] 확장과 발전하기

1. 읽기자료 '해운대 피서인파 뻥튀기'를 읽고, 아직도 미해결의 사회 문제에 대한 해결에 도전해 보시오.

읽기자료 1

[중앙일보] 이규연 논설위원의 '해운대 피서 인파 뻥튀기'

[조인스]기사입력: 08/16/13 14: 11

http: //blog.daum.net/dh091204/13415578

"이곳 해운대에는 오늘 하루 100만 명 가까운 시민이 몰렸습니다."

피서철이면 보는 TV 리포팅이다. 100만 인파, 정말 믿을 수 있을까. 2년 전이다. 부산의 한 방송사가 이 전설의 숫자를 파헤치는 탐사보도를 내보낸다. 취재진은 전문가와 함께 낮 2시에 헬기를 타고 나가 해변을 따라 항공촬영을 한다.

사진 판독을 통해 인파를 계산해 보니 2만 5000명 안팎이었다. 해수욕장 인파가 하루 네 번 바뀐다고 가정하면 10만 명 정도가 된다. 주변 도로·음식점에 있던 사람들을 아무리 더해도 전설의 숫자는 나오지 않았다.

이리저리 움직이고 수시로 늘었다 줄었다 하는 군중의 수를 집계하기는 여간 어렵지 않다. 그나마 국내외에서 가장 널리 쓰여 온 집계 방법은 제이컵스 방식이다. 미국 버클리대 교수였던 허버트 제이컵스 교수는 베트남 반전(反戰) 시위를 지켜보다가 광장 바닥에 그어져 있던 바둑판 모양의 금을 보게 된다. 그는 한 격자에 대충 몇 명이 서 있는지 어림잡은 뒤 그 인원수에 광장 전체의 격자수를 곱해 시위대 규모를 추산해 냈다. 우리에게 편한 단위로 바꿔 설명하면 밀도가 낮은 집회는 평당 4명, 빽빽하게 들어차는 집회는 평당 8명 정도로 보고 참가인원을 추정했다. 우리 경찰도 이 기준에 따라 시위 규모를 판단해 왔다.

제이컵스 방식에는 맹점이 있다. 집회에 따라 면적당 인원수는 들쑥날쑥한다. 평당 8명 이상, 4명 이하의 집회도 적지 않다. 밀도 등급은 집계자의 눈대중에 의해 결정된다. 또 특정 시점의 인원을 파악하기 때문에 집회 기간 중 오간 연(延)인원을 파악하기 어렵다. 하지만 적은 비용으로 빨리 측정할 수 있다는 장점이 있다.

지난 수십 년간 우리 정치에서 벌어진 집회 규모 논란은 제이컵스 방식의 한계에서 비롯됐다. 유세 동원이 역사상 가장 심했던 87년 대통령 선거 때 그 논란은 가장 뜨거웠다. 노태우·김영삼·김대중 후보가 맞붙은 선거였다. 김영삼 후보 측은 자신의 부산 유세에 240만 명이 몰렸다고 주장했다. 김대중 후보 측은 서울 보라매공원 유세에 500만 명이, 노태우 후보 측은 여의도 유세에 250만 명이 각각 모였다고 목소리를 높였다. 잠실야구장에 꽉 들어차도 3만 명임을 감안할 때 모두 믿기 힘든 숫자였다. 그런데도 세 후보 진영은 서로 상대방의 숫자가 뻥튀기됐다고 비난을 쏟아냈다.

2008년 6·10 광화문 집회 때도 논란이 벌어졌다. 경찰은 8만 명이라고 했지만 주최 측은 70만 명이라고 주장했다. 양측 주장이 달라도 너무 달랐다. 당시 현장에 있던 기자들은 70만 명도 부풀려졌지만 경찰 추산 역시 심하게 축소돼 있었다는 기억을 갖고 있다. 몇 년간 잠잠했던 논란이 최근 다시 불거졌다. 서울광장에서 열리고 있는 국정원 시국회의를 두고 주최 측은 하루 수만 명씩이 참석한다고 연일 밝힌다. 반면에 경찰 추산은 수천 명 선이다. 야당·진보단체에서 문제를 제기하자 경찰청장이 집계 방식의 보완을 검토해 보겠다고 말했다.

이참에 정보통신 기술과 통계 기법을 접목해 보자. 선진국에는 현장 화면을 스캔해 집회 참가자 수를 자동으로 계산해 주는 소프트웨어가 나와 있다. 굳이 외국이 아니더라도 IT강국에서 그만한 프로그램 하나 개발하지 못하겠나. 여론조사의 공표 방식도 도입해 보자. 조사 결과를 밝힐 때 시점·방식·표본수 및 표본한계를 반드시 덧붙인다. 큰 정치집회의 규모를 밝힐 때도 '언제, 어디서, 어떤 방식을 통해 추정했다'고 밝히자는 것이다.

어떤 방식을 쓰든 오차는 불가피하게 생긴다. 일일이 세지 않고서야 정교한 추정도 결국 추정이다. 그렇지만 과학적인 방법을 쓰면 지금의 오해와 격차를 다소 해소할 수 있다. 또 추정의 한계를 밝혀주면 신뢰를 더 받을 수 있다. 이번 논란이 눈대중에서 벗어나 '100만 인파'의 구멍을 조금이라도 메우는 계기가 되면 좋겠다.

이규연 논설위원

[부록 5] 초등수학 영재교육과정 내용 체계
(경상북도교육청, 2012)

학교급 / 학년 / 영역	초등학교		
	4학년	5학년	6 학년
수와 연산	• 수의 이해 • 분수의 이해 • 다양한 곱셈법 • 연산 전략 • 식만들기	• 수의 성질 • 약수와 배수의 원리 • 분수와 소수의 활용 • 합동식(모듈로 산술)	• 수의 역사 • 이진법 • 방정식
도형	• 삼각형의 성질 탐구 • 사각형의 성질 탐구 • 다각형 탐구 • 평면도형의 분할과 결합	• 도형의 합동과 대칭 • 바닥 깔기 • 직육면체 탐구 • 입체도형의 분할과 결합 • 작도(GSP)	• 도형의 닮음 • 입체도형의 공간감각 • 정다면체와 준정다면체 • 뫼비우스의 띠
측정	• 여러 가지 단위 • 어림하기 전략 • 다각형의 내각과 외각	• 평면도형의 둘레와 넓이 • 평형만들기(지레)	• 원과 부채꼴의 넓이 • 입체도형의 겉넓이와 부피의 활용
확률과 통계	• 규칙과 대응 • 자료와 그래프의 활용	• 자료의 이해 및 분석 • 통계 자료의 표현	• 경우의 수의 활용 • 생활 속의 확률 • 전략적 게임의 승률 • 통계보고서 만들기
규칙성	• 수배열의 규칙 • 파스칼 삼각형 • 수 퍼즐 • 문제해결전략 탐색 • 수 전략 게임(님, 페그)	• 자기 닮음 도형(프랙털) • 오일러와 해밀턴 경로 • 수학적 언어논리 • 문제해결 전략 활용 • 수 전략 게임 만들기 • 문화와 전통 놀이 속에 담긴 수학	• 비와 비례식의 활용 • 수의 규칙 찾기 • 암호 • 컴퓨터논리회로 • 문제 만들기

Chapter 07

융합인재교육(STEAM)과 수학영재교육

7.1 융합인재교육(STEAM)의 개념

우리나라에서는 최근 STEM 교육에 예술(arts)을 포함시킨 STEAM 교육에 관심을 가지고 집중적인 지원을 하고 있다. 2011년 교육과학기술부의 주요 16대 과제 중 하나로 창의적 과학 기술 인재 양성을 위한 STEAM 교육을 선정하고 있으며(교육과학기술부, 2010), 2011 대한민국과학기술연차대회의 심포지엄 중 하나로 '미래융합과학기술인재 양성을 위한 STEAM 교육'을 실시하였다(한국과학기술단체총연합회, 2011). 이후 우리나라에서는 STEAM을 '융합인재교육'으로 명명하였으며(한국과학창의재단, 2011), STEAM은 융합인재교육을 일컫는 용어로 자리잡았다. 우리나라에서 말하고 있는 STEAM 교육은 미국이나 영국의 STEM 교육에 예술(광범위하게는 인문학까지 포함)활동을 덧붙인 개념으로서의 Arts를 추가하였다. 이것은 기존의 STS(Science, Technology, Society)의 확장된 개념으로서 과학기술공학의 사회시스템과의 연계성을 중요시한 것이다(최정훈, 2011).

우리나라에서 융합인재교육(STEAM)에 대한 요구는 이공계 기피 현상을 극복하여 국가과학기술 인재양성과 국가 경쟁력의 확보라는 측면과 과학교육, 수학교육에서 지적되고 있는 여러 가지 문제점을 보완하려는 의도도 있다.

PISA나 TIMSS와 같은 국제비교시험에서 나타난 결과를 보면 우리나라 학생들은 다른 나라 학생들에 비해 수학이나 과학의 성취도에서는 상위권 수준이지만 수학 및 과학에 대한 가치, 자기효능감, 즐거움 등은 하위권을 나타내고 있고 특히 학습태도 및 흥미는 매우 낮다. 이런 결과의 원인은 과학의 경우 교과간 연계성 부족, 첨단기술 및 공학 관련 내용의 부재와 실생활과의 관련성 부족이며 수학의 경우는 수준 차이를 고려하지 못한 획일적 수업, 어려운 문제 풀이 및 암기식 수업 등으로 학생들의 흥미와 학습동기 유발을 이끌어 내지 못한 점이다(이효녕, 2012). 융합인재교육(STEAM)은 과학(science), 기술(technology), 공학(engineering), 예술(arts), 수학(mathematics)의 첫 글자를 의미하는 것으로 교육부에서는 "융합인재교육(STEAM)은 과학기술에 대한 학생들의 흥미와 이해를 높이고 과학기술에 대한 학생들의 흥미와 이해를 높이고 고학 기술 기반의 융합적 사고(STEAM literacy)와 문제해결력을 배양하는 교육이다."라고 정의하였다(교과부, 2010).

융합인재교육(STEAM)은 미국의 STEM교육에 근거하고 있다. STEM이란 과학(science), 기술(technology), 공학(engineering), 수학(mathematics)의 앞 글자를 따서 만든 용어로 1990년대에 미국 NSF에서 사용되기 시작했으며(Bybee, 2010), 2001~2004년까지 NSF에서 연구하던 Judith Ramaley가 정책 용어로 만든 것으로 알려져 있다(Maes, 2010). 원래 STEM 교육은 과학, 기술, 공학, 수학을 통합하여 효과적인 공학 교육을 하기 위한 모델을 근간으로 하고 있다. 그러나 오늘날 이러한 흐름은 미국의 전체 과학교육에도 영향을 미치고 있고 또한 STEM 교육은 주로 방과 후 활동으로 이루어지고 있지만, 점차적으로 그 범위를 확대해 가고 있는 추세이다. 그리고 STEM에서의 각 첫글자에 대한 새로운 개념 정립을 시도하고 있기도 하다(JTE, 2009).

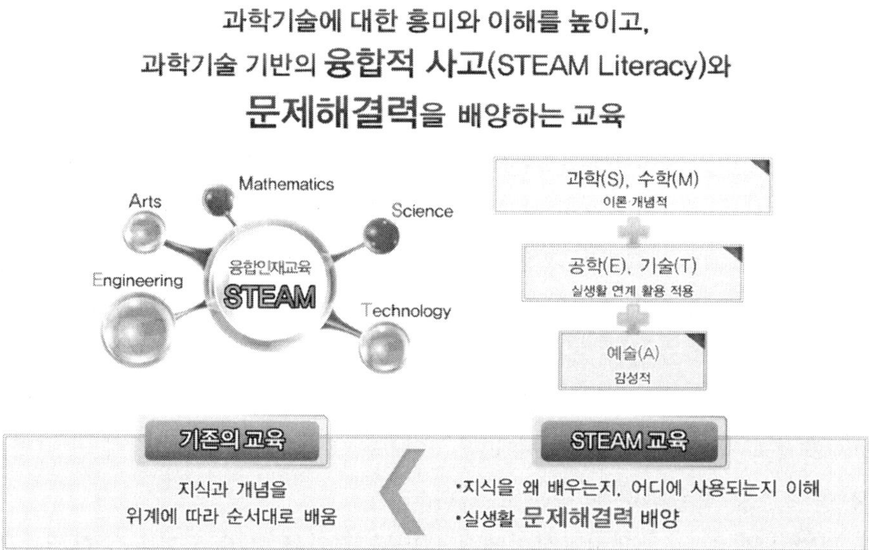

[그림 7-1] 융합인재교육의 개념(교과부, 2012)

교육부에서는 융합인재교육(STEAM)을 그림 7-1과 같은 개념도로 제시하며 단순한 과학, 수학 지식을 학습하는 수준을 넘어서서 공학과 기술 분야에 어떻게 적용되고 활용되는지를 이해하는 것으로 보고 있다.

우리나라에서 융합인재교육(STEAM)은 과학기술공학과 관련된 다양한 분야의 융합적 지식, 과정, 본성에 대한 흥미와 이해를 높여 창의적이고 종합적으로 문제를 해결할 수 있는 융합적 소양(STEAM Literacy)을 갖춘 인재를 양성하는 교육이라고 할 수 있다. 학습자가 실생활과 연계된 문제상황을 해결하기 위해 설계 기반의 학습이나 문제해결 과정을 통해 새로운 개념을 생성하고, 창의적으로 설계하며 더불어 인성, 즉 사회적 감성을 발달하도록 하는 것이다(백윤수 외, 2011).

7.2 수학영재교육과 융합인재교육

2012년 1월 교육부는 '미래형 융합인재교육(STEAM)'의 제도적·인적 기반을 조성을 위한 방안으로서 '수학교육 선진화 방안'을 제안하였다(교육과학기술부 보도자료, 2012. 4.23). 수학교육 선진화 방안은 '생각하는 힘을 키우는 수학', '쉽게 이해하고 재미있게 배우는 수학', '더불어 함께하는 수학'의 구현을 기본 방향으로 제시하고 있다. 이는 현행 수학교육이 수학 지식의 암기 및 문제풀이 위주로 이루어지고 있기 때문에 창의적 인재를 육성하는데 한계가 있다는 점을 인식하고 그 개선책을 수학교육 선진화 방안에서 찾고자 하는 것이다.

기본적으로 수학영재교육은 정규 교육과정 속의 수학교육과는 차별화된 교육과정을 제공해 왔다고 볼 수 있다. 하지만 현재 강조되고 있는 STEAM 교육의 중요한 핵심으로의 수학영재교육을 바르게 이해하고 융합교육으로 수학영재교육의 방향성은 다시 한 번 검토해볼 필요가 있다.

영재들의 주요한 특성인 폭넓은 분야에 대한 관심과 인과관계에 대한 높은 흥미, 추리력, 창의적 사고를 고려할 때 수학영재교육의 방향은 개념과 원리의 수학 탐구중심, 다양한 교구와 테크놀로지를 활용한 수학실험중심, 연결성이 강조된 문제해결력중심 등이 중심이 되어야 한다. 이러한 점에서 STEAM 교육은 영재의 특성 및 수학영재교육의 방향과 그 지향점이 일치한다고 볼 수 있다.

한국교육개발원 영재교육센터는 제1기 STEAM 심화 연수 자료에서 구체적으로 영재교육

(수·과학 분야)에 대한 STEAM 교육의 의미를 다음과 같이 제시하였다.

첫째, 수·과학에 대한 흥미도의 제고이다. 수·과학 영재교육에서 STEAM 교육은 과학·기술·공학·수학의 합리적, 논리적 특성과 예술(체육포함)의 혁신적 특성의 접목을 통해 수·과학에 대한 흥미와 이해를 제고할 수 있다. 그러므로 영재교육일수록 보다 높은 수준과, 보다 새롭고 질적인 수준에서 수·과학에 대한 흥미를 높이고 참여를 견인할 수 있는 교육적 장치가 필요한데 이러한 맥락에서 STEAM 교육은 수학과 과학에 대한 이해, 접근 방식을 새롭게 함으로써 흥미와 이해를 제고할 수 있다는 장점이 있다.

둘째, 수·과학에 대한 폭넓은 이해와 통찰력의 계발이다. STEAM 교육은 수·과학적 지식과 이해를 바탕으로 구체적인 현실 적용과 다양한 영역과의 연계성을 체험함으로써 배운 수학 지식을 깊이 있게 이해할 수 있다. 현실에서 수학은 하나의 영역에만 국한되는 것이 아니라 다양한 수학영역들, 또는 수학 이외의 다른 영역들과 맞물려 있는 것이 일반적이다. 그러므로 수학과 관련된 다양한 현상을 고려하고, 관련된 문제들을 생각해봄으로써 보다 열린 유연한 사고능력을 함양할 수 있다.

셋째, 창의성 계발이다. 예술의 도전성과 혁신 정신은 수학의 문제들에 대해 새로운 생각을 갖게 함으로써 창의적 문제의식과 문제해결력을 고양할 수 있다. 예술은 다른 어떤 인간의 정신 영역보다 도전성과 혁신적 사고를 중시하는 분야로서, Root-Bernstein은 과학과 예술적 사고가 통합될 때 보다 창의적인 우수한 과학자가 길러질 수 있다고 보았다. 이에 STEM+A(체육)교육은 영재교육에서 기존의 분절된 수학교육보다 수학에 대한 창의적 문제해결력을 제고할 수 있을 것이다.

넷째, 의사소통능력 계발이다. 의사소통이란 인간사회에서 일정한 공동의 목적을 달성하기 위한 양자 간의 메시지의 교환으로서 상호이해를 위한 '의미의 공유'를 전제로 한다.

STEAM 교육은 교과(영역)의 경계를 넘어 통합적으로 운영된다는 점에서 영역의 전문가 사이에 보다 효율적인 의사소통능력이 중요한 역할을 차지한다. 이러한 관점에서 STEAM 교육은 자신의 분야에만 한정된 의사소통방식을 확장하고 보다 넓은 의미와 공간에서 이해될 수 있는 의사소통능력을 계발하는데 효과를 지닌다.

다섯째, 리더십 자질 함양이다. 리더십의 자질이 향상되기 위해서는 무엇보다 자신의 필요만이 아니라 상대방의 필요와 관심, 상대 분야의 특성과 맥락에 대한 이해가 전제되어야 한다. 그런 점에서 STEAM 교육은 상황을 보다 포괄적으로 이해하고 해결하게 함으로써 문제를 해결하고 과제를 수행함에 있어서 필요한 자질을 함양하는데 기여할 수 있다. 마지막으로 전인적 성장이다. 21세기 사회에서 요구되는 인재의 역량은 상호 소통하는 능력, 창의적으로 사고하고 행동하는 능력, 동료 간에 협업하고 배려하는 능력, 높은 전문적 기술 능력으로 영재교육에서 중요하게 다루어져야 할 것이다. 전인적 성장이란 바로 이러한 요소들이 어느 하나 부족함이 없이 균형 있게 계발되는 것을 의미한다. 이러한 점에서 STEAM 교육은 기존의 개별 교과 중심의 접근보다 21세기 역량을 학습하는데 새로운 차원에서 적절한 방안이라고 할 수 있을 것이다.

모든 교육의 목표는 지식과 인성이 함께 전인적으로 성장을 이루어 인간이 행복한 삶에 한걸음 다가갈 수 있도록 노력하는 인재를 양성하는 것이다. 많은 잠재력을 가지고 발전의 무한한 가능성을 지니고 있는 영재들을 초등학교 때부터 집중적으로 교육시키기 위해서는 그에 알맞은 교육과정과 프로그램이 제공되어야 하며, 이를 위해서 더욱 깊은 연구가 필요하겠다. 따라서 융합인재교육(STEAM)은 영재들의 특성을 고려하고 수학영재교육의 목적을 고려해볼 때 수학영재교육 프로그램을 개발하는데 매우 중요한 준거가 된다.

7.3 융합인재교육을 위한 교수·학습모형

2012년 이후 STEAM 교육에 대한 학습방법은 현재 활발히 논의되고 있지만 실제 교수학습에 적용하기 위한 모형과 일반화 사례들은 많지 않다.

융합인재교육의 실행 방법에 대한 논의는 Dewey(1929)가 주장한 '내용과 경험'의 통합의 방법에서 그 기원을 찾아볼 수 있다. Dewey가 주장하는 '내용과 경험'의 통합이란 학습자들에게 '어떤 통합적 내용'을 가르칠 것인가와 '어떤 경험을 어떻게 제공할 것인가'에 대한 고민을 포함한다(박현주, 2012). 경험 통합의 기본 요소는 창의적 설계(creative design)와 감상적 체험(emotional learning)이며, 창의적 설계와 감성적 체험은 학생들에게 과학 기술과 관련된 다양한 분야의 융합적 지식, 과정, 본성을 기반으로 자기주도적인 학습 경험을 제공하는 것이다(백윤수와 박현주, 2012; 백윤수 외, 2012).

교육부(2012)에서는 융합인재교육 학습 준거(틀)를 그림 7-2와 같이 제시하고 상황 제시, 창의적 설계, 감성적 체험으로 구성된 학습 준거 틀을 따라 학생들은 실패를 통한 학습과 성공의 경험을 통해 새로운 문제에 도전할 수 있다고 제시했다. 이 준거(틀)는 학교에서 STEAM 교육을 실행할 수 있는 가이드라인과 수업 구성이나 프로그램 개발의 기본 틀로 활용될 수 있다. 융합인재교육(STEAM) 준거 틀에서 핵심 요소는 창의적 설계와 감성적 체험

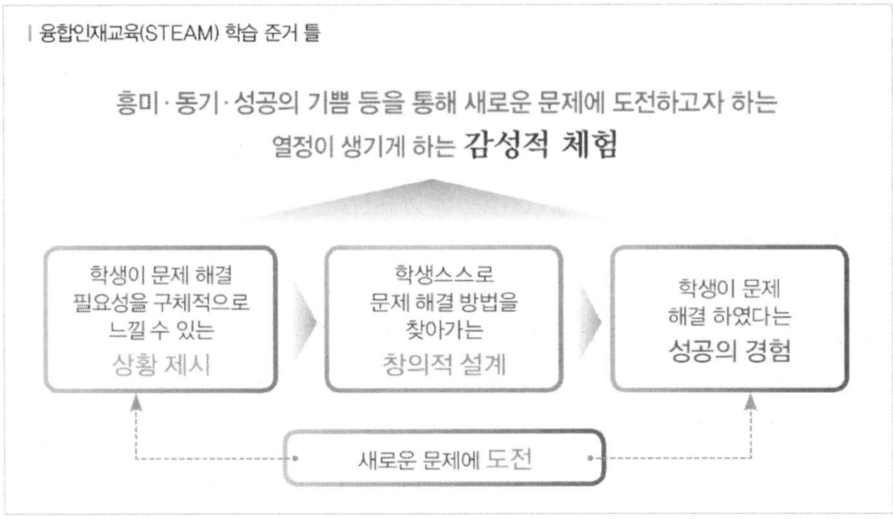

[그림 7-2] 융합인재교육 학습 준거 틀(교육부, 2012)

이다. 먼저 상황을 제시하여 학생들이 나의 문제로 인식하게 한 후, 학생 스스로 자기주도적인 학습을 할 수 있도록 하고 실생활 문제와 연계시키는 것이 중요하다(이효녕 외, 2012).

문대영(2007)은 STEM 통합 접근의 교육 프로그램 개발을 통해 초·중등 학생이 보다 쉽고 친밀하게 접근할 수 있는 '사전 공학교육 프로그램'을 제시하였다. 이 모형에서는 STEM의 통합 핵심요소로 주제, 문제, 설계를 뽑아내고, 이를 각각 탐구프로젝트 활동, 문제해결활동, 창의공학설계활동으로 발전시켰다.

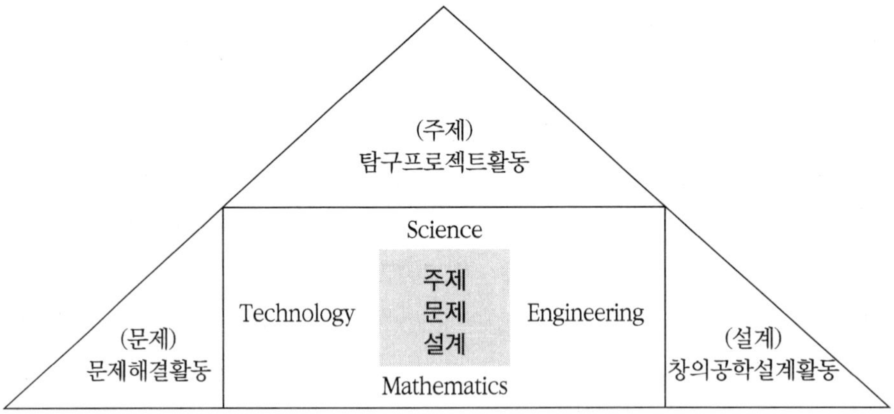

[그림 7-3] STEM 통합 접근의 교육의 교육 프로그램 개념 모형(문대영, 2008)

김정아 등(2011)은 STEAM 교수학습 방안과 관련하여 STEAM 교수 학습 단계를 문제 상황 인식, 사전 정보 탐색, 해결 방법 설계, 세부 과제 수행, 과제 융합, 평가, 표현, 새로운 문제 상황 인식 등 8단계로 구분하여 다음과 같이 제시하였는데 전체적인 맥락은 창의적 설계를 기반으로 하는 STEM이나 과제 해결을 목표로 하는 문제기반탐구(PBI: Problem-Based-Inquiry)와 유사하며, 여기에서 예술(Arts)의 역할은 프로그램을 디자인하는 것으로 설정되어 있다.

〈표 7-1〉 김정아 등(2011)의 STEAM 교수 학습 단계

STEAM 교육	
1 문제 상황 인식	학습자 주변 상황을 인식하고 문제 선정
2 사전 정보 탐색	문제 상황 해결을 위한 정보 탐색
3 해결 방법 설계	효과적인 해결 방안 선택 및 설계
4 세부 과제 수행	과업 완성을 위한 세부 과제 수행
5 과제 융합	융합 수행된 세부 과제 융합 결과물 완성
6 평가	평가를 통한 수정 및 보완
7 표현	시연 및 발표
8 새로운 문제 상황 인식	적용 및 응용

김성원 등은(2012) 융합인재 교육의 이론적 틀을 마련하고 방향성을 구체화하며, 현장에서 융합인재교육을 실행하는 데 필요한 가이드라인을 제공하기 위기 위하여 Ewha-STEAM 융합 모형을 소개하였다. 이 모형은 핵심지식(Key knowledge), 핵심역량(Key competence), 융합요소(Elements of convergence)의 세 차원으로 구성되어 있으며 각 각의 차원은 [그림 7-4]와 같다.

한편, 교과부(2012)는 융합인재교육의 수업 유형을 교과 내 수업형, 교과 연계 수업형, 창의적 체험활동 방과후학교 활용형 등 크게 세 가지로 정하였다. 교과 내 수업형은 중심 교과를 중심으로 STEAM의 다른 내용 요소와 연계시키는 것이며, 교과 연계 수업형은 특정 주제를 가지고 STEAM 영역을 통합하거나 연계하여 가르치는 것이다. 창의적 체험활동·방과후학교 활용형(창체활용형)은 학교의 특정 교과 시간이 아니라 창의적 체험활동이나 방과후학교의 시간을 통하여 적용하는 것이다(이효녕 외, 2012).

1 핵심 지식 (Key Knowledge)

- **교과기반 통합 개념**
  - 안정성과 변화, 구조와 기능, 순환과 보존, 진화, 변화의 패턴 등
- **소양 지식**
  - 과학·기술·공학·수학·예술의 본성에 대한 이해, 심미성에 대한 이해, 우리 삶/사회와의 연관성에 대한 이해 등

2 핵심 역량 (Key Competency)

- **교과기반 통합 역량**
  - 정보의 수집 및 평가, 자료의 분석과 해석, 패턴인식 및 패턴 형성, 설계 및 모델링, 시연 및 시각화, 증거기반사고, 의사소통 등
- **창의·인성 역량**
  - <u>창의 역량</u>: 확산적 사고, 유추/은유적 사고, 분석적 사고, 심미적 사고, 비판적 사고 등
  - <u>인성 역량</u>: 생태학적 세계관, 사회적 책임감, 글로벌 시민의식, 공감과 배려, 도덕적 민감성, 다양성에 대한 개방성 등

3 융합 요소 (Elements of convergence)

- **요소 1. 융합 단위**
  - 개념/탐구과정
  - 문제/현상
  - 체험활동
- **요소 2. 융합 방식**
  - 다학문적(multi-disciplinary)
  - 간학문적(inter-disciplinary)
  - 탈학문적(extra-disciplinary)
- **요소 3. 융합 맥락**
  - 개인적(personal)
  - 지역 사회적(societal)
  - 세계적(global)

[그림 7-4] 융합인재교육의 수업 유형(교과부, 2012)

7.4 융합인재교육을 적용한 수학영재프로그램 사례

융합인재교육(STEAM)에 대한 관심이 높아지고 필요성이 증가함에 따라 많은 영재교육기관에서 융합인재교육(STEAM)을 적용한 영재프로그램을 개발 적용하고 있다. 한국과학창의재단에서는 2012년부터 융합인재교육(STEAM) 전용 홈페이지를 구축하여 융합인재교육소개, 수업프로그램, 각종 연구보서 제공 등 다양한 서비스를 제공하고 있다. 한국과학창의재단에서 제공하고 있는 STEAM 수업프로그램 현황은 다음과 같다.

<표 7-2> STEAM 수업프로그램 현황

학년	단원	프로그램명	STEAM 요소
3	5. 평면도형의 이동 15. 자료 정리	환상의 주스비법 머느리도 몰라 sos 동물구조대	수학, 과학, 미술 수학, 과학, 미술
4	6. 분수 15. 꺾은선 그래프	사과를 똑같이 나누자 최고의 보온병을 찾아라	수학, 과학 수학, 과학
5	4. 분수의 곱셈 6. 직육면체와 정육면체 11. 도형의 대칭 14. 자료이 표현과 해석 15. 비와 비율	달로 떠나는 여행 과학을 품은 달 외 1종 레이저 다각형 만들기 외 8종 아슬아슬 전기미로 만들기 주변의 작은 생물	수학, 과학, 미술, 실과 수학, 과학, 미술 수학, 미술, 실과 수학, 과학 수학, 과학, 미술
6	4. 여러 가지 입체도형 6. 비율그래프 7. 비례식 9. 분수와 소수의 혼합계산 15. 정비례와 반비례 16. 문제해결 방법 찾기	착시미술: 입체 사다리만들기 외 1종 물을 보호해 주세요 오염된 생태계를 살려라 외 1종 좋은 에너지, 건강한 지구, 행복한 우리 장난감 자동차 만들기 꽃잎의 수를 파헤쳐라	수학, 과학, 미술 수학, 과학 수학, 과학, 미술 수학, 과학, 미술, 실과 수학, 과학 수학, 과학

교육부(2012)에서 발간한 STEAM 가이드북 손에 잡히는 STEAM 교육에는 좀 더 자세한 현장 적용 사례가 소개되어 있다. 다음은 초등에 적용한 현상 사례들이다.

〈표 7-3〉 STEAM 교육의 초등 적용 사례

연구 기관	주제	수업 유형	STEAM 요소	대상 학년	주요내용
(경기) 독정초	나는야 조명전문가	교과 연계형	과학, 미술, 실과	5	조명 박람회에 출품할 조명을 설계하고 아이클레이를 활용하여 조명을 제작하고 조명박물관을 개최하는 과정으로 수업 진행
(충북) 원봉초	재미있는 식물이야기	교과 연계형	수학, 과학, 공학	5	과학 교과 내에서 수학, 공학 요소를 연계하여 줄기에서의 물의 이동 관찰, 크래마토그래피를 이용한 잎의 색소 추출, 꽃가루 관찰, 식물속 여행기 스토리텔링의 과정으로 수업 진행
(전북) 옥봉초	흐르는 물에 의한 지표의 변화를 알고 강의 모습 표현하기	교과내 수업형	과학, 미술	4	과학 교과를 중심으로 미술 요소를 연계하여 흐르는 물이 지표의 변화에 주는 영향을 표현하는 과정으로 수업 진행
(전남) 목포 하당초	전자식물 도감만들기	교과연계형	과학, 기술, 수학, 미술	5	식물의 뿌리, 줄기, 잎의 구조와 기능을 이해하고 윈도 무비메이커를 이용하여 전자식물도감을 만드는 과정으로 수업 진행
(광주) 하남 중앙초	학교 식물환경 설계하기	교과연계형	과학, 수학, 미술	5	식물의 뿌리, 줄기, 잎의 구조 이해, 식물과 연관된 다양한 피보나치 수열이해, 학교 식물환경을 설계 및 제작하는 과정으로 수업 진행
(경남) 평산초	발광다이오드를 이용한 소통하는 녹색도시 만들기	교과내 수업형	과학, 미술	5	과학 교과내에서 미술 요소를 연계하여 발광다이오드의 원리를 이해하고, 녹색 창원을 설계하고 소개하는 과정으로 수업 진행
(서울) 동지초	빛의 마술 3D영상	창체 방과후활용형	과학, 수학, 미술, 실과	6	3D안경을 이용하여 입체 영상의 원리를 추론, 소프트웨어를 이용하여 입체 사진을 제작하는 과정으로 수업 진행
(충남) 천안 성남초	자석 장난감 만들기	교과내 수업형	과학, 기술, 미술	3	과학 교과내에서 기술, 미술 요소를 연계하여 자석의 성질을 이해하고 자석을 활용한 장난감 제작 과정으로 수업 진행
(전북) 옥봉초	재가 만든 저울로 무개 재기	교과 + 창체 활용형	과학, 미술, 수학	4	저울의 원리를 이해하고, 여러 가지 재료와 비슷한색, 반대색을 이용하여 아름다운 간이 저울을 설계하고 제작하는 과정으로 수업 진행
(울산) 반천초	나는 기상 캐스터	교과 + 창체 활용형	과학, 수학, 미술	3	과학, 수학, 미술, 창체를 연계하여 풍향 풍속 이해, 길이단위 이해, 풍향풍속계 및 우량계 제작, 지상캐스팅자료 제작, UCC 제작 과정으로 수업 진행
(강원) 반곡초	친환경 자동차 만들기	교과내 수업형	과학, 공학, 기술, 미술	6	과학 교과내에서 공학, 기술, 예술 요소를 연계하여 친환경 에너지에 대해 이해하고 그 중 태양열 에너지와 태양광 에너지에 대해 알아보고 자동차 설계 및 경주하는 과정으로 수업 진행

7.5 융합인재교육을 적용한 수업지도안 사례

프로그램명	레이저 다각형 만들기
적용학년/시기	6학년 1학기 / 3월
관련과목	과학, 미술, 수학

7.5.1 주제 및 제작 의도

세상의 아름다움을 느끼고 사물을 볼 수 있는 근원인 '빛'에 대해 궁금증을 가져보고 일상생활 속에서 어떻게 '빛'을 느끼고 색을 볼 수 있는지, '빛'이란 무엇이고 '빛과 색'은 우리의 생활에 어떤 영향을 끼치고 있을지에 대해 알아보고자 한다.

'빛'이라는 과학적 요소를 일상생활 특히 '공연'을 통해서 활용되는 방법을 탐색하고 다양한 원리 탐구 활동을 통해 학생들의 호기심과 탐구심을 이끌어 낼 수 있을 것이다. 또한 직접 공연 시나리오를 작성하고 상황에 맞는 빛의 원리를 이용한 무대 장치를 직접 제작해 보는 등 감성적 체험 수업을 전개하여 보고자 한다.

이 프로젝트는 학생들이 직접 '빛의 판타지아' 주제로 공연을 기획하고 무대장치를 제작하여 시연 해 보는 체험 활동을 하고 그 속에서 빛의 원리를 이해함으로써 STEAM 학습을 하게 될 것이다.

7.5.2 학습 목표

- **내용 목표**

- 빛의 직진과 반사, 굴절 현상을 이해하고 반사의 법칙을 설명할 수 있다.
- 선대칭도형의 원리를 통해 원하는 도형을 만들기 위한 거울면을 디자인할 수 있다.

- **과정 목표**

- 과학적 원리가 적용된 시나리오와 무대 장치를 만드는 과정에서, 서로 존중하며 의견을

나누고 배려하는 능력을 키울 수 있다.
- 탐구 과정에 흥미를 가지고 참여하는 태도를 함양할 수 있다.

7.5.3 STEAM 과목 요소

- S: 빛의 직진, 반사
- T/E : 거울면 디자인하기, 거울면을 만들고 레이저 다각형 만들기
- A : 빛을 이용하여 여러 가지 모습 만들고 활용 방안 이야기하기
- M : 선대칭도형의 성질

7.5.4 STEAM 단계 요소

- 상황제시

1) 옛날과 오늘날 공연의 차이점은 무엇일까?
2) 공연기획자가 되어 원하는 효과를 줄 수 있는 레이저 장치를 만들어 보자

- 창의적 설계

1) 빛을 이용한 여러 가지 조명 탐색하기
2) 거울을 이용한 빛 반사장치 만들기 및 레이저를 이용한 여러 가지 모양 만들기

- 감성적 체험

1) 여러 가지 빛을 이용한 장치를 통하여 즐거움과 보람 느끼기
2) 만든 작품을 발표하고 감상하기
3) 자기평가 및 상호평가를 통하여 서로의 아이디어 공유하기

7.5.5 차시별 계획 총괄표

차시	과목	단원	소주제	학습내용
1-2 차시	과학 미술	6-1-1. 빛 6-3. 시각문화 환경과 미술	빛의 반사와 굴절	ⓈⓉ 빛을 활용한 공연 살펴보기 ⓈⓉ 빛을 이용한 여러 가지 조명 탐색하기 ⓈⓉⒶ 거울을 이용한 빛 반사 장치 만들기 ⓉⒺⒶ 레이저 장치 상호 평가하기 Co 레이저쇼를 하는 공연 동영상 시청하기 CD 거울과 레이저를 이용하여 다양한 모양을 만들 수 있는 반사장치 만들기 ET 서로의 작품을 살피며 보완할 점 나누기
3차시	과학 수학	6-1-1. 빛 5-2-3. 도형의 대칭	반사의 법칙 선대칭 도형	ⒶⒺ 지난 시간에 만든 레이저쇼 작품 살펴보기 ⓈⓂ 빛이 반사되는 조건 탐색하기 ⓈⓉⒺⓂ 원하는 레이저 다각형 만들기 ⓉⒺⒶ 최종 거울면 디자인 평가하기 Co 지난 시간 만든 작품을 살펴보기 CD 원하는 모습의 다각형을 만들기 위한 거울면 디자인하기 ET 디자인 하며 느낀점과 한계점 나누기

7.5.6 평가 계획

연번	평가 기준	방법
1	빛의 성질을 이해하고 반사의 법칙을 설명할 수 있는가?	학습지
2	원하는 레이저 다각형을 위한 거울면을 디자인할 수 있는가?	학습지, 산출물
3	활동에 즐겁게 참여하고 작품에 담긴 원리를 생각하며 감상하는가?	자기평가지, 체크리스트

7.5.7 차시별 교수학습과정

'빛의 판타지아' 공연 기획

<table>
<tr><td>과목</td><td>과학, 미술</td><td>수업차시</td><td>1-2</td></tr>
<tr><td>단원</td><td colspan="3"><6학년 1학기 과학> 1. 빛
<6학년 1학기 미술> 3. 시각 문화 환경과 미술, 10. 디자인과 생활</td></tr>
<tr><td>교육과정</td><td colspan="3">2009개정교육과정 과학과 6학년 - (2) 빛
(가) 빛의 직진, 반사, 굴절을 이해하고, 주변에서 그 예를 찾을 수 있다.
[탐구 활동]
(나) 레이저를 사용하여 물속에서의 빛의 굴절 현상 관찰하기
2009개정교육과정 미술과 5·6학년 - (2) 표현
(다) 조형 요소와 원리: 주제와 표현 방법에 알맞은 조형 요소와 원리로 표현한다.
① 주제에 알맞은 조형 요소와 원리로 나타내기
(라) 표현 과정: 표현 과정을 탐색한다.
① 주제와 관련된 아이디어를 수집하여 나타내기
② 주제에 알맞은 재료와 용구, 표현 방법, 조형 요소와 원리 등을 탐색하여 나타내기</td></tr>
<tr><td>학습목표</td><td colspan="3">• 빛의 직진과 빛의 반사하는 성질을 알 수 있다.
• 빛을 활용한 다양한 모양이 나타나도록 제작할 수 있다.
• 탐구 과정에 흥미를 가지고 참여하는 태도를 함양할 수 있다.</td></tr>
<tr><td>학습과정</td><td colspan="2">교수·학습 활동</td><td>준비물</td></tr>
<tr><td>도입
(10분)</td><td colspan="2">ⓈⓉ 빛을 활용한 공연 살펴보기
▶ 레이저 쇼를 하는 공연 동영상 시청하기 Co
- 레이저 쇼 느낀 점 이야기하기
- 레이저 쇼가 공연에서 주는 효과 이야기하기</td><td>동영상</td></tr>
<tr><td>학습 활동
(65분)</td><td colspan="2">ⓈⓉ 빛을 이용한 여러 가지 조명 탐색하기
▶ 손전등, 조명용 전구, LED 전등의 빛이 나아가는 모습 비교해보기 CD
- 향연기를 대류상자에 채우고 여러 가지 전등을 켜고 빛이 나아가는 모습 살펴보기
- 일반적인 광원과 레이저의 차이점 정리하기
ⓈⓉⒶ 거울을 이용한 빛 반사 장치 만들기
▶ 거울을 이용한 빛 반사장치를 만들어 손전등, 레이저, LED 전등을 비춰보기 CD
- 6cm×6cm 크기의 플라스틱 거울 5개와 25cm×25cm 크기의 우드락 준비하기</td><td>활동지
대류상자, 향불, 플라스틱 거울, 우드락, 손전등, 레이저, LED 전등, OHP 필름, 디지털 카메라(또는 휴대폰 카메라)</td></tr>
</table>

	- 우드락 가운데 대각선을 중심으로 2.5cm 간격의 선 긋기 - 플라스틱 거울 5개를 서로 엇갈리게 우드락에 붙이기 - 향불을 준비한 후 아크릴 상자를 덮기 - 손전등, 레이저, LED 전등 비춰보기 - 공연에 활용할 수 있는 점 이야기해보기 ▶ 신기한 별 만들기 CD - 40cm×40cm 우드락의 아래쪽 중간에 자로 20cm 긋기 - 선의 한쪽 끝에 각도기를 대고 선과 108도가 되는 곳에 점 찍기 - 찍은 선과 직선의 끝을 연결하여 20cm 선 긋기 - 정오각형 그리기 - 아크릴 거울 5cm×20cm로 잘라 5개 준비하기 - 아크릴 거울 하나 가운에 구멍 뚫기 - 테이프를 이용하여 거울을 직각으로 세워 붙이기 - 향을 피워 오각형 안에 연기를 채우고, OHP필름으로 덮기 - 구멍을 통해 레이저를 쏴서 다양한 모양 만들어보기 - 정오각형 외에도 다양한 다각형 모양을 만들고 도형 만들어보기 - 만든 도형을 휴대폰 카메라나 디지털 카메라로 촬영하기	
마무리 (5분)	ⓉⒺⒶ 레이저 장치 상호 평가하기 ▶ 제작한 장치 느낌 나누기 ET - 장치 제작에 대한 소감 나누기 ▶ 자신들의 장치 개선하기 ET - 다른 팀 결과를 바탕으로 보완점을 찾고 계획을 세운다.	
지도상의 유의점	송곳으로 구멍을 뚫을 때 좌우로 돌려가며 힘을 약하게 주도록 한다. (그렇지 않은 경우 금이 생긴다.)	

과목	과학, 수학	수업차시	3
단원	<6학년 1학기 과학> 1. 빛 <5학년 2학기 수학> 3. 도형의 대칭		
교육과정	2009개정교육과정 과학과 6학년 - (2) 빛 (가) 빛의 직진, 반사, 굴절을 이해하고, 주변에서 그 예를 찾을 수 있다. **[탐구 활동]** (나) 레이저를 사용하여 물속에서의 빛의 굴절 현상 관찰하기 2009개정교육과정 수학과 5학년 - (나) 도형 3 대칭 ① 선대칭도형과 점대칭도형의 의미를 알고 그릴 수 있다. 2009개정교육과정 수학과 4학년 - (다) 측정 1 각도		

	① 각의 크기의 단위인 1도(°)를 알고, 각도기를 이용하여 각의 크기를 측정할 수 있다. ② 주어진 각도와 크기가 같은 각을 그릴 수 있다.	
학습목표	• 만든 작품에서 선대칭 요소를 찾을 수 있다. • 거울면에 들어가는 빛과 반사하는 빛이 일정한 규칙을 가지고 있음을 알 수 있다. • 원하는 모양을 만들기 위한 거울면을 디자인할 수 있다.	
학습과정	교수·학습 활동	준비물
도입 (5분)	ⒶⒺ 지난 시간에 만든 레이저쇼 작품 살펴보기 ▶ 서로의 작품 살펴보기 Co - 작품을 만들며 생각한 점, 느낀 점 이야기하기 - 새로 알게 된 점 이야기하기	사진자료
학습 활동 (30분)	ⓈⓂ 빛이 반사되는 조건 탐색하기 ▶ 자와 각도기 등으로 레이저로 만든 도형 측정해보기 CD - 반사되는 부분을 중심으로 규칙을 알아보기 - 발견한 규칙이 다른 부분에서도 적용되는지 확인해보기 ⓈⓉⒺⓂ 원하는 레이저 다각형 만들기 ▶ 정다각형의 특징을 살피고, 발견한 규칙을 적용하기 위한 거울 모양 디자인하기 CD - 원하는 정다각형을 그리고 특징 정리하기 - 반사되는 부분에 알맞은 거울의 위치와 각도 정하기 - 거울을 연결하여 제작할 때의 설계도 디자인하기 - 레이저를 발사하는 위치 및 각도 표시하기 ▶ 거울을 만들고 확인하기 CD ▶ 조금 더 복잡한 모양을 만들기 위한 거울면 디자인하기 CD	활동지 플라스틱 거울, 우드락, 레이저, OHP 필름
마무리 (5분)	ⓉⒺⒶ 최종 거울면 디자인 평가하기 ▶ 최종 디자인의 제작 의도와 사용 가능성 이야기하기 ET ▶ 레이저쇼의 장점과 한계 이야기하기 ET	
지도상의 유의점	시간의 제약이 있다면 최종디자인을 실제로 제작하지 않아도 어떻게 만들 수 있는 점을 설명할 수 있도록 유도하는 것이 바람직하며, 디자인 자체가 훌륭한 산출물임을 인정하는 분위기를 조성한다.	

참고문헌

교육과학기술부(2010). 2011년 업무보고. 창의인재와 선진과학기술로 여는 미래 대한민국. 서울: 교육과학기술부.

교육과학기술부(2010). 창의인재와 선진과학기술로 여는 미래 대한민국. 2011년 업무보고. 서울: 교육과학기술부.

교육과학기술부(2011). 제2차 과학기술인력 육성지원 기본계획. 서울: 교육과학기술부.

교육과학기술부(2012). 2012년 업무보고. 인재대국 진입으로 선진 인류국가 실현. 서울: 교육과학기술부.

교육과학기술부(2012). 융합인재교육의 활성화 방안 및 추진 현황. 서울: 교육과학기술부.

문대영(2008). STEM 통합 접근의 사전 공학 교육 프로그램 모형 개발. 공학교육연구, 11(2), 90-101.

백윤수·박현주(2012). STEAM 총론적 고찰. 2012년도 융합인재교육(STEAM) 파이오니어(선도교원) 양성과정 연수.

백윤수·박현주·김영민·노석구·박종윤·이주연·정진수·최유현·한혜숙(2011). 우리나라 STEAM 교육의 방향. 학습자중심교과교육연구, 11(4), 149-171.

백윤수·김영민·박현주·이주연·정진수·최유현·한혜숙·최종현(2012). 융합인재교육(STEAM) 실행방향 정립을 위한 기초연구. 한국과학창의재단 연구과제 보고서.

이효녕(2011). STEAM 교육 시행을 위한 미국의 STEM 교육 고찰. 과학창의, 161, 8-11.

이효녕·박경숙(2010). 초등학생이 생각하는 과학자와 공학자에 대한 이미지. 실과교육연구, 16(4), 61-82.

이효녕·권혁수·박경숙·정창렬·오희진·남정철(2012). 과학 통합교육의 효과: 과학적 지식, 탐구능력, 과학 관련 태도에 대한 메타분석. 교원교육, 28(2), 223-246.

이효녕·손동일·권혁수·박경숙·한인기·정현일·이성수·오희진·남정철·오영재·방성혜(2012). 통합 STEM 교육에 대한 중등 교사의 인식과 요구. 한국과학교육학회지, 32(1), 30-45.

이효녕·오영재·권혁수·박경숙·한인기·정현일·이성수·오희진·남정철·손동일·서보현·안혜령(2011). 통합 교육과 통합 STEM 교육에 대한 초등교사의 인식, 교원교육, 27(4), 117-139.

이효녕 외(2012). 과학탐구와 창의적 설계 기반의 STEM/STEAM 교육의 이해와 적용: 융합인재교육의 현장 적용을 위한 I-STEAM 교육프로그램. 서울: 북스힐.

최유현·문대영·강경균·이진우·이주호(2008). STEM 기반 발명영재교육 프로그램 개발과 적용 효과. 한국기술교육학회, 8(2), 143-165.

한국과학창의재단(2012). 융합인재교육의 정책 소개. 서울: 한국과학창의재단.

Campbell, T., Lee, H., Kwon, H., & Park, K. (2012). *Student motivation and interests as proxies for forming STEM identities*. 한국과학교육학회지, 32(3), 532-540.

Kwon, H. & Lee, H. (2008). *Motivation issues in the science, technology, engineering and mathematics (STEM) education: A meta-analytic approach*. 중등교육연구, 56(3), 1-22.

Kwon, H. & Park, K. (2009). *Engineering design: A facilitator for Science, Technology, Engineering, and Mathematics (STEM) education.* 중등교육연구, *33*(2), 207-219.

Lee, H. (2011). *Analysis on the Theoretical Models Related to the Integration of Science and Mathematics Education: Focus on Four Exemplary Models.* 한국과학교육학회지, 31(3), 475-489.

Sanders, M. (2009). STEM, STEM education, STEM mania. *Technology Teacher, 68*(4), 20-26.

Sanders, M. (2011). *An introduction to integrative STEM education.* International Seminar for integrative STEAM Education, Daegu, Korea.

Sanders, M., Kwon, H. Park, K., & Lee, H. (2011). *Integrative STEM (Science, Technology, Engineering, and Mathematics) Education: Contemporary trends and issues.* 중등교육연구, 59(3), 729-762.

Chapter 08

프로젝트 기반학습과 수학영재교육

8.1 영재교육에서 프로젝트 기반학습

수학영재학생을 위한 교수·학습에는 일반적으로 수학적 사실을 수동적으로 학습하는 수업 형태에서 탈피하여 스스로 문제를 찾아서 해결하는 학습 활동이 요구된다. 영재학생들은 추상적이고 복잡한 문제에 도전감을 느낄 수 있다. 영재학생에게는 복잡한 문제들을 해결할 수 있는 기본적인 문제해결능력과 팀워크, 시간 관리능력, 테크놀로지 활용 능력, 독립적인 연구 수행 능력이 기대되는 역량이다. 이러한 역량의 형성은 프로젝트 기반학습에 의해서 효율적으로 증진될 수 있다. 프로젝트 기반학습의 기본적 철학은 구성주의(constructivism)의 관점에 근거한다. 구성주의자들은 학습할 가치가 있는 것을 의미 있게 구성하고, 만들고, 경험하는 일련의 과정을 학습으로 보았다. Vygotsky의 이론은 안내된 참여(guided participant), 스케폴딩(scaffolding), 협력학습(cooperative learning), 인지적 도제(cognitive apprenticeship)를 통해 수업에 적용될 수 있다(문선모, 2007).

첫째, 안내된 참여는 학생들이 학습 활동을 수행할 때 필요로 하는 도움을 제공하기 위하여 학생들을 학습으로 안내하고 돕는 것을 말한다. 둘째, 스케폴딩이란 학생들이 독자적으로 완성할 수 없는 과제를 완성하게 도와주는 발판 역할을 하는 것으로서, 학생으로 하여금 근접발달영역에 있는 과제를 수행할 수 있도록 교사 또는 전문가들이 어떤 형태의 지도나 구조를 제공하는 것이다. 수업을 위한 스케폴딩의 예로는 모델링, 질문, 수업 자료 조절하기, 단서 제공, 절차적 촉진, 어려운 분야를 예상하기, 난이도 조절하기, 절반쯤 한 예를 제공하기, 상호교수, 체크리스트 제공하기 등이 있다. 셋째, 협력학습이란 학생들이 사회적 상호작용을 통해 고차원적 정신기능을 형성하는 것을 말한다. 넷째, 도제란 학생이 독자적으로는 결코 할 수 없는 복잡한 과제를 성취하기 위해 전문가와 집중적으로 학습하는 것을 말한다. 도제를 통해 학생은 과제를 수행하는 방법뿐만 아니라 과제에 관하여 사고하는 방법을 학습한다. 이러한 구성주의를 기반으로 하는 다양한 교수·학습모형에는 상황학습(Situated Learning), 앵커드 수업(Anchored Instruction), 주제별 통합수업(Thematically Integrated Instrution), 열린 접근법(Open-Approach method, 2002), 문제중심학습(Problem Based Learning), 프로젝트 기반학습(Project Based Learning) 등이 있다. 이 가운데 프로젝트 기반학습과 문제중심학습은 모두 PBL이라는 약어로 활용되는 만큼 많은 유사점과 함께 차이점을 가지고 있다. 두 가지 교수·학습 유형은 학생들을 실제적인 실생활 과제에 참여하게 한다는 것, 과제의 해결에 한 가지 이상의 접근방법이 존재하는 개방형 과제가 제시된다는 것, 구성주의적 접근 방식을 가지며 모둠별 협력학습을 중시하고, 긴 기간의 다양한 정보탐색을 통해 과제를 해결해 나간다는 점, 교사는 조력자 및 안내자의 역할을 할 뿐 학생 중심의 접근을 중요시한다는 점에서 유사점을 가지고 있다. 이러한 두 학습모형에 관하여 김해미(2007)는 다음과 같이 특성을 요약제시하고 있다.

문제중심학습은 1960년대 말, McMaster 의과대학의 수련과정에서 최초로 도입되어 간호학, 공학, 법학, 경영학 등 다양한 분야에서 활용되어 왔는데, K-12학년 교육에 도입된 것은 최근의 일이다(Sage, 1996). 이는 풀어야 될 문제(problem)로부터 시작되는데, 문제들은 비구조적인 특성을 가지고 있으며, 실생활의 복잡한 사례들과 유사한 특성을 갖고, 이는 분명한 결론 또는 해답이 존재한다(Albon & Gibson, 1998). 문제중심학습의 학습은 탐구모델(inquiry model)을 기반으로 하고 있는데, 그 학습 단계는 다음과 같다. 우선, 학생들에게 문제가 주어지며, 학생들은 이를 해결하기 위한 지식과 정보를 수집한다. 둘째, 학생들은 보다 많은 정보를 수집하기 위한 계획을 수립한다. 셋째, 주어진 정보를 연구하고 새로운 지식을 공유한다. 넷째, 문제를 해결한다. 다섯째, 학습 활동에 대한 반성과 자아평가를 통해 학습이 마무리된다. 즉, 문제가 주어지면 가설을 수립하고, 정보를 수집하여, 이를 활용하여 문제를 해결하는 방법으로 학습이 이루어진다(Oakey, 2000). 이러한 문제중심학습을 경험한 학생들은 즉각적인 학업성취도의 향상을 기대하기는 어렵지만 자기주도적으로 학습하는 태도와 지속적인 학습 습관을 갖게 된다고 한다(Norman & Schmidt, 1992).

이와 비교하여 프로젝트 기반학습은 K-12학년의 교수·학습과 관련하여 연구되어 왔으며, 어떤 최종 산출물(artifacts, production)을 만들 것인지를 염두에 두고 프로젝트를 시작한다. 즉, 산출물을 완성해가는 과정이 프로젝트이며, 이 과정을 통해 특정 지식과 기술을 습득하게 된다. 프로젝트 기반학습은 산출모델(production model)을 기반으로 하고 있는데, 그 학습 단계는 다음과 같다. 첫째, 학생들은 프로젝트의 산출물을 만드는 목적을 정의하고 대상을 구체화한다. 둘째, 산출물을 설계하고 주제를 탐구하며 프로젝트 운영을 위한 계획을 수립한다. 셋째, 프로젝트를 시작하며 프로젝트를 해결하기 위한 문제를 해결한다. 넷째, 프로젝트를 완성하면서 프로젝트가 종료된다. 다섯째, 프로젝트 결과를 실생활에 적용하며, 프로젝트에 대한 반성과 평가로 학습이 마무리 된다. 즉, 프로젝트가 주어지면 이에 대한 결과물을 산출하기 위한 계획을 수립하고, 산출물을 생성하며, 이를 평가하는 단계로 학습이 진행된다는 차이점을 갖는다(Oakey, 2000).

8.1.1 프로젝트 기반학습의 정의

프로젝트 기반학습에 대한 정의에 앞서 프로젝트에 관한 의미를 명료하게 이해할 필요가 있다. Kilpatrick(1926)은 프로젝트를 학습자가 주체가 되어 수행하는 유목적적 활동으로 간주하였다. Douglas(2000)은 학생들의 흥미를 중심으로 엮인 활동에 초점을 둔 활동으로 정의하였고, Katz(1994)는 보다 학습할 가치가 있는 주제에 대한 심도 있는 조사를 프로젝트라고 정의하였다. Laffey 등(1998)은 장기간에 걸쳐 학생들이 문제를 발견하고 구조화해가는 것에 중점을 두는 맥락적인 수업의 형태로 정의하였다. Blumenfeld(1991)는 프로젝트 기반학습을 오랜 기간 여러 영역의 주제 및 개념을 통합한 의미 있는 과제를 중심으로 과제 해결을 위해서 다양한 테크놀로지를 활용의 강조하는 활동으로 규정하였다. Moursund(1999)는 개인 또는 모둠 활동을 통해 보고서와 프레젠테이션, 각종 다양한 형태의 수행 결과로 나타나는 활동으로 정의하였다(임해미, 2007).

프로젝트 기반학습은 학생 중심적 교수학적 모델로 학생의 탐구를 증진시키는 폭넓은 과제와 보고서, 프레젠테이션과 같은 방식의 학습의 실제적인 표현을 통해 교과 영역에서의 지식과 기술이 개발될 수 있다는 관점을 지향한다. 협동 학습, 지역사회 일원 및 전문가와의 의사소통, 다양한 형태의 평가 등이 프로젝트 기반학습의 특징이다. 아울러 실생활과 매우 유사한 과제들을 심도 있게 탐구할 수 있는 기회를 제공하고, 능동적인 탐구와 고차원적 사고를 증진시키며, 학생들은 의미 있는 문제해결 활동을 통해 새로운 이해에 도달할 수가 있도록 한다. 프로젝트 접근법(approach)이 영재학생들에게 실세계 과제에 대한 심도 있는 탐구를 가능하게 하는 교수전략으로서, 복합적이면서 융통성 있는 틀을 지닌다(임해미, 2007).

프로젝트 과제는 도전적, 실제적, 복합적, 통합적, 개방적 특징을 가지며, 학생들이 장기간의 심도 있는 조사, 연구 및 탐구, 테크놀로지의 활용, 협력학습, 보고서 및 프레젠테이션을 통한 학습의 과정에 참여할 기회를 제공한다.

8.1.2 영재교육에서의 프로젝트 기반학습

프로젝트 기반학습은 프로젝트를 중심으로 학습을 조직하는 것이다. 프로젝트는 도전할 만한 문제를 토대로 이루어진 복잡한 과제로 학생들로 하여금 계획수립, 문제해결, 의사결정, 탐구 활동에 참여하도록 하는 것이다.

프로젝트는 학생들이 교과의 주요 개념과 원리를 적용할 수 있는 문제 상황이 중시된다. 학생들의 탐구 활동을 이끄는 문제 또는 구조화되지 않은 문제가 프로젝트 활동의 주제가 된다. 프로젝트의 탐구 활동은 지식의 재구성과 문제해결을 위한 목적 지향적인 과정이다. 여기에는 지식의 구성과 변형이 포함된다. 프로젝트는 학생 중심으로 결과나 해법보다는 학생들의 진정한 참여와 선택으로 이루어진다. 또한, 프로젝트는 학문적이 아니라 실제적인 문제를 다룬다. 학습 상황에서 의도적으로 계획한 것이 아니라 진정으로 실생활과 관련된 문제를 다루게 된다. 프로젝트 기반학습이란 단순히 지식을 습득하는 것이 아니라 프로젝트 수행을 통해 실제적인 문제 상황에 직면하여 협력을 통해 주제를 깊이 탐구하고 해결책을 찾는 고도의 사고 능력을 개발하는 학습이다. 학습자들이 오랜 시간을 투자하여 과제 해결을 위한 방법을 스스로 구상해 나가는 구조화된 맥락적인 학습이다(Laffey, et al., 1998).

프로젝트 기반학습에 포함되어야 할 일반적인 구성 요소를 제시하면 다음과 같다.

Laffey(1998)은 프로젝트 기반학습을 원활히 수행하기 위해 필요한 핵심요소로서 교수자의 입장에서는 지식의 스캐폴딩과 코칭, 학습자의 입장에서는 정보 및 자원의 제공, 커뮤니케이션과 협동, 학습자간의 평가 등을 제시하고 있다. Blumenfeld(1991)는 프로젝트 기반학습의 프로젝트에 있어서 중요한 구성요소로서 두 가지를 들고 있다. 하나는 활동을 하게 하는 문제(question or problem)의 선정이고, 다른 하나는 이러한 활동이 궁극적으로 일련의 결과물(artifacts or products)을 만들어낸다는 것이다. 또한 어떤 경우에서도 문제의 결과가 미리 정해져서는 안 되며, 학생들에게 자신들의 고유 해결안을 개발할 여지를 마련해 주어야 한다고 설명하고 있다.

영재학생을 위한 학습 활동으로서의 프로젝트 기반학습의 특징을 다음과 같은 특성을 갖는다.

첫째, 영재학생들에게 실제적인 문제(authentic question or problem)에 직면하게 하여 문제해결력을 증진시킬 수 있다. 실제적인 문제는 활동을 이끌어내고 개념과 원리를 조직화하게 된다. 프로젝트 기반학습에 있어서 좋은 문제란 학습자가 문제해결을 위한 연구를 설계하고 수행할 수 있는 실현가능(feasible)한 것이어야 한다. 이러한 문제를 통하여 영재학생은 직접적인 문제해결자로서의 역량을 키울 수 있다.

둘째, 프로젝트 기반학습은 영재학생들의 학습 결과를 제시하고 공유하게 하는데 기여한다. 영재학생들은 개인 또는 소집단별 프로젝트 수행을 통해 그 결과를 유인물, 청각자료, 시각자료, 동영상 등 다양한 자료로 실제적 시연, 발표회, 전시회, 세미나, 워크숍 등의 형태로 공유할 수 있다. 이러한 결과의 발표와 공유를 통해 학습 과정 전체를 재설계하고 피드백하는 과정에서 연구자로서 탐구자로서 능력을 제고할 수 있다. 또한 인성교육적 측면에서 새로운 문제에 도전하도록 하고 문제해결을 위해 협업할 수 있는 기회를 제공받을 수 있다. 함께 결과를 발표하는 과정에서 더 넓은 탐구 공동체와 상호작용하여 정보와 자원 그리고 자신의 생각을 공유할 수 있는 기회를 갖게 된다.

마지막으로 프로젝트 기반학습은 영재 학습자로 하여금 인지적 도구를 사용할 수 있는 기회를 제공해 준다. 이러한 인지적 도구는 컴퓨터, 통신, 하이퍼미디어 등과 같은 것으로 학습자의 인지과정을 확대시킨 된다. 학습자는 이러한 다양한 기술을 이용하여 정보에 쉽게 접근할 수 있고 동료들과도 쉽게 상호작용할 수 있다.

체계적인 절차에 따른 교수 활동은 특정한 기능획득에 유용하지만 영재학생들에게는 기능을 적용하기 위한 프로젝트 작업의 활동의 효율성을 높일 수 있다. 기능획득을 위한 체계적인 교수활동과 기능 적용을 위한 프로젝트 수행을 비교하면 다음과 같다.

〈표 8-1〉 기능 적용을 위한 프로젝트 수행

	기능 획득을 위한 체계적인 교수	기능 적용을 위한 프로젝트 수행
사례	• 각도기와 자로 전개도 그리기 • 막대 그래프 그리기	• 온도변화 조사하기 • 조사해보고 결과를 제시 • 수질오염조사
활동	• 모르는 것 • 어려운 것 • 요구된 것 • 폐쇄적이고 정해진 단계	• 친숙한 것(새로운 상황일 수 있다) • 내적으로 만족스러운 활동 • 선택한 것 • 탐구적이고 개방적인 것
교사	• 가르친다 • 규정한다 • 지시한다 • 노력하도록 장려한다	• 이끌어 준다 • 대안을 제시해준다 • 관찰하고 질문한다 • 아이디어 창출을 장려한다

아동	• 아직은 무능력한 존재다 • 지시에 따른다 • 도움을 받아 활동한다 • 능력을 확신 할 수가 없다 • 교사의 평가를 수용한다	• 할 수 있는 능력 있는 존재이다 • 도움 없이 기능을 사용한다 • 독립적으로 활동한다 • 능력에 자신이 있다 • 자신의 성공 여부를 판단한다

8.1.3 프로젝트 기반학습의 특성 및 과정

프로젝트 기반학습은 프로젝트를 통해 이루어지는 교수·학습 방법이므로, 프로젝트 기반 학습의 특징은 프로젝트가 어떤 특징을 갖는 지에 의해 다른 형태의 교수·학습과 차별성을 갖는다. 이와 관련하여, Thomas(2000)는 다른 교수·학습에서와 구별되는 프로젝트가 갖추어야 할 특징으로 다음의 다섯 가지 준거, 즉 중심성, 추진질문, 구성주의적 조사, 자율성, 현실성을 제시하였다. 첫째, 중심성(centrality)이란, 프로젝트는 교육과정 주변의 것이 아닌 교육과정의 중심이 되는 것이어야 한다는 것이다. 학생들은 프로젝트를 통해 학습의 중심적인 개념을 학습할 수 있어야 하며, 전통적인 수업 뒤에 따르는 부가적인 응용문제를 해결하는 것이나 교육과정을 벗어나는 심화문제해결하는 것은 프로젝트의 예로 볼 수 없다. 둘째, 추진질문(driving question)이란, 프로젝트는 학문의 중심적 개념에 학생들이 접할 수 있도록 유도하는 것이어야 한다는 것이다. 프로젝트는 학생들이 학습해야 될 내용의 개념적 지식과 학습 활동이 연계될 수 있도록 하는 추진 질문 또는 정의하기 어려운 문제를 포함해야 되며, 이는 주제를 중심으로 구성된 단원(thematic unit) 또는 2개 이상의 교과의 공통되는 학습 주제로부터 구성될 수 있다. 셋째, 구성주의적 조사(constructive investigation)란, 프로젝트는 구성주의적 연구에 학생들을 참여시켜야 한다는 것이다. 연구란 탐구, 지식 구축 및 분석을 포함하는 목적 지향적 과정으로서, 설계, 의사결정, 문제발견, 문제해결, 발견, 모델 수립의 과정을 포함한다. 프로젝트의 중심적 활동은 반드시 학생들의 연구 활동에 의한 지식의 구성을 포함해야 하며, 만약 프로젝트의 중심이 되는 활동이 학생들이 해결하기에 어려움이 없거나 이미 학습한 정보 또는 기술들로 구성되어 있다면 이는 프로젝트가 아닌 연습문제일 뿐이다. 또한 실제적인 활동이라 할지라도 정원에 나무심기, 보트 청소하기 등은 이 준거에 따라 프로젝트가 될 수 없다. 넷째, 자율성(autonomy)이란, 프로젝트는 상당 부분 학생들에 의해 진행되어야 한다는 것을 의미한다. 프로젝트는 교육과정의 중심이 되고 문제해결에 초점을 맞춘 것이라 할지라도 실험실습과 같이 교사에 유도되고 짜인 것은 프로젝트로 볼 수 없다. 프로젝트는 미리 예정된 경로에 따라 예정된 결과가 나오는 것이 아니라 학생들의 자율과 선택, 감독하지 않은 상태에서의 학습이 통합되어 진행이 되며, 따라서 전통적인 교수·학습과 비교하여 학생들은 책임감을 가지고 학습에 임하게 된다. 다섯째, 프로젝트는 학교와 같지 않으며 현실적(realism)이어야 한다. 프로젝트는 학생들에게 실제적이라는 느낌을 주어야 하며 실세계에 적용 가능한 것이어야 한다. 이러한 특징은 학생들이 수행하는 주제, 과제, 학생들의 역할, 수행되는 프로젝트의 맥락, 학생들에게 도움을 주는 조력자, 수행 결과의 평가의 준거 등에 반영되어야 한다(임해미, 2007).

프로젝트 기반학습의 과정은 다음과 같이 준비하기, 주제 결정하기, 활동계획하기, 탐구 및 표현하기, 마무리하기, 그리고 평가하기로 구성된다.

〈표 8-2〉 프로젝트 기반학습의 과정

단계	활동 특성
준비하기	• 주제, 주제망, 자원목록을 잠정적으로 결정하거나 작성
주제 결정하기	• 주제와 관련한 학습자 선경험을 끌어내기 • 교사와 학생이 함께 주제망 작성하기
활동 계획하기	• 학습할 소주제를 결정하고, 학습 활동팀을 구성 • 질문 목록 작성 • 학습 활동에 필요한 자원 목록을 작성 및 자원 확보
탐구 및 표현하기	• 문헌조사, 현상조사, 현상실험, 자원인사 면담 • 구성원의 개별적 반성(self-reflection) 활동과 구성원들의 중지 모으기 • 토의 토론하기 등 사회적 기술 습득 • 탐구의 계획, 과정, 결과에 대한 표현 활동(언어, 숫자, 소리, 그림, 입체, 신체 등의 다양한 표현양식 사용)
마무리하기	• 탐구, 협의, 표현 활동의 결과를 문집, 그림, 구성물, 멀티미디어 자료의 형식으로 만드는 활동 • 교사, 부모, 지역 사회 인사들에게 발표, 전시, 극활동 등의 다양한 양식으로 제시하는 활동
평가하기	• 형성평가와 총괄평가의 두 활동으로 구성 • 형성평가는 프로젝트 기반학습의 제 과정들이 프로젝트 기반학습의 전체 목표와 요소별 활동 목표의 달성을 향하여 전개되는가를 조사하고 검토하여 통제 • 총괄평가는 작품분석, 일화분석, 개인 및 집단 반성, 체크리스트, 사회성 검사, 면접, 가정조사서 작성 등과 같은 다양한 방법으로 학습의 성과를 조사하여 프로젝트 기반학습의 전 과정에 대한 판단

이러한 프로젝트 활동을 교수적 측면에서 지원하는 전략을 단계화 하면 다음과 같다.

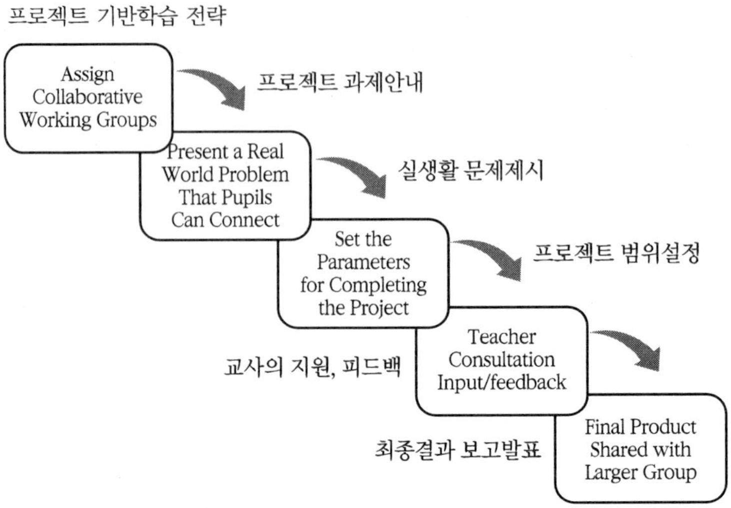

[그림 8-1] 프로젝트 활동의 교수적 측면에서 지원 전략 단계

교사는 이러한 과정에서 학생들의 창의적인 사고로 문제를 해결하고 새로운 것을 탐구하는 기회를 제공하게 된다. 학습자들은 스스로 학습을 설계하고 계획하며 결과물이나 수행을 만들어 내는 과정에서 필요한 새로운 지식과 기술을 능동적으로 탐색하고 습득하게 된다.

교육적으로 가치 있는 프로젝트 주제는 학생들이 주변의 사물을 다른 관점에서 인식하는 것을 촉진시키는 효율적이고 생산적이면서 확대 가능한 아이디어가 강조된다. 프로젝트 기반학습은 상호 협력적인 학습 환경에서 학습자들은 자신의 학습 과정을 스스로 조절하면서 적극적으로 참여하게 되며, 문제해결을 위해 교과간의 지식이 어떻게 관련되어 있는지를 이해하고 통합하는 능력과, 다양한 해결 방법을 제시하는 유연한 사고가 촉진된다는 것이다(Doppelt,2003).

한편 프로젝트 과정에서 학생들이 보다 독립적으로 연구 활동을 수행할 수 있는 전략은 다음과 그림과 같은 전략을 적용해볼 수 있다.

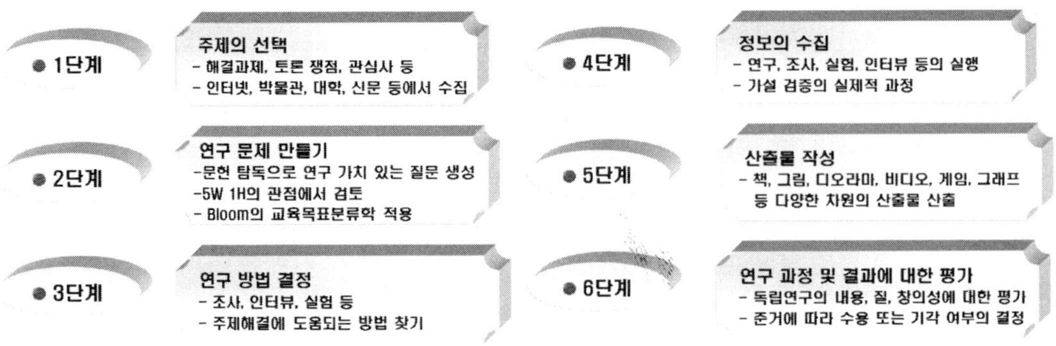

[그림 8-2] 독립연구 수행 절차(Johnsen & Goree, 2005)

8.1.4 프로젝트 기반학습의 효과

프로젝트 기반학습과 관련된 연구 가운데 프로젝트 기반학습을 통해 학습 효과에 대한 연구들은 실행 관련 연구와 더불어 폭넓게 이루어졌다. Katz와 Chard(1993)은 프로젝트 기반학습 효과를 다섯 가지로 설명하고 있다.

첫째, 학생들의 자기주도적으로 새로운 지식을 습득하는 것을 돕는다. 학습자가 새로운 정보와 개념을 접하고 이를 자신의 기존 지식에 첨가하여 새롭게 의미를 파악하게 된다.

둘째, 프로젝트 완성을 위해 필요한 지적인 능력뿐만 아니라 사회적 의사소통 기능, 표현기술 등을 익히게 된다.

셋째, 학생들은 프로젝트 활동에 참가하면서 관찰하는 태도, 특정 주제 해결을 위한 탐구기능, 관련 지식들의 관계를 파악하고 문제해결을 위한 예리한 질문력, 문제를 끝까지 해결하려는 지구력과 호기심 등을 신장하게 된다.

넷째, 학생의 전인적인 인격 발달에 긍정적인 영향을 준다. 소집단이나 대집단으로 프로젝트를 완성하는 과정에서 학습자들은 상대방의 공헌을 인정하고 칭찬해주며, 서로 협동하여 과제를 해결하면서 집단의 소속감이 확고해지고 이는 공동체 내의 연대감을 높이게 된다.

영재학생의 학습 활동 과정이어서 프로젝트 기반학습이 갖는 교수학적인 효과를 제시하면 다음과 같다.

첫째, 영재학생의 내재적 학습 동기를 유발시킴으로써 학습 성취도를 높이고 지속적인 학습에 대한 의욕을 고취시킨다. 영재학생들은 비구조화된 프로젝트 기반학습 문제를 선호하며, 실생활 문제를 즐겨 탐구하고자 한다. 이 점에서 학습 주제가 학습자의 흥미나 관심에 의한 것일 뿐만 아니라 자신만의 방법으로 탐구하고 표현하는 활동을 통해 만족감과 성취감을 느끼고, 이는 후속 학습에 대한 강한 내적 동기가 된다.

둘째 영재학생들이 같은 관심 영역에서 집단 탐구 활동에 참여함으로써 균형 잡힌 인격을 발달시킨다. 프로젝트를 완성하는 과정에서 학습자들은 서로를 배려하고 사랑하는 마음, 문제해결을 위한 긍정적인 학습 태도, 서로의 의견을 통합하고 조절하는 능력 등 전인적인 인격 형성에 필요한 정의적인 요소를 발달시킨다.

셋째, 문제의 해결과정에서 창의적인 사고를 촉진시킨다. 프로젝트 기반학습은 문제의 해결 방법이 정형화되어 있지 않으므로 여러 가지 해결 방법을 구상하려는 자기주도적인 학습이 이루어지게 된다. 이러한 과정에서 학습자들은 다양한 아이디어를 제시하고, 여러 가지 방법들을 분석하고 검토하여 보다 발전되고 새로운 해결책을 발견하는 비판적 사고와 창의적인 사고 활동이 일어난다.

넷째, 학습자의 주변 생활이나 타교과와의 통합적인 교육 내용이다. 지식 습득 문제해결이라는 명확한 목적을 가짐으로써 의미있게 학습이 이루어질 수 있다. 그리고 해결 방법을 탐구하는 과정에서 영역이나 교과의 경계를 넘어서는 다양한 지식을 종합적으로 적용하게 됨으로써 타 교과와의 통합적인 교육이 이루어질 수 있다.

프로젝트 기반학습은 소단위의 학습 내용보다는 교과목 전체 또는 타 교과와의 연계성을 토대로 이루어짐으로써 통합적인 사고와 분석적인 사고 기능을 필요로 하는 고등 수준의 학습이다. 또한 여러 가지 가능성 있는 해결 방법들을 분류하고 비교하여 평가하는 비판적 사고 능력과 새로운 해결 방법을 구상하는 창의적인 사고 기술이 중요한 요인으로 작용한다. 영재교육에서의 프로젝트 기반학습을 영재학생들의 인지적, 정의적인 측면과 관련지어 논의해볼 수 있다. 제시된 문제가 복잡한 사고 과정과 다양한 해결 방법을 요구한다는 것은 지적 능력이 우수한 영재학생들의 인지적인 발달을 촉진시킬 수 있고, 학습자 중심의 주제 선정과 장기간에 걸쳐 프로젝트가 완성되는 것은 자기주도적인 학습을 선호하면서 도전 과제에 집착하는 성향을 지닌 영재학생들의 정의적인 요소에 부합된다. 단위 주제보다는 교과목 전체적인 맥락이나 여러 교과가 의미있게 관련됨으로써 교육내용이 통합적으로 구성되고 이는 차별화된 영재교육과정으로서의 의미를 지니게 된다. 특히 교사는 학생들의 과제 해결을 위한 다양한 방법을 안내하고 협조하는 역할을 하는 학습자 중심의 학습 환경을 제공하게 된다. 따라서 프로젝트 기반학습은 영재학생들의 인지적, 정의적 측면이 고려된 효과적인 학습이라 할 수 있다.

8.2 수학과에서의 프로젝트 기반학습

8.2.1 수학영재를 위한 프로젝트 기반학습

수학교과에서의 교수·학습이 전통적인 설명식 수업에 상당부분 의존하고 있는 것이 현실이다. 이는 수학과 영재교육에 있어서도 마찬가지이다. 학교 수학은 수학교과의 특성상 교수자의 강의에 의해 학습자에게 지식을 직접적으로 전달하는 강의식 수업이 효과적인 교수·

학습 방법일 수 있으나. 영재학생이 독립 연구기능을 지닌 개인으로 성장 발달시키기 위해서는 프로젝트 기반학습이 절대적으로 필요하다.

영재학생들은 과제 수행을 위해 어떤 수학적 지식을 사용해야 하는지를 결정해야 할 뿐만 아니라 때로는 어떻게 접근해 나가야 할 것인가에 관한 수학적 방법까지도 결정해야 한다. 따라서 프로젝트는 학생들의 실제 생활과 직접 관련되어 그들의 고등 사고 능력을 발휘할 수 있는 문제 상황을 주제로 제시함으로써 과정 중심의 수행 경험을 하게 된다(황혜정 외, 1999). 또한 프로젝트는 각 교과별로나 통합교과적으로 여러 가지 연구 주제 중에서 학생의 능력이나 흥미에 적합한 주제를 선택하여 그 주제에 대해서 자기 나름대로 자료를 수집하고 분석 종합하여 연구 보고서를 작성 제출하도록 하여 평가하는 것으로도 정의할 수 있다. 연구의 주제나 범위에 따라 개인적으로 할 수도 있고 관심 있는 학생들이 함께 모여서 단체로 할 수 있다.

수학교과에 있어서 수학적 사실이나 법칙, 알고리즘 절차 등을 이용하여 학습자가 직접 답을 작성하거나 구할 수 있는 문항을 ‘서술형’으로, 학습자가 문제해결 과정이나 답을 작성하거나 고안해낼 수 있는 문항을 논술형으로 분류하고, 논술형 문항의 대표적인 형태로 ‘프로젝트’를 포함시킬 수 있다.

프로젝트의 소재나 주어진 문제 상황의 종류에 따라 실생활 문제해결형, 타교과 연계형, 수학사 활용형, 신문 활용 교육형, 패러독스형으로 나누며 프로젝트를 해결하는 방법적인 측면과 관련해서 찬반 토론형, 자료해석형, 수학적 모델링형, 주제 탐구형, 게임형으로 분류할 수 있다. 소재 측면에서 일반과제형, 수학사 활용형, 실생활 관련형, 타교과 연계형의 유형으로, 해결방법 측면에서는 자료 수집형, 정보 활용형, 도구 활용형, 게임형의 유형으로 나눌 수 있다. 내적 소재 측면에서 세분화된 유형으로는 일반과제형과 수학사 활용형이 있는데 일반과제형은 수학 교과에서 습득한 선행 수학적 지식을 주로 이용하여 해결할 수 있는 프로젝트이며, 수학사 활용형은 수학사와 관련된 소재를 갖춘 프로젝트로 수학사에서 찾아볼 수 있는 수학적 사고의 발생과 발전 과정을 활용하여 해결할 수 있는 프로젝트이다. 외적 소재 측면에서 세분화된 유형으로는 실생활 관련형과 타교과 연계형이 있는데 실생활 관련형은 실생활과 관련된 소재를 갖춘 프로젝트로 보다 풍부한 현실적 맥락 속에서 문제 상황을 이해하여 해결할 수 있는 프로젝트이고, 타교과 연계형은 다른 교과와의 연계성에 초점을 두어 수학적 지식뿐만 아니라 다른 교과 지식을 함께 활용하여 해결할 수 있는 프로젝트이다. 탐구형 해결 방법에서 세분화된 유형으로는 자료 수집형, 정보 활용형, 도구 활용형이 있는데 자료 수집형은 주변 사람들에게 설문을 하거나 자신이 직접 실험을 계획하고 해봄으로써 자료를 얻어 해결할 수 있는 프로젝트이고, 정보활용형은 책이나 인터넷 등을 이용하여 여러 가지 정보를 찾아보고 그 정보를 이용하여 해결할 수 있는 프로젝트이며, 도구 활용형은 자,

블록, 계산기, 수 카드 등과 같은 수학 교구 및 도구를 활용하여 해결할 수 있는 프로젝트이다. 마지막으로 게임형은 수학적 지식의 활용을 수반하는 게임을 통해 해결할 수 있는 프로젝트이다.

연구의 특성상 모든 프로젝트가 항상 두 가지 요소를 동시에 포함하고 있는 것으로 나타나지만, 해당 프로젝트가 어떤 것에 보다 강조점을 두고 있는지에 따라 충분히 한 가지 유형을 그 프로젝트의 대표적 유형으로 삼을 수 있다(김희정, 2003).

수학과에서 다양한 현장 중심의 프로젝트 기반 수업의 사례와 연구물이 누적되지 못한 현실적 문제는 극복되어야 할 과제이다. 또한 프로젝트 기반의 수학과 교수•학습을 지도하기 위한 체계적인 안내서도 부족한 실정이다. 교사는 프로젝트의 시작 전에 프로젝트의 전체적인 흐름에 대한 준비를 하고, 학생들 또한 능동적으로 연구하고자 하는 태도를 가져야 할 것이다. 비교적 장기간 이루어지는 프로젝트임을 감안할 때 학생들의 흥미가 지속적으로 유지될 수 있는 프로젝트의 주제와 학습과정 전체를 이끌어가는 질문이 명확하게 제시되어야 하며, 학생들이 배워야 할 수학적 지식의 모두를 학생들의 탐구를 통해 발견할 수 없다는 것을 고려할 때, 프로젝트가 진행되는 과정에서도 교사의 의한 내용 설명 및 안내가 적절한 시점에서 이루어지는 것이 바람직 할 것이다.

8.2.2 프로젝트 기반학습의 설계

Douglas(2000)는 프로젝트를 설계할 때에는 실제성(Authenticity), 학문적인 엄격성(Academic rigor), 실생활에 적용성(Applied learning), 학생의 능동적인 탐구(Active learning), 전문가와의 접촉을 통한 정보획득(Adult connection), 활동과 실재에 대한 평가(Assessment practices)를 포함할 것을 제안하고 있다. 이를 여섯 가지 A라고 하며, 이는 제시하면 아래 〈표 8-3〉과 같다(임해미, 2007).

〈표 8-3〉 프로젝트 설계에서 고려할 사항 점검 목록

1. Authenticity

___ 1. 프로젝트는 학생들에게 의미가 있는 문제 또는 질문으로부터 구성되었다.
___ 2. 이 문제 또는 질문들은 실제로 지역사회 또는 직업에서 발생하는 것이다.
___ 3. 학생들은 학교를 벗어나 개인적이고 사회적인 가치를 갖는 무엇인가를 창조 또는 생성하였다.

2. Academic rigor

___ 1. 프로젝트는 하나 또는 그 이상의 단원 또는 교과 내용의 중심이 되는 지식을 습득하고 적용할 수 있는 것이어야 한다.
___ 2. 프로젝트는 학생들이 탐구할 수 있도록 독려하는 것이어야 한다.
___ 3. 학생들은 높은 수준의 사고 기술을 개발할 수 있어야 한다.
(예: 증거를 찾는 것, 다른 시각에서 바라보기 등)

3. Applied learning

___ 1. 학생들은 학교를 벗어나 실제 생활과 관련된 산출물을 설계하고, 체제를 개선하는 등 반구조적인 문제들을 해결한다.
___ 2. 프로젝트는 학생들이 협동학습을 하고, 테크놀로지를 적절하게 활용하며, 문제를 해결하고, 의사소통을 하는 등 높은 수준의 학습 수행 조직이 기대되는 능력을 사용하고 습득할 수 있도록 하는 것이어야 한다.
___ 3. 학습은 학생들의 조직적, 자아조절능력 개발을 요구한다.

4. Active exploration

___ 1. 학생들은 현장기반학습을 수행하는 데 많은 양의 시간을 사용해야 한다.
___ 2. 프로젝트는 학생들이 실제적인 조사에 참여하고, 다양한 방법, 미디어, 자원 등을 사용할 수 있도록 구성한다.
___ 3. 학생들은 프레젠테이션을 통해 그들이 학습한 것이 무엇인지를 의사소통할 수 있도록 한다.

5. Adult connections

___ 1. 학생들은 전문가 또는 경험자들을 직접 만나거나 관찰하는 기회를 가져야 한다.
___ 2. 전문가의 작업은 학생들에게 시각적으로 분명하게 보여져야 한다.
___ 3. 교실 밖에 있는 전문가는 학생들이 수행중인 학습과 같은 종류의 문제를 해결하는 방법을 실세계의 규준과 관련하여 개발할 수 있도록 도와준다.

6. Assessment practice

___ 1. 학생들은 유사한 결과물들의 예를 확인할 수 있는 기회를 갖도록 한다.
___ 2. 학생들이 결과물, 전시, 포트폴리오, 프레젠테이션을 어느 부분까지 준비할 것인지에 대한 명확한 기준이 있어야 한다.
___ 3. 학생들은 수행중인 과제에 대한 즉각적인 피드백을 받고, 그들이 학습을 완료하는 데 도움이 될 수 있는 프로젝트의 규준을 통해 주기적으로 구조적인 자아 평가를 할 수 있도록 한다.

1) 효율적인 프로젝트 설계의 요건

프로젝트는 개인, 소그룹 또는 팀, 학급 전체, 다른 학급과 통합, 다른 학교의 학급과 통합하는 등 다양한 형태로 진행될 수 있으며, 이는 학생들에게 교과간의 연계성, 학문적인 규준과 목표를 진술하도록 하고, 개인의 재능과 흥미를 발견하고 사회적 기술을 개발하며, 테크놀로지를 활용하는 능력을 길러주고, 단원을 학습할 때 학생들이 주어진 주제에 대해 심도 있는 탐구를 하도록 함으로써 수업의 내용에 관심을 가질 수 있도록 도와준다.

효과적인 프로젝트의 특징은 다음과 같다.

- 개방형(open-ended) 과제, 실제적인 과제에 참여시킨다.
- 학생 스스로 결정을 내리고, 흥미를 느끼며, 결과물을 통해 성취감을 느낀다.
- 학생들은 탐구(inquiry)를 통해 학습하며, 전반적인 활동을 조정하다.
- 교사는 조력자(facilitator) 또는 코치의 역할을 한다.
- 학생들은 그룹 내에서 협력적인 학습을 하게 되며, 개인적인 능력을 최대한 활용한다.
- 프로젝트는 교육과정과 관련된 학습목표에 초점을 두어야 한다.
- 프로젝트는 교육과정을 형성하는 질문(curriculum-flaming questions)들을 통해 진행된다.
- 교육과정을 형성하는 질문에는 본질적인(essential) 질문, 단원(unit)과 관련된 질문, 내용(content)과 관련된 질문의 세 가지 형태가 있다. 본질적인 질문은 커다란 개념과 사고를 나타내는 폭넓은 개방형 질문을 말한다.

수업을 보다 효과적으로 진행하고 학생들을 학습에 효과적으로 참여시키기 위해서는 교사가 사전에 수업에 대한 세밀한 계획을 수립하고 준비하는 과정이 요구된다. 이는 프로젝트 기반학습에서도 예외는 아니며, 프로젝트 기반학습의 특성상 보다 성공적인 프로젝트를 설계하기 위해서는 완결된 프로젝트의 모습을 염두에 두고 설계에 임하는 것이 필요하다.

2) 프로젝트 기반 교수·학습 설계의 단계

학습의 목표와 프로젝트의 목적이 불분명하면 학생들이 프로젝트의 과정에서 무엇을 해야 되는지, 어떤 결과물을 만들어내야 하는지에 대한 명확한 전달이 이루어지지 못하여 처음에 의도한 바와는 다른 결과를 얻을 수도 있기 때문에, 프로젝트를 설계할 때에는 첫째, 학생들에게 지도하고자 하는 내용적 지식과 사고 기술에 대한 학습목표를 명확히 설정하고, 둘째, 이를 위한 추진질문을 개발하며, 셋째, 평가계획을 수립하고, 넷째, 학습목표에 도달하는 데 적합한 학습 활동을 설계하도록 한다. 이와 같은 네 가지 설계단계는 선형적인 것이 아니며,

불명확한 부분에 대해서는 이전 단계로 돌아가서 수정을 하는 과정을 거쳐서 이를 보완하는 것이 바람직하다. 이 네 가지 단계에 대한 자세한 설명은 다음의 〈표 8-4〉와 같다(임해미, 2007).

〈표 8-4〉 프로젝트 기반 교수·학습 설계를 위한 단계(Intel Innovation in Education, 2004)

1단계: 교육과정에 나타나 있는 내용적 지식과 고차원적 사고기술을 개발할 수 있는 구체적인 학습목표를 수립한다. • 학생들에게 교육과정의 내용 가운데 어떤 것을 알고, 할 수 있고, 이해할 수 있도록 하고자 하는가? • 고차원적 사고 가운데 어떤 것을 개발하고자 하는가?
2단계: 교육과정을 형성하는 질문(curriculum framing question)을 개발한다. • 도달하고자 하는 학습목표의 가장 큰 아이디어는 무엇인가? • 도와주는 본질적, 단원, 내용과 관련된 질문은 무엇인가? • 질문(essential question)은 학생들에게 학습에 대한 흥미를 불러일으키며, 커다란 문맥에서 학습내용을 생각할 수 있도록 하는 질문을 말한다. (예: 형태는 어떻게 구성되어 있는가?) • 단원과 관련된 질문(unit question)은 프로젝트의 중요한 목적에 초점을 두고 있다. (예: 물체의 움직임과 관련된 법칙은 무엇인가?) • 내용과 관련된 질문(content question)은 기본적이고 특정한 대답을 유도하는 것이다. (예: 도형이란 무엇인가? 생활 속에 도형은 어떻게 활용되는가?)
3단계: 평가 계획을 수립한다. • 학생들이 학습목표에 도달하였음을 어떻게 알 수 있는가? • 학생들을 어떤 준거로 평가할 것인가? • 프로젝트의 전 과정에 걸쳐서 교사와 학생들에게 정보를 줄 수 있는 평가방법으로 어떤 것을 사용할까? • 학생들이 개인 또는 팀으로 학습을 하는 동안, 학생들이 자기 관리를 할 수 있도록 독려하기 위해 사용할 수 있도록 보고하고 모니터할 수 있는 방법에는 무엇이 있는가?
4단계: 학습 활동을 설계한다. • 학생들이 학습목표에 도달할 수 있도록 보다 풍부한 학습기회를 제공하기 위해 개발한 시나리오는? • 어떻게 학생들을 의미 있는 과제와 문제해결학습과 참여시킬 것인가? 실세계와 관련된 교실 밖의 삶을 어떻게 학습내용과 관련시킬 것인가?

Douglas(2000)는 교사가 성공적인 프로젝트 기반학습을 설계하고 준비하기 위한 여섯 단계를 다음과 같이 제시하였다.

- 프로젝트의 목표를 선택한다.
- 프로젝트 활동을 통해 학습하게 될 지식과 기술의 영역을 구체화한다.
- 프로젝트를 도입하고, 학생들을 참여시킨다.
- 프로젝트를 진행할 때 교사가 주도할 부분과 학생의 활동에 의해 이루어지는 부분을 어떤 비율로 할 것인지를 선택한다.
- 프로젝트의 타임라인과 도달점을 확립한다.
- 계획, 보고, 피드백을 통해 학생들의 진행과정을 모니터한다.

NFIE(The National Foundation for Improvement of Education, 2000)는 프로젝트가 성공적으로 이루어지기 위해서는 분명한 목표와 과제, 교수학적 목표가 명확하게 제시되어야 하며, 시작과 끝나는 날짜, 과제물의 제출 기한, 사용해도 되는 프로그램, 부모 및 전문가의 도움의 범위 등이 정확하게 제시되고, 학생들이 제출해야 될 자료 또는 보고서의 예가 제시되어 학생들이 어떤 방향으로 보고서를 작성해야 되는지를 파악할 수 있도록 하는 것이 바람직하다고 하였다.

3) 프로젝트 수행에서의 탐구 문제의 정교화

교사가 프로젝트를 설계할 때 가장 고민하는 부분은 프로젝트의 주제를 무엇으로 선택할 것인지와 프로젝트 수행을 위한 탐구 문제를 정교화시켜 나가는 작업이다. 이를 추진 질문(driving question: Marx et al., 1997; Rivet, 2003)이라고 하며, 이는 프로젝트 기반학습의 전반을 지배하고 학습을 이끌어가는 질문으로써 핵심적 질문(big question: GLEF, 2003), 교육과정을 형성하는 질문(curriculum-framing question: Intel Innovation in education, 1997)과 같은 의미를 갖는다. 추진질문의 가장 중요한 목표는 수업을 조직하고 안내하는 역할을 하는 것이며, 주어진 프로젝트의 해결해가는 과정에서 학생들이 적절한 수학적 개념을 적용할 수 있도록 한다(Krajcik et al., 2002). 프로젝트의 주요 학습 내용이 추진질문을 통해서 형성되므로 추진질문은 교육과정의 내용을 포함하고 있어야 하며(Marx et al., 1997), 학생들의 경험과 지식이 적용될 수 있는 실세계의 문제들을 아우르도록 설계되어야 한다. 이와 같이 학생들에게 의미가 있는 문제를 통한 학습은 프로젝트를 수행하는 데 대한 학습동기를 부여하게 된다(임해미, 2007).

추진질문은 이를 해결하기 위해서 우선적으로 다양한 학습 활동과 여러 가지 형태의 정보들을 종합해야 하는데, 이는 분절적인 프로젝트의 활동들을 일관성을 가지도록 해주며, 학생들의 흥미를 증진시키고 프로젝트의 목표와 목적을 향해 학생들을 안내하는 등대의 역할을 한다(임해미, 2007).

- 주어진 장소에 미래 사회에 적합한 건축하기 위한 최적의 설계는 무엇인가?
- 로켓이 비행하는 형태를 어떻게 설명할 수 있는가?
- 인터넷 사용의 증가의 정도를 어떻게 예측할 수 있는가?
- 도형은 일상생활에서 어떻게 활용되고 있는가?

추진질문과 함께 프로젝트기반수업의 설계에서 고려해야 될 부분이 바로 수업을 어떻게 구성할 것인지에 대한 고민이다. 만약 수업의 내용이 학생들이 스스로 발견하고 탐구하여 알아내기가 어려운 경우에는 교사의 강의식 수업이 효과적일 수 있다. 즉, 모든 단원의 수업이 학생들의 자발적인 탐구와 협력에 의해 이루어지는 것이 적합한 것은 아닐 것이다(Markham, et al., 2003). 또한, 프로젝트 기반학습에 적합한 특정한 교과가 정해져 있는 것은 아니며, 하나의 교과 내에서도 학습하고자 하는 내용이 무엇인지에 따라서 프로젝트 기반학습을 통해 학습하는 것이 적합한 단원과 강의식 수업이 적합한 단원이 나누어질 것으로 보인다. 이 가운데 어떤 것이 더 적합한지에 대한 판단은 최종적으로 수업을 하게 되는 교사의 몫이 될 것이다. 만약 어떤 단원이 학생들이 실제적인 과제를 통해 심도 있게 탐구하는 것이 보다 효과적인 학습을 가능하게 할 것으로 판단되는 경우, 교사는 그 단원을 프로젝트 기반학습에 적합하도록 재구성할 필요가 있는데, Douglas(2000)는 [그림 8-3]과 같이 주제(Theme)를 몇 개의 단원(Unit)으로 구분하고, 이를 학습 활동(Activity)과 프로젝트(Project)들로 구성할 것을 제안하였다(임해미, 2007).

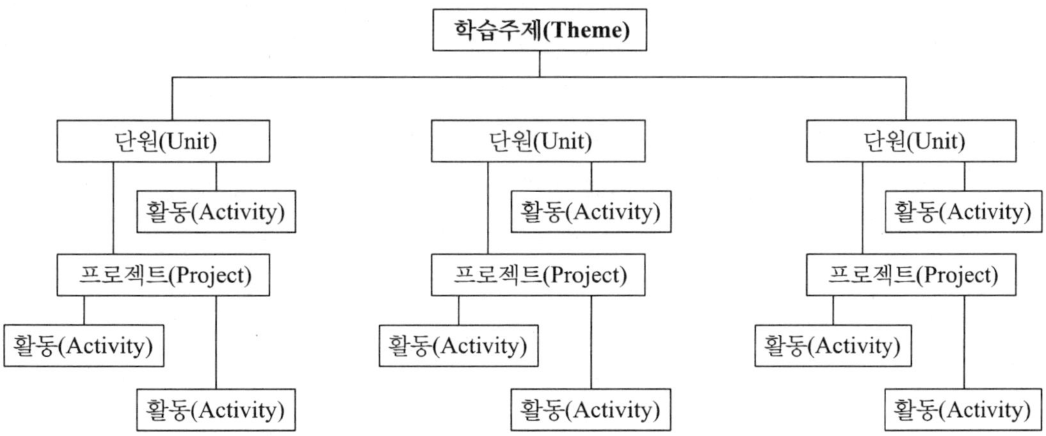

[그림 8-3] 학습주제의 단원별 프로젝트 활동의 구성

주제란 몇 가지 영역의 개념을 포괄하는 것, 단원이란 교사에 의해 제작되거나 교육과정에 안내된 유목적적인 학습 활동의 집합체, 프로젝트란 학생들에게 흥미를 줄 수 있는 영역에 대한 심도 있는 탐구를 하도록 하며 단원의 학습에 중요한 역할을 하는 것, 활동이란 단원과

프로젝트를 완성하기 위한 간단한 과제로 정의하면서, 프로젝트의 내용은 이들을 적절한 구성을 갖는 구조로 설계되는 것이 바람직하다고 하였다. 즉, 커다란 학습 주제에 접근하기 위해서 주제를 적절히 분절하여 단원을 구성하고, 단원의 학습은 프로젝트와 활동을 통해 이루어지도록 하는 것이 바람직하다고 보았다.

한편, Thomas(2000)는 프로젝트 기반학습은 정규교육과정이 끝난 뒤에 심화된 내용을 다루거나 교육과정과 관련되지 않은 내용을 분절적으로 다루는 것이 아니라, 교육과정의 중심이 되는 내용을 다루면서 프로젝트에 참여하는 동안 교육과정에서 목표하는 내용적 지식과 기술을 습득하도록 하는 것이 바람직하다고 하였는데, 수학교과의 모든 내용적 지식과 기술의 학생들이 연구 및 탐구를 통해 알아낼 수 있는 것이 아니기 때문에, 수학교과에서의 프로젝트 기반학습은 팀 프로젝트가 진행되는 동안 부분적으로 강의가 필요한 부분에 있어서는 적절한 활동을 통해 이를 보완하는 것이 바람직할 것으로 보인다.

4) 평가 설계

프로젝트 기반학습은 모든 학생들이 동시에 같은 내용을 학습하는 것이 아니기 때문에 교사가 적절한 피드백을 주기 위해서는 학생들 개개인의 프로젝트 진행 상황, 어려움을 파악하고 있어야 하며, 평가에 있어서도 프로젝트 기반학습에 적합하게 고안된 실제적인 평가(authentic assessment)방법을 사용해야 된다. 실제적인 평가란 학생들이 실제적인 과제와 결과물을 만들어내는 데 요구되는 그들의 지식을 증명하고 적용할 수 있는 것이어야 하는데, 그 예로는 가정을 테스트하기 위한 실험을 설계하고 수행하는 것 등을 들 수 있다. 실제적인 평가는 학생들의 보고서와 수행에 대한 주의 깊은 검사(examination)를 포함하며, 자아평가, 동료평가, 교사에 의한 평가 등 다각적인 평가를 실시하는 것이 바람직하다. 한편, 이러한 평가들은 신뢰도와 타당도를 높이기 위해 미리 고안된 평가표(rubric)에 의해 이루어지도록 한다. Boise State University와 Buck Institute for Education(2004)은 프로젝트 기반학습의 평가유형으로 객관식 평가, 체크리스트, 평가표 세 가지를 제시하였는데, 이들이 사용되는 경우와 장·단점은 다음의 〈표 8-5〉와 같다(임해미, 2007).

이러한 다양한 평가들은 프로젝트 기반학습이 시작되는 단계부터 체계적으로 투입되는 것이 중요하며, 프로젝트의 설계, 교수·학습의 설계와 더불어 평가 설계도 함께 이루어지는 것이 체계적인 프로젝트 기반학습을 실행하는 데에 도움이 될 것으로 보인다. 다음의 [그림 8-4]는 프로젝트 기반학습의 평가 타임라인의 예를 나타낸 것이다(임해미, 2007).

<표 8-5> 프로젝트 기반학습의 평가유형
(Boise State University와 Buck Institute for Education, 2004)

평가	사용되는 경우	장점	단점
객관식 (Objective-Online)	학생들이 개념 또는 절차를 숙달했는지를 측정하기 위해 설계된 테스트 또는 퀴즈	관리하고 점수화하기에 용이	시험환경을 통제하기 어려우며, 테스트를 위한 별도의 장소가 필요함
체크리스트 (Checklist)	일련의 과제를 완성했는지를 체크	사용하기에 편리함. 교수자와 학생 모두가 사용할 수 있음	과제의 완성 정도를 확인하는 데에만 사용됨
평가표 (Rubric)	프로젝트, 결과물, 프리젠테이션 또는 온라인 참여에 대한 평가	내용적인 면을 평가하는 준거가 제시됨	적합한 준거를 선택하는 어려움

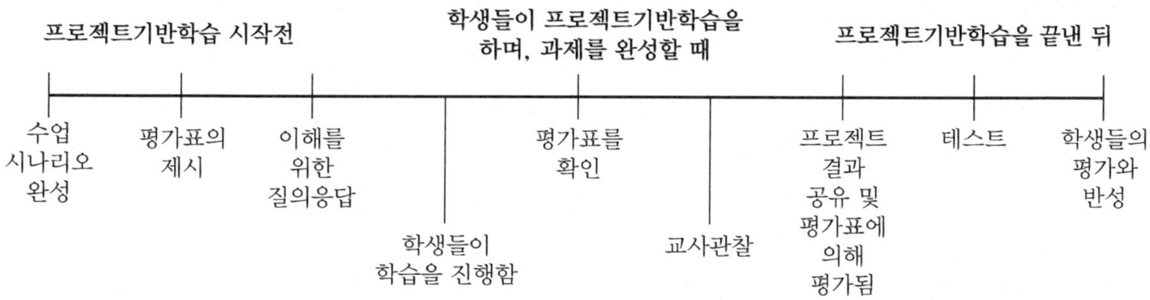

[그림 4] 평가 타임라인의 예(Intel Innovation in Education, 2004)

한편, 프로젝트 기반학습에서 평가를 위한 방법과 도구는 매우 다양하며, 이들은 교사와 학생 모두에게 중요한 정보를 제공할 수 있다. 평가방법은 모니터링 과정에서의 방법, 이해에 대한 확인 또는 메타인지를 북돋우기 위한 방법, 이해와 기술의 습득을 나타내기 위한 방법 등 평가의 목적에 따라 다양화될 수 있다(Intel Innovation in Education, 2004). 첫째, 모니터링 과정에서의 평가방법은 학습일지, 과정에 대한 체크리스트, 과정에 대한 보고서, 프로젝트미팅과 컨퍼런스로 나눌 수 있다. 학습일지(learning log)는 정해진 양식의 프로젝트 저널로서, 정기적으로 기록하는 간단한 메모를 뜻한다. 과정에 대한 체크리스트는 학생들이 일련의 학습일정 가운데 특정한 시점에서 요구하는 것이 무엇인지에 대한 정보를 제공하는 것으로서, 과제의 특징, 보조과제, 마감시한 등에 대한 상세한 정보를 담고 있다. 과정에 대한 보고서는 학생들이 문서와 같은 형태를 통해 그들이 학습한 새로운 내용을 설명할 수 있도록 하는 것으로서, 학생들의 과제에 대한 초안, 스토리보드, 자료에 대한 요약 등의 형태를 갖는다. 프로젝트 미팅과 컨퍼런스는 대화 및 토론을 통해 앞으로 프로젝트를 어떻게 진행해 나갈 것인지에 대해 방향을 설정하는 역할을 하게 된다(임해미, 2007).

둘째, 이해에 대한 확인 또는 메타인지를 북돋우기 위한 평가방법으로는 개인 저널, 비디오 또는 사진 저널, 구조화된 인터뷰 또는 관찰, 지필 또는 구술테스트 등이 있다. 개인 저널은 프로젝트 진행과정에서의 반성을 적어두는 것으로 프로젝트를 하는 전 과정 또는 중요한 시점에 학생들이 작성하게 된다. 비디오 또는 사진 저널은 학생들의 프로젝트 진행 과정을 시각적인 자료를 제작하는 것으로, 기술의 습득을 나타낼 수 있는 장면 등을 캡처하는 것을 말한다. 이는 프로젝트의 전 과정에서 이루어지며, 최종보고서 또는 평가를 할 때 종합된다. 구조화된 인터뷰 또는 관찰은 학생 개인 또는 팀원이 프로젝트의 내용을 어떻게 이해하게 되었는지에 대해 교사 또는 외부의 전문가들이 형식적으로 하는 구술 인터뷰를 말한다. 지필 또는 구술 테스트는 지식의 습득과 이해에 대한 직접적인 증거를 제공하며, 이는 프로젝트의 중요한 시점 또는 프로젝트의 마지막에 실시된다. 셋째, 이해 및 기술의 습득을 나타내기 위한 평가방법은 산출물과 수행 등이 있다. 산출물은 학생들이 학습한 것을 보여주기 위해 창조하고 구축한 자료로서, 프로젝트가 끝날 때 제출하게 된다. 이는 몇 가지 준거에 의해 질적인 평가를 할 수 있는 평가표에 의해 채점하는 것이 적합하며, 그 예로는 보고서, 구성, 에세이, 예술적 표현 등을 들 수 있다. 수행은 학생들이 학습한 것을 보여주기 위해 설계하고 만든 산출물로서, 주로 프레젠테이션을 하거나 시연을 하는 것을 의미한다. 이는 프로젝트 기간에 따라 다른데, 주로 프로젝트의 마지막에 평가되는 부분이다. 이러한 세 가지 평가 방법은 프로젝트의 시작과 동시에 그 시기와 방법이 학생들에게 제시되어야 하며, 이는 학생들이 프로젝트 기간 동안의 시간 활용을 보다 효율적으로 설계하고 구성, 운영하는 아웃라인이 될 수 있을 것이다. 프로젝트 기반학습에 대한 평가는 단지 결과에 대한 평가만을 의미하지는 않으며, 그 과정에 대한 세부적이고 질적인 평가가 섬세하게 이루어질 필요가 있다. 교수·학습의 과정 동안 보다 체계적으로 평가 설계가 이루어질 때, 평가는 학습을 보다 의미 있게 하고 효율적으로 이루어질 수 있도록 하는 학습의 한 과정으로서의 의미를 갖게 될 수 있을 것으로 보인다(임해미, 2007).

Mansoor(1997)는 프로젝트 기반학습에서 프로젝트를 실시하기 전에 평가가 어떻게 이루어지는지를 미리 제시하는 것이 보다 효과적인 학습을 가능하게 하고, 교사에 의한 피드백이나 평가가 즉각적으로 이루어지는 것이 학습 방향의 설정에 도움이 된다고 하면서, 학습자는 자아평가, 동료평가, 프로젝트 평가를 하는 과정에서 프로젝트의 전 과정을 회상하게 되는데, 이와 같이 학습을 반성하는 것은 그 자체만으로도 학습의 효과를 거둘 수 있다고 하였다.

5) 프로젝트 기반학습의 운영

프로젝트 기반학습의 운영과 관련된 연구는 프로젝트 기반학습을 계획하고 실행하는 과정에 대한 정보를 자세히 서술한 연구로서, 주로 수업 관찰, 인터뷰, 새로운 방법으로 학습한 학습자들이 어떻게 변화되어 가는지의 과정에 대해 서술하는 등의 방식으로 이루어져 있다. 운영과 관련된 연구는 형식적인 평가와 다양한 연구대상자들, 즉 교사, 학생, 학부모, 학교 관리자 등의 변화, 그리고 교실 요인, 외부 요인, 지원 등의 요인들에 대한 서술을 포함한다.

실행과 관련된 많은 연구들이 미시건 대학교에서 이루어졌는데, 이들 연구는 특히 과학 교과에 대하여 프로젝트 기반학습을 실행하는 데 걸린 시간, 수업 운영, 학생의 학습을 지원하는 것, 테크놀로지의 사용, 평가 등에 초점을 맞추어 진행되었다(Thomas, 2000).

Kohoe et al.(2001)은 학습자들은 적절한 안내 없이 협동학습을 어려워하며, 과제물에 대한 반성과 성찰에 서툴고, 교과서는 프로젝트학습에 적절한 자료를 충분하게 제공하지 못하고, 교실 환경에서는 실제적인 문제를 해결하기 위한 다양한 의사소통의 통로가 제한될 수밖에 없기 때문에 프로젝트 기반학습을 실시하기 위해서는 적절한 학습 환경의 설계, 즉 학습 지원 도구가 요구된다고 보고, 프로젝트 기반학습을 보다 원활하게 수행하기 위한 프로젝트 기반학습을 위한 스케폴딩의 설계가 필요하다고 하였다. Polman & Pea(1997)는 학생들이 프로젝트를 탐구하는 동안 습득해야 할 개념을 보다 확실하게 인식하기 위해서는 그들의 학습 방향을 설정해주는 적절한 스케폴딩이 필요하다고 보았는데, 이는 변환적 의사소통(transformative communication)을 통해 가능하다고 보았다. 변환적 의사소통이란 학생들은 그들의 현재의 지식의 한계 내에서 연구를 진행해가므로, 교사는 학생들의 현재의 지식 상태를 파악하고 학생들의 지식수준에 적절한 의사소통을 통해 그들이 근접발달대에서 학습을 성취하고 발달해나갈 수 있도록 변환적 의사소통을 통해 학생들을 지원해야 한다는 것이다(임해미, 2007).

이와 관련하여 Laffey et al.(1998)은 프로젝트 기반학습을 보다 효율적으로 진행할 수 있는 인터넷 기반 클라이언트 서버시스템인 '프로젝트 기반학습 지원시스템(이하 PBLSS; Project Based Learning Support System)을 통해 이를 보완하고자 하였다. PBLSS는 실제 연구자의 연구와 유사한 방법으로 실험을 할 수 있도록 다양한 도구들을 통합하여 설계한 클라이언트 서버 시스템으로써 프로젝트의 수행과정과 프로젝트 수행과정에서의 학습을 지원하며, 학습과정에서의 지식을 공유하고 학습 커뮤니티를 지원하는 시스템이다.

이는 학습자를 중심으로 설계된 소프트웨어이며, 인지적 도제 및 실제적인 연구를 가능하도록 설계되었고, Vygotsky의 이론을 기반으로 하고 있다. PBLSS의 특징은 두 가지 교수학적 절차인 스케폴딩과 코칭, 네 가지 학습절차인 계획수립 및 자료지원, 지식 표현, 의사소통 및 협동학습, 반성으로 이원화하여 구성하였다는 데 있으며, 적용 결과 학생들이 PBLSS를 사용하기 이전보다 보다 효과적으로 프로젝트 기반학습을 수행할 수 있게 되었다. 이와 유사한 연구로는 Synteta & Schneider(2001)의 연구가 있는데, 그들은 프로젝트 기반학습 지원도구인'EVA_pm'이라는 XML(eXtended Markup Language)로 제작된 스케폴딩 환경을 설계하였다. 이는 학습자들이 프로젝트를 수행할 때 겪는 어려움, 즉 연구문제 설정, 연구 설계 및 방법 설정, 필요한 자료 수집 방법에 대한 안내, 과제 수행을 위한 적절한 시간관리, 동료와의 학습을 통합하는 어려움과 그들의 작업에 대한 적절한 피드백, 결과물을 수정할 때 요구되는 비판적인 사고능력 등에 대한 지원하게 된다.

이밖에도 Ward & Tiessen(1996)은 인터넷 상의 다양한 정보를 적절히 활용하고, 인터넷을 통해 다양한 의사소통을 가능하게 하는 'ZEBU'시스템을 통해 프로젝트 기반학습의 실행을 보다 효과적으로 실행하고자 하였으며, Land & Greene(2000)도 학습자가 프로젝트 기반학습을 위한 정보 자료를 찾고 통합하는 과정에 대한 질적연구를 통해 학생들이정보에 접근해가는 방식, 프로젝트 기반학습을 통해 학생들의 메타인지와 지식이 어떻게 변화되어가는지, 그 과정에서 인터넷이 어떤 역할을 하는지에 대해서 연구하였다.

프로젝트 기반학습이 실세계의 다양한 정보와 의사소통을 요구하기 때문에 이는 제한된 교실환경 보다는 인터넷을 기반으로 하거나 인터넷을 통합한 형태의 수업이 보다 효과적일 것으로 보이는 데(Wang et al., 2000), Murphy & Gazi-Demirci(2001)는 인터넷을 기반으로 한 프로젝트 기반학습에서의 역할극(role play), 패널토론(panel discussion)이 학습자들이 주제에 대해 학습하고, 보다 실제적이고 협력적이며 의미 있는 학습을 하는 데에 긍정적인 영향을 준다고 하였다(임해미, 2007).

8.3 수학과 독립연구 프로젝트의 특성과 실행 절차

8.3.1 독립 연구의 개념과 절차

독립연구(independent study)에 대하여 Johnson & Johnson(1986)은 "새로운 주제를 혼자 또는 타인과 함께 연구하는 과정"으로 정의하였고, Tomlinson(2001)은 "학생들에 의해 선택한 주제를 중심으로 학생 스스로 자기 흥미와 학습 양식에 맞추어 목표를 설정하고 연구를 실행해서 결과를 발표하는 등의 맞춤식 학습의 형태"라고 정의하였다. Renzulli와 Reis(1991)는 탐구하거나 예술적 산출물을 산출하기 위하여 학생들의 1차적 탐구자의 역할을 수행하는데 1차적 탐구자의 역할이란 어떤 분야의 전문가와 똑같이 생각하고 느끼고 행동하는 것을 의미한다고 하여 독립연구를 강조하였다. 독립연구란 계획된 연구 과정으로서 특정 분야의 전문가가 수행하는 연구과정을 학생이 직접 체험하고, 실생활 문제를 해결에 초점을 두고 연구 과제를 수행하는 과정으로 볼 수 있다.

독립 연구의 절차에 대하여 Moote(2001)는 성인 연구가들처럼 학생이 연구를 수행하려면, 문제에 따라 두 종류(양적, 질적) 패러다임을 따를 수 있다고 보고, 주제선정, 연구문제 발견, 연구활동 계획수립, 정보수집, 정보분석, 보고서 작성과 같은 6단계를 제시하였다. 또한 Johnson & Goree(2005)는 연구의 도입, 주제 선택, 연구의 조직, 질문하기, 연구방법의 선택, 정보의 수집, 연구 산물, 정보 공유, 연구의 평가 등을 절차로 제시하였다. 독립연구는 절차는 일반적으로 주제 선택, 연구 질문 만들기, 연구 방법 결정하기, 자료 수집, 산출물 작성, 평가의 단계로 이루어진다. 이러한 각 단계에서 교사들의 수행하여야 할 역할은 다음과 같다.

1) 1단계: 주제의 선택

자신들이 해결하고 싶은 문제, 토론하고 싶은 쟁점, 증명하고 싶은 견해, 실행 방법, 더 알고 싶은 내용 등의 모두 주제가 될 수 있다. 관심이 있는 아이디어는 즉각적으로 연구될 수 있고, 일정 기간 동안 수집될 수도 있다. 이 단계에서 학생들은 주제에 대한 정보를 보다 많이 수집해야한다. 학생들은 인터넷을 통하여 박물관, 대학, 관련기관 등을 찾아 조사할 수 있다. 교사는 해당 분야의 전문가를 초청하거나, 현장 견학을 시키거나, 여러 주제를 개괄해 볼 수 있는 학습자료실을 마련할 수 있다. 학생들의 연구 주제는 구체적이어야 한다. 연구 주제만 보아도 무엇에 대한 문제를 어떻게 해결할 것인가를 예상할 수 있어야하며, 너무 폭넓거나 형식에 치우치지 않도록 해야 한다. 연구 주제가 간결하고, 초점이 분명하게 드러나야 한다.

2) 2단계: 연구 문제

연구 주제에 관련된 창의적이고 생산적인 질문을 마련하는 것이 연구 초점을 분명하게 하는데 도움이 된다. 연구 문제는 주제에 대한 여러 자료를 탐독하면서 숙고하고, 현상을 주의 깊게 관찰 분석함으로써 다듬어진다. 학생들은 누가, 무엇을, 언제, 어디서, 왜, 어떻게, 얼마나 많이, 얼마나 오래, 얼마나 멀리로 시작하는 질문을 통해 다양한 연구 문제를 만들 수 있다. Bloom의 교육목표 분류학을 적용할 수도 있다.

3) 3단계: 연구 방법 결정

독립 연구에서 연구 방법이란 구체적인 데이터를 수집하고, 조사할 때 필요한 기법을 사용하는 방법을 말한다. 연구에서 사용한 방법은 명확히 제시되어야 한다. 문제에 대한 정의와 초점 맞추기를 한 후에 학생들이 직접적인 조사자료 연구할 수 있도록 교사를 비롯한 전문가들의 도움이 요구된다. 전문가들이 사용하는 방법에는 기술적 연구, 역사적 연구, 상관 연구, 발달 연구, 문화 인류학적 연구, 행동 연구, 실험 연구, 준실험 연구 등이 있지만 학생들이 이해할 수 있는 용어를 사용하여 지도되어야 한다.

4) 4단계: 정보의 수집

정보는 여러 방법으로 수집할 수 있으며, 교사는 학생들에게 다음 내용을 가르쳐야 한다.

- 어떤 방법으로 표집할 것인가?
- 얼마나 많이 표집할 것인가?
- 어떤 측정도구를 사용할 것인가?
- 어떻게 인터뷰를 할 것인가?
- 어떤 행동을 관찰할 것인가?
- 수집된 자료를 어떻게 나타낼 것인가?

정보는 인터넷, 각종 박물관, 도서관 등을 통해 수집될 수 있으며, 학생들은 수집된 정보를 분석할 수 있어야 한다. 학생들은 정보를 조직하는 방법을 알고, 그 연구에 대한 결과를 이끌어낼 수 있어야 한다.

5) 5단계: 산출물의 작성

연구 산물은 책, 그림, 비디오, 컴퓨터 프로그램 등 다양한 형태로 제시될 수 있다. 어린 학생들에게 산출물은 그 연령 수준과 능력 수준에 맞추어져야 한다. 문서화된 보고서보다 직접 행동하게 하거나, 시각적으로 제시하거나, 구두로 발표하는 등 다양한 시도가 필요하다. 또한 자신의 연구 산출물을 관심이 있는 사람들에게 발표함으로써 결과물의 질을 향상시키고 의사전달을 할 수 있다. 그리고 다른 사람의 발표를 보면서 창의적이고 생산적인 연구를 하도록 모델을 갖게 된다.

6) 6단계: 평가

학생들의 연구 내용과 결과에 대한 질과 창의성의 정도 등에 대한 평가는 연구 능력을 개선하는데 필수적으로 요구된다. 평가 자체가 하나의 과정으로서 기능하여야 하며 피드백되어야 한다. 여기에는 탐구기능(질문구성능력, 정보분석력, 의사결정능력, 문제해결능력)과 표현기능(커뮤니케이션, 상호작용 능력)이 평가되고, 그 결과에 대하여 추가적인 외부 자료를 제공하거나 피드백되어야 한다.

8.3.2 독립연구 프로젝트 실행의 전략

영재를 위한 독립연구 프로젝트 수행 과제는 기본 탐구 기능을 바탕으로 창의적이고 독립적 학습능력의 강조, 영재학생들의 전인적 성장을 위한 프로그램으로 운영, 그리고 체계적으로 개발된 영재교육과정과 탐구전략을 들 수 있다.

1) 보다 세분화된 영역의 연구 주제 설정

더욱 다양한 세분화된 과제를 제시하거나, 학습자가 스스로 그러한 과제를 설정할 수 있도록 한다. 수학과 과학의 영역을 보다 세분화하여 잠자리의 생태 탐구, 공학에서의 수학적 지식의 활용, 지상과 우주에서의 식물의 싹틈 비교 등과 같은 방식으로 탐구 과제를 설정하고 프로그램을 개발한다. 영역에 재능이 과학 분야 전반에 걸친 것일 수도 있으나, 어떤 어린이는 화학영역에 대한 재능보다 생물의 곤충탐구에 더 많은 관심과 전문성의 싹을 지니고 있을 수 있다. 동일한 교과영역에서도 개인의 재능은 다양하게 분화될 수 있음을 고려하여 프로젝트 내용이 편성되어야 한다.

2) 전인적 성장을 돕는 내용

영재학생들의 전인적 성장을 위하여 프로젝트 활동 속에 사회성, 인내심, 창의성, 지도력, 재능발표회, 단체 게임 등의 인성적, 정서적, 심동적 영역의 활동 프로그램이 포함될 수 있게 한다. 프로젝트 활동이 단순한 지식과 기능의 적용에 한정되어서는 안 되며, 특정 교과 영역의 심화와 수월성 함양에만 초점을 두어서는 안 된다. 보다 다양한 생활 적용 문제 중심으로 실제적인 수행 능력을 높이면서 지도력과 공동체 구성원으로서의 역할을 연습해볼 수 있는 다양한 활동 프로그램이 동시에 고려되어야 한다. 이는 우리나라의 과거 영재교육 프로그램이 학문적 수월성에 지나친 초점을 두고 운영되었다는 비판에 비추어 영재학생의 전인적 발달에 초점을 두고 과정을 운영하도록 계획을 수립하고 실행하여야 한다. 영재학생들은 이미 탁월한 학업성취능력이 전제로 선발되기도 한다. 이 경우 수월성의 문제보다는 균형된 전인적 성장이 더욱 중시된다. 각종 경시를 통해 빠른 문제해결능력을 길러주는데 초점을 두기보다 지도력, 사회성, 정서적 태도와 기능 함양에 동일한 무게를 둔 프로그램이 요구된다.

3) 균형된 사고기능의 교수

독립 프로젝트 수행은 메타 인지적 요소를 강조하고, 창의적 문제해결, 독립적이고 자기주도적인 프로젝트 활동 등 일련의 학습 기능 발달의 계열을 따라 이루어져야 한다. 대체적으로 우리나라 영재교육 프로그램은 창의성 계발에 초점을 두고 있으나 비판적 사고력이나 종합력, 분석력 등 다른 고등 사고 기능에 대한 고려가 필요하다. 프로그램의 구성 단계에서 내용과 활동 과정을 분석하여 다양한 사고 영역을 포괄할 수 있도록 해야 할 것이다.

4) 다양한 재능표출의 기회제공

영재교육 프로그램은 그 자체가 학생들의 재능 표출과 영재성 발현의 기회가 되어야 한다. 다양한 발표회, 전시회 등의 기회를 통하여 학생들이 산출한 경험을 공유하고, 자신의 재능이 격려받을 수 있도록 해야 할 것이다. 이러한 활동은 영재학생들이 동료 영재학생들로부터 서로 배울 수 있는 기회가 된다. 또한 프로그램이나 과정의 마지막 단계에서는 이러한 과정의 산출물이나 습득한 기능을 중심으로 학부모와 학생, 교사 모두 함께 나눌 수 있는 재능 발표의 장을 마련하는 것이 프로그램의 전체적인 정리와 평가에 도움이 될 것이다.

8.4 독립연구 프로젝트 설계

일반적으로 영재학생을 위한 독립 프로젝트 설계 과정은 주제 및 과제 제시(교과 영역, 대상 학년, 활동 기간 등 포함), 개요(단원의 개관 및 설정 취지), 프로젝트 목표, 대상 학생의 정보(선수 학습 및 현재의 수준과 기능에 대한 정보), 프로그램의 중심 주제 및 각 주제별 활동 내용 선정, 주제별 학습 활동의 계열화(차시별 학습제재의 순서), 추천 자료 및 참고

자료(교사 및 학생) 순으로 이루어질 수 있다. 특정 영재교육 프로그램의 구성을 위해서 다음과 같은 절차를 활용할 수 있을 것이다.

8.4.1 독립 프로젝트의 주제 설정

먼저 프로젝트의 제목을 제시하고 전체적으로 다루는 영역과 계열을 기술하게 된다. 이는 교사, 학부모, 영재학생이 그 과정에서 이루어지는 내용, 절차, 산출물에 대한 전체적 정보를 제공해준다. 주로 제목이나 표제, 과정에 대한 일반적 개요가 진술된다.

【사례】

- 주제: 기하학의 세계
- 개관: 여러 가지 도형에 대한 기본적인 이해를 바탕으로 생활 주변의 2차원적, 3차원적 기하 형태와 실제 적용을 탐구하고, 이를 새롭게 변형하고 조작하여 자신의 독특한 기하학적 형태를 산출하고 적용해 나가는 능력을 기른다.

8.4.2 주제에 대한 목표의 진술

프로젝트의 목표를 제시하며, 단원 활동에서 수학영재학생이 나타내야 할 행동과 태도에 대하여 진술한다. 국가 수준의 교육과정 수준에 비추어 학생들의 학습 경험은 학생의 능력에 맞게 재구성된다.

【사례】 목표

- 컴퓨터 프로그램이나, 블록을 비롯한 여러 자료를 활용하여, 기하학적 모양과 형태를 변형시킬 수 있다.
- 예술 작품이나 건축물의 구성 형태를 분석하여 적용된 기하학적 패턴을 찾을 수 있다.
- 기하학적 형태의 구성과 변형을 통해 실생활의 문제를 해결할 수 있다.

8.4.3 대상 학생에 대한 정보를 제시

해당 영재교육 프로젝트에 참여할 학습자의 특성을 중심으로 기술하며, 프로그램에서 성공적인 성취를 이루어내기 위해 필요한 학생들의 수준과 선수 학습에 대한 정보 등이 포함될 수 있다.

8.4.4 탐구 범위와 계열의 제시

탐구 프로젝트가 어떤 영역에 대한 심화와 속진을 내용으로 하고 있는지 국가 수준의 교육과정 기준을 바탕으로 활동의 범위와 계열을 제시한다. 5학년 수준에서 이루어지는 심화 학습의 경우 도형에 관련된 4학년 이전의 선수 학습 경험과 5학년 이후의 후속 학습에 대한 계열을 제시하여 심화의 수준을 고려하는 근거로 삼는다.

8.4.5 본질적 탐구 과제의 제시

프로그램을 통해서 추구하고자 하는 전체적이고 포괄적인 하나의 중핵적인 학습 문제를 제시하고, 그것에 대한 하위 문제와 활동 과제를 추출할 수 있게 한다.

【사례】

- 본질적 문제(프로그램 전체에서 탐구할 내용을 하나의 포괄적이고 본질적인 문제로 제시함): "세상을 이루고 있는 것은 무엇인가?"
- 주제별 문제(하나의 포괄적이고 본질적 질문에 따라 다음 3개의 하위 문제를 제시함):
  "우리의 주변에서는 어떤 기하학적 형태를 볼 수 있는가?"
  "무엇이 모양과 형태를 구성하고, 어떻게 변형되어지는가?
  "기하학적 형태는 우리의 생활에서 어떻게 이용되는가?"

8.4.6 프로젝트 내용-과정 메트릭스 작성

프로젝트의 내용과 과정을 도표로 작성하여 사고의 수준과 활동 방법에 대한 검토가 이루어지게 한다.

【사례】 내용-과정 메트릭스 작성 사례/기하학의 세계

기본적 활동 ↔ 추상적 활동							
	기하학	지식	이해	적용	분석	창의성	평가
단순한 내용	1) 기하적 형태의 구성	1) 여러 가지 도형을 구분하기 ■ 학습지	2) 기하학적 형태의 특성 설명하기 ■ 게임	3) 여러 가지 상이한 도형 작도하기 ■ 예시	4) 도형을 돌리거나 투영하였을 때의 형태 그리기 ■ 그림분석	5) 칠교판을 이용하여 10개 이상의 상이한 기하 형태 만들기 ■ 칠교놀이	6) 상이한 삼각형의 작도에 영향을 주는 요소 찾기 ■ 보고서
↕ **복잡한 내용**	2) 기하학적 형태의 변형	7) 주어진 도형과 기하학적 형태가 어떻게 변형되었는지 설명하기 ■ 토론	8) 실을 이용하여 도형의 변형 방식 이해하기 ■ 실조작	9) 컴퓨터 그래픽 도구를 이용하여 3차원 물체 변형하기 ■ 그리기	10) 동일한 형태의 디자인 변화 구분하기 ■ 컴퓨터데모	11) 형태와 모양의 변화를 이용하여 기하학적 디자인 만들기 ■ 전시	12) 주어진 디자인에 대한 기하학적 평가하기 ■ 세미나
	3) 실생활에서의 기하학적 형태의 적용	13) 예술작품, 건축물에서 상이한 도형과 패턴 파악하기 ■ 토론	14) 주어진 건축물 디자인에서 사용된 모양과 디자인 설명하기 ■ 예시	15-16) 컴퓨터 툴을 이용하여 건축디자인하기 ■ 그래픽		17-18) 상이한 모양과 패턴을 이용하여 벽지나 포장지를 만들고 상호 평가하기 ■ 작품 제작 및 감상	

8.4.7 중심 주제의 설정 및 활동 내용 선정

본질적 문제에서 추출된 하위 문제를 중심으로 각각의 중심 활동 주제를 다음과 같이 작성하고 활동 내용을 추출 또는 선정한다.

【사례】

- 중심주제: 실생활에서의 기하학적 형태의 활용("기하학적 형태는 우리의 생활에서 어떻게 이용되는가?"라는 문제에서 본 주제를 선정)
- 활동의 개요: 이 과정에서 학생들은 건축물과 예술 작품에 사용된 기하학적 형태를 발견하고, 이미 알고 있는 여러 기하학적 형태를 응용하여 벽지나 포장지에 활용되는 기하학

적 형태를 도형과 기하의 변환 과정을 거쳐 재구성해 낸다.

- 활동 내용: 실생활에서의 기하학적 형태의 활용
  - 예술 작품과 건축물을 보고 상이한 모양과 형태를 찾아 구성 방식과 변환 과정을 파악한다.
  - 컴퓨터 그래픽 툴을 사용하여 2차원과 3차원의 기하학적 형태를 구성한다.
  - 건축물에 다양한 모양과 패턴을 적용해 본다.
  - 하나의 모양과 형태를 구성하여 이를 변형하면서 벽지나 포장지를 구성해 본다.

8.4.8 학생 평가 계획

프로그램에서의 활동과 성취에 대한 전반적인 평가 계획을 수립한다.

- 내용 숙달 정도: 단원의 학습 문제를 어느 정도 이해하고 있는지 평가한다.
- 창의적 사고력: 상상력을 활용하여 수학적 문제해결을 시도하고 있는가?
- 문제해결력: 학습한 내용을 새로운 문제 상황에 잘 적용하는가?
- 학생의 작품 및 포트폴리오 평가
- 수학적 사고력 평가 및 수학적 태도 평가: 수학적, 비판적, 논리적 사고력
- 자기 조절력 평가: 자기주도적으로 학습 계획을 수립하고 실행하는가?
- 학습 동기 평가: 학습 흥미도, 참여도 등에 대한 전반적 동기 평가

참고문헌

김대현(1998). 초등학교에서 실시하는 프로젝트학습의 계획과 운영에 관한 연구. 교육과정연구, 16(2). 297-327.

우동하(2011). 독립연구 프로젝트의 설계. 대구교육대학교 영재교육담당교사 직무연수교재.

임해미(2007). 프로젝트기반 수학수업에 대한 사례연구(자료분석(Data Analysis)을 중심으로). 이화여자 대학교 대학원 박사학위논문.

Blumenfeld, P., Soloway, E., Marx, R., Krajcik, J., Guzdial, M. & Palincsar, A. (1991). Motivating Project-Based Learning: Sustaining the Doing, Supporting the Learning. *Educational Psychologist*, 26 (3&4), 369-398. Boise State University and the Buck Institute for Education (2004). PBL Online Course: Instructor's Manual [On-line]. Available from: http: //edtech.boisestate.edu/fipse/default.htm

Douglas, S. F. (2000). A Teacher's Guide to Project-Based Learning. [ED469734].

Katz, L. & Chard, S. (1989). Engaging children's minds: The project approach. Norwood, NJ: Ablex.

Katz, L. (1994). The Project Approach. ERIC Clearinghouse on Elementary and Early Childhood Education Urbana IL [ED 368509].

Keleher, L. A. (2006). Building a Carrer Mathematics File, *Mathematics Teacher*, 100(4). 292-297.

Kohoe, C., Guzdial, M. & Turns, J. (1997). What we know about Technological Support for Project-Based Learning, Draft.

Kilpatrick, W. H. (1926). *The Project Method: The Use of the Purposeful Act in the Educative Process*. NY: Teachers College Press of Columbia University.

Krajcik, J., Czerniak, C. & Berger, C. (2002). *Teaching Science in Elementary and Middle school classrooms: A project-based approach*. Boston, MA: McGraw-Hill.

Laffey, J., Tupper, T., Musser, D. & Wedman, J. (1998). A Computer-mediated support system for project-based learning. Educational Technology Research and Development, 46(1), 73-86.

Land, S. M. & Greene, B. A. (2000). Project-Based Learning with the World Wide Web. Educational Technology Research and Development, 48(1), 45-67.

Mansoor, I. (1997). Project-Based Learning and Assessment: A Resource Manual for Teachers. Arlington Education and Employment Program. Arlington: Virginia.

Markham, T., Larmer, J. & Ravitz, J. (2003). The Project Based Learning: A Guide to Standards-focused Project based learning for middle and high school teachers. Buck Institute for Education.

Marx, R., Blumenfeld, P., Krajcik, J. & Soloway, E. (1997). Enhancing Project-Based Science.

Elementary School Journal, 97(4), 341-358.

McComas, W. E. (1997). The Nature of the Laboratory Experience: A guide for describing, classifying and enhancing hands-on activities. CSTA Journal, 6-9.

Moursund, D. (1999). Project-based learning using information technology. Murphy, K. L. & Gazi-Demirci, Y. (2001). Role Plays, Panel Discussion, and Case Studies: Project-based Learning in a Web-based Course. The Annual Meeting of the American Educational Research Association [ED Polman, J. & Pea, R. D. (1997). Transformative Communication in Project Science Learning Discourse. The Annual Meeting of the American Educational Research Association. [ED 407283].

Rivet, A. E. (2003). Contextualizing instruction and student learning in middle school project-based science classrooms. University of Michigan(Dissertation).

Synteta, P. & Schneider, D. K. (2001). Eva_pm: How XML can Scaffold Project-Based Learning. TECFA Workshop, Draft. analysis. Mathematics Teacher, 100(4). 229-233.

Thomas, J. D. (2000). A Review of research on project based learning. San Rafael. CA: The Autodesk Foundation. [Online] Available from: http: //www.autodesk.com/foundation.

Wang, M., Laffey, J., Wangemann, P., Harris, C., & Tupper, T. (2000). How Do Youth and Mentors Experience Project-Based Learning in the Internet-Based Shared Environment for Expeditions. LA: AERA.

Ward D. R. & Tiessen, E. L. (1996). Supporting Collaborative Project-Based Learning on the WWW. MC2 Learning System Inc. Simon Fraser University.

Vygotsky, L. S. (1978). *Mind in society: The development of higher psychological processes.* Cambridge, MA: Harvard University Press.

Chapter 09

창의성과 수학영재교육

9.1 창의성의 의미와 필요성

오래 전부터 학교 교육에서 끊임없이 강조되는 것이 창의성 또는 창의력 신장이다. 왜 학교 교육에서 창의성을 강조하는가? 창의성 신장을 위하여 많은 이론과 함께 교수·학습 방법 또는 실천에 이르기까지 많은 노력을 기울였지만 지금도 여전히 강조되고 있다.

창의성은 누구에게나 있으므로 학교 교육에서는 새로운 아이디어를 생산해낼 수 있는 능력과 태도를 함양시켜주어야 한다. 창의성 신장을 위하여 별도의 시간과 프로그램을 마련하기보다는 일반적인 교수·학습 과정에서 창의성이 발현될 수 있도록 노력해야 할 것이다.

이 장에서는 창의성에 대한 정의를 더욱 명확하게 하고, 창의성 신장을 위한 교수·학습 방안에 대하여 논의하기로 한다.

9.1.1 창의성의 개념

막연하게 많이 듣고 사용하지만 창의성이란 무엇인가에 대한 분명한 설명이 우선되어야 한다. 웹스터 사전에 창의적(creative)이란 "창출해내는 현저한 능력 및 힘"이라고 처음 진술된 이래 창의성의 본질을 밝혀내려는 많은 노력에도 불구하고 아직도 학자들에 따라 창의성의 정의 및 그 구성 요소에 대해서 합의되지 않은 채 여전히 논란이 계속되고 있다. 그것은 창의성이란 키나 몸무게처럼 겉으로 분별 가능한 특성이 아니라 정신세계와 관련된 추상적인 용어이기 때문에 연구자들의 관점에 따라 여러 가지로 해석되고 있다.

- Guilford(1967): 새롭고 신기한 것을 낳는 힘
- Torrance(1962): 곤란한 문제를 인식하고 그것을 해결하기 위하여 새로운 아이디어를 내고, 가설을 설정하고 검증하며, 그 결과를 전달하는 과정
- Vernon(1977): 창의성은 전문가에 의해서 과학적, 심미적. 사회적 또는 기술적 가치를 인정받은 독창적인 아이디어나 통찰, 재구조, 발명, 또는 예술 작품을 만들어 내는 능력
- Sternberg & Lubart(1994): 기발함과 동시에 유용한 산물을 생산하는 능력
- 서울대학교 교육연구소(2011): 새로운 관계를 지각하여 비범한 아이디어를 산출하거나 또는 전통적인 사고 유형에서 벗어나 새로운 유형으로 사고하는 능력

연구자마다 정의를 달리 하기 때문에 창의성에 대한 정의가 수없이 많이 있지만 이를 간추리면 창의성이란 "당면한 문제를 해결하기 위하여 기존 지식과 기능을 통합/재구조화하여 사회적으로 유용한 개량·개선된 가치 있는 참신한 산출물이나 아이디어를 만들어내는 능력"이라고 할 수 있다.

대부분의 사람들은 창의성이란 용어에 대해 '독특한 것', '새로운 것' 등을 먼저 연상하지만 창의성을 논의함에 있어서 기존의 경험이나 지식을 전혀 고려하지 않은 채 '새로움'에 그 자체에 초점을 둔 정의는 수학교육에서는 한계가 있다. 그것은 수학은 인간이 필요성에 의해 만든 하나의 합의된 지식체이기 때문에 그 합의의 틀을 벗어나서는 생각할 수 없으며, 또한 수학의 학문적 특성인 계통성과 논리성, 형식성과 일반성 등도 기존의 지식과 경험의 틀을 벗어나서는 생각할 수 없다고 볼 때, 수학교육에서의 창의성은 과학기술 분야처럼 순수한 독창성을 논의한다는 것은 한계가 있다고 보겠다. 이런 의미에서 수학을 도구로 한 창의성을 개발하고 육성하기 위한 교육에서 우리가 염두에 두어야 할 것은 학생들이 이미 알고 있는 지식 내용들을 활용·재구성하여 문제해결을 위한 새로운 아이디어나 원리를 개발하고, 또 제시되는 학습 경험들 속에서 새로운 결과들을 만들어 내도록 학생들을 도와야한다는 데 초점을 두어야 할 것이다.

9.1.2 창의성의 성격

창의성은 아주 새로운 아이디어인가 아니면 다른 사람의 생각을 모방하거나 변형한 것이

냐에 따라서 창의성의 정도를 다르게 생각해볼 수 있다. 예를 들어, A는 자신이 우유를 마시는 것처럼 화분에도 우유를 주었고, B는 등산화에 아이젠을 하는 것을 보고 자신의 운동화에 고무줄을 묶었다. A는 다른 사람의 지시나 모방이 아닌 자기 스스로 생각하여 판단하고 실행하였고, B는 당면한 문제해결을 위해 이전에 경험한 사실로부터 아이디어를 모방·변형한 것이다. A는 독창적인 창의성, B는 융통성 있는 창의성이라고 할 수 있다. 모방 및 변형이 창의적이지 않다는 것은 잘못된 생각이다.

창의력은 일상의 삶에서 중요한 역할을 하는 것으로 누구나 갖고 있는 소박한 생각이다. 모든 사람은 일상의 문제해결과 역할 수행을 위해 새롭고 유용한 아이디어를 생각할 수 있고, 문제를 새로운 방법으로 바라보고, 독창적이고 실행 가능한 해결을 찾을 수 있으며, 생산적인 방식의 새로운 아이디어를 형성하고 적용할 수 있는 잠재력을 가지고 있다. 즉 모든 사람들은 효율적이고 효과적으로 당면한 문제를 해결하기 위해 늘 새로운 아이디어를 고안하고 적용해 가면서 삶의 질을 향상시키기 위해 노력하고 있다.

창의성의 성격은 매우 다양하지만 몇 가지를 정리하면 다음과 같다.

- **창의성은 유전적인 요소와 환경적인 요소를 함께 가지고 있다.**

모든 어린이들은 선천적으로 다양한 잠재적 창의력을 가지고 태어나며, 이후 외부로부터 받게 되는 자극의 양과 질(교육)에 따라 그들의 잠재적 창의력은 발현되기도 하고 소멸되기도 한다.

- **모든 사람은 잠재적 창의력을 가지고 있다.**

창의력은 예외적인 특별한 계층의 사람들이 소유한 능력으로 생각하는 것은 바람직하지 않다. 우리는 일상생활에서 당면하는 문제를 좀 더 효율적이고 효과적으로 해결하기 위하여 이전과 다른 참신하면서도 유용한 아이디어와 방법을 찾고 활용하고 있다.

- **창의력과 상상력은 서로 다른 능력이다.**

프로이드(Freud)는 "공상이란 채워지지 않은 욕망과 바람으로 가득 차 있은 데 비하여, 창의성은 이것을 건전하게 표출시킨 것"이라고 하였다. 우리는 흔히 상상력이 풍부한 사람은 창의력이 있을 것이라고 예측한다. 그러나 풍부한 상상력은 창의력을 발현시키는 유용한 자원이 될 수는 있지만 사회적 유용성이란 측면에서 대책 없는 상상이나 공상은 창의성을 기르는 데 별 도움을 줄 수 없다.

- **지능과 창의성은 상관관계가 높지 않다.**

초기 연구에서 지능의 한 부분으로 창의성을 포함하는 경향이 강했으나 최근에는 구별하는 경향이 강하다. 일반적으로 지능이 우수하면 창의성이 더 발휘된다고 할 수 있지만 반드시 그렇지 않다.

- **창의적 사고와 논리적 사고는 서로 상호보완적인 관계에 있다.**

우뇌의 영향을 받는 창의적 사고는 서로 상관이 없어 보이는 사물이나 아이디어들 사이에서 새로운 관계를 찾아내고, 이를 통하여 새로운 것을 창조할 수 있는 능력이라면, 좌뇌의 영향을 받는 논리적 사고의 특징은 주어진 목표에 도달하기 위해 이전에 학습한 지식과 경험을 회상·재구성하여 이를 새로운 정보와 조리있고 이치에 맞게 연결·전개시킬 수 있는 능력이라고 할 수 있다(Elaine, 2003).

- **창의적 사고는 아주 새로운 것을 산출하는 것이라는 틀에서 벗어나야 한다.**

창의성은 새로움이라는 것을 배제할 수는 없지만 동일한 현상에 대한 다른 관점도 창의성이라는 것을 수용해야 한다. 예를 들어, 수학에서 문제해결을 위해 고정된 관점에서 벗어나 새로운 관점에서 접근하는 것이 하나의 창의적 사고라 할 수 있다. 다음 문제를 생각해보자.

선분 AB의 길이는 얼마인가?

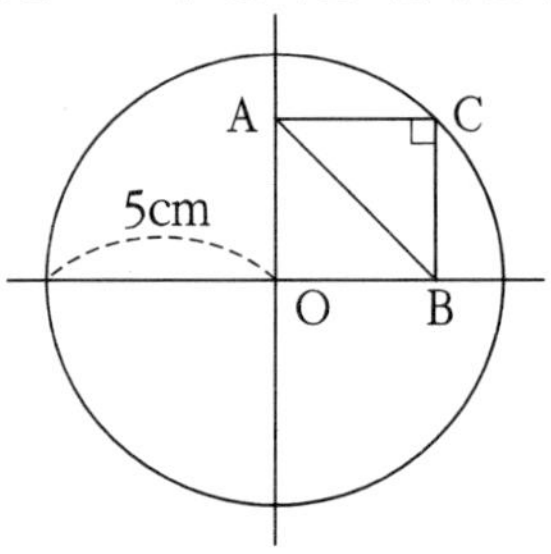

이 문제는 아주 어려운 문제처럼 보이고, 중고등학생들은 원과 삼각형의 성질을 이용하여 해결하려고 할 것이다. 수학적인 공식을 이용하고자 한다면 영원히 해결할 수 없는 문제이다. 그러나 어떤 학생이 다음 그림과 같이 생각하여 아주 쉽게 해결하였다.

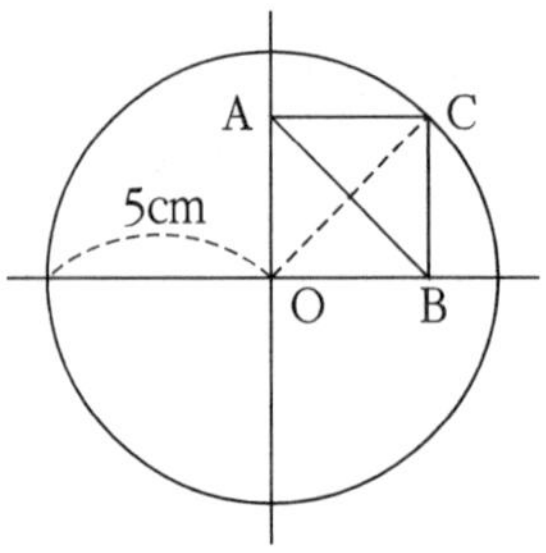

도형 OACB는 직사각형이고, 선분 AB는 대각선이다. 직사각형에서 대각선의 길이는 같으므로 (선분 AB)=(선분 OC)이고 선분 OC는 반지름이므로 선분 AB의 길이는 5cm이다.

창의적 사고는 갑자기 번득이는 영감에 의해서 이루어진다기보다는 고정된 사고의 틀에서 벗어나는 것을 의미하며, 기존의 지식과 경험을 문제 상황에 따라 적절히 재구성하거나 재조직함으로써 이루어지는 것으로 보는 것이 교육적으로 더 타당하다.

• **창의성과 영재성은 상관관계가 있다.**

일반적으로 영재는 우수한 지능을 타고난 경우가 많지만 일치하지는 않으며, 영재는 특정 분야 혹은 여러 분야에 걸쳐 창의적인 성향을 많이 갖고 있는 아동을 말한다. 렌즐리(Renzulli, 1978)에 의하면 영재가 되기 위해서는 보통 이상의 지능과 과제집착력, 창의성이 있어야 한다. 지능은 선천적이므로 변화시키기 힘이 들고, 과제집착력은 주어진 과제에 따라 다르게 나타나게 되므로 영재교육에서는 창의성에 대한 비중이 가장 크다.

• **논리적 사고와 결합된 창의적 사고는 문제해결을 위한 기초를 형성한다.**

창의적 사고가 결여된 논리적 사고는 자기만족과 정체를 유발할 수 있는 좁은 시야(tunnel vision)를 가지게 한다. 또한 논리적 사고가 결여된 창의적 사고는 불완전하거나 무익하거나 비현실적이거나 또는 기괴한 생각이나 결과를 낳을 수도 있다. 따라서 문제해결에서 창의적 사고와 논리적 사고는 서로 보완적인 관계를 유지하도록 하는 것이 필수적이다.

9.1.3 창의성의 하위 요소

창의성의 요인을 인지적인 측면과 정의적인 측면에서 생각할 수 있다. 인지적인 측면은 사고 기능과 관련된 것으로 그 구성 요소는 유창성, 융통성, 독창성, 정교성 등이 있으며, 관찰이나 지필, 또는 산출물을 통하여 객관적으로 분별이 가능하다. 반면 정의적인 측면인 사고 성향과 관련된 것으로 그 구성 요소는 인내심, 호기심, 독자성, 집착력, 자신감, 개방성 등이 있으며, 장기적인 관찰에 의하여 분별할 수 있으나 상당히 주관적이다.

1) 독창성(originality)

어느 누구도 생각하지 못한 기발하고 신기한 생각이나 그 발상을 잘하는 능력으로 반응의 상대적 희귀 빈도와 질적인 참신성 및 가치가 높을수록 독창성이 높다고 할 수 있다. 독창적인 아이디어는 대체로 기존의 아이디어 몇 개를 조합하여 새로운 차원으로 만들어질 때 산출된다. 따라서 독창성을 신장시키기 위해서는 학습의 자율성을 최대한 보장해야 한다.

2) 융통성(flexibility)

사물이나 상황에 맞게 일을 처리하는 능력으로 반응의 유형별 가지 수가 많을수록 융통성이 높다고 할 수 있다. 문제해결에서 다양한 전략을 적용하면 융통성이 높다고 할 수 있을 것이다.

3) 유창성(fluency)

어떤 문제 상황을 해결하는 과정에서 계속해서 아이디어가 끊임없이 나오는 경우를 말한다. 특정한 문제 상황에서 가능한 한 많은 양의 아이디어를 산출해 내도록 하기 위하여 대상에 대한 관점을 의도적으로 바꿔서 생각해보기, 어떤 대상(언어, 도형)이나 현상들로부터 가능한 한 많은 것을 연상해보기 등을 의미한다.

4) 정교성(elegance)

사고의 결과가 명확하고 간결하게 표현되었는가와 관련된 것으로 자신의 생각을 표현하는 세련미(elegance)의 정도이다.

이외에도 민감성(sensitivity)도 고려할 수 있는데 민감성은 어떤 상황이 주어졌을 때 예민하게 반응하는 것과 관련된 것으로 빨리 생각하고, 뛰어난 관찰력, 그리고 직관적으로 재연할 줄 아는 능력으로 빨리 생각해 보는 것뿐만 아니라 긴박함 속에서도 자신의 지식을 지킬 수 있는가를 속도 평가 형식으로 판단한다.

9.1.4 수학적 창의성이란?

수학적 창의성은 일반 창의성과 같은 의미로 사용되기도 하고 차별성을 두어 정의하기도 한다. 여기에서는 수학적 창의성에 대한 여러 학자들의 견해와 창의성의 하위 요소인 독창성, 융통성, 유창성, 정교성, 민감성에 대하여 간단한 예와 함께 알아보겠다.

1) 수학적 창의성

수학적 창의성과 관련된 정의도 학자들의 관점에 따라 매우 다양하게 정의되고 있다.
Romey(1970): 새로운 방식으로 수학적 아이디어 사물, 기법, 접근 방법을 결합하는 능력

Latcock(1970): 주어진 문제를 다양한 방식으로 분석하고, 형태를 관찰하고. 유사성과 차이점을 파악하며, 배운 것을 낯선 상황에 적용하는 능력

- Kruteskii(1976): 다양한 해결책을 내고. 정형화된 형태를 깨뜨리고, 자기 제한을 극복하는 사고 과정의 유연성
- Haylock(1987): 고정화(fixation)를 극복하고 정신 태세(mental sets)를 벗어나는 능력과 개방된 수학적 상황에서 다양하고 독창적인 반응을 많이 낼 수 있는 능력
- Fouche(1993): 동일한 문제에 대하여 다양한 해결책을 고안하는 융통성과 문제 요소들을 새로운 방식으로 결합하여 결과를 얻는 것

그러나 창의성을 논의하는데 두 가지를 반드시 고려해야 한다. 첫째는 과거의 경험과 지식이다. 창의성이 기존의 틀을 벗어나 새로운 결과를 산출하는 것으로 잘못 이해하면 언뜻 과거의 모든 지식이나 경험이 창의성에 부정적인 영향을 미친다고 생각하기 쉽다. 그런데 인간의 행동에 있어 새로운 접근이나 아이디어들은 기존의 지식을 바탕으로 이들이 새롭게 결합하여 얻어진다는 것을 감안한다면 창의성에 있어서 과거의 경험이나 기존의 지식의 역할을 간과해서는 안 될 것이다. 둘째, 순수한 독창성을 지나치게 강조해서는 안 된다. 수학은 하나의 합의된 지식체이기 때문에 과학기술 분야처럼 순수한 독창성을 지나치게 강조하는 것은 한계가 있다.

수학적 창의성에 대한 정의를 정리하면 '수학적 문제 상황에서 이전에 학습한 지식과 경험을 통합·재구성하여 기존의 관습적인 방법에서 벗어나 참신하고 다양하면서도 융통성 있게 문제를 해결하려는 성향과 능력'이라고 할 수 있다.

2) 창의성 하위 요소의 수학적인 예

수학적 창의성이 발현되는 원동력은 수학적 개념 및 원리·법칙에 대한 올바른 이해, 추측을 바탕으로 한 직관, 새로운 지식을 만들어내는 추진력 있는 통찰, 장차 무엇이 중요하게 될지를 예견하는 능력이 뒷받침되어야 한다. 또한 창의성은 현 상황을 예전에는 생각지 못했던 방법으로 확장시킬 것을 요구하며, 새로운 아이디어를 만들어 내고 더 나아가 기존의 아이디어를 새로운 방법으로 결합시킬 것을 요구한다.

각 교과별 창의성 교육은 교과의 특성에 따라 다루는 내용면에서 차별화는 가능하고 필요하지만 정의나 구성 요소에서 차별화는 기대하기 어렵다. 따라서 수학적 창의성 역시 앞서 언급한 창의성의 정의와 구성 요소의 범위 내에서 언급되어야 할 것이다. 앞서 언급한 것에 바탕을 두고 수학 창의성의 하위 요소를 다음 문제를 사례로 하여 살펴보면 다음과 같다.

(1) 독창성

기존의 것과 다르게 새롭고 독특한 아이디어를 산출하는 능력, 즉 문제해결과정에서 남다른 독특한 아이디어를 이용하여 문제를 해결하는 능력으로 반응의 상대적 희귀 빈도와 질적인 참신성 및 가치가 높을수록 독창성이 높다고 할 수 있다.

한 변이 10cm인 정사각형의 색종이를 왼쪽 그림과 꼭짓점이 정사각형의 중심에 위치하도록 차례대로 10장을 이어 붙였을 때, 바깥쪽 둘레의 길이는 몇 cm인가?

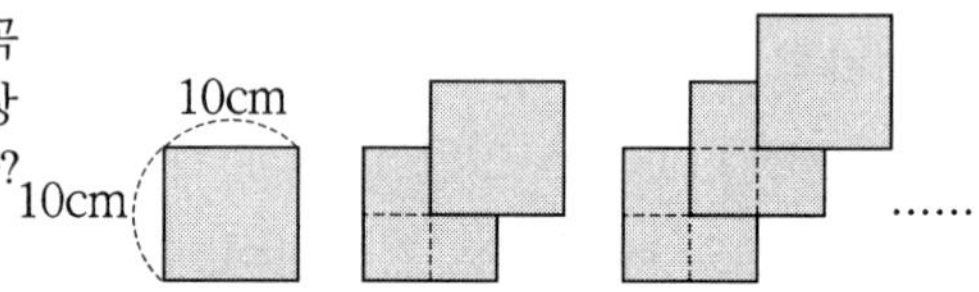

위 문제를 해결하는 방법은 여러 가지가 있다. 다음 풀이 ㉮~㉴의 일곱 가지 방법 중 다른 학생들이 거의 사용하지 않은 남다른 방법으로 문제를 해결하였다면 그 학생은 독창성이 높다고 할 수 있을 것이다. 그러나 남다른 방법으로 해결하였다고 하더라도 해결한 방법의 수는 다른 학생들이 해결한 방법의 수와 비슷해야 한다. 즉 다른 학생들이 해결한 방법의 수보다 상대적으로 적다면 독창성이 없다고 할 수는 없으나 남다른 독창성이 있다고 보기는 단정하기 어렵다.

[풀이]

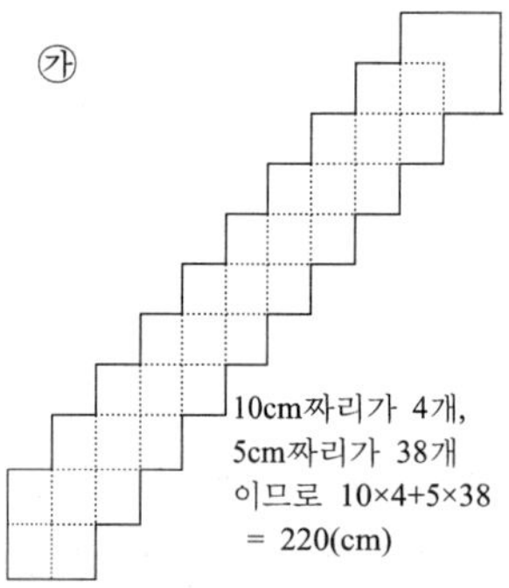

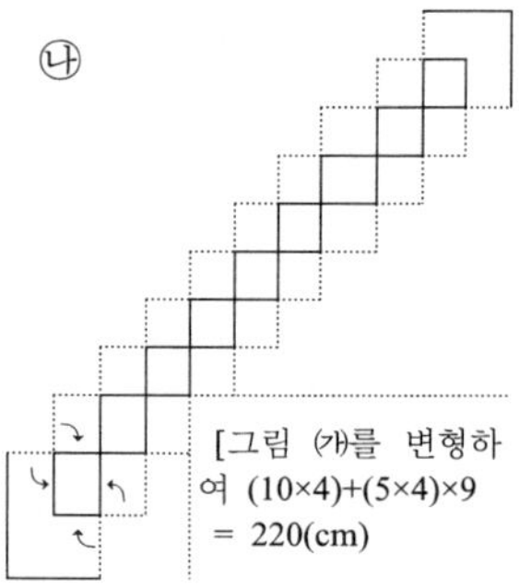

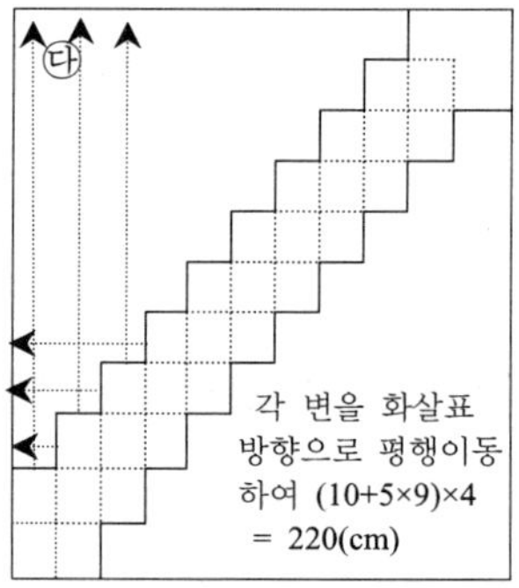

㉱ 그림 ㉮에서 한 변이 10cm인 정사각형 10장의 둘레에서 겹쳐서 중복된 부분인 한 변이 5cm인 정사각형 9장의 둘레를 뺀다. 40×10-20×9=220(cm)

㉱ 표를 만들어서 구하기

색종이 수	1	2	3	4	5	6	7	8	9	10
둘레의 길이	40	60	80	100	120	140	160	180	200	220

㉱ 표 ㉳에서 규칙을 찾아서 식으로 정리한다.
10-1=9 → 20×9=180 → 40+180=220(cm)

㉴ 색종이 수	1	2	3	…	10
10cm인 변의 수	4	4	4	…	4
5cm인 변의 수	0	4	8	…	

위 표에서 규칙성을 찾아 색종이 10장일 때의 5cm인 변의 수는 4×(10-1)=36. ∴ 10×4+5×36=220(cm)

(2) 융통성

고정적인 사고방식에서 벗어나 여러 각도에서 다양한 해결책을 찾아내는 능력, 즉 동일한 문제를 해결하는 과정에서 다른 학생들보다 해결하는 방법이나 전략의 수가 많거나 특정한 방법이나 전략을 이용하여 문제해결이 힘들거나 복잡할 경우 즉각 대안적인 방법이나 전략을 구상하여 문제를 해결하는 능력이 있다면 융통성이 높다고 할 수 있을 것이다. 융통성을 기르기 위해서는 한 문제를 열 가지 방법으로 해결하는 것이 10문제를 한 가지 방법으로 해결하는 것보다 훨씬 가치가 있다.

(3) 유창성

특정한 문제 상황에서 가능한 많은 아이디어나 반응을 산출하는 능력, 즉 문제를 해결하는 의미 있는 반응의 개수가 많거나 학습한 원리·법칙 및 전략을 다양한 장면의 문제해결에 활용할 수 있는 학생은 유창성이 높다고 할 수 있다.

두 종류의 동전의 합이 56원이 되도록 알맞은 수를 써 넣어라.

10원짜리	1원짜리	합
5	6	56
4	16	56
……	……	

(4) 정교성

기존의 아이디어에 유용한 세부사항을 추가하여 정보를 상세하면서도 일목요연하게 표현하는 능력, 즉 학습을 통하여 학생들이 새로이 발견하고 이해한 개념이나 원리·법칙 및 기타 정보를 많은 사람들이 공감할 수 있도록 간결·명료하게 표현할수록 정교성이 높다고 할 수 있다.

다음 도형은 여러 가지 기준에 따라 분류할 수 있다. 주어진 도형에 대해 분류 기준을 정하고, 그 기준에 따라 분류해 보시오.

위 문제에서 다른 학생에 비하여 다양한 분류기준(변의 수, 대칭성, 등)에 따라 분류한 학생은 정교성이 높다고 할 수 있을 것이다.

3) 창의성 교육을 왜 강조하는가?

창의성 교육은 1950년대 초반까지는 크게 부각되지 않다가 1950년대 중반부터 움트기 시작한 미국과 소련의 과학기술 경쟁에서 소련이 인공위성인 스푸트니크를 발사하자 이에 충격을 받은 미국은 교육 개혁을 시도하게 되는데 그 방안의 하나로 창의성 교육과 함께 영재교육에 대한 연구와 실천이 본격적으로 이루어지기 시작했으며, 교과교육에서 학문중심의 수학교육의 개선 운동(새수학 운동)과 탐구과정 중심의 과학교육의 개선 운동이 활발하게 이루어졌으며, 이는 세계적으로 교육 개혁에 많은 영향을 미쳤다. 1967년 이전까지는 창의성 교육과 영재교육은 다소 이원화된 채 연구되어 오다가 1967년 미국 국립 영재협회에서 창의적 영재를 영재의 한 부류로 받아들이게 되면서부터 영재교육의 한 요소로 창의성에 대한 연구가 지대한 관심을 끌게 되었다(임선하, 1998).

우리나라는 1960년대 후반부터 창의성 교육에 대한 관심을 가지기 시작하여 제3차 교육과정에서 창조성이란 용어가 공식적으로 사용되기 시작하였다. 그러나 그 실제적인 연구는 1980년대 후반에 이르러 본격적으로 이루어지기 시작하였으며, 2007 개정 수학과 교육과정에서 추구하는 인간상으로 '창의적인 능력을 발휘하는 사람'육성이 강조되면서 교과 내용 구성과 교수·학습 방법에 창의적 사고 및 창의적 문제해결을 강조하고 있으며, 이에 영향을 받아 지역 교육청별로 창의력 신장을 위한 학습 프로그램이 교육감 인정도서, 또는 장학자료 등의 형태로 개발·보급 및 창의력 신장을 위한 각종 교사 연수가 실시되고 있다. 특히 2002년 영재교육 진흥법 제정과 그 시행령이 공포됨에 따라 전국적으로 영재교육에 대한 전 국민적 관심이 집중되면서 영재 판별 및 학습 프로그램 개발에서 창의성 신장으로 위한 보다 구체적인 연구와 학습 프로그램이 개발·보급되고 있다. 또, 정부 차원에서 2008년 하반기부터 '창의적 인재 육성'이란 국가경쟁력 강화 차원에서의 수학교육 강화를 위한 '수학교육 내실화 방안'을 수립(2008. 12)하고, 이에 따라 2009년 개정 수학과 교육과정 개편 방향은 '창의 인재 육성'에 초점을 두고, 각 교과에서 창의적 체험활동을 강화하고 있다. 이처럼 창의성 교육이 강조되는 배경을 네 가지 측면에서 살펴보면 다음과 같다.

(1) 교육의 가치성

농경·산업화 시대의 주된 생산도구가 강한 체력이나 능숙한 손재주 등 물리적인 힘이었다고 한다면 정보화 사회라고 일컫는 요즈음의 사회에서는 생산 수단으로써 물리적인 힘보다 창의적인 아이디어를 산출하는 두뇌의 힘인 창의력을 요구하고 있다. 즉 열심히 일하는 근면함도 중요하지만 현명하게 일을 할 수 있는 지혜로움을 더욱 필요로 하고 있으며, 노력의 산물로서 구체적인 산물에서 추상적인 산물로의 전환을 요구하고 있다.

(2) 교육의 효율성

우리나라의 교육열이나 교육에 대한 투자되는 비용, 그리고 학생들의 학습량에 비하여 그 효과는 매우 의문시되는 점이 많다. 비록 노벨상 수상자나 세계적인 석학의 수를 예를 들지 않더라도 우리나라 사람들은 고지능(高知能) 저창의성(低創意性)현상, 즉 지능은 매우 우수하지만 창의적 산출물을 생산하는 능력은 상당히 낮은 것으로 해석할 수 있다. 이러한 현상은 학생 개개인에게 책임이 있다기보다는 창의성을 기르기 위한 교육에 소홀했기 때문이라고 생각한다.

(3) 교육의 효과성

창의성이 발현되는 시기는 분야에 따라 다르다는 것이다. 창의성 교육과 관련된 신문기사(중앙일보, 2002) 내용에 의하면 '창의성은 만 4~11세에 급격하게 변화하며, 11세 이후에는 창의성에 큰 변화가 없거나 오히려 퇴보하는 경향이 있다'고 볼 때, 창의성 교육은 초등학교 교육의 중핵을 이루어야 할 것이다. 특히 초등학생들은 인지구조가 미분화의 상태에 있으며 호기심 및 주위 환경의 자극에 민감하다. 초기 학습 경험은 이후의 학습에 기초로써 후속 학습에 커다란 영향을 미친다고 생각할 때, 초등학생들의 창의성 교육은 이후 그들의 삶에서 창의적 사고에 긍정적인 영향을 미칠게 될 것이므로 국가적 차원에서 지향할 과제라고 생각된다.

(4) 사회적 요구

최근 사회 구조가 산업화시대에서 정보화의 시대로 이행됨에 따라 생존을 위한 수단으로써 육체적인 능력에 비하여 상대적으로 정신적인 능력이 더 요구되고 있다. 예컨대, 천연자원의 고갈에 따른 대체 에너지 개발, 국가간의 경쟁력 심화, 환경오염과 빈곤 문제 등 우리의 삶을 위협하는 당면한 문제를 해결하기 위해서는 기존의 사고 틀을 벗어나 새로운 방법으로 문제에 접근하고 해결해 가는 창의적인 아이디어가 요구되고 있다.

9.1.5 창의성 교육의 원리와 방법

수학적 창의성 교육은 일반적인 창의성 교육의 원리와 방법과 맥을 같이 한다고 볼 수 있다. 창의력에 신장에 관한 교수·학습 원리로서 여러 심리학자들의 연구를 종합하여 허형(1989)은 통합성, 다양성, 독창성, 판단유보, 개방성, 자율성 등 여섯 가지를 제안하고 있으며, 윤종건(1995)은 독창성을 제외한 다섯 가지를 제안하고 있다. 이들의 제안을 근간으로 하여 수학창의력 신장을 위한 교수·학습 원리를 여섯 가지로 정리하면 다음과 같다.

(1) 통합성의 원리

새로운 정보를 이미 학습한 지식이나 경험과 서로 연결·통합시켜 봄으로써 새로운 것을 산출해 낼 수 있다는 원리이다. 예를 들어, 수학의 각 영역 사이의 개념들을 그리고 영역 내 개념들을 서로 연결·통합함으로써 새로운 개념이나 원리·법칙을 발견하게 하는 일, 연산에 관련된 문장제 풀이에서 문제 장면을 시각적으로 표현해 보고 이를 식으로 나타내는 일 등이다.

(2) 다양성의 원리

학습자 개개인은 획득된 지식과 경험 및 사고 패턴이 다양하다고 볼 때, 그들이 새로운 장면의 문제 상황에 대한 지각이나 그 해결 방법의 선택도 달라질 것이다. 따라서 문제해결을 위한 다양한 접근방법이나 시도는 또 다른 새로운 것을 창출하는 능력을 증진시킬 수 있다. 예를 들어, 문제해결에서 한 가지 방법만이 아닌 여러 가지 방법으로 해결해보는 경험을 통해 문제의 해에 이르는 길은 유일하지 않다는 사실을 깨닫게 하는 것은 확산적·창의적 사고력 신장에 도움을 줄 것이다.

(3) 독창성의 원리

창의적 사고의 질적 수준이 가장 높은 것이 독창적인 사고인 것이다. 새로운 발상, 기발한 아이디어 등이 그것이다. 이러한 사고를 활발하게 하기 위해서 여러 가지 자료와 생각을 자기 나름대로 독창적으로 재구성하게 하거나 기존의 생각이나 경험으로부터 탈피하여 새로운 경험을 하게 함으로써 독창성을 키우는 것이다. 예를 들어, 계산 알고리즘 지도에서 교과서에 제시된 표준 알고리즘만 강요할 것이 아니라 전통적인 알고리즘이나 학생이 고안한 알고리즘 등 대안 알고리즘을 적용한 문제해결 경험은 새로운 알고리즘을 고안을 자극할 것이며, 하나의 문제해결에서 다양한 전략에 적용해본 경험은 또 다른 독창적인 전략을 고안·적용할 수 있는 근거를 제공할 수 있을 것이다.

(4) 판단유보의 원리

이 원리는 브레인스토밍 기법과 연관된 원리로서 자기뿐만 아니라 다른 사람의 산출된 아이디어에 대해 너무 성급하게 판단, 평가하거나 지나치게 비판하게 되면 생각의 흐름이 유창하지 못할 뿐만 아니라 사고 활동을 위축시킬 수 있다. 따라서 성급한 판단과 타인의 평가적 간섭을 유보한 채 보다 자유롭게 사고할 수 있게 함으로써 아이디어의 양과 깊이를 더할 수 있다는 원리이다. 비록 비효율적이거나 잘못된 알고리즘이나 전략의 적용으로 오답을 일으켰다고 하더라도 그것은 학생 나름대로의 이해를 바탕으로 사고 과정을 전개한 것이므로 교사의 입장에서 정·오를 판단하기보다는 메타인지적 발문을 통하여 학생 스스로 오류를 수정하는 경험을 갖게 함으로서 창의적 사고력이 신장될 것이다.

(5) 개방성의 원리

수학 창의성 신장을 위한 환경은 학생들이 심리적 안정과 해방이 필수적인 요건이다. 즉, 동료 사이에 있어서나 교사와 학생 사이에 있어서도 서로가 대등한 인격체로 자유로이 서로의 의견을 주고받을 수 있는 환경과 기회가 조성되어야 하며, 이러한 환경 속에서 학생들은 수학적 아이디어와 관계에 대한 그들의 생각을 반성하고 명료화할 수 있어야 한다. 사고 활동은 개인에게서 비롯되지만 활발한 의사소통은 사고하는 방법을 배우게 하며, 서로의 독특한 아이디어의 공유할 수 있고, 자신의 아이디어를 검증해볼 수 있으며, 다른 사람의 생각을 읽을 수 있음으로 해서 창의적인 아이디어를 구상하게 해줄 것이다.

(6) 자율성의 원리

학습에서의 가장 기본적인 원리 중의 하나는 자율성과 능동성이다. 타인의 생각의 기준이나 획일적인 기준에 얽매임이 없이 자기 스스로의 자발적인 행동과 의사표현을 자극함으로써 창의적 사고를 증진시키는 원리이다. 아동으로 하여금 항상 스스로 생각하고 제작하고 그리고 발견하고 궁리하고 탐구하여 해결책을 스스로 찾아보게 함으로써 자기 자신의 독자적인 착상이 떠오르고 자기 결정에 의한 달성은 자기실현을 느끼게 하여 학습자의 내발적 동기가 한층 높아질 것이다.

9.1.6 수학적 창의성의 원리

수학적 창의성과 관련하여 수학적 창의성 교육은 어떤 관점으로 보느냐에 의하여 다른 교육의 원리와 방법이 있을 수 있다. 방정숙(2009)은 수학적 창의성에 대한 네 가지 관점을 연구의 맥락과 창의성 교육과 연결하여 〈표 9-1〉과 같이 정리하였다.

〈표 9-1〉 수학적 창의성의 관점에 따른 창의성 교육

관점	연구자	연구의 맥락	창의성 교육
수학-사고 과정 접근 기반	**Krutetskii(1976)** 수학적 창의성을 수학영재성과 동일하게 보고 하나의 정신적 작용을 다른 것으로 변환하는 것 강조	수학자의 발견술 과정에 대한 연구나 학습자의 개별적인 수학적 창의성 발현 과정을 강조할 때	수학에서의 수학적 사고 강조하고, 수학자의 연구에서 생성되는 것과 유사한 창의성을 중시 → 새로운 문제해결방법 및 수학적 개념의 생성을 추구함
창의성-사고 과정 접근 기반	-	수학 내용에 대한 지식보다는 창의적으로 사고하고, 창의적으로 문제를 다루는 것을 강조할 때	-
창의성-발산적 산출물 접근 기반	**Sheffield(2006)** 문제를 인식하고, 다양한 해결책을 생각해내며, 결과를 추론·입증하는 과정과, 의사소통을 강조		새로운 아이디어에 따른 다양하고 독창적인 산출물을 강조 → 학생들의 흥미와 성취감을 자극할 가능성이 높음
수학-발산적 산출물 접근 기반	**Becker와 Shimada(1997)** 수학적 창의성의 증진과 평가를 위해 개방형 문제를 강조	현재의 학교 현장에 수학적 창의성을 보다 쉽게 적용 가능하도록 하고자 할 때, 수학적 창의성을 평가하고자 할 때	학교에서의 수학 학습 범위 내에서 다양한 문제해결을 강조. 산출물에 의한 학생의 창의성 평가 등이 용이 → 네 가지 관점 중에서 학교수학과 가장 쉽게 관련될 수 있음

이와 같은 학문적인 관점에 따라 창의성 교육의 원리나 방법에 대한 다양한 관점이 있을 수 있으나, 여기에서는 주로 교사들이 학교수학에서 학생들의 창의성 신장을 위하여 어떤 원리와 방법을 사용할 수 있는지 알아본다.

1) 창의성 교육의 원리

일부 사람들의 창의성을 신장시키는 방법은 아예 없다고 생각하거나 오히려 어떤 조치를 취하는 것은 오히려 창의성을 방해하게 된다고 생각하기도 한다. 그러나 수학적 창의성은 아무것도 없는 진공상태에서는 발생하지 않는다. 이는 개인의 선행 경험 및 지식의 준비 상태가 필요함을 의미한다. 즉, 창의성의 발달을 촉진하기 위한 적절한 환경의 제공이 필요함을 말해준다. 황우형 외(2006)도 수학적 창의성은 수학적 절차들을 위한 적절한 환경을 제공하는 선행적인 활동을 통하여 발생한다고 보았다. 수학적 창의성은 수학적 절차들이 수학적 사

고의 대상들로 되기 전에 활동을 통하여 내면화되는 준비 단계로부터 시작된다고 볼 수 있는데, 수학적 창의성의 발달단계를 분류해보면 다음과 같다(황우형 외, 2006).

(1) 0단계: 예비적인 기교 단계(Preliminary Technical Stage)

이 단계는 마치 Piaget나 Dienes 등이 수학적 개념을 구성하기 위해서는 자유롭게 하는 놀이 단계가 있듯이 수학적인 규칙과 절차에 대해서 인식하지 않고 기교적 또는 실용적으로 하는 행위의 단계이다. 이는 고대 메소포타미아에서 직각을 만드는데 3, 4, 5의 매듭이 있는 줄을 이용하여 직각삼각형을 만들어 직각을 만드는 예를 볼 수 있다. 도구와 수학적인 아이디어가 서로 변증법적으로 사용되는 예이기도 하다. 아주 어린 유아의 단계에서는 퀴즈네어 막대를 어떤 일정한 높이로 만들다보면 수의 크기의 관계를 자연스럽게 이해하게 되는 경우도 이에 해당된다고 볼 수 있다.

(2) 1단계: 알고리즘적 활동 단계(Algorithmic Activity Stage)

이 단계에서는 주로 수학적 연산의 절차를 수행하는 단계로 알고리즘의 응용, 공식의 유도, 다항식의 인수분해, 미적분 계산 등과 같은 일련의 절차적인 수학활동을 수행할 수 있는 단계이다. 이 단계는 정해진 규칙에 따라서 연산을 수행하는 단계로 심한 오차가 발생하면 다음 단계의 창의적인 활동이 방해를 받는다고 보았다.

(3) 2단계: 창의적 활동 단계(Creative (Conceptual, Constructive) Activity Stage)

이 단계는 전 단계의 알고리즘적인 활동을 바탕으로 진정한 수학적 창의성을 발휘하여 수학 원리나 법칙을 산출할 수 있는 원동력이 되는 단계이다. Ervynck(1991)은 이 단계의 수학적 창의성은 직관적인 것에서 형식적인 수준으로 나아가는 과정 속에서 일어난다고 보았다. 그리고 그는 서로 관련이 없어 보이는 구체물을 정신적으로 관련짓는 활동을 활발히 하는 가운데 의식이 고조된 강렬한 활동 후에 창의적인 사고가 일어난다고 보았다.

그러나 각 단계의 활동이 최종적인 창의적 사고의 발생에 없어서는 안 될 과정이기는 하나 주요한 것은 마지막 단계에서 개념을 올바로 이해한 것에 근거하여 숙고하는 하는 가운데 얻는다고 보았다.

황우형 외(2006)는 특히 학교수학에서 수학적 창의성에 대하여 관심을 가졌는데 그들은 학교수학의 창의성 모델을 다음과 같이 제시하였다.

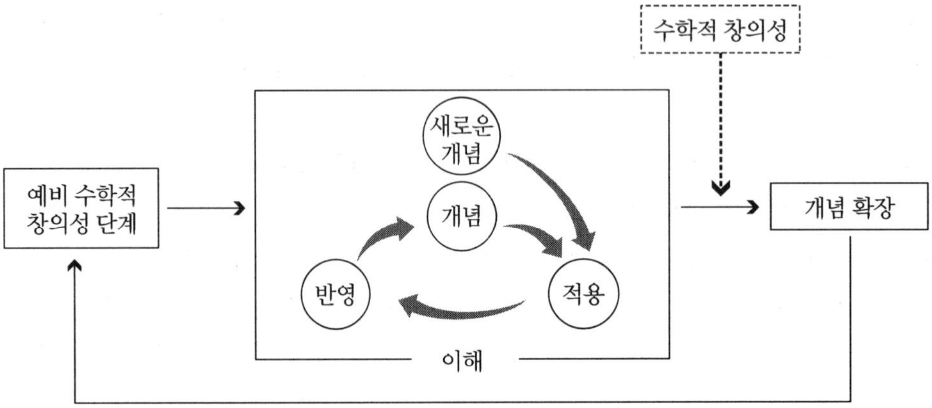

[그림 9-1] 학교수학의 창의성 모델

이 모델은 일반적인 학교의 수학교육에서 창의성의 신장이 가능한 것으로 보고 있으며, 예비수학적인 창의성 단계에서 새로운 수학 개념을 이해하는 가운데 수학적 창의성이 개입되고 수학적인 개념을 확장해갈 수 있다는 논리이다. 그들은 십진수와 오진수의 곱셈의 예를 들어 수학적 창의성을 예비 수학적 창의성 단계, 이해단계, 확장단계로 설명하였다.

2) 창의성 교육의 방법

지금까지의 연구들을 종합해 보면 창의성은 교육이 가능하고 학생들에게 이를 교육하기 위한 몇 가지 방법이 있을 수 있다. 서울초등교육평가연구회(1995)는 다음과 같이 창의성 교육의 방법을 직접 접할 수 있는 직접적인 방안과 프로그램을 직접 접하지는 않지만 수업의 분위기나 조건을 조성해 주려고 하는 간접적인 방안으로 나누어 각각의 성격을 정리하여 제시하였다.

(1) 직접적인 방법

학생들이 눈에 구체적으로 보이는 창의성 교육 프로그램이나 자료를 활용하는 방법으로 창의성을 길러주는 데 도움이 되는 각종 자료를 개발하고 이를 학생들에게 투입하여 소기의 목적을 달성하려 한다. 이 방법은 창의성을 증진시켜 주려는 내용과 기법이 포함된 특별한 자료를 학생들에게 부과함으로써 효과를 높인다는 장점을 가지고 있다. 단점으로는 이들 개발된 특별한 자료를 기존의 교육과정과는 별도로 마련된 시간에 가르쳐야 문제를 해결해야 한다는 것이다. 그러나 수학의 경우는 매 차시에 가능할 수는 없겠으나 적절하게 교구를 사용할 수 있도록 고안하여 사용할 수 있다.

① 특별히 고안된 창의적 문제해결력 프로그램: 창의성을 증진시킬 수 있도록 특별히 고안된 자료를 교과 내용으로 하여 교사가 지도한다. 수학의 경우 그 핵심적인 개념은 수학의 어느 부분에 연결이 되므로 이를 적절하게 연계할 필요가 있다.

② 일반 교과화된 절차 중시 방안: 앞의 창의적 문제해결력 프로그램과는 달리 창의성을 중심으로 해서 개발된 완결된 단원이나 자료 대신에 일상적인 수업을 하는 과정에서 학생들에게 요구되는 창의적 측면을 지도하기 위해 각종 기능이나 절차들을 강조한다. 이 방안에서의 수업 절차도 부분적으로는 앞의 창의적 문제해결력 프로그램에서의 그것과 비슷하다. 이 방안에서 중요한 것은 어떻게 풍부한 자료를 확보하느냐와 교사가 얼마나 적절하게 발문을 할 수 있느냐이다.

③ 패키지화된 수업 자료: 자율 학습용 자료로 활용될 수 있는 구체적 조작 자료, 오디오나 비디오 자료, 인쇄자료 등을 포함하는 포괄적인 프로그램이다. 주로 영재아를 위한 별도의 프로그램이나 방과 후에 운영되는 창의 수학 등의 프로그램이 이에 해당된다.

④ 창의적인 예술 활동: 창의적인 예술 활동에 참여함으로써 학생들은 자신이 가진 기존의 관념을 깨뜨리고 새로운 입장에서 사고하게 된다. 수학과 관련한 창의성의 신장이라 할지라도 예술이나 다른 분야의 활동과도 연계가 되어 있으므로 창의적인 예술 활동을 하도록 하는 것은 의미가 있다.

⑤ 매체 및 독서 프로그램: 영화나 예체능의 창의적인 매체에 접하거나 책을 주의 깊게 읽음으로써 자연스럽게 창의성을 증진시키도록 하는 방법이 있다. 가능한 다양한 매체에 노출이 되게 함으로써 다양한 경험을 가지도록 할 필요가 있다.

(2) 간접적인 방안

일상적인 교과활동이나 생활 속에서 학생들이 교사나 학부모가 창의성을 촉진시킬 수 있도록 조성한 분위기나 조건 내에서 활동함으로써 창의성이 길러지기를 기대한다.

① 교육과정 및 행정 지원체제 조성: 몇 개의 중점적인 교과목에 치중할 것을 주장하거나 개인 연구 과제를 부과할 것을 주장한다. 이 방안에서 다루어지는 또 다른 문제는 창의성을 증진시키는데 도움이 되는 행정 지원 체제의 조성에 관한 것이다. 수학에서도 프로젝트 기반학습을 하도록 하고, 개인적인 과제도 부과할 수 있으나 소집단으로 해결해 보도록 할 수 있다.

② 교사-학생의 상호작용 방법으로 교사-학생의 상호작용 중에서도 문답과 언어 분석을 활용하는 것이 대표적이다. 어떤 상호 의사소통을 하고 그 의미는 어떠한지를 분석해 보는 방법이 있다. 이를 통하여 창의성을 위한 보다 적절한 상호작용을 유도해 갈 수

있다.

③ 동기유발 보상 경쟁 방안: 학생들이 수업에서 내보이는 동기가 높으면 높을수록 학업 성취는 높이는 것으로 스티커 및 다양한 방법으로 보상하는 방법이 있다. 창의성은 자발적인 참여하에서 보다 활발하게 나타날 수 있으므로 점차 자신들의 수학적 학습 과정에서 희열을 맛보면서 적극적으로 참여하도록 유도할 필요가 있다.

④ 검사를 통한 방법: 창의성을 측정하는 여러 가지 검사를 실시함으로써 창의적 사고력을 증진시킬 수 있다. 특히 창의성은 다른 인지 능력과는 달리 검사의 경험이 이후의 검사에 미치는 영향이 크다. 검사뿐만 아니라 다양한 형태의 관점이나 다양한 사고를 자극할 수 있는 평가도 도움이 될 수 있다.

9.2 수학영재교육을 통한 창의성 신장

9.2.1 어떻게 하면 수학 창의성을 기를 수 있는가

수학영재교육을 통하여 수학적 창의성을 어떻게 신장시킬 수 있는가에 대한 구체적인 방안을 생각해보도록 하자.

Silver(1997)에 의하면 창의성은 깊고 유연한 내용적 지식과 밀접하게 관련되는데 어느 한 순간의 통찰에 의하기보다는 오랫동안 참여와 반성적 생각의 결과라는 것이다. 사실 뉴턴이 만유인력의 법칙을 발견한 것이 사과나무에서 사과가 떨어지는 것을 보고 발견했다고 말하지만 뉴턴은 만유인력에 대한 생각을 상당히 오랫동안 했고, 그와 관련된 선행 지식이 축적되어 있는 상태에서 사과가 떨어지는 것을 보고 아이디어를 떠올리게 되었다고 보아야 할 것이다. 이런 부화의 시간이 수학적 창의성의 발화에 중요한 단계라고 볼 수 있다. 따라서 학생들에게도 수학의 기본적인 내용은 충분히 익히도록 할 필요가 있고 풍부한 수학적 사고를 할 수 있는 문제를 던져 주고 숙고할 시간을 충분히 주어 나름대로의 숙고와 반성의 시간을 갖도록 할 필요가 있다.

학습지도는 과학이 아니라 예술이라는 말이 있듯이 교수 기술은 교사 개개인의 자질과 능력에 따라 창안되는 예술품인 것이다. 교수법이란 독특한 알고리즘이 있는 것도 아니고, 신비스런 비법이 있는 것도 아니다. 교수 기술은 교사 개개인의 독특한 창조물이기 때문에 어떤 교수법이 창의력 신장에 가장 효율적이며 강력한지를 판단하기는 어렵지만 여러 학자들의 생각을 정리하면 다음 몇 가지로 요약할 수 있다.

1) 교사의 교수·학습관 재정립

학생들의 학습에 가장 큰 영향을 미치는 변인이 교사라고 하면 창의성에 대한 교사의 교수관이 변화되어야 한다. 사회 구조가 변화하면 교육과정이 바뀌어야 하며, 교육과정이 바뀌면 교과 내용뿐만 아니라 교수·학습 방법도 바뀌어야 한다.

구성주의의 기본 가정은 모든 지식은 외부로부터 수동적으로 받아들여지는 것이 아니라 학습자에 의해 능동적으로 구성되는 것이다. 예컨대, 새로운 지식은 선생님의 설명을 듣거나 교과서를 읽어서 얻는 것이 아니라 학생이 스스로 의미를 터득하고 적극적인 방법으로 새로운 내용을 기존의 지식망과 연결시킴으로써 구성하는 것으로 보고 있다. 따라서 학교 교육은 지식의 전수라는 고전적인 교수·학습관에서 벗어나 학생들의 잠재적 능력의 발현이라는 교수·학습관이 확립되어야 할 것이다. 교사와 학생. 학생과 학생의 활발한 상호작용 속에서 만들어가는 수학을 경험하였을 때 창의성이 자극될 것이다.

2) 교사의 창의성

학생만이 창의적이어야 한다는 논리는 모순이다. 수학을 모르는 사람이 수학을 가르칠 수 없고, 영어를 모르는 사람이 영어를 가르칠 수 없듯이 창의적이지 못한 교사가 창의력 신장을 위한 교육을 한다는 것은 어렵다.

수업 중에서 주어진 과제에 대해 선생님 자신이 교과서에 제시된 형식화된 알고리즘과는 다른 다양한 방법으로 접근하려는 자세를 가져야 하며, 새로운 아이디어이나 방법 등을 학생들에게 보여주어야 한다. 학생들은 교사의 생각이나 행동에 매우 민감하여 교사가 어떻게 생각하고 행동하느냐에 따라서 그에 어울리려는 경향이 강하다. 학생들의 수학적 창의성을 길러주기 위해서는 교사가 먼저 창의적이어야 한다.

3) 충실한 학습목표 달성

창의성을 기존의 틀을 벗어나 새로운 결과를 산출하는 것이라고 편협하게 생각하면 과거의 모든 지식이나 경험이 창의성에 부정적인 영향을 미친다고 생각하기 쉽다. 그러나 인간의 행동에 있어 새로운 접근이나 아이디어들은 기존의 지식을 바탕으로 이들을 새롭게 결합하여 얻어진다는 것을 감안한다면 창의성에 있어서 이전의 경험이나 기존 지식의 역할을 간과해서는 안 될 것이다. 따라서 건전한 창의력을 기르기 위해서는 교육과정에서 요구하는 수준의 수학적 지식을 터득하도록 하는 것은 필수적인 요소이다. 다만 이런 수학적 지식을 습득하는 과정에서도 창의적인 과정을 존중하는 방향에서 이루어져야 할 것이다.

4) 흥미 있고 풍부한 과제 제공

결과가 간단하여 더 이상 생각할 여지가 없는 문제보다는 가능성이 풍부하고 확장이 가능한 수학 과제나 문제를 제공해야 한다. 학생들을 문제 상황에 몰입시키기 위해서는 우선 학생의 흥미를 자극할 수 있는 퍼즐이나 게임 등이 좋다. 그리고 그 안에서 수학적 사실을 발견해 내고 이를 새로운 내용으로의 확장과 변형하는 기회를 갖도록 함으로써 창조적 경험의 기회를 제공할 필요가 있다.

5) 이해를 통한 학습

이해를 바탕에 둔 수업의 중요한 특징은 지식의 생성력과 활용력에 있다. 학생들이 이해를 통해서 지식을 터득했을 때, 그들은 새로운 주제나 문제 혹은 익숙하지 않은 문제를 해결하는데 그 지식을 활용할 수 있다.

이해하는 것은 '아는 것'과 관련되는 것이지 '할 수 있는 것'과 관련되는 것이 아니다. 예컨대, 이분모 덧셈에서 ① 왜 통분을 해야 하는가? ② 왜 분자와 분모에 같은 수를 곱하는가? ③ 왜 분자끼리만 더하는가? ④ 왜 대분수로 고치는가? 등에 대해서 학생들이 그 까닭을 모르는 채 기계적으로 계산하여 답을 구하였다면 이것은 할 수는 있지만 알고 행했다고는 할 수 없다.

6) 사고력을 자극하는 발문

학생들의 기억력을 자극하는 발문은 창의력 증진과는 아무런 관계가 없다. 즉 사고를 자극할 수 있는 발문을 활성화해야 한다. 예를 들어, "왜 그렇게 생각하는가?", "어떻게 해서 그렇다고 생각하는가?" 등의 발문을 통해 자신의 생각을 정당화할 수 있는 기회, 그리고 "또 다른 방법은 없는가?", "~게 생각하면 어떨까?" 등의 발문을 통해 사고의 융통성이나 유창성을 자극하기, 그리고 "만일 ~라면?", 또는 "만일 ~이 아니라면?" 등 조건 변경과 확장할 수 있는 발문을 통해 정교성, 독창성, 융통성을 자극하는 발문 기법은 모두 창의적 사고 활동을 자극할 것이다.

또, 교사의 자문자답(自問自答)이나 즉문즉답(卽問卽答)을 피해야 한다. 즉, 학생들에게 생각할 기회를 주어야 한다. 따라서 창의력을 기르기 위해선 교사의 인내가 필요하다. 교사는 학생들이 수학적으로 사고하는 기회나 시간을 즐길 수 있어야 한다.

7) 오류 수용 분위기 조성

문제해결과정에서 학생이 오류를 일으켰을 경우, 어른의 입장에서 보면 틀린 논리이지만 어린이의 입장에서 보면 그것은 일관성 있거나 그 자체의 논리를 가지고 있다. 어린이가 어떤 오류를 범했을 때 이를 어른의 입장에서 일방적으로 수정하려는 것은 바람직하지 못하다. 오류를 바람직한 교수학적 대상으로 삼고 그 근원을 찾고 이를 수정하는 과정에서 그들의 사고력이 신장되어 간다고 볼 때 오류는 교육적 가치가 매우 크다는 것을 인식해야 한다. 학생들이 오류에 부담을 느끼지 않을 때, 그들은 더 적극적으로 환경에 대해 적응하려는 태세와 창의적 사고의 기회를 가지게 될 것이다. 따라서 교사는 수업 중에 가능한 "맞았다" 또는 "틀렸다"는 판단을 하는 말을 하지 말고, 학생이 비논리적인 답을 낸 경우 그 이유를 설명하도록 하는 기회를 줄 필요가 있다. 그리고 학생의 답에 바로 교사가 응답하기보다는 다른 학생들의 의견을 물어서 자연스럽게 학생들 간에 주장하고 반박하는 분위기를 이끌 수 있도록 해야 한다.

8) 개방형 문제 활용

개방형 문제란 단 하나의 정답이 있는 것이 아니라 문제 이해 및 해결 방법에 따라 여러 개의 답이 가능한 문제이다. 풀이 과정이나 옳은 답이 유일한 경우에는 학생들이 다양한 사고를 할 수 없고, 적절한 해결 전략이 떠오르지 않으면 문제해결을 포기하게 되거나 학습 불안과 기피현상을 초래할 가능성이 높다.

개방형 문제는 여러 가지 측면에서 접근하여 해결할 수 있고, 그 방법에 따라 다양한 답이 산출될 수 있다. 따라서 하나의 답이 나왔다고 하더라도, 또 다른 옳은 답이 몇 개라도 더 나올 수 있기 때문에 자연스럽게 확산적인 사고, 창의적인 사고의 기회가 증가할 것이다. 그리고 수학에 대한 긍정적인 신념과 태도를 갖게 될 것이다. 이를 위하여 교사는 교과서의 문제라도 조건을 바꾸어 가면서 개방적인 문제로 만들 수 있어야 한다.

9) 반성과 음미의 기회 제공

반성과 음미는 이미 알고 있는 지식과 문제 상황에서의 조건 사이의 관계를 의식적으로 조사하는 것과 관련되기 때문에 창의적인 아이디어 개발에서 중요한 역할을 한다. 이는 메타인지적인 사고라고 할 수 있는데 학생들 스스로 자신의 풀이 방법을 되돌아보고 그 방법과 다른 방법 사이의 편리성 및 정확성 등에 대한 판단을 하도록 할 필요가 있다. 그리고 문제의 저변에 흐르고 있는 보다 고차원적인 수학적 아이디어를 생각해 보도록 자극할 필요가 있다.

10) 활발한 의사소통

자유로운 의사소통은 창의성 교육의 가장 기본인 동시에 핵심이다. 외부의 조절/통제에서 벗어나 자신이 생각하고 있는 것을 숨김없이 다른 사람에게 표현(문자, 언어, 표, 그림 등)하는 것은 자신의 생각을 검증받을 수 있는 기회이므로 자신의 아이디어를 수정하고 보완할 수 있다. 뿐만 아니라 서로 아이디어를 공유함으로써 더욱 새로운 방법과 생각을 발상할 수 있으며, 특히 교사의 입장에서는 학생들이 무엇을, 어떻게 생각하고 있는지에 관한 정보를 얻을 수 있으므로 학생지도에 유용한 정보를 얻을 수 있을 것이다.

11) 평가 내용 및 방법의 개선

교육과정이 바뀌면 교과서가 바뀌며, 평가 내용이나 방법이 변해야 한다. 특히, 제한된 시간에 다양의 문제를 제시하여 단편적인 개념에 대한 회상이나 알고리즘을 적용하여 정확하고 신속하게 답을 구하도록 하는 질문이나 지필평가는 창의적 사고력 신장에 걸림돌이 된다. 따라서 창의력을 기르기 위해서는 출제되는 문제 수를 대폭 축소하여 논리적 사고와 함께 창의적 사고를 기를 수 있는 장면의 문제를 제시해야 할 것이다.

창의적 사고력을 기르기 위해서는 탐구형 문제, 다양한 전략을 활용하는 문제, 단편적인 지식이나 기능보다는 통합적 지식과 기능의 성취 여부를 확인하는 문제, 차시목표보다 단원목표와 교과목표에 근간을 둔 문항 개발이 뒷받침되어야 할 것이다.

참고문헌

방정숙(2009). 2009 창의 중심의 미래형 수학과 교육과정 모형 연구. 서울: 한국과학창의재단.

서울대학교 교육연구소(2011). 교육학용어사전. 서울: 하우동설.

서울초등교육평가연구회(1995). 창의성 교육 문을 열다. 서울: 서울특별시 교육청.

윤종건(1995). 창의력의 이론과 실제. 서울: 정민사.

임선하(1998). 창의성에의 초대. 서울: 교보문고.

허형(1989). 창의력과 창의력 증진 교육. 교육연구. 제 9권 제 3호, 한국교육생산성연구소.

황우형·최계현·김경미·이명희(2006). 수학교육과 창의성. 한국수학교육학회지 시리즈 E 〈수학교육논문집〉, 20(4), 561-574.

Becker, J. P. & Shimada, S. (1997). *The open-ended approach: A new proposal for teaching mathematics*. National Council of Teachers of Mathematics.

Ervynck, G. (1991). Mathematical Creativity. In Tall, D. (ed.) *Advanced mathematical thinking*, Kluwer Academic Publishers, Netherlands, p. 42-53.

Fouche, K. K. (1993). *Problem solving creativity: Multiple solution methods in a cross-cultural study in middle level mathematics*. Unpublished doctoral dissertation, University of Florida.

Guilford, J, R. (1967). *The nature of human intelligence*. New York: McGraw-Hill Book Co.

Haylock, D. W. (1987). *Aspect of mathematical creativity in children aged 11-12*. Unpublished doctoral dissertation, London University, London, Great Britain.

Kruteskii, V. A. (1976). *The psychology of mathematical abilities in school children*. The Univ. of Chicago Press.

Latcock, M. (1970). Creative mathematics at Nueva. *Arithmetic Teacher, 17*. 325-328.

Renzulli, J. S. (1978). What makes giftedness? Reexamining a definition. *Phi Delta Kappan, 60*(3), 180-184.

Romey, W. D. (1970). What is your creativity quotient? *School Science and Mathematics, 70*, 3-8.

Sheffield, L. J. (2006). Developing mathematical promise creativity. *Proceedings of the 11th International Seminar on education of Gifted Students in Mathematics*. p. 1-7.

Sternberg, R. J., & Lubart, T. I. (1996). An investment theory of creativity and its development. *Human development, 34*, 1-31.

Silver, E, A. (1997). Fostering creativity through instruction rich in mathematical problem solving and Problem Posing. *ZDM, 27*(3), 75-80.

Torrance, E. P. (1962). *Guiding creative talent. Englewood cliffs*, NJ: Trentice-Hall.

Vernon, P. E. (1977). *The psychology and education of gifted children*. London: Methuen.

Chapter 10

영재의 인성교육과 진로코칭

"비는 아니 오는데 천둥소리 어디서 나는가, 누런 구름 조각조각 사방으로 흩어지네."

매월당 김시습이 보리를 맷돌에 가는 것을 보고 세 살적에 읊은 시이다. 남보다 일찍 창의적인 표현 능력을 나타내는 경우도 있지만 아인슈타인은 그 나이가 됐을 때 겨우 말을 시작할 정도로 느렸고, 유년기에는 학습 지진아로 인식될 정도였다.

오래 전, 《시애틀 타임스》에 의학 박사 과정에 도전한 IQ 200의 12세 소년에 대한 이야기가 소개된 적이 있었다. 그 소년의 어머니는 우연하게 자녀의 영재성을 발견하게 된다. 어머니가 모차르트의 피아노곡을 연습하던 어느 날, 세 살 된 아이는 피아노 밑에 앉아 장난감을 만지고 있었다. 그런데 어머니가 잠깐 부엌에 들어간 사이에 아들은 어머니가 방금 연주하였던 곡을 그대로 연주하는 것이 아닌가? 이 소년은 4세에 작곡을 하였고, 능력에 적합한 학교를 찾지 못하여 홈스쿨링으로 고등학교 과정을 7세에 마쳤다. 8세에 SAT에서 1500점이라는 놀라운 성적으로 대학에 들어갔고, 12세가 되어 의학 박사 과정에 들어갔다. 당시 인터넷 게시판에는 이 소년의 성취와 도전에 대해 많은 사람들의 논평이 실렸다.

"욕심 많은 어머니한테 시달리는 이 비참한 아이를 보시오!"

"후원적인 부모와 함께 이루어낸 하나님의 기적을 보시오!"

두 가지의 대조적인 논평은 부모의 자녀에 대한 교육적 관심에 대하여 많은 것을 생각하게 한다. 우리의 세계적인 학자인 퇴계 선생은 '教人各因其才(교인각인기재)'라고 하여 개인의 적성과 재능에 따른 교육의 중요성을 언급하였으며, 경상도 향시에서 '天下之英才難得(천하지영재난득)'이란 시지를 통해 영재의 선발과 교육의 어려움을 지적한 바 있다. 당시의 입신양명의 과거시험에 편중된 교육을 비판한 것이다. 예나 오늘이나 '영재(英才)'라는 의미 속에는 조화로운 인격과 아울러 시대·사회적 가치를 반영한 사회적 자본으로서 인재의 개념이 내포되어 있다. 21세기 교육의 키워드가 창의력이며, 인재대국을 향한 비전은 새정부의 국정

과제로 강조되고 있다. 공교육에서 본격적으로 영재교육이 논의되고 추진된 이후 10여 년의 성과와 문제점을 토대로 영재학생의 지도와 재능 촉진을 보다 효율적으로 지원할 수 있기 위한 비판적인 논의가 필요한 시점이다.

영재교육은 영재들이 지닌 잠재적 영재성을 다양한 영역의 재능으로 분화(Gagně, 2003)되게 하는데 있어서 촉매가 되는 교육 환경을 제공해 주어야 한다. 여기서의 핵심은 영재교육 프로그램이 된다. 영재를 바르게 선발하여, 특별집단을 편성하였다고 하더라도 그들의 능력 수준에 적합한 차별화된 교육과정과 프로그램을 마련하여 제시하지 못한다면, 영재교육은 그 기반을 상실하게 된다. 영재교육 프로그램은 추상적 상징체계의 조작과 새로운 학습자료에 대한 빠른 숙달 능력, 집중력과 다양한 호기심, 색다르고 깊이 있는 의미를 추구하는 영재학생들의 학습 특성을 충족시켜야 한다. 따라서 영재교육 프로그램을 어떻게 개발하고 활용할 것인가의 쟁점은 영재들의 수준에 맞는 창의적인 교육내용과 창의적인 교수방법을 어떻게 담아낼 것인가에 모아진다. 본 장에서는 현장의 영재교육 실태와 문제점을 바탕으로 영재학생의 생활지도와 재능 촉진 프로그램 운영을 위한 전문성을 형성하는데 도움을 제공하고자 한다.

10.1 영재의 인성교육

10.1.1 영재성 발현을 위한 인성교육

각 분야에 탁월한 영재들의 생활사를 연구(Bloom, 1985)한 결과에 따르면 영재성을 촉진하는 데는 몇 가지 요인이 있다. 여기에는 지원적인 부모의 양육 환경, 적시 적절한 교사의 가르침, 자신의 재능을 완전히 발휘할 수 있는 도전적인 기회 등이 포함된다. 이는 영재성 발현이 인성교육 차원에서 접근하여야 함을 의미한다. 사회 전반적으로 인성교육이 강조되고 인성교육진흥법이 공포되어 추진되는 상황에서 영재를 위한 학부모와 교사의 인성교육 방안을 주제별로 정리하면 다음과 같이 제시해볼 수 있다.

첫째, 영재성은 무엇인지, 그것은 어떻게 재능으로 표출되는지에 관한 영재 이해교육이 선행되어야 한다. 영재들에 대한 오래된 일반적인 선입견을 제거하고, 여러 학자들이 주장하는 영재성의 정의를 종합적으로 이해하고, 영재성이 어떻게 교육과 환경을 통하여 촉진될 수 있고 계발될 수 있는지를 살펴야 한다. 영재성에 대한 편견과 오해는 영재학생의 재능 촉진을 저해하는 원인으로 작용할 수 있다는 점에서 교육프로그램 편성에 필요하다.

둘째, 영재학생들은 어떤 과정과 방법으로 판별되고 선발될 수 있는지를 학생과 학부모에게 제시하여야 한다. 많은 교사와 학부모들은 영재학생에게 적절한 프로그램의 혜택을 제공해주고 싶지만, 경우에 따라서 판별과 선발에 관련한 정확한 정보를 갖지 않고 접근하기도 한다. 최근의 관찰 추천에 의한 영재선발에 대한 정보를 비롯하여, 학생의 영재성을 어떤 측면에서 관찰하고, 필요한 포트폴리오를 작성하며, 행동검목표(체크리스트)를 작성하는 것이 도움되는지를 잘 이해할 필요가 있다.

셋째, 영재들이 필요로 하는 도움이 무엇이며, 왜 그들에게 특별한 교육 서비스가 제공되어야 하는지에 대한 답을 얻어야 한다. 영재들이 그들의 높은 능력과 특성에 적합한 교육적 도움을 받지 못했을 경우에 갖게 될 수 있는 어려움을 진단하고, 특별한 도움이 필요한 영재들의 특성과 요구를 살필 수 있어야 한다. 교사는 영재교육의 필요성에 대한 정당성을 제시할 수 있어야 하며, 영재들의 탁월한 성취를 가능하게 하는 요인이 무엇인지 이해를 가져야 한다.

넷째, 영재학생이 접근 가능하고 선택 가능한 교육 프로그램의 형태와 종류를 알 수 있어야 한다. 재능 영역과 영재성이 촉진되는 프로그램의 특성 이해는 재능의 촉진과 분화에 절대적으로 필요하다. 영재교육의 당위성과 함께, 영재학생의 교육에 있어서 선택 가능한 교육 프로그램의 종류 및 영재학생의 상담에 관한 사항이 다루어져야 한다. 또한 각 프로그램의 효과에 대한 최근까지의 연구와 해당 프로그램에서 도움을 얻을 수 있는 학생에 대한 정보를 제시하는 것이 도움이 된다.

다섯째, 교사는 영재학생을 위한 수업의 실제 부분에 대한 이해가 필요하다. 영재교육원을 운영하다보면, 자기주도적인 독립연구 수행이나 각종 캠프 등의 프로그램에 대한 이해가 부족하거나, 오직 선행학습을 통해 특정 영역의 지식과 기능을 앞서 다루기를 바라는 학부모의 요구를 들을 수 있다. 이는 영재교육프로그램에 대한 오해로 이어져서 영재교육기관의 특성에 맞는 프로그램 운영을 어렵게 하거나, 교육에 대한 학부모 만족도를 높이는데 걸림돌이 될 수 있다. 영재학생의 지도를 위한 교실에서 수업 전략과 차별화 교육 과정을 이끌어내는 방안을 알고, 영재교육에서 촉진하고자 하는 학생의 고등 사고 능력 신장을 위한 수업전략에 대한 이해도 필요할 것이다. 또한 영재교육 프로그램의 실행을 위해 적용할 수 있는 교육과정 모형을 개략적으로라도 접할 수 있도록 하거나, 다른 교사의 수업참관을 통해 영재학생을 위한 교육내용과 방법을 접해 보도록 해야 한다.

마지막으로 가정과 학교에서 영재학생을 위한 공동의 노력을 이끌어내기 위해 학부모가

해야 할 역할을 안내할 수 있어야 한다. 필요한 경우, 제정적인 지원을 필요한 학부모와 지역 사회, 교사가 연계한 도움제공 역할을 알 수 있게 교육 프로그램을 운영하는 것이 좋다.

10.1.2 영재의 신화 극복하기

영재(gifted)라는 용어는 일반적으로 비범하게 높은 수준으로 자신의 능력을 실현했거나 특출한 성취를 나타내보일 가능성을 가진 사람을 일컫는다. 학교 교실은 연령을 기초로 하여 집단을 편성하고, 하나의 표준 교육과정과 학습 속도로 교육한다. 그러나 상대적으로 앞선 능력과 학습 속도를 지닌 학생은 있기 마련이며, 그들에게는 일반 교육과정과 다른 차별화된 교육이 제공되어야 한다. 일반 규준을 넘어서는 학생을 선발하고, 보다 적절한 교육적 도움을 제공할 수 있기 위해서는 이러한 영재에 대한 개념과 바른 이해가 필요하다.

그러나 영재에 대한 두 가지의 잘못된 신화(神話)가 여전히 부모들을 혼란스럽게 한다. 과거의 천재적인 위인들로부터 관찰된 기이한 행동들로 인하여 영재에 대한 여러 가지 선입견과 오해가 아직까지 계속되고 있다. 특히 영재는 신체적으로 나약하고, 편협한 생각을 갖는다거나, 그 성취는 한때 반짝하다 쉽게 사라진다는 등의 고전적인 신화에서부터, 영재는 매우 생산적이고, 학문·신체·사회·정서적으로 골고루 잘 성숙되었으며, 모두로부터 환영받고, 별도의 도움이 없어도 스스로 잘 해나갈 수 있다는 현대적 신화는 영재에 대한 이해와 교육적 서비스 제공을 어렵게 만든다.

우리 주변에는 일반적인 영재 모형에 맞지 않은 탁월한 인물들을 적지 않게 살필 수 있다. 발명왕 토마스 에디슨, 물리학자 스티븐 호킹, 알버트 아인슈타인, 정치가 윈스턴 처칠 등은 낙제와 실패를 적지 않게 경험하였으며, 일반적 주장되는 영재의 개념과도 거리가 먼 사례이지만 영재라고 부인할 수 있는 특출한 인물들이다. 흔히 영재를 높은 IQ 점수와 관련지어 생각하는 경향이 많다. 영재에 관한 초기 연구가 매우 높은 IQ 점수를 기준으로 영재를 정의하였기 때문이다. 그러나 위인들의 IQ를 역추적한 연구에 따르면, 영재를 IQ 130 이상을 기준으로 판별할 경우, 종두법을 창안한 제너, 시인 디포, 대통령 링컨, 과학자 패러데이, 철학자 존 로크, 미술가 램브란트, 음악가 하이든, 종교가 루터 등은 제외된다고 한다.

이러한 점들을 고려할 때, 영재는 하나의 그림으로 규정되거나 설명될 수 있는 존재가 아니다. 어린 학생들이 지닌 다양한 행동 특성을 관찰하여 영재성의 단서를 찾을 수 있다. 그러나 이러한 행동 특성도 영재를 용이하게 관찰하기 위한 준거일 뿐이며, 모든 영재들에게 이러한 특성이 나타나는 것은 아니다. 아인슈타인의 경우 4세경에 말을 시작하였으며, 초등학교의 낮은 학업 성취와 느린 행동으로 '느릿느릿 신부님'이란 별명을 가질 정도였다. 영재 개인 간에도 많은 차이가 나타낸다. 또한 어떤 특성은 일찍, 어떤 특성은 나중에 나타날 수도 있다.

10.1.3 영재의 판별과 선발에 관한 정보 구하기

영재의 판별은 커튼 뒤에 가려진 영재성의 존재와 그 가치를 인식하고 찾는 일이다. 판별은 영재교육 전문가들에 의해서 소정의 판별 과정을 통해 이루어지지만 영재성은 부모와 교사와 같은 영재학생의 주변 인물에 의해서 더욱 자세하게 발견될 수 있다. 평소 교사로서 그러한 영재성의 단서를 어떻게 찾을 수 있는지 사례중심의 교육이 요구된다. 전년도에 영재로 선발된 학생이 차년도 프로그램에 포함되지 않을 경우, 부모나 학생들은 혼란스러워 하는 경우도 있다. 학교장 추천으로 영재성이 보이는데도 일련의 선발과정에서 배제된 경우에도 그러하다. 영재학생으로 판별이 되더라도, 영재학급편성기준상 선발에서 제외될 수 있다는 점을 이해하는 것은 판별과 선발의 개념 구분을 통해서 학부모들이 이해하여야 할 부분이기도 하다. 이 경우 교사는 다양한 사례연구의 방법을 통해 학생 정보를 구할 수 있다.

먼저 단순한 성취의 높음이 아니라, 여러 자료를 종합함으로써 높은 영재성의 단서를 발견하는데 보다 많은 노력을 기울여야 한다. 현재의 성취로 인해 영재교육 프로그램에 들어가는 것이 아니라 영재성에 대한 단서가 있기 때문에 선발되며, 별도의 교육 경험이 필요하다고 판단될 경우에 영재교육의 수혜자가 되어야 한다는 점을 학부모들은 주지할 필요가 있다.

판별은 학생에 대한 다면적인 검사, 질문지, 추천서, 활동 산출물, 학생 작품, 실제적 수행, 각종 추천서 등과 같은 다양한 도구와 방식이 활용되어야 한다. 일반적으로 영재 선발에 관련하여 표준화된 검사 점수에 의존하는 경향이 많다. IQ나 지적 능력을 측정하는 표준화 학력 검사 등은 주로 '시험에 정답 잘 맞추기' 또는 '수업 시간에 공부 잘하는' 영재만을 측정하고 창의적이고 생산적인 영재성의 측정에는 한계가 있다. 비록 이러한 검사 점수가 높으면 학교에서 높은 점수를 받을 가능성이 많지만 창의적이고 생산적인 영재성의 전체적인 것을 설명하지는 못한다.

현재 진행되고 있는 관찰 추천에 의한 영재 판별과 선발은 학생의 행동 특성 가운에 어떤 단서들이 특정 영역의 영재성과 재능에 관련되는지 이해할 수 있는 최소한의 교육프로그램을 포함시키고 학부모 연수를 통해 접해볼 수 있게 하여야 한다.

10.1.4 영재학생의 적응상의 문제

영재들이 지닌 탁월한 지적 능력은 또래 관계의 형성을 비롯하여 몇 가지 적응상의 어려움으로 나타나기도 한다. 일반적으로 IQ125~155에 해당되는 학생은 또래 연령 집단과의 상호작용에 있어서도 어려움을 겪지 않고 잘 적응하지만, IQ160 이상이 되면 또래 집단과의 능력이나 관심거리를 공유하기에는 차이점이 너무 커지게 된다. 이러한 발달적 특성은 또래로부터 거부되거나 고립으로 이어질 수 있다. 특별히 높은 지능을 가진 영재들은 보통 수준의 영재에 비하여 사회적 적응에 더 많은 어려움을 갖게 되며, 매우 고독하거나 외톨이로 인식되기도 한다.

영재들은 주로 자신과 같은 연령 집단보다 나이 많은 학생들과의 친구 관계를 형성하는 경향이 있다. 이는 대부분의 어린이들이 신체 연령보다 정신 연령에 따른 유사성에 기초하여 친구를 선택하려고 하기 때문이다. 일반 능력 수준의 학생들은 놀이 친구를 찾으려고 하지만, 영재학생은 친근하고 안정되고 신뢰가 가는 친구를 찾으려고 한다. 따라서 영재학급은 같은 능력 집단으로 구성되므로, 일반학급에서 얻지 못하는 지적 또래들과 함께 활동하고 신뢰를 형성하는 기회가 된다.

사회성이나 교우 관계에 대한 문제는 영재학생의 나이가 많아짐에 따라 또는 마음 맞는 친구를 만나거나 같은 능력이 영재 집단에 편성된다면 감소될 수 있지만 교육적 도움이 매우 필요한 부분이다. 우리 사회처럼 나이에 따른 선후배의 개념과 호칭 사용 및 강한 서열 의식도 영재학생의 교우 및 사회성 발달에 있어 어떤 영향을 줄 것인지 살펴야 할 문제이다.

영재들의 적응상의 어려움은 지적 능력(정신 연령)과 신체 능력(생활 연령) 간의 불일치에서 야기되며, 이를 동시성 장애라고 말한다. 예를 들어 글을 쓸 수 있기 전에 읽을 수 있는 학생은 이해적 언어 기능과 표현적 쓰기 기능 간의 동시성 장애를 경험하게 된다. 수학이나 과학과 같은 특정 교과 영역에서는 영재성을 나타내지만 다른 과목에서는 그렇지 않거나 학습 결함을 나타내는 경우도 여기에 해당된다.

영재는 지적으로 특별히 총명해야 한다는 생각, 매우 창의적이고 독특해야 한다는 기대감, 그리고 동료들로부터 존경받고자 하는 관심으로부터 생기는 스트레스를 겪을 수 있다. 스트레스는 도전감을 주지 못하는 학교 공부, 자신의 재능 분야에 대한 제한된 참여 기회, 부모의 높은 기대 등과 같은 요인들로부터 생겨난다. 학생이 매우 높은 지적 능력을 지니고 있을 경우, 이러한 적응상의 스트레스가 증가한다. 높은 지능의 영재들의 20~25%가 심각한 심리적 부적응을 나타내는데 이는 일반 학생의 두 배에 가까운 비율이라고 한다. 예외적 영재들은 일반적 규준과 매우 상이하기 때문에 사회적 고립, 소외, 그리고 외로움에 시달리는 경우가 많고 이들의 부모들도 스트레스를 갖게 된다. 예를 들면, 학교가 자녀들의 요구에 맞지 않다는 데서 오는 혼란감과, 그들의 재능에 상응하는 교육적 도움을 제공해나가는 데 따른 높은 비용 문제로 어려움을 호소하는 경우가 많다.

영재학생들 중에는 자신의 성취 능력에 미치지 못하는 경우도 흔하다. 영재들이 나타내는 낮은 성취의 문제는 학부모와 교사들을 혼란스럽게 한다. 그러한 원인은 개인적으로는 낮은 자아 존중감, 실패나 성공에 대한 두려움, 부족한 자기 조절력에서 생기며, 학교에서 교사의 낮은 기대감, 수준에 맞지 않는 학습방법이나 교육내용, 경직된 평가에서 비롯될 수도 있다. 또한 가정에서의 갈등, 일관성 없는 양육 방식, 권위적이고 회의적인 부모의 태도에서 야기될 수도 있다.

영재의 지적, 정서적인 특성이 부적절한 교육 환경과 결합하면, 오히려 적응만 어려울 수 있다. 영재의 창의적이고 비관례적인 문제해결 방식은 교사에 의해 제시된 방법을 따르기보다 자신의 방법대로 문제를 해결하게 만들어 권위에 도전하는 것으로 비칠 수도 있으며, 높은 과제 집착력과 열성은 너무 많은 것을 동시에 처리하려 하기 때문에 지쳐버릴 수 있다. 빠른 정보 획득 능력은 다른 사람의 느림을 참기 어렵게 만들고, 일상적인 과제, 반복 훈련, 기초 기능 익히기를 회피하게 만들 수도 있다. 폭넓고 빠른 정보 획득 능력은 또래나 어른들로부터 만물박사로 보이거나, 건방지게 여겨지고, 회피 대상이 되기 쉽다. 중요한 것은 영재가 나타내는 적응상의 어려움 자체를 영재의 특성으로 생각해서도 안 되며, 당연시 되어서도 안 된다. 영재가 갖게 될 수 있는 적응상의 문제점을 바르게 이해하고, 이에 대한 교육적 서비스 환경이 가정과 교실에서 구비될 때, 영재의 긍정적 특성이 부각될 수 있다.

10.2 영재의 생활지도와 교육 서비스 제공하기

탁월한 성취와 재능을 나타낸 인물에게는 그러한 재능이 싹틀 수 있게 후원한 부모나 교사가 있었다. 그들은 일찍이 자녀의 영재성과 재능 분야를 발견하고, 적합한 교육적 조력을 아끼지 않은 경우이다. 그러나 영재성을 촉진시키려는 의도나 방법에 따라 상이한 결과를 가져오기도 한다.

20세기 최고의 천재로 불리는 윌리엄 시디스는 18개월에 읽고, 8세에 자신이 창안한 언어를 포함하여 여덟 가지 언어를 익힌 신동이었지만, 그의 어린시절 초기의 교육적 성취는 많은 부분이 아버지의 조력에 의해 가능하였다. 그는 11세에 하버드 입학을 허락받았고, 얼마 되지 않아 사차원을 주제로 하버드 수학 클럽에서 강의를 하기도 했다. 이러한 놀라운 성취에도 불구하고, 그의 짧은 생애의 후반기는 그렇게 행복하지 않았다. 사회적 부적응과 저항의 시기를 보냈고, 조화로운 삶을 영위하지 못하였다는 세간의 평가와 함께 신동은 일찍 시들어버린다는 부정적인 신화의 한 사례로 언급되게 되었다. 그의 아버지는 미국으로 이민한 유대계 러시아인으로 스스로 영어를 배워 철학 박사와 약학 박사 학위를 취득한 학구파였다. 그는 아내에게 영어를 직접 가르쳤고, 아들의 이름을 철학자이자 심리학자인 윌리엄 제임스의 이름을 따서 지을 정도로 자신의 교육관과 교육 이론을 아들에게 적용하고자 하였다. 아들을 되도록 공부에만 몰두하게 밀어붙였고, 명성을 중시하여 대학을 선택하였고, 아들이 자신의 기대에 미치지 못하였을 때는 의절하기도 하였다. 자녀 교육에 대한 열성이 자녀의 자연스러운 교육적 요구에서 비롯되었다기보다는 주변 사람들의 평판에 치우쳐 있었다고 볼 수 있다. 반면에 인공지능의 창시자인 노버트 위너의 아버지는 자녀를 일반 공립학교에 보냈고, 아들을 보다 겸손한 수준의 학교에 보냈다. 아들이 주변의 공격을 받았을 때는 단호하게 대중 앞에서 아들을 변호하였고, 그렇게 과도한 관심으로 몰아붙이지도 않았다(우동하, 2007).

영재 자녀의 교육에는 교사와 부모간의 협조와 의사 소통이 매우 중요하다. 교사와 부모는 영재학생의 교육을 위해 각각 상대방에게 요구하는 바가 있지만 충분한 의사 소통의 기회가 주어지지 않으면 기대에 그치게 된다. 적절한 교육적 협조 체제를 형성하기 위해서 학부모는 교사에게, 교사는 학부모들로부터 무엇을 기대하는지를 알아보는 것이 필요하다(Strip, 2000).

10.2.1 학부모와 교사의 입장에서

1) 영재학부모의 요구

- 자녀들을 위해서 영재교육기관이나 자녀가 소속된 학급에서 추진하는 교육 활동과 이루어지는 일들을 알고 싶어한다.
- 학부모를 학생 교육의 동반자로 생각해주길 바란다.
- 다른 학부모에게 자기 자녀의 문제에 대하여 이야기하지 않길 바란다.
- 학부모 자신이 자녀 양육 방식에 대하여 어떤 식으로 가정하지 않길 바란다. 자녀가 학교에서 부적절한 행동을 하였을 때, 가정에서 그가 어떤 식으로 행동하리라 미루어 짐작

하지 않길 바란다. 모든 나쁜 행동이 가정교육의 부족에 따른 결과는 아니다.

- 자녀의 학업 성취와 관련 없이 무조건 나이와 학년에 맞추어 일괄적으로 교육 과정을 운영하지 않았으면 좋겠다.
- 모든 학생이 영재라고 생각하는 교사에 대해 불만스러워 할 수 있다. 이는 모두가 정신 지체라고 생각하는 것과 같다. 물론 모든 학생이 특별한 존재이며, 가치롭고 사랑스럽지만, 학생들간에는 재능과 능력이 각기 다르고 이를 촉진해주는 것의 중요함을 인식해야 한다.

2) 영재 지도 교사의 요구

- 자녀들 앞에서 교사에 대한 존중의 태도를 보여주었으면 한다. 교사의 교수 방식과 학생 지도에 관련하여 바라는 사항을 자녀들에게 말하기보다 담임교사에게 직접 이야기해주길 바란다.
- 학부모들이 학기 초에 성급하게 자녀의 학습과 적응 상황을 알고자 상담을 계획하지 않길 바란다. 새 학기는 학생들의 이름을 기억하고 학급 생활을 정착시키는 단계로서 담임교사 입장에서 학생들을 탐색하고 이해할 수 있는 더 많은 시간이 필요하기 때문이다.
- 교실에서 이루어지는 정보를 다른 학부모로부터 얻으려고 하지 말고 교사에게 직접 얻으면 좋겠다. 학급 활동에 대한 궁금증은 교사에게 직접 묻거나 방문하여 관찰하는 것이 바람직하다. 교실에 관한 자녀들의 이야기는 과장되거나 부정확한 경우가 많다. 또한 확인되지 않고 학부모에게서 학부모로 전해지는 가운데 있지도 않은 일이 부풀려져서 담임교사를 난처하게 하는 경우도 있다.
- 우리 반에는 교사가 돌보고 가르쳐야 할 학생이 많다는 점을 이해해주길 바란다. 담임교사로서 자녀에게 필요한 성장, 속진, 그리고 강화에 관련된 도움 제공을 위해 매일 최선을 다하고 있음을 이해해 주길 바란다. 또한 특별한 능력이 있는 학생뿐만 아니라 부진 학생의 보충을 위해서도 도움을 제공해주어야 함을 알아주길 바란다.
- 학부모가 학교 교육에 협조적이고, 보조하고자 노력해주는 것을 감사히 여긴다. 학급에서 도서를 정리하고, 학습자료 제작과 준비를 도와주고, 각종 행사 활동에서 자원 봉사를 하고자 하는 학부모에 대해 감사한다.
- 학생의 학습을 심화시켜주기 위해 학부모가 직접 자녀를 도와주고 격려해주길 바란다. 교육은 모두가 협조해서 이루어지는 것이며 학부모가 학생의 학습 지평을 열어주길 바란다.
- 교사를 자녀 교육의 중요한 동반자로 생각해주길 바란다. 학생을 위한 최선의 교육을

위해 학부모가 제공해주는 의견을 충분히 반영해주고자 한다.

- 학부모가 자녀 교육에 있어서 교사의 전문성을 신뢰하길 바란다. 교사가 학생을 제대로 가르치는지 또는 학급 경영을 잘 하는지를 다른 학급과 비교하며 감시하려는 태도를 갖지 않길 바란다.
- 교사가 학급을 특색 있게 운영하려는 점을 인정해주고 그러한 노력에 협조해주길 바란다.

10.2.2 영재에 관한 학부모의 질문들

어느 날 자녀의 놀라운 영재성을 발견했을 때, 또는 자녀가 학교에서 영재로 판별되었을 때, 학부모는 대개 자녀에 대한 대견스러움과 자랑스러움을 느끼게 된다. 그러나 처음의 이러한 감정은 영재 자녀의 후원자로서 자녀가 가진 고귀한 재능을 어떻게 제대로 발휘하도록 도울 것인가의 문제에 있어서 매우 복잡하고 염려스러운 감정으로 바뀌게 된다.

자녀의 영재성에 관련하여 부모들은 다음과 같은 의문을 스스로 가질 수 있다(Strip, 2000).

- 나는 자녀에게 뒤지지 않을 만큼 명석한가? 아니면 어떻게 될까?
- 나는 우리 아이를 너무 재촉하거나 아니면 너무 느긋하게 대하는 것은 아닌가? 내가 재촉하지 않으면 아이가 게을러지지 않을까? 내가 너무 안달하며, 아이에게 심리적 위축을 주고 불만스럽게 만들지 않겠는가?
- 자녀의 요구를 만족시키기 위해 모든 것을 해줄 시간과 돈이 충분치 않으면 어떻게 될까?
- 왜 우리 아이의 감정이 매우 극단적일까? 무엇이 잘못되고 있는 것일까? 좀더 유쾌한 일을 위해서 내가 할 수 있는 일은 무엇인가?

10.2.3 일반적인 영재학생의 가정 환경

영재 아동의 가정 환경에 대한 연구에 의하면, 이들 가정의 가치관, 인간 관계, 생활 방식, 스트레스, 지역과 학교간의 상호 작용 등 가족 생활의 다양한 측면에 영향을 주는 독특한 역학적 관계가 있음을 시사해준다(Bloom, 1985; Moon, Jurich, & Feldhusen, 1998a).

- 높은 성취와 높은 IQ를 지닌 아동의 가정은 자녀 중심적이고 친밀하고, 세심한 숙제 검사를 하는 가정 환경이며, 지적이고 문화적인 활동을 추구하는 경향을 보인다.
- 이들 가정의 부모들은 자녀의 학업 성취를 격려하는 경향을 보인다.
- 이들 부모들은 자신들이 학부모로서의 역할을 성공적으로 인식함과 아울러 자녀들로부터 긍정적으로 인식되는 경향이 있다.
- 창의적으로 영재인 학생들의 학부모들은 상이한 가치를 나타낸다. 그 중에 가장 두드러진 특징은 독립성이다.
- 창의적 영재 아동들의 부모는 더욱 비관례적 양육 스타일을 보이며, 자유로운 생각과 느낌의 표현을 열어두고 있다.
- 가족간에 긴밀하며, 지원적 관계가 형성되어 있으며, 개성을 나타낼 수 있는 자녀 중심의 문화를 허용한다.
- 재능 계발은 자녀에게 처음에는 놀이와 여가 활동으로 시작되었으며, 점차 높은 기준, 시간, 상당한 노력이 수반되는 장기적인 학습 활동이 뒤따름으로써 재능이 신장되었다.
- 가정은 윤리를 일깨우고, 최선을 다하는 것의 가치를 일깨워주는 환경이다.
- 학부모들은 자녀의 특출하다고 판명된 재능 분야의 계발을 타 영역보다 적극적으로 장려했으며, 강제로 하지 않았다.
- 탁월한 성취가 있기까지 십 년 이상의 장기적인 노력과 뒷받침이 뒤따랐으며, 부모의 지속적인 헌신이 있었다.

□영재학생에게 어려움을 줄 수 있는 가정 환경

- 자녀가 어머니에게 지나치게 의존한다.
- 아버지는 거부적이고 위세를 부리려 하며, 온정이 별로 없다.
- 아버지와 자녀간의 관계가 부정적이고 대화가 별로 없다.
- 부모는 자녀에 대해 비현실적이 목표를 설정해두며, 자녀는 부모의 기대에 자녀가 부응할 때만 가치 있고 바람직하다는 생각을 갖게 만든다.
- 부모들은 자녀의 성취에 대하여 적절한 격려를 하지 않는다.
- 자녀는 부모와 동일시하려고 하지 않는다.
- 가족간에 깊은 사회·정서적 문제가 있다.
- 부모들은 학교에 대하여 무관심하다.
- 부모들은 자녀에게 후원적이지 않다.
- 자녀들의 성취는 부모나 어른의 권위에 대한 위험으로 비춰진다.
- 부모는 자녀와 생각, 애정, 신뢰, 인정감을 공유하지 않는다.
- 부모는 제약을 많이 하고, 벌주는데 있어서 철저하다(Clark, 1998).

10.2.4 교사와 학부모가 함께 극복할 문제들

1) 학교 교육에 관련한 문제

학교 교육은 영재학생들의 부모들이 갖는 가장 중요한 관심사의 하나이다(Moon, 2003). 학부모들은 영재 자녀에게 어떤 교육적 도움을 제공해야 할 확신을 갖지 못하고, 학교의 교육 문제와 관련한 그들의 역할에 대해서 혼란스러워 한다. 영재학생들은 그들의 능력과 관련한 특별한 교육적 요구를 갖고 있는 만큼 영재 자녀의 학부모는 그러한 자녀의 요구를 만족시키는 교육적 도움을 찾고자 노력한다. 자녀들의 초기 학교 생활에 있어서 학부모들은 학교에 대한 높은 기대를 가질 수 있고 그러한 기대가 부응되지 못하면 실망감과 혼란을 느낄 수 있다. 영재 자녀들의 학부모들은 영재성을 자극하지 못하는 학습 과제와 적절한 영재교육 프로그램의 부족 등을 문제점으로 인식하고 있다(Alsop, 1997; Feldhusen & Kroll, 1985).

2) 양육상의 문제

학부모, 교사, 그리고 상담가들은 영재학생의 학부모에게는 특별한 상담지도가 필요로 함을 호소한다(Moon, Kelly, & Feldhusen, 1997). 그 이유로 영재 자녀의 조숙한 발달 과정은 그들 부모로 하여금 일반 학생들의 양육 방식과는 다른 접근을 필요로 하기 때문이며, 이것이 부모 스스로 해결하기에는 힘들 경우가 많음을 시사한다. 영재 자녀를 둔 학부모는 그들 자녀가 잠재력을 발휘할 수 있도록 도와야 한다는 책무감에 관련한 걱정, 죄책감, 그리고 압력을 느끼게 된다(Hankney, 1981). 영재학생들이 과도한 주위의 기대와 계속적으로 높은 성취에 대한 기대로 스트레스를 갖는 것처럼, 학부모도 자녀의 특별한 재능에 부응하는 교육적 도움을 주어야 한다는 점에서 스트레스를 갖게 된다.

3) 사회·정서적 발달을 돕는 문제

영재의 학부모에 대하여 연구한 카운셀러들은 영재들이 학교에 관련된 문제, 부모의 양육상의 문제, 사회·정서적 문제에 대하여 많이 호소한다. 영재학생들은 동료 관계, 정서적 적응 문제, 사회적 적응 문제, 그리고 스트레스 등과 관련하여 도움을 필요로 한다(Moon, 2003; Moon, Kelly, & Feldhusen, 1997).

대체로 잘 적응된 영재학생의 가정은 높은 적응력을 나타내지만 학교에서 저성취를 나타내는 영재학생의 가정은 적응력이 부족하고 높은 스트레스 요인을 갖고 있다(Rimm, 1995). 영재성은 다른 예외성과 마찬가지로 그 자체가 가정에서의 스트레스 요인으로 작용할 수 있다. 가족 관계에 있어서 그 영재성이 가족의 지원 능력을 능가하거나 빗나가게 될 경우 스트레스로 작용하게 되며, 영재 아동의 가족은 영재 자녀의 잠재 능력을 최대화시켜주기 위해서 가족의 생활 방식을 변경하는 등 일련의 조치를 취하지 않을 수 없다(Bloom, 1985: Hackney, 1981). 영재 자녀가 가족 관계에서의 중심적 역할을 차지하는 경우 가족 관계에서 역량이 영재 자녀에게 전환되어서 다른 형제들을 상대적으로 소홀히 여길 수도 있다.

4) 비동시적 발달에 관련된 문제

영재들은 비동시적 발달, 즉 지적 능력과 신체적, 사회적, 정서적 능력 간의 발달에 있어서 불일치하는 경향을 보임으로써 이와 관련된 적응상의 문제를 보인다. 영재 자녀의 비동시적 발달 성향은 가족에게 독특한 스트레스로 작용하기도 한다. 영재 자녀들은 정상적 발달 과정에 의해 진행하지 않는 경우가 많다(Silverman, 1993). 그들은 지적, 사회적, 그리고 정서적 발달간에 큰 불일치를 보인다. IQ가 높을수록 인지와 사회적 자아개념간의 불일치가 증가한다. 부모들은 이러한 불일치, 독특한 발달상의 특성, 그리고 그들 영재 자녀의 요구에 대해 흔히 우려를 나타낸다(Colangelo, 2003: Silverman, 1991).

5) 영재로 구분되면서 갖는 문제

학교에서의 영재교육 프로그램과 교육 혜택이 늘어남에 따라 많은 학생이 영재로 선발되어 교육 혜택을 받는다. 자녀가 영재로 선발되어 영재라는 호칭을 갖게 되면, 그것은 가족에게 어떠한 영향을 줄 것인가? 이 질문에 대한 대답을 제공하는 연구는 그리 많지 않은 것 같다. 분명한 것은 자녀가 영재로 인식되는데 있어서 부모가 그 정확성에 동의하지 않을 경우 긴장이 유발될 수 있다는 것이며, 영재교육에 관련하여 상담이나 도움을 요청하는 대부분의 학부모는 영재 자녀들을 어떻게 도와주고 어떤 유익한 방법으로 후원해줄 수 있는지 불확실해한다는 점이다(Colangelo, 2003: Silverman, 1991). 어떤 경우에는 자신들이 자녀들의 영재성에 상응하는 조력을 제공해주지 못한다는 점에서 죄책감을 느낄 수도 있다(Keirouz, 1990). 자녀가 영재이기 때문에 어떤 학부모들은 지나치게 자녀들에게 요구하는 바가 크다거나 자녀를 통해 자신들의 꿈에 대한 대리 만족을 느끼려한다는 비난을 감수해야 하는 경우도 있다. 이러한 죄책감 또는 혼란이 영재학생들의 양육에 있어서 스트레스를 유발하기도 한다.

10.3 다중 지능 관점에서 영재의 재능 탐색

10.3.1 일반적 영재교육기관에서의 교육 서비스

영재교육기관별로 교육 프로그램 운영에서 반영하고 있는 영재교육의 방법적 특성을 종합적으로 정리하면 다음과 같다(우동하, 2007).

첫째, 수업 운영 방식에 있어서 영재학교를 제외한 대부분의 한국 영재교육기관의 교육 프로그램 운영은 원격 강의, 주말 프로그램, 방학 중의 현장 견학과 같은 특별 프로그램 및 사사 교육의 형태를 반영하고 있다. 또한 주당 평균 1~3시간 내외로 프로그램 활동이 이루어지는 까닭에 자기주도적인 독립 연구나 프로젝트 활동이 제한된다. 영재학생들은 원래 소속된 학급의 표준 교육과정의 내용을 일반 학생과 함께 모두 이수하면서 방과 후 및 주말에 개설되는 영재교육 프로그램에 참가한다. 영재학교의 경우와 같이 전일제 영재교육 프로그램에서는 교육과정 운영에 있어서 무학년제, 졸업 학점제, 계절 학기제, 선택 과목 중심의 맞춤식 교육과정 운영이 가능하고, 교육적 배치를 위한 평가와 진급 제도로 속진과 심화 교육과정이 융통성 있게 운영될 수 있다. 또한 특별활동을 통한 공동체 의식과 인격, 가치관 교육이 학교 자체적으로 다양하게 이루어질 수 있다는 점에서 이상적이다.

영재학급은 단위 학교와 지역적 특성을 반영한 프로그램을 운영하고, 학생 발달상황에 영재교육 연계가 용이하지만 단위 학교의 제한된 재능 자원과 자료 활용 및 전문성 확보가 어렵고, 우열반의 논쟁을 불러일으킬 수도 있다. 현재 영재학급은 특별활동과 재량활동을 이용한 수업 또는 방과 후 및 방학 중 특기 적성 형태로 운영되며, 강의와 토론, 실험 실습, 현장 학습의 형태로 운영되고 있으며, 집단의 편성 방식은 방과 후 특별학급(pull out program)으로 시간제로 운영되고 있다.

영재교육원은 성격상 정규 학교가 아니며 방과 후, 주말 또는 방학을 이용하여 운영된다. 대학부설 영재교육원의 경우 해당 교육기관이 지닌 전문적인 교수 자원을 활용할 수 있고, 축적된 교수·학습자료와 판별 도구를 사용할 수 있다는 장점이 있다. 그러나 이동 시간이 소요되고, 학생 발달 상황을 영재교육원과 원격 학급 간에 공유하고 체계적으로 관리하는 데 어려움이 있다. 대부분 영재교육원의 수업은 방과 후, 주말, 방학 중의 캠프로 운영되며, 원격 교육, 출석 수업, 캠프 활동을 통한 강의, 토론, 실험 실습, 현장 학습 중심의 수업을 하는 것으로 나타나 교육 내용과 방법에서 차별성을 찾기 어렵다.

둘째, 대부분의 영재교육기관은 수학과 과학 중심의 창의성 신장 심화 프로그램을 통해 영재교육을 하고 있다. 이러한 교육 내용은 한국교육개발원의 자료나 시·도 교육청에서 개발된 자료를 사용하거나 재구성하는 수준에서 제공된다. 영재학교의 경우, 교육과정 운영 방식에 있어서 무학년의 졸업 학점제, 계절 학기제, 선택 과목 중심의 맞춤식 교육과정 운영, 특별활동을 통한 공동체 의식과 인격, 가치관 교육 등으로 지적·도덕적·심미적 수월성이 균형 있게 지도될 수 있다. 그러나 우리나라 영재교육의 프로그램의 내용은 수학, 과학 영역에 집중되고 있으며, 정보, 언어, 미술, 음악 등의 영재교육 대상자는 상대적으로 적다. 또한 창의성 심화 프로그램 중심으로 운영되어, 논리적이고 비판적인 사고력 프로그램에는 관심이 제기되지 않고 있다. 편중된 영재교육 프로그램은 영재교육 담당자의 전문성에도 문제점을 야기한다.

셋째, 심화 위주의 프로그램으로 영재교육이 이루어지며, 속진에 관련된 교육 서비스는 거의 제공되지 않고 있다. 한국 영재교육기관의 교수·학습 실태에 관한 자료(서혜애, 손연아, 김경진, 2003, p. 241)에 따르면 속진 위주 교육 내용에 대한 인식이 전혀 없는 것으로 보고되고 있으며, 재능 분야별 심화 위주의 교육이 이루어지고 있다. Davis와 Rimm(1994/2001, p. 66)은 영재교육 프로그램에 속진과 심화가 포함되어야 하며, 높은 성취, 상위 수준의 학문적 기술, 복합적·추상적·이론적 사고가 포함되어야 한다고 했다. 심화와 속진의 융통성 있는 교육 시스템은 영재교육의 불가결한 조건임에도 속진에 대한 제한이 있는 것은 우리 교육에서의 과도한 경쟁 구조에 따른 경계와 제도적 경직성에서 비롯된다.

속진에 관련하여 조기 진급 및 조기 졸업에 관한 정책은 1996년부터 시행되었으며, 1999년 개정된 규정은 2000년부터 시행되고 있다(조기진급 및 조기졸업에 관한 규정, 1999). 그러나 조기 진급 및 조기 졸업의 시행을 위한 구체적인 가이드라인의 부족, 인적 물적 자원의 부족, 현장 담당 교사의 인식 부족, 상급 학교 학년의 조기 진급 및 조기 졸업자에 대한 사회정서 발달을 지원하려는 분위기 조성의 미흡 등으로 2000년부터 2005년까지 조기 진급 및 조기 졸업자수는 전국적으로 초등학생 25명, 중학생 34명, 고등학생은 3,494명에 불과하다(조석희, 이미순, 박성익, 이현주, 2006, p. ii). 이러한 자료에 비추어볼 때, 수업 운영은 속진 교육과정은 거의 이루어지지 않고, 심화 교육과정 중심으로 대부분의 수업이 강의실에서 실험과 실습 중심으로 이루어진다는 것을 알 수 있다. 이러한 수업 운영은 상대적으로 독립 연구, 현장 학습, 개인 및 집단 프로젝트 수행이 적극적으로 적용되지 않음을 반영한다.

10.3.2 재능탐색과 촉진을 위한 다중지능 관점에서의 진로코칭

1) 다중 지능 관점과 영재교육

다중지능 이론은 Gardner(1983)의《마음의 틀(Frames of Mind)》에서 주창된 이론이다. 언어능력과 수리력에 기반을 둔 지능에 대한 비판에서 시작된 이 이론은 지능을 “사회에 가치로운 생산물을 창조하거나 문제를 해결하는 능력”이라고 정의하면서 사람들의 지능은 하나의 단일화된 총체로 나타낼 수 없다고 보았다. 자폐증 아동들과 학습지진아들, 그리고 뇌에 손상을 입은 성인 환자들을 대상으로 한 연구를 통하여, Gardner는 모든 사람들이 보편적으로 지닌 문제해결능력은 생물학적인 기초에 의해 서로 다른 분야의 지능들로 나눌 수 있으며, 이 지능들은 한 사람의 지적인 활동에 의해 통합적으로 기여한다고 주장하였다(Gardner, 1983). 이 지능들은 처음에는 일곱 가지로 시작된 이론에 근거하였지만 점차 검증을 거쳐 자연탐구 지능이 추가되었으며, 실존적 지능 및 공학적 지능 등 새로운 차원의 지능의 개념이 발전적으로 주창되기도 하였다.

가) 언어적 지능(Linguistic Intelligence)

읽고, 말하고, 이야기 전달하고, 토론하고, 소리에 반응하며, 어휘를 기억하고, 암기하고, 구성하는 능력. 언어적 지능이 높은 사람은 토론 학습 시간에 두각을 나타내며, 유머나 말잇기 게임, 낱말 맞추기 등을 잘한다.

나) 논리·수학적 지능(Logical-Mathematical Intelligence)

논리적 문제나 방정식을 풀어 가는 정신적 과정에 관한 능력으로 이 지능이 높은 사람은 논리적 과정에 대한 문제들을 빠르게 해결하고, 추론을 잘 이끌어내며, 문제해결에 체계적이고 과학적인 방법을 사용한다.

다) 시공간적 지능(Visual-Spatial Intelligence)

시공간적 세계를 정확하게 인지하는 능력과 건축가, 미술가, 발명가 등과 같이 3차원의 세계를 잘 변형시키는 능력이다. 이 지능이 높은 사람은 생각을 시각화하는 능력이 우수하고, 디자인, 그리기, 만들기 등을 좋아한다.

라) 대인 관계 지능(Interpersonal Intelligence)

다른 사람들과 교류하고, 이해하며, 그들의 행동을 해석하는 능력이다. 이 지능이 발달한 사람은 타인의 기분과 감정을 잘 인식하고 동정심을 나타내며, 단체 활동에서 지도력을 잘 나타내며, 대인 관계 기술이 우수하다.

마) 자기 이해 지능(Intrapersonal Intelligence)

자기 자신을 이해하고, 느낄 수 있는 인지적 능력을 말한다. 이 지능이 높은 사람은 자기 존중감을 갖고 감정과 자기 행동 통제를 잘 한다. 개인내 지능 또는 자기성찰 지능이라고도 한다.

바) 자연 탐구 지능(Naturalistic Intelligence)

식물과 동물을 관찰하고, 생태계와 자연 현상에 대한 앞선 이해와 탐구 능력에 관련된다. 과학적 원리 탐구에 관련이 된다.

사) 음악적 지능(Musical Intelligence)

소리, 리듬, 진동과 같은 음의 세계에 민감하게 반응하고, 언어적인 형태의 소리와 비언어적 소리에도 예민하여 음악의 형태를 잘 감지하는 능력이다.

아) 신체-운동적 지능(Bodily-kinesthetic Intelligence)

자신의 운동, 균형, 민첩성, 태도 등을 조절할 수 있는 능력으로 운동 선수들은 이러한 능력이 강하다.

자) 실존적 지능(Existential Intelligence)

실존적 지능은 인간의 궁극적 문제에 대한 추구 자세에서 나온 개념으로 실존에 대한 본질적인 문제를 탐구하는 지능과 관련된다. 철학자나 신학, 종교학자들이 추구하는 관심 분야에 대한 탐구 지능이다.

이와 함께 최근에는 인간의 생명 기원 및 내세에 대한 관심사와 관련된 영성 지능 및 컴퓨터를 통한 정보 처리 기능을 비롯하여 지적 활동에 공학적 기술을 이용하는 데 관련된 공학적 지능(Technological Intelligence) 개념이 거론되기도 한다(우동하, 2004).

Gardner의 다중지능 이론에서 각 지능이 어떻게 분화되어 재능 영역으로 발전해 나갈 수 있는지는 다음 그림으로 이해할 수 있다(김정휘 외, 2004, p. 107)

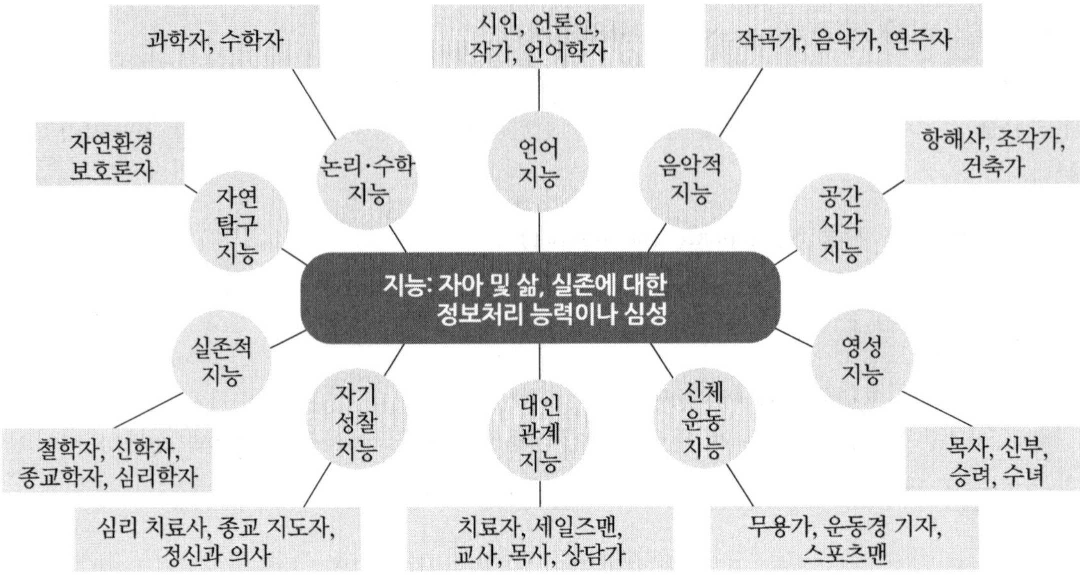

[그림 10-1] Gardner의 다중 지능이론의 구성 요인

각 지능 영역이 최고도로 발휘된 상대와 각 지능을 구성하는 요인을 정리하면 다음 〈표 10-1〉과 같다.

〈표 10-1〉 각 지능 영역별 최고 수준과 핵심적 구성 요인

지능	영역의 최고 수준	핵심적인 구성 요인
논리 수학 지능	과학자, 수학자, (뉴턴, 파스칼 등)	수학, 과학에 있어서 논리적 수학적 기호를 식별하는 능력과 민감성, 추리력, 가성검증 능력, 융자하기, 예산 세우기, 경제 조사하기, 가설 세우기, 평가하기, 회계 계산하기, 셈하기, 통계자료 이용하기, 추리하기, 분석하기, 체계화하기, 분류하기, 계열화하기 등에 필요한 지능.
언어 지능	시인, 언론인, 작가 (버지니아 울프, 톨스토이, 세익스피어)	소리, 음율, 단어의 의미에 대한 민감성, 언어의 상이한 기능에 대한 민감성 등, 말하기, 통보하기, 지시하기, 작문하기, 언어화하기, 외국어 구사하기, 해석하기, 번역하기, 가르치기, 강의하기, 토론하기, 논쟁하기, 듣기, 베껴 쓰기, 교정하기, 편지하기, 단어 처리하기, 파일하기, 보고하기 등의 기술에 필요한 지능.

음악 지능	작곡가 및 연주가 (아마데우스, 베토벤 등)	리듬, 가락, 음색을 이해하고 식별하는 능력, 감상, 창작, 악기 연주 능력, 노래부르기, 악기 연주하기, 녹음하기, 지휘하기, 작곡하기, 즉흥 연주하기, 편곡하기, 각색하기, 듣기, 음을 구별하기, 조율하기, 관현악 작곡하기, 음악 분석하기, 음악 비평하기 등에 필요한 지능.
시·공간 지능	조각가, 미술가, 건축가, (레오나드로 다빈치, 프랭크 로이드 라이트)	시각, 공간적 세계를 정확하게 지각하고, 해석하고, 변형을 시도하고 표상하는 능력, 그리기, 칠하기, 시각화하기, 시각적 표현 창조하기, 설계하기, 상상하기, 창안하기, 묘사하기, 색칠하기, 도자기 만들기, 그래프 그리기, 지도 그리기, 사진 찍기, 장식하기, 필름현상하기 등에 필요한 지능.
신체 운동 지능	무용가, 운동경기자, 연기자 (마사 그레이엄, 이사도라 덩컨, 타이거 우즈)	신체 움직임을 제어하고, 숙련된 몸짓으로 대상을 다루는 능력, 물건 분류하기, 균형잡기, 들어올리기, 옮기기, 걷기, 달리기, 도자기 만들기, 복구하기, 깨끗이 하기, 신기, 배달하기, 제작하기, 수리하기, 조합하기, 설치하기, 조작하기, 적응하기, 인양하기, 수행하기, 노래부르기, 흉내내기, 연기하기, 본뜨기, 춤추기, 운동하기, 실외활동 조직하기, 여행하기 등에 필요한 지능.
대인 관계 지능	치료사, 교사, 세일즈맨, 목사 (간디, 오프라 윈프리)	상대방의 기분, 동기 유발, 기질에 대한 대응, 설득, 타인의 요구 이해, 봉사하기, 손님 맞기, 의사소통하기, 감정이입하기, 거래하기, 가르치기, 코치하기, 상담하기, 조언하기, 타인 평가하기, 설득하기, 동기유발하기, 팔기, 모집하기, 고취시키기, 광고하기, 격려하기, 조화시키기, 위임하기, 협상하기, 중재하기, 협동하기, 맞닥뜨리기 등에 필요한 지능.
자기 성찰 지능	심리치료사, 종교지도자 (달라이 라마, 버지니아 울프)	자신의 강점, 약점, 동기 등에 대한 이해, 자신을 변화시키는 능력. 결정 실행하기, 혼자 일하기, 자기통제, 목적 설정하기, 목표 달성하기, 시작하기, 평가하기, 감정하기, 계획 세우기, 조직하기, 기회 붙잡기, 내면 들여다보기, 자기 이해하기.
자연 탐구 지능	동식물학자, 기상학자 (찰스 다윈, 제인 구달)	자연 사물에 대한 인식과 분류 능력, 자연 세계의 원리를 이해하고 표상하는 능력, 실험설계하기, 사물 관찰 및 분류하기, 표집하기 , 범주화하기, 원리 및 법칙 발견하기 등
실존 지능	철학자, 신학자, 종교학자 (마티 루터 킹)	실존의 의미 발견과 목적의 발견, 우주 속에서 자신의 존재의 가치를 깨닫는 능력

2) 다중지능을 적용하는 영재교육 실제

인간의 지능에 대한 새로운 해석으로 제시된 Gardner의 다중지능 이론은 어휘력과 수리력 중심으로 이루어진 미국 공립학교 교육과정에 변화를 이끌었다. 특히 다중지능 이론이 설명하고 있는 핵심 중의 하나인 모든 학생들은 다중지능을 지니고 있으며, 그 중 하나 정도는 상대적으로 뛰어난 지능이 있는데 그 지능을 잘 이용하면 학생들의 학업 성취를 도울 수 있다는 내용은 학습 부진 학생들이나 학습 의욕이 낮은 학생들의 교육에 큰 기대를 주었으며, 많은 영재적 인물들이 특정 교과 영역에 탁월한 성취를 나타낸 반면, 어느 과목의 경우 낙제점을 받은 경우에 대한 설명으로 작용하였다. 다중지능 이론이 학생들의 학업 성취에 실제로 어떤 영향을 미쳤는지 알아보기 위해 실시된 하버드 대학의 프로젝트 스펙트럼은 학생들이 각자의 강점 영역에서의 학습 활동에 참가함으로써 얻은 교육적 성과를 잘 설명하고 있다. 다음 〈표 10-2〉는 전통적인 지능과 다중 지능 관점을 비교한 것이다.

〈표 10-2〉 전통적 지능 관점과 다중 지능의 관점

전통적 지능 관점	다중 지능 관점
사람의 지능은 타고난 것이다.	각자는 지능의 조합에 따라 상이한 능력 보임
일생 동안 지능은 변하지 않는다.	지능은 향상시킬 수 있으며, 지능의 향상 속도는 사람마다 다르다.
논리적 능력과 언어적 능력으로 구성된다.	8가지 지능 이외에도 많은 지능이 있으며, 어떻게 조화시키는가의 문제
교실에서 학습자료는 동일하게 제공된다.	개인의 강점과 약점에 따른 학습자료
교사들은 교과를 가르친다.	다중지능에 따라 학습 내용, 방법의 조절

이러한 다중지능 관점에서 수업을 실시하는 교실은 학생에게 맞게 개발되는 교육과정 또는 학생중심의 교육모형을 제시하고, 학생들이 자신의 강점을 통해 자신이 배운 것을 드러내 보이도록 환경을 촉진하며, 각 학문에서 핵심개념을 깊이 있게 다룰 것이 강조하고, 분과 중심에서 다중지능이 접목된 실활 관련의 주제 중심의 통합교육이 강조하며, 학생 주도의 프로젝트 활동을 통한 자율적 학습, 사고, 창조자의 관점을 요구하고, 고등 사고 기능의 활용, 학습 활동과 통합된 평가 및 다차원의 수행 평가 방식 활용을 적극 활용한다.

다중지능에 따른 학습 양식은 정보를 선택하고 획득하는 능력에 영향을 주는 학습 자세(learning manner) 또는 선호하는 학습 환경(preferred learning environment)이 중요하다. 여기서의 학습 양식은 어떤 개인이 어떻게 학습하며, 환경에 대하여 어떻게 적응해가는가를 나타내 주는 징표(indicator)가 되는 특정적인 행동으로 구성되며, 심리적인 작용을 어떻게 하느냐에 관한 단서가 되는 것이다.

학습 양식의 유형으로는 독립적 학습(independent), 의존적 학습(dependent), 협동적 학습(collaborative), 경쟁적 학습(competitive), 참여적 학습(participant), 회피적 학습(avoidance)으로 분류되며, 각 학생들은 이러한 유형에서 어디에 위치하는지 판단하기 위한 면밀한 관찰을 필요로 한다. 다중지능에 의한 각 학습양식과 학습 활동의 특성을 간략히 정리하면 다음 〈표 10-3〉과 같다.

〈표 10-3〉 학습자 양식과 학습 활동

학습자 양식	학습 활동
언어적 학습자	이야기 들려주기, 어휘를 활용한 사고활동, 독서활동, 작문활동
논리·수학적 학습자	수학, 추리, 논리, 관계분석, 유목화
공간 지능적 학습자	그림과 색채를 통한 학습, 영상자료를 통한 시각화
신체-운동적 학습자	운동, 무용, 춤, 연극, 물건 만들기, 도구 사용. 신체감각 활용
음악적 학습자	노래하기, 리듬과 가락, 화음 등에 관련된 활동
대인 관계적 학습자	대화로 문제해결하기, 타인이해하기, 인터뷰하기
자기 이해적 학습자	자기 이해, 반성적 사고활동, 자기주도적 학습
자연 탐구적 학습자	조사, 분석, 관찰, 종합, 현장학습, 탐사활동 등

다중지능을 적용하는 교실 수업 공간에서는 모든 아동이 하나 또는 그 이상의 지능 영역에서 강점과 약점을 지니고 있다는 전제에서 다양한 활동 영역과 학습자료를 마련해 주어야 한다.

교육 활동의 관심은 학생들이 지능을 촉진함과 동시에 강점 영역의 지능을 발견하고, 그러한 기능을 활용하도록 돕는 것이다. 다중지능 이론은 지능을 개발하는 교육적 중재(educational intervention)에 주된 관심을 두고 있다.

다중지능을 적용한 수업활동을 이끌기 위한 과학과의 단원 개발 사례를 제시하면 다음과 같다.

□ 주제: 눈에 대한 다중 지능적 학생 탐구 사례
- ㅁ 눈을 현미경으로 관찰하고 눈송이 확대하여 찍어보기
- ㅁ 눈송이에 대한 비디오 테이프로 눈송이 생성 과정 관찰하기
- ㅁ 눈 결정체의 성장을 그림으로 그리기
- ㅁ 물이 어떻게 얼음으로 변하는지를 그리기
- ㅁ 눈이 만들어지는 구름과 기계를 그리기
- ㅁ 눈의 결정체에 관련된 기하학적 문제 탐구하기

3) 다중지능에 근거한 영재교육에서의 평가(Assessment)

다중지능 이론은 전통적인 필답 고사 형식의 학력 평가가 아닌 대안적인 평가(Alternative assessment)를 요구한다. 학습자가 구체적인 지능영역에 몰두할 수 있는 작업을 시키고, 그 과제를 수행하는 과정에서 인지적 작용을 관찰하고 평가하는 접근방식을 요구한다. 수행평가나 상황에 기초한 평가 방식이 요구되며, 다음과 같은 평가 원리에 기초한다.

가) 평가는 학습자의 성장을 포착해야 한다.

포트폴리오 등 다양한 자료가 학생들의 성장을 포착하는 평가 자료로 활용되며, 학생들이 자기의 학습 성장에 대한 반성적 평가 자료를 강조한다. Gardner는 다중 지능은 객관화된 검사에 의해 측정하는 것은 불완전하므로 자연 사태의 실제 상황에서 실제 활동을 통해서 관찰, 검사, 포트폴리오 사용 등 다양한 방법으로 측정할 것을 주장하였다. 예를 들어 신체-운동 지능을 측정하려면 직접 활동을 시켜보고, 공간 지능을 측정하려면 실제로 그림을 그려보게 한다. 자유 시간에 학생들의 행동을 관찰 기록하고 서류철을 참고하여 지능 특징을 발견하기도 한다.

나) 다차원적 평가로서 평가 자체가 교수 활동의 정보가 된다.

일반적으로 백분위 점수 등과 같은 단일 측정치의 한계에 따라 다양한 관점과 평가척도가 사용될 수 있으며, 학습에서 핵심적이고 중요한 면을 평가함으로써, 그 자체가 교수 내용의 방법적인 면의 질적 향상을 가져오도록 한다. 전통적 검사는 탈맥락적, 중립적 상황에서 개인에게 불만을 안겨주면서 측정하는 것이라면, 다중지능에서의 평가는 자연적이고 의미 있는 맥락 속에서 개인 능력의 측정을 강조한다.

다) 사고와 학습 과정이 평가에서 다루어져야 한다.

Gardner(1993)는 실제로 Project Spectrum을 통하여 3~4세 아동들의 다중지능을 측정하였다. Spectrum 교실에는 다양한 종류의 활동 코너를 설치하고 아동 활동에서 다중 지능의 다양한 징표를 찾는다. 박물학자 코너에서는 다양한 종류의 물건들을 서로 비교하게 하여 논리적 분석력과 감각 기능을 발휘하게 한다. 이야기 코너에서는 상상한 이야기를 말하게 하여 언어지능과 상상력을 발휘하게 한다. 건축코너에서는 교실 모습을 만들어 보게 하여 공간, 신체-운동, 인간관계 지능을 표현할 수 있다. 그러한 학습 과정 자체가 평가 활동이 된다.

라) 비형식적인 평가는 중요하다.

다중지능을 재는 방법은 기존의 지필 검사뿐만 아니라 기계조작, 말하기, 그림 그리기, 춤추기, 타인의 활동 관찰하기 등 다양한 분야에서 다양한 방법, 예컨대, 비디오테이프, 학생자료 철 등으로 평가할 수 있다. 이런 점에서 다중지능 이론에서 Gardner는 지능의 측정(measurement)이란 용어보다는 지능의 평가란 용어가 더 적절하다고 보았다.

특히 영재교육에서 영재의 재능탐색에는 포트폴리오 평가가 권장된다. 이는 영재의 학습상황을 제대로 평가할 수 있는 또 하나의 평가 형태이다. 포트폴리오는 학생과 교사에 의해 만들어지는 체계적인 수집물로 이것은 노력, 성장, 과정, 그리고 성취도를 판단할 수 있는 기준이 되며, 좀더 표준화된 평가 방식에서 얻을 수 없는 다양한 발달 과정에 대한 정보를 얻을 수 있다(VanTassel-Baska, 2007). 포트폴리오는 교육과정의 장단점과 요구사항에 대한 정보도 얻을 수 있으며, 시간의 흐름에 따른 학생의 성장발달에 대한 상황을 잘 파악할 수 있는데 좋은 자료가 된다. Anderson(1994)은 초등학교 학생들에게 적용될 수 있는 포트폴리오 형태를 다음과 같이 구분하여 제시하고 있다.

- 쇼케이스 포트폴리오: 학생의 작품 중에서 가장 좋은 것을 전시하고, 자기평가, 반영에 초점을 맞추어 평가한다.
- 평가 포트폴리오: 대표되는 작품을 발표하고, 특정 학습 목표에 맞추어 평가한다.
- 과정 포트폴리오: 장기간 동안 이루어진 학생의 학습 활동과 교과에 대한 이해정도를 돕기 위해 시간의 흐름에 따라 제작된 과제에 대해 학생 스스로가 고찰하고 그 결과를 발표하도록 한다.
- 문서 포트폴리오: 자신의 학업 성취를 대표적으로 보여줄 수 있는 작품을 부모나 다른 학생들, 또는 학교 관계자들 앞에서 발표하도록 한다.

4) 영재지도 교사의 다중 지능적 역할 수행

다중 지능적인 교사의 역할이란 평가 전문가, 학생-교육과정 연계자, 학교-지역사회 연계자로서의 역할이다.

① 평가 전문가의 역할이란 언어적 지능과 논리-수학적 지능만이 아니라 여덟 가지 지능을 모두 동등하게 측정하는 '지능-공평(intelligent-fair)검사'를 통해 각 아동의 능력과 흥미를 민감하게 또한 종합적으로 파악해 정확한 지능 프로파일을 작성하는 일이다. 각 아동의 강점뿐만 아니라 약점도 확인해야 한다.

② 학생-교육과정 연계자(student-curriculum broker)로서의 역할이란 평가 전문가가 밝혀낸 각 아동의 독특한 잠재력과 흥미에 맞는 학습내용을 소개하거나 학습과정에 배정하는 역할을 한다. 물론 각 아동이 지니고 있는 약점을 교정하는 학습 활동을 마련한다.

③ 학생-지역사회 연계자(student-community broker)로서의 역할이란 교사는 학교 내에서 뿐만 아니라 학교 주변의 지역사회가 지니고 있는 다양한 자원들을 교육적 자원으로 활용하는 역할을 담당한다. 특히 학교에서 다룰 수 없는 내용이나 심화된 학습내용이 필요한 경우 지역사회의 전문가를 교사로 할용함으로써 도제 교육적인 효과를 얻을 수도 있다.

전통적으로 학교에서는 모든 분야의 지능에 관심을 갖기보다는 언어와 논리-수리 등 기본이 되는 분야의 지능에 중심을 두고, 대인 관계나 운동 지능은 가정 등 학교 밖의 집단에서 함양하는 것으로 생각하는 경향이 있다. 지능의 상호 작용성에 따라 직업은 어느 한 가지 지능만을 필요로 하는 것이 아니다. 대부분의 직업은 최소한 두 가지 이상의 지능을 동시에 필요로 한다. 학교 학습에서조차도 자신의 특기와 장점을 잘 파악하며 과제의 성격과 요구하는 답을 정확히 이해하고 교사 및 친구와 좋은 관계를 맺는 등 여러 가지 지능이 필요하다. 따라서 교육내용을 지능특성에 따라 다음과 같이 다양화할 수 있다.

① 언어지능 활용 수업: 교과에 관계없이 이 지능을 활용하는 이야기 꾸며 말하기(storytelling), 브레인스토밍(brainstorming), 테이프 리코딩(tape recording), 글짓기, 문집/신문 만들기 등의 활동을 수업에 도입한다. 교사는 어느 과목을 가르치든 읽기, 쓰기, 말하기, 듣기에서 상당 수준을 갖추어야 하며, 여러 과목의 수업에서도 도구로써의 국어 활용을 연관시켜 수업을 전개하는 것이 좋다.

② 논리-수학지능 활용 수업: 학습내용에 나오는 숫자 계산하기, 분류하기, 소크라테스 문답법 활용하기, 문제의 해법 추정하기, 체계적으로 생각하기 등의 활동을 수업에 도입한다.

③ 공간 지능 활용 수업: 학습내용을 그림, 그래프 또는 심상으로 그려보기, 학습자료에 색칠하여 요소 구분하기 등의 활동을 수업에 도입한다.

④ 신체-운동지능 활용 수업: 신체 동작으로 답 말하기, 학습내용을 연극/동작으로 표현하기, 학습자료를 조작하기, 손가락 등 신체를 활용하는 학습 활동 등을 수업에 도입한다.

⑤ 음악 지능 활용 수업: 학습내용과 연관된 노래하기, 리듬치기 등의 활동을 수업에 도입하고 학습 주제에 맞는 음악으로 학습분위기를 조성한다.

⑥ 대인 관계 지능 활용 수업: 대인관계지능 및 개인지각지능은 전통적인 경쟁 분위기보다는 협력학습, 집단학습 과정에서 나타나고 형성된다. 집단 학습이나 협동학습을 도입하고 대인관계 분위기를 조성한다면, 대인관계지능, 개인지각지능은 물론 학습에도 긍정적 효과를 기대한다.

⑦ 자기 이해 지능 활용 수업: 명상하기, 수업내용을 자신에게 유의미하게 해석하는 수업에서 자신의 목표를 설정하기, 숙제나 문제의 양 및 해결방법 등을 자신의 특성을 고려하여 선택하기, 영화/책/논쟁을 통하여 감정을 경험하게 하고 그 감정을 건설적으로 표현하기 등의 활동을 수업에 도입한다.

참고문헌

김정휘·주영숙·문정화·문태형(2004). 영재학생을 위한 교육. 서울: 박학사.

류지영(2004). 다중지능이론의 영재교육에의 적용. 교육과정연구, 22(1), 147-169.

심우엽(1995). 지능의 관점과 교육적 시사, 초등교육연구, 9, 33-47.

우동하(2004). 영재어린이의 이해와 교육. 서울: 학문사.

우동하 역(2007). 우리아이 영재로 키우기. 서울: 민지사.

우동하(2009). 일반학급에서의 영재교육. 영재교육전문과정연수. 대구교육대학교영재교육원.

하대현(1998). H. Gardner의 다지능이론의 교육적 적용, 그 가능성과 한계, 교육심리연구, 12(1), 73-100.

Gardner, H. (1983). *Frames of mind: The theory of multiple intelligence*. New York: Basic Books.

Gardner, H. (1999). *Intelligence reframed: Multiple intelligence for the 21st century*. New York: Basic Books.

Gardner, H., Karolyi C, & Ramos-Ford V. (2003). *Multiple intelligence: a perspective on giftedness*. In N. Colangelo & G. A. Davis (Ed.), Handbook of Gifted Education (3rd ed., 373-387). Boston: Allyn and Bacon.

VanTassel-Baska, J. (2007). 영재교육과정론(강현석외 공역). 서울: 시그마프레스. (원서 2006 발행).

Chapter 11

영재학생의 지도교사 및 코디네이터

영재의 판별과 교육 프로그램의 배치, 교육 프로그램의 개발과 교수 활동의 전개, 영재학생의 평가 등의 일련의 과정은 체계적인 접근을 요구한다. 여기에는 영재의 판별과 선발에서부터 교육서비스의 제공이라는 전 과정을 체계적으로 관리할 전문적인 자원으로서 영재 지도 교사의 양성이 요구된다. 본 장에서는 영재학생의 지도교사에게 요구되는 자질, 선발, 연수, 그리고 역할을 제시하고자 한다.

11.1 영재학생의 지도교사에게 요구되는 자질

11.1.1 영재교육 실행에 필요한 요인들

영재교육이 성공적으로 실행되기 위해서는 교사, 학생, 자료, 학교 시설, 교육 행정적 지원 등의 여러 요인이 효율적으로 기능 할 수 있어야 한다. 먼저 영재교육의 실행에 필요한 여러 요인들을 정리해 보면 다음과 같이 요약할 수 있다(Clark, 1997; Strip, 2000).

- 영재학생을 위해 속진, 심화, 개별화 방법을 실행할 교육 여건
- 교육 과정을 재구성하여 제시하는 교사의 능력
- 영재교육을 수행할 교사의 연수와 능력
- 교실 활동을 조직하고 운영하는데 따른 준비
- 학생에게 관심을 갖고 그들을 고무시키고자 하는 태도
- 배우려는 의욕과 삶의 즐거움을 함께 나누려는 분위기
- 믿을 만하고 자비로운 교사의 인성
- 학식이 풍부하고 해당 과목에 정통한 교사의 능력
- 모호성과 복잡함을 참을 수 있는 분위기.
- 지적 능력, 직관, 다양성, 독창성, 변화, 성장, 자아 실현을 중시하는 태도
- 배움을 가치 있게 여기는 지적인 환경
- 학습에 적극적으로 참여하고 열심을 내는 학생
- 학생의 발달과 학습 준비도에 적합한 교육 과정과 개별화 과제
- 개별 학습과 독립적 프로젝트를 다양하게 제시할 수 있는 학습 환경
- 문제해결, 결론을 열어 둔 과제, 고등 사고 기능을 중시하는 수업
- 연구와 일상 과제 해결에 있어서 학생이 활용할 수 있는 공학 기술
- 영재학생의 요구를 이해하고 지원할 수 있는 교육 행정가
- 영재교육 프로그램 운영을 위한 예산의 지원
- 학부모에게 개방적인 학교 풍토

이러한 요소 가운데 가장 중요한 것은 영재교육을 담당할 교사 자원이다. 특히 영재교육의 전체적인 프로그램을 디자인하고, 실행하며, 관찰 추천에 기초한 선발 등을 담당하는 데 따른 자질과 전문적 역량이 요구된다. 모든 교사들에게 배움과 가르침에 대한 열정, 다양성과 변화를 고려하여 창의적으로 수업을 진행하는 능력, 학생에 대한 이해와 인내심 등이 요구되지만 영재학생 지도교사는 몇 가지 추가적인 전문성과 자질이 요구된다. 영재의 학습 특성을 고려할 때, 그들을 가장 잘 도울 수 있는 영재학생 지도교사의 행동 특성을 다음과 같이 정리해볼 수 있다(우동하, 2004).

1) 지적 능력과 지적 정직성

영재학생들의 학습 과정에서 가장 영향력 있는 지적 원천과 과정의 안내자로서 교사는 높은 지적 능력을 갖추어야 하며, 여기에 추가하여 지적인 정직성을 갖추어야 한다. 영재학생이 주제에 대해 열심히 하고, 보다 깊고 철저한 탐구에 임하게 되면, 난해한 자료에 대해 교사보다 전문가일 수도 있다. 이 점을 고려하여 항상 연구하고, 전문적 역량을 강화하려는 지적 탐구 태도와 지적 수월성을 갖추어야 할 것이다. 그러나 영재학생의 지도교사라고 해

서 모든 영재학생의 생각을 항상 사로잡을 만큼 모든 주제에 대해 알고 있으리라 기대해서는 안 될 것이다.

2) 영재학생에 대한 관심과 이해

"모든 학생이 영재이다"고 생각하거나 "영재학생을 전혀 보지 못했다"고 말하는 교사도 있다. 또한 "그 학생은 매우 명석하여 혼자서도 충분히 공부할 수 있다"는 감탄과 함께 항상 혼자 진행하는 자율 학습에 신뢰를 두기도 한다. 영재학생의 지도를 학습 지도의 부담으로 느끼게 되거나, 별 도움 없어도 그들 스스로 배움과 성장을 이루어갈 것으로 생각하는 것은 영재교육에 도움이 되지 않는다. 영재성을 소중히 여기고 이를 특별한 경험과 연결시켜주고, 고등 사고 기능을 촉진시켜 주려는 자세가 필요하다.

3) 교과 내용에 대한 전문성

교과 분야에 대한 풍부한 전문 지식과 그것을 직접 실행할 수 있는 능력을 가진 교사는 영재학생들을 더욱 잘 도울 수 있다. 실제 음악가로 활동하는 음악 교사, 전시회를 갖기도 하는 미술 교사, 단편집이나 시집을 출판한 문학 교사, 자신의 관심 영역에 대해 활발한 연구에 임하는 과학 교사들은 그러한 실제에 대한 전문성으로 인하여 더 많은 도움을 학생들에게 제공할 수 있다. 이들 교사들은 교과서나 출판물에만 의존하는 것이 아니라 자신의 다양한 경험과 창의성을 교실에 가져오려고 노력한다.

4) 촉진자로서의 역할

영재학생의 경우 스스로 문제를 찾고 해결하는 자기주도적인 독립연구자로서의 기능이 뛰어나며, 그러한 특성 촉진이 영재교육의 실제적인 목표라고 볼 수 있다. 이 점에서 영재교사는 지식의 원천으로서의 역할보다 학생의 창의성과 창안 능력을 안내하고 방향을 설정해주는 촉진자로서의 역할이 더욱 기대된다. 이러한 역할은 단순히 지식을 전달하는 수준이 아니라 학생으로 하여금 지식과 정보를 찾아 이해하고, 분석하며, 종합하여 새롭게 발전시켜 나가도록 고등 정신 능력을 자극하는 수업 기술을 필요로 한다. 학생의 지적, 사회적, 정서적 지평을 확대해줄 수 있는 자원이 어디 있는지 지적해줄 수 있어야 한다.

5) 끊임없이 교수 기술을 개선하는 교사

교육은 교사의 질을 능가할 수 없다는 말을 흔히 한다. 코디네이터가 동료 영재지도 교사의 교수 개선을 위해 노력해야 한다. 수업 평가척도 등을 활용하여 영재학급의 수업 개선을 위해 수업을 관찰하고, 문제점을 개선할 아이디어를 제시할 수 있어야 한다. 영재학급의 수업을 관찰하기 위한 모형을 구안하고 이를 바탕으로 수업을 개선하기 위한 실제적 노력이 필요하다. 교사의 전문성 개발을 위한 노력은 학생의 성취에 여러 가지 영향을 준다는 결과가 있다(Croft, 2003). 예를 들어, 고등 사고 기능의 향상에 관련된 전문 능력 개발 연수에 참여한 교사의 수학반 학생들은 학년 수준에서 40% 앞선 성취를 나타냈으며, 과학 실험 기능 향상을 위한 연수에 참여한 교사의 과학반 학생은 학년 수준의 40% 이상 앞선 성취를 나타냈다. 또 학생의 직접적인 학습을 장려하는 교사의 학생들은 동료에 비하여 수학에서 70% 이상, 과학에서는 40% 이상의 성취를 보였다고 한다.

6) 교육 공학적인 지식

영재교사는 학생들의 학습 활동에 컴퓨터 정보 통신 기술을 비롯한 여러 공학적 지식을 이용할 수 있도록 안내할 수 있어야 한다. 교사가 컴퓨터 프로그래밍이나 무선 통신에 대해 모든 것을 다 알 수 없더라도 이를 어떻게 활용하여 학습 문제를 해결할 것인가를 안내해줄 수 있다.

7) 가르침에 대한 열정

영재학생의 교사는 학생의 강한 학습 의욕과 끊임없는 질문에 대처할 수 있는 능력을 가져야 하며, 관심과 인내를 갖고 들어줄 수 있는 청취 이해 자세를 가져야 한다. 교사는 영재학생의 높은 호기심, 자율적이고 창의적인 사고, 도전적인 탐구심에 따른 질문들에 대해 인내심을 갖고 계속적으로 반응하고, 안내하고자 하는 가르침에 대한 열정을 가져야 한다.

8) 유머 감각

영재학생을 가르치는 것은 높은 스트레스를 경험하게 할 수도 있는 만큼 유머 감각은 그만큼 많은 도움이 된다. 교사는 학생들의 학습 분위기에서 긴장감을 덜고 흥미와 동기를 유발하기 위해서 유머를 사용할 수 있지만 자기 스스로도 웃을 준비가 되어 있는 마음 자세가 필요하다.

영재학생은 교사로부터 교육과정 내용뿐만 아니라, 생활과정을 통해 많은 것을 배우고 느끼게 된다. 다음은 영재학생들이 말하는 영재교육기관 지도 교사로부터 경험한 사례들이다(Strip, 2000).

"그 선생님께서는 제가 비디오 카메라를 잘 다룬다고 하시면서 각종 행사 때마다 카메라 촬영을 제게 맡겼습니다."
"저는 좀더 복잡한 시스템을 공부하고 싶었는데 선생님께서 그걸 도와주셨습니다."
"대부분 선생님들은 시험에 나오니 공부하라고 하시지만 그 선생님의 경우 제가 어떤 것을 공부하는 것이 좋을지 잘 말씀해주시고, 질문에 친절히 답변해주시고, 그 이유도 잘 설명해주시지요."
"다른 모든 선생님들은 제가 모든 시험에서 A를 받고 한 문제도 틀리지 않아야 한다고 생각합니다. 하지만 그 선생님은 좀 다릅니다. 저에 대해서도 특출한 수재라고 생각하기보다 한 학생으로서 좀더 노력하여 교실에서 잘 해나가도록 관심을 기울여주는 점이 좋습니다."
"어떤 선생님들은 제가 너무 조직적이지 못하여 성공하기 어려울 것이라고 말씀하십니다. 그 선생님께서도 제가 너무 조직적이지 않다고 말씀했지만, 내가 어떻게 하면 시간을 잘 활용하고 과제를 보다 잘 해결할 수 있는지를 가르쳐주셨습니다."
"그 선생님께서는 제가 실제로 어려운 과제를 처리하도록 시키시며, 제가 잘 해내지 못하면, 어디가 잘못되었는지 지적해주시고, 그 실수에 대하여 책망하거나 비웃지 않고 제가 살피지 못한 문제점을 가르쳐주셨습니다."(Strip, 2000, p. 153).

11.1.2 교수활동에 관련된 지도교사의 역할

영재학생 교육에 있어서 성공적으로 역할을 수행하려면 영재학생의 필요를 여러 가지 방식으로 이해하고 맞추어 나가야 한다. 기본적으로 영재학생의 독특한 특성에 대한 정확한 인식과, 해당 영재교육기관의 학생을 위하여 차별화된 교육과정을 마련하여 주는 일은 매우 중요한 교사의 역할이다. 이러한 교수 활동에 관련한 교사의 역할을 정리하면 다음과 같다.

1) 교육 과정과 프로그램에 대한 태도

영재교육을 위한 교육과정과 프로그램 편성 및 운영에 있어서 갖추어야 할 점은 다음과 같다(Croft, 2003).

- 영재성과 학업 분야의 맥락에서 학생의 요구를 이해하고 있다.
- 독립적 학업을 장려한다.
- 빠른 이해력, 빠른 진도에 맞게 학습 계획을 수립한다.
- 단순성 보다 복잡성을 강조한다.
- 보다 도전적인 교육 과정 목표를 성취하도록 장려한다.

- 차별화되고 공정한 채점을 실천한다.
- 학습자 중심의 환경을 마련하고 내용, 과정, 결과, 그리고 환경에 있어서 자유로운 선택을 허용한다.
- 협동적 학습과 교사와 학생간의 상호 지원을 격려한다.
- 영재학생에게 유익한 시책을 마련하고, 영재학생의 요구에 맞지 않는 학교 시책을 재해석하여 실행하고자 한다.

2) 영재의 탐구 정신을 성장시키는 태도

다음과 같은 사항은 영재학생의 탐구 정신을 성장시키기 위해 교사들이 취해야 할 태도 중에 몇 가지이다(Clark, 1997).

- 학생들에게 미완성 상황을 제시한다.
- 학생들을 복잡한 퍼즐 문제 상황으로 인도한다.
- 교과 공부에서 얻기 어려운 질문들을 제시한다.
- 추가적이고 대안적인 응답을 허용한다.
- 미지의 것이나 검증되지 않은 것에 대한 가설을 설정하도록 격려한다.
- 증거를 제시하여 대답과 의견을 뒷받침하도록 요구한다.
- 학생이 아이디어를 개발하도록 자료와 시간을 제공한다.
- "어떻게 ~예측할 수 있는가"의 질문을 한다.
- "만일 그렇다면~"의 진술을 요구한다.

3) 학습에 도움이 되는 교사의 특성

영재학생들은 자신을 잘 이해해주고, 유머 감각을 가지고, 학습을 재미있게 진행하며, 유쾌한 인성의 교사를 원한다. 유치원에서부터 고등학교에 다니는 1,800명의 학생을 대상으로 좋아하는 교사의 어떤 행동이 학습에 도움이 되는지에 관해 존슨(Johnson, 1976)은 다음과 같은 결과를 제시하고 있다(Clark, 1997, p. 229-300에서 재인용).

- 학생의 필요에 관심을 기울이며, 학생들의 이야기를 들어준다.
- 학생들의 문제 거리를 이해하고, 그들과 대화를 한다.
- 학생의 성공을 공유하고, 그들이 중요한 존재임을 느끼게 해준다.
- 학생을 열린 마음으로 대하며, 존중해준다.
- 유머 감각이 있고, 쾌활한 성품을 갖고 있으며, 신뢰가 간다.

이와 같은 특성을 바탕으로 영재학생들의 교육에 효율적인 교사의 특성을 몇 가지로 요약하면 다음과 같다(Clark, 1997).

- **가치의 판단 기준**: 효율적인 교사는 외적인 것보다는 내적인 것, 사물보다 사람, 사실과 사건보다 의미를 강조하는 일반적 준거를 가지고 있다.
- **타인의 행동 지각 태도**: 효율적인 교사는 학생이나 그들의 행동에 대하여 무능보다는 유능, 불친절보다 친절, 무가치보다 가치, 외적 동기보다 내적 동기, 의존성보다 독립성을 인식하고자 한다.
- **자기 인식 태도**: 효율적인 교사는 협조적인 태도를 보이고, 자신을 유능하게 느끼며, 독립적이고, 가치를 중시하며, 도움되는 존재로 자기를 인식한다.
- **교수 과제에 대한 인식**: 효율적인 교사는 통제보다 자율, 소규모보다 대규모, 은폐보다 개방, 배제보다 포함, 성취 목표보다 과정의 측면에서 교수 과제를 인식하고 있다.

11.1.3 영재교육 프로그램 운영에 요구되는 지도교사의 자질

영재학생의 지도교사는 영재교육 프로그램의 편성·운영에 관련한 실무적인 사항의 기획과 추진에 따른 인성과 역량을 갖추어야 한다. 즉 영재 코디네이터는 영재교육 프로그램의 기획, 영재교육 대상자의 모집, 관찰·추천에 의한 영재교육 대상자의 선발, 영재교육 대상자에 대한 상담과 학부모 교육, 영재교육지원센터 및 교구설비 관리 등의 전문적인 역할을 수행하게 된다. 이러한 역할 수행을 위해 요구되는 자질은 다음과 같다.

<표 11-1> 영재학생 지도교사의 자질

요소	주요 내용	요구되는 자질
일반 교수 능력	교수 열성	가르치는 데 열의가 있는 교사
	학습 촉진	다양한 방법을 활용하여 학습을 촉진할 수 있는 교사
	자료 제시	수업 내용에 적합한 자료를 잘 활용하는 교사
	동기 유발	학생들의 개별 학습 동기를 잘 파악하고 촉진하는 교사
	비전 제시	영재의 장래 진로에 구체적인 비전을 제시하는 교사
	수업 조직	체계적으로 교수·학습 과정을 설계하는 교사
	강화 사용	학습 동기유발에 필요한 강화를 잘 활용하는 교사
	학습자 이해	학생의 눈높이에 맞는 활동을 설계하고 지원하는 교사
	상상력	상상력이 풍부하고 변화에 개방적인 교사
전문 교수 능력	교육 과정	영재교육과정 모형과 절차를 이해하고 적용하는 교사
	교수 방법	영재교육 교수·학습모형의 적용에 숙달된 교사
	교과 지식	교과와 영역에 대한 최근의 전문 지식을 지닌 교사
	심리 이해	영재의 심리적 특성을 잘 이해하고 조력하는 교사
차별화 교수 능력	교육과정	교육과정 차별화 방법과 절차를 알고 실행하는 교사
	프로젝트 지도	프로젝트 기반학습의 전반을 기획하고 지도할 수 있는 교사
	평가 능력	수업관찰을 통해 영재학급을 컨설팅할 수 있는 교사
	수업 진도	영재의 학습 진도를 파악하고 적절히 대응하는 교사
	과제 제시	도전의식을 갖고 참여하는 과제를 제시할 수 있는 교사
지적 수월성	높은 창의력	영재의 창의적 수행을 지원할 수 있는 교사
	지적 탐구심	스스로 끊임없이 배우고 탐구하는 동기를 가진 교사
	문제해결력	주어진 과제에 대한 다양한 문제해결능력을 가진 교사
생활 지도	학생 이해	학생들의 입장을 이해하는 교사
	촉진	능력을 적극적으로 발굴하고 후원하는 태도
	상담	전문 상담 지식을 갖고 영재학급적응을 지원하는 교사
	학생 관찰	영재학생을 관찰하고 재능을 파악할 수 있는 교사
	진로 지도	영재학생의 특성에 적합한 진로 지도 능력이 있는 교사

11.2 영재학급 코디네이터의 역할

영재학급 수업을 담당하는 지도교사와는 별도로 영재학급 업무를 전담하는 코디네이터는 해당 영재교육기관의 실무 조정자로서의 역할을 수행한다. 영재교육 프로그램 기획자로서 담당 영재교육기관의 연간 교육 계획을 수립 시행하게 된다. 이 과정에는 당해 영재교육기관의 운영 목적에 따라 영재교육 대상자를 선발하고, 연간 교육 일정을 운영하는 것에서부터, 운영 예산의 사용 계획, 영재교육과정 편성, 각종 당해 영재교육기관의 행사 운영 계획, 생활통지표의 작성 및 발송, 학생 상담 및 생활 지도 계획, 진로 지도 계획 등이 포함될 수 있다. 그 밖에 각종 영재교육관련 위원회를 조직하고 운영하며, 영재교육기관의 역량을 제고위해 노력한다.

11.2.1 영재학생에게 적합한 프로그램 조정자의 역할 수행

영재학생들은 자신들의 학습 내용을 구조화하고 자신들의 진도에 맞게 해결해나가고자 하며, 혼자 프로젝트를 수행하거나, 동질의 능력 집단과 함께 공부하기를 바라는 경향이 강하다(Stewart, 1980; Kingsley, 1986). 이들이 선호하는 학습은 새로운 내용을 습득하기 위한 자기주도적 수업 과제, 놀이, 시뮬레이션 등이며, 특히 읽기와 내용 습득에 기반을 둔 독립적인 학습 프로젝트를 가장 선호한다. 학습에 있어서 가장 큰 관심은 새롭고 상이한 것을 배우는데 있다(Rogers, 2002). 영재학생은 자신의 지적 기반을 활용하여 현실 세계와 관련된 독립적인 과제 해결을 선호한다는 점이 여러 연구의 결과가 뒷받침해 준다. 특히 높은 성취를 나타내는 영재학생들은 비교적 구조화된 학습 과제를 자신의 진도에 따라 학습하도록 허용될 때 정보를 더 많이 그리고 더 정확하게 배우고 이해하게 된다(Whitener, 1989). 이는 독립적 연구 프로젝트에 대한 구조를 제시해 주는 것이 매우 중요함을 시사해 준다(Treffinger, 1986). 독립적 프로젝트는 영재학생이 자신들의 지적 내용 기반을 다지면서 과제를 완수하도록 돕는다(Stedtnitz & Speck, 1986).

영재학생들은 새로운 개념을 습득할 때 그것을 맥락 속에서 하나로 묶어 덩어리로 받아들이는 경향이 있다고 한다. 수학적 문제해결을 해야 할 경우 그들은 한꺼번에 문제를 해결하며, 문제를 어떻게 해결했는지를 나누어 설명하지 못할 경우가 있다고 한다. 이는 정보 처리에 있어서 통찰과 직관에 의한 문제해결력을 반영해 주며, 그 만큼 빠른 진도를 추구하게 된다. 영재학생의 빠른 학습 능력은 학습을 위한 별도의 더 많은 시간 투자가 아닌 보다 압축되고 밀도 있는 학습 시간을 요구한다.

이러한 특성들은 교육 과정 압축과 같은 정규 교육 과정에 대한 재구성의 노력과 교실에서의 속진 및 심화의 적용을 비롯한 일련의 계속적인 교육적 도움에 대한 정당성을 더하게 해준다.

11.2.2 고등 사고 기능의 촉진자의 역할 수행

영재학생들은 많은 반복 연습 없이 더 많은 지식을 습득하고 높은 수준에서 정보를 활용하는데 능숙하다(Maker, 1982). 고등 사고 기능은 영재학생의 수업과 관련하여 중요하다. 고등 사고 기능을 자극할 수 있기 위해서는 교육 과정의 내용이 학생에게 도전감을 줄 뿐 아니라 분석력, 종합력, 적용력, 비판력, 창의력에 관련된 사고 활동을 장려하는 교육 과정을 실천해야 한다. 이와 관련하여 교사들은 지식, 이해, 적용, 분석, 종합, 평가로 구분되는 블룸(Bloom, 1956)의 인지 목표 분류를 참고할 수 있고, 고등 사고 기능을 교육 과정에 신중하게 통합해내야 한다. 고등 사고 기능 가운데 비판적 사고력은 논리적이고 반성적인 것으로 무엇을 믿고 무엇을 할 것인가를 결정하는데 초점을 둔다(Struck, 2003). 비판적 사고력은 세 가지 단계를 갖는다. 사고를 분석하는 능력, 사고를 평가하는 능력, 그리고 사고를 개선하는 능력이 그것이다(Paul & Elder, 2001). 따라서 학생이 비판적으로 사고한다면 그는 분석하고, 평가하고, 창의적인 상태로 나아가는 것이다.

또한 영재학생들은 갈등 상황에 초점을 둔 토론과 같이 복잡한 언어적 응답을 요구하는 활동을 선호한다(Shore 외, 1991). 높은 수준의 주제, 쟁점 및 문제 거리를 탐색하는 토론은 비판력을 기르는 수업과 더불어 영재학생들에게 중요한 수업 요건이 된다. 예를 들어 쓰레기 매립장을 마을 인근에 설치하는 문제로 토론 학습을 진행한다면, 학생들은 토론에 관련된 여러 정보를 수집 분석하고 평가하고 대안을 찾아내는 비판적 과정에 참여하게 된다.

11.2.3 영재성과 재능 발현을 위한 기회 제공자

교내외에서 이루어지는 각종 대회나 발표회는 영재학생들이 그들의 재능을 발휘할 수 있게 하는 좋은 기회임과 동시에 재능 계발을 위한 촉진제가 된다. 각종 글쓰기 대회, 수학 경시 대회, 과학 실험 경연 대회, 발명품 전시회, 학예 발표회, 전시회 등은 여러 학교에서 매년 이루어지고 있고 이는 영재학생들의 발굴과 재능 발현의 기회로 활용된다. 이러한 대회를 지나친 경쟁심 조장으로 보는 것은 편협된 시각이다.

블룸(Bloom, 1985)의 어린 학생들의 재능 발달에 대한 종단적 연구는 재능 분야에서의 탁월성을 나타내는 요건의 하나는 그 학생이 전시회나 대회와 같이 자신의 진보에 대한 능력 평가 기회를 자주 가질 수 있느냐에 달려 있다는 점을 보여준다.

재능을 갖고 있는 학생에게 각종 교내외 대회나 발표회 참여를 권장하고, 영재교육을 시행하고 있는 각급 학교에서는 영재성과 재능 표출의 기회로 이러한 행사를 마련해주는 것이 좋다. 영재교육 프로그램은 이러한 교육 프로그램을 기획하는 단계에서 프로그램의 활동 내용과 특색을 살린 재능 발표회나 대회를 준비하는 것이 권장된다.

11.2.4 심화와 속진에 관련된 다양한 기법 개발자

영재학생의 교육은 다른 무엇보다 학습에서 나타내는 일반 학생과의 차이에서 비롯되는 것이다. 그러한 전형적인 차이는 빠르게 학습하는 능력, 문제를 더 쉽게 발견하고, 해결하고, 적용하는 능력, 쉽게 추상적 개념을 조작하고 관련짓는 능력에서 찾을 수 있다(Keating, 1976; Gallagher, 1985; Sternberg, 1985). 교과 내용을 학생들에게 전달하는 과정에서 영재학생들의 이러한 특성이 고려되어야 한다. 영재학생의 속진과 심화에 관련된 수업 기법을 몇 가지 살펴보면 다음과 같다(우동하, 2004).

〈표 11-2〉 영재학생의 속진과 심화에 관련된 수업 기법

수업 형태	주요 특성
수업 속진	영재학생이 지적·학문적으로 상당히 빨리 배워나가는 데 맞게 학습 내용을 제시하여 빨리 진보해 나가게 한다.
경쟁 기회	학생들은 자신이 배운 지식과 기능을 활용하여 각종 대회에 참가하게 한다.
발견 학습	학생들은 자율적 탐구 활동 또는 문제해결 활동을 통하여 스스로 정보와 답을 찾는다.

토론	학생들은 학급 전체 또는 소집단별로 토론함으로써 학습한 정보를 복습하게 되며, 특히 개념화 및 일반화에 관련한 질문이 포함될 때 영재학생들에게 적합하다.
융통성 있는 프로젝트	학생들은 학습 경험과 그에 적합한 산출이나 성취를 이루어내기 위해 시간을 더 늘리거나 줄일 수 있다.
융통성 있는 과제	학생들은 산출물이나 성취의 요구 조건과 기준을 교사와 협의하여 조정할 수 있다.
집단 프로젝트	학생들은 집단을 편성하여 교사가 정해주거나 각 집단에 선택한 주제를 함께 해결하며, 학습에서 요구하는 전통적이거나 비전통적인 산출물을 개발하기 위해 노력한다.
고등 사고 기능 활용	학생들은 보다 높은 고등 사고 기능(적용, 분석, 종합, 평가 등)을 활용하도록 격려받는다.
독립적 연구	특정 주제를 스스로 연구하며, 요구되는 학습을 증명하기 위해 전통적, 비전통적 산출물을 개발하게 한다.
탐구	학생들은 학습한 것에 관하여 새로운 개념을 배우고, 결론을 이끌어내고, 일반화하기 위해 교사가 안내하는 질문에 답한다.
학습 계약	학생은 무엇을 어느 정도 배우고 산출 결과를 언제까지 제출할 것인지 교사와 함께 개별적으로 협의하여 결정한다.
일대일 지도	학생들에게 특정 주제에 있어서의 전문적 능력을 개발시켜주기 위해 특별 교사나 다른 내용 전문가를 배정해준다.
개방적 창의적 사고	학생들은 브레인스토밍들을 통해 단일의 아이디어, 답 또는 해결책을 산출하기 위하여 확산적으로 생각하도록 격려받는다.
동료 지도	학생들은 한 명 이상의 학생과 짝을 지어 학습 할 주제를 아직 숙달하지 못한 다른 학생을 돕는다.
개별 목표 설정	학생들은 각자 자신의 목표를 확인하고 그 목표 달성을 위한 시간과 활동의 순서를 결정하는 방법을 배운다.
문제 기반 학습	학생들은 구조화되지 않은 문제나 과제를 부여받고, 그것을 해결하고 완수하기 위한 방법을 발견하도록 요구받는다.
프로그램 수업	학생들은 일련의 자율 학습자료를 통해 자기 진도로 학습해 나가며, 관련된 시험 문제를 해결해 나간다.
증명과 추론	학생들은 증거나 증명으로 자신들의 논쟁과 결론을 뒷받침하도록 요구하는 수업을 전개한다.
시뮬레이션	상황이나 시나리오에 따라 역할 연극을 하면서 이전 학습을 적용하고 제시된 문제나 상황에 대한 해결 방법을 찾아낸다.
교수 게임	학생들은 앞서 배운 것을 복습하거나 새로운 정보를 배우기 위해 경쟁적이거나 비경쟁적인 게임에 참가한다.

11.3 영재의 특성에 적합한 지도방법 제시

학생들은 학습이 도전감을 불러일으키고 성공을 경험하게 해줄 때 가장 잘 배우게 된다. 영재학생의 수업은 그들의 능력에 맞게 차별화 되어야 한다(Feldhusen, 1998). 일반적으로 교육 과정은 학생들이 학년 수준에서 근접 발달 권역에 있다는 것을 전제로 조직된다(Vygotsky, 1978). 교육과정 차별화는 영재학생들이 나타내 보이는 학습 특성의 차이에 기반을 두고 적합한 지도내용과 방법을 마련하는 과정이다. 밴테셀 바스카(VanTassel-Baska, 1998)는 교사들이 교육 과정의 구성에 있어서 다음 사항을 고려할 것을 제안하고 있다.

〈표 11-2〉 영재학생의 행동 특성에 따른 지도 방법

행동 특성	지도 방법
• 폭넓은 독서 수준	• 수준에 맞는 읽기 자료를 개별화하여 제시, 능력에 따른 독서 집단 편성, 독서 토론 활동과 독서 자료에 대한 분석과 해석을 중심으로 한 활동을 준비한다.
• 다양한 어휘력	• 외국어를 도입하거나, 어휘 구성에 중점을 두고, 반대말, 유의어 등 단어의 관계 기능 함양에 노력한다.
• 듣고 읽는 것에 대한 좋은 기억력	• 학급에서 주제에 대한 자신의 아이디어를 발표하게 하고, 결과 산출에 있어서 촌극이나 연극을 준비하게 한다.
• 호기심과 질문	• 과학적 방법에 대한 이해력과 관찰 기능 개발에 중점을 둔다.
• 독립적 연구 태도	• 독립적 프로젝트 연구에 초점을 두고, 일을 조직하는 기능이나 연구하는 기능을 주로 가르친다.
• 장기간의 집중력	• 장기적인 연구 과제를 제시하고, 독서, 토론, 프로젝트 연구를 위한 복잡한 주제를 도입해 준다.
• 복잡한 사고력과 아이디어	• 비판적 사고력(분석, 종합, 평가)에 관련한 학습과, 글쓰기 기능의 개발에 초점을 둔다.
• 다양한 주제에 관한 폭넓은 이해	• 폭넓은 독서 방식을 자극하고, 현재의 관심을 반영하는 연구 단원을 마련해준다.
• 우수한 판단력과 논리	• 학급을 위한 현장 학습 계획 및 학예회 계획 등을 자율적으로 주도하도록 지도한다.
• 관련성 및 의미의 이해	• 여러 교과를 통합한 경험을 제공하고, 학생들이 특별 집단, 개인 프로젝트 등을 통해 연구해 나갈 수 있도록 해준다.
• 독창적이고 색다른 산출	• 유창성, 융통성, 정교성, 독창성의 기능을 실천해볼 수 있는 활동과 특별한 산출물의 개발하는 활동을 마련한다.

1) 교육과정 차별화 원리와 방법

영재학생을 위해 교육 과정 차별화를 시도하는 방법에 있어서 미국영재교육 과정 위원회에서 제시하는 원리를 소개하면 다음과 같다(Clark, 1997, p. 393-394에서 재인용).

- 광범위한 쟁점, 주제 또는 문제에 관련된 내용을 제시한다.
- 학습 영역에 있어서 여러 원리를 동시에 통합시킨다.
- 포괄적이고, 관련되고, 상호 강화를 주는 경험을 제시한다.
- 학습 영역 안에서 자기가 선택한 주제의 학습 깊이를 허용한다.
- 독립적이고, 자기주도적인 학습 기능을 개발한다.
- 생산적이고, 복잡하고, 추상적인 높은 사고 기능을 개발한다.
- 개방형 과제에 초점을 둔다.
- 연구 기능과 방법을 개발한다.
- 기본 기능과 높은 수준의 사고 기능을 교육 과정에 통합시킨다.
- 기존 아이디어에 도전감을 주고 새로운 아이디어를 격려한다.
- 다양한 기법, 자료, 방법을 활용하는 결과의 개발을 격려한다.
- 자신의 능력을 인식하고 활용하며, 자신과 다른 사람간의 좋은 점과 차이점을 감사하게 여기는 자기 이해의 개발을 격려한다.
- 학생의 능력에 맞는 기준, 또는 표준화 도구 등을 활용하여 학생의 산출을 평가한다.

학생들을 위하여 교육 과정을 차별화하여 제시할 때, 내용, 과정, 개념에 있어서 보다 높은 기대 수준에 맞게 교육 과정을 적합화하고 조정하는 노력이 필요하다. 차별화의 방법으로는 영재들의 높은 학습 능력 수준에 맞게 나이 보다 수준이 높고 깊이 있는 교육 과정을 제시하는 방법이 있다.

다음으로 수업 전략의 선택에 있어서 차별화를 기할 수 있다. 수업 전략은 전달되는 교육 과정의 성격과 수준에 밀접히 연관되어 있다. 창의적인 발문이나 끝이 열린 활동 등 고등 사고를 자극하는 창의적인 수업 전략에 대한 신중한 선택이 필요하다는 것이다.

또한 차별화된 자료 선택이 필요하다. 학습자료는 교실에서 실제적인 교육 과정을 구성하는 하나의 요소가 되지만 대부분의 기본적 자료가 영재학생에게 도전감을 주기에는 적합하지 않다고 한다. 영재학생을 위한 프로젝트 활동은 보다 신중히 차별화되어야 하고 창의적인 준거에 부합하여야 한다는 것이다(VanTassel-Baska, 2003a; Johnson, Boyce, & VanTassel-Baska, 1995).

차별화(differentiation)는 일반 학급 교육 과정을 각 학생의 개별적 필요에 맞게 맞추어나가는 과정이다. 영재학생들의 학습 특성에 맞게 학습자료를 제시하고, 능력에 맞는 진도를 허용하고, 교재의 난이 수준을 조정하는 것이 핵심이다. 교육 과정의 차별화는 내용, 과정, 그리고 산출의 관점에서 설명될 수 있다(Walker, 2002).

가) 내용의 차별화

교육 과정 내에서 상이한 학습 활동과 자료를 제공하는 방법으로, 이야기를 읽고 생각과 느낌을 표현하게 하는 수업 활동에서 교과서에 제시된 공통 읽기 자료를 제시하지 않고 해당 학생의 수준에 맞는 상이한 읽을 거리를 선택할 수도 있다. 교사는 교과 내용이나 수업 자료를 보다 추상화, 복잡화, 다양화, 조직화 시켜 제공함으로서 영재학생의 학습 의욕을 높여줄 수 있다. 사회과에서 도시에서의 생활에 대해 공부할 때, 기본 수준의 개념을 모두 이해한 학생에게는 자기 고장이나 특정 도시의 문제점을 찾고 바람직한 개발 계획을 수립하는 과제를 제시함으로써 학습에 도전감을 줄 수 있다.

나) 과정의 차별화

영재학생에게는 다른 학생보다 심도 있는 학습 활동 과정을 제시하는 것으로 동일한 읽기 자료를 제시하더라도 다른 학생들보다 난이도가 높은 활동 과정을 추가하여 주는 방법이다. 글을 읽고 생각과 느낌을 표현하는 수업 활동의 경우 자신이 직접 이야기의 주인공이나 글쓴이의 입장에서 과제를 해결할 수도 있다. 과정의 개별화에 있어서 보다 높은 수준의 사고 기능을 자극하는 목표가 영재학생에게 요구된다.

다) 산출의 차별화

영재학생들은 자신들이 학습 한 것을 다양한 방식으로 제시할 수 있다. 글로 쓰거나 시험으로 이러한 학습 결과를 제시하도록 요구하기 보다 연설, 토론, 일기, 논문, 시, 그림, 모형, 비디오, 슬라이드, 작품 등을 통해 나타낼 수 있도록 하는 것이 좋다. 글을 읽고 생각과 느낌을 표현하는 수업 활동의 경우 자신이 글에서 얻은 생각과 느낌을 무언극, 촌극, 그림, 편지, 일기 등의 방식으로 표현하고 발표할 수도 있다. 영재학생을 위한 차별화된 과제 제시는 이러한 내용, 과정, 산출에 관련된 개별화와 더불어 속진, 복잡성, 그리고 참신성을 고려한 차별화가 함께 고려되어야 한다(Smutny, 2001).

라) 속진을 통한 차별화

영재학생은 그 학급의 다른 학생보다 앞서 나가도록 진도를 허용한다. 한 차시의 수학 과제를 보다 일찍 끝낸 경우 남은 시간을 통해 자유 선택 과제를 마련하여 해결하게 한다.

마) 복잡성을 통한 차별화

복잡성을 높인 활동을 위해서 사건과 현상 사이의 관계를 탐색하도록 자극하고, 문제해결에 대한 상이한 관점과 접근 방법을 사용하게 한다.

바) 참신성을 통한 차별화

교과 활동과 관련된 색다른 독립적인 프로젝트를 수행하게 하고 교과 시간에 주어진 과제와는 별도로 자신의 능력에 맞게 진행하도록 한다.

2) 차별화 수업의 일반 지침

이러한 원리에 근거한 차별화 수업 지침을 제시하면 다음과 같다(Feldhusen, 1989).

- 기본 기능 영역에 있어서 성취 수준을 자주 평가한다.
- 개별 진도를 허용하는 여러 개별화 수업 자료를 광범위하게 사용한다.
- 학생 개인을 위한 교육 계획(IEP)이 마련되어야 한다.
- 학생들이 스스로 접근할 수 있는 수업 자료와 학습 센터가 필요하다.
- 각 학생을 자세히 살필 수 있도록 활동 기록을 유지해야 한다.
- 학생의 자율적이고 자기주도적인 학습을 강조해야 한다.
- 학생들 사이에서 협동 학습을 장려하는 자석 배치와 능력별 집단 편성이 필요하다.

차별화된 교육과정을 적용할 수 있는 일반적인 차별화 수업의 방법을 종합적으로 정리하면 다음과 같다(우동하, 2004).

- 교육 과정은 교과 내용의 습득, 기능의 숙달, 결과의 산출, 그리고 자신, 타인 및 환경과 관련된 태도의 개발 등에 관련된 특별한 기대들을 포함하여 계획하고 계열성 있게 조직되어야 한다.
- 교육 과정의 구조 안에서 교과 내용, 기능, 산출, 자기 이해가 상호 의존적이 되도록 구성한다.
- 계속적 진보를 통해 보다 단시간에 학습 경험을 숙달시켜나가고, 학생의 나이와 학년 수준보다 높은 교육 과정을 제시하며, 이미 학습한 내용은 학생의 관심, 능력, 요구에 적합한 다른 교육 과정으로 대체시킨다.
- 개인적 관심, 요구, 능력, 학습 선호도 측면을 고려하며, 개인차와 자기 선택이 가능하도록 조직되어야 한다.
- 기존의 지식을 재개념화하고, 다양한 관점에서 사물을 인식하며, 새로운 목적과 방식으로 정보를 활용할 수 있는 학습 기회를 제공해야 한다.
- 사회적 쟁점이나 문제를 학생들에게 제시하고 그것을 분석하고, 명료화하고, 반응하는데 있어서 개인적이고 사회적인 자료를 적용하는 학습 경험을 제공한다.
- 독특한 산출과 생산적 사고 전략을 자극하고, 복잡한 사고 과정 개발을 촉진하는 학습 경험을 포함시킨다. 모든 학습 경험을 통합하는 부분으로 고등 사고 기능을 가르쳐야 한다.
- 학생들의 지도력과 친교 기능, 그리고 다양한 의사소통 기능과 전략을 실천해볼 수 있는 기회를 제공한다.

3) 교육과정 압축(Curriculum Compacting)의 방법

'압축(Compacting)'이라는 용어는 1978년 렌쥴리와 스미스에 의해 정의되었다(Renzulli & Smith, 1978). 압축은 사전 검사를 통해 정상 교육 과정에서의 특정 교과 영역에 있어서 영재학생이 이미 알고 있는 부분을 제거하고 학생의 능력에 적합하고 도전감을 주는 대체 활동을 제공함으로써 교육 과정을 능률화하고 심화시키는 것이다. 대체 경험으로는 영재학생의 지적 수준을 자극하는 심화 경험, 소집단 또는 개인 연구 활동, 자기주도적 학습 활동 등이 포함된다.

월반 및 과목 속진은 대상의 학생들에게 어떤 특별 교육 프로그램을 사전에 적용하지는 않고 다만 속진을 시행할 만한 정도의 실력을 이미 갖추고 있는 학생들을 가려내어 이들에게 상급 학년의 교육 과정을 일부 과목 또는 전 과목에 실시하는 것인데 반하여, 교육 과정 압축은 동급생들보다 빠른 속도로 교육 과정을 이수할 수 있는 학생들을 선별하여 단축된 시간 안에 정규 교육 과정을 이수하게 하는 것이다. 월반과 과목 속진은 학생들을 선별해 내어 학생의 수준에 맞는 교육 프로그램에 배치하는 보다 행정적인 절차인 반면, 교육 과정 압축의 방법은 보다 적극적으로 학생의 교육에 관여하는 것이라고 할 수 있다. 교육 과정 압축은 학년 단축(grade telescoping)과 같은 개념으로 사용되기도 한다(Strip, 2000).

교육 과정 압축은 학년 단축을 위해 기본적으로 요구되는 심화되고 차별화된 교육 과정을 재구성해내는 일이지만, 학년 단축과 같은 속진을 시행하지 않더라도 영재학생에게 불필요하고 중복된 경험을 제거한 심화된 교육 프로그램을 제공하기 위한 방법으로서 중요성을 갖는다. 학년 속진이나 과목 속진을 적용하는데 있어서도 교육 과정 압축을 병행해야 하는 경우가 많다. 어떤 중학생을 1학년에서 3학년으로 속진 시키고자 하는 경우, 이 속진 대상 학생에게 중학교 2학년 교육 과정을 압축하여 단 기일에 이수시키는 과정이 필요하다.

교육 과정을 압축하기 위해서는 다음과 같은 진단과 처방의 몇 가지 단계가 성공적으로 수행되어야 한다(Rogers, 2002).

- 특정 주제나 영역에서 학생이 필수적으로 학습하여 이해하고 있어야 할 것을 확인한다.
- 필수적인 학습 요소에 대한 사전 검사를 개발한다. 검사 방법은 객관식 지필 평가뿐만 아니라, 주제에 대한 토론과 브레인스토밍, 수행 평가, 실기 평가 등의 방법이 활용될 수 있다.
- 학생이 필수 학습 요소를 성취했다는 수락 준거를 설정한다. 경우에 따라 85%가 그 준거로 설정될 수도 있다.
- 숙달된 학습 내용을 제거하고 학생의 능력 수준을 고려한 대체 학습 경험으로 교육 과정을 구성한다.

일반적으로 권장되는 교육 과정을 압축하는 단계를 소개하면 다음과 같다(Reis, Burns, & Renzulli, 1992).

- 1단계: 교과 및 학년 수준과 관련된 학습 목표의 선정
  압축을 위한 첫 단계로 학년 교육 과정에서 압축을 시도할 교육 과정 내용과 학습 목표를 선정한다.
- 2단계: 학습 목표에 대한 사전 검사의 방법을 정한다.
  학생들이 갖고 있는 학습 능력을 알아보기 위한 진단 평가로서 학생이 어떤 목표에 도달되어 있으며, 어떤 목표를 달성하지 못했는지를 파악하고, 목표를 향한 학생의 진보에 있어 장애가 되는 문제를 파악한다. 여기에는 준거 지향적인 지필 검사나 학생 작품, 관찰법, 포트폴리오, 면접법 등을 포함한 수행 평가 방식이 활용될 수 있다.
- 3단계: 사전 검사를 거치게 될 학생을 선발한다.
  이 단계에서 교사는 먼저 학생의 특별한 강점을 확인해야 한다. 이 과정을 통해 학생들은 그들이 교육 과정에 있어서 강점을 지닌 부분에 대해서는 압축을 통해 진보해 나갈 수 있는 근거를 갖게 된다. 학업 성적, 표준화 검사 점수, 학급에서의 성취, 전 담임 교사의 평가 등이 사전 검사 대상자를 선정하는데 활용될 수 있다. 또한 교사는 과제를 보다 빠르고 정확하게 완수하는 학생이나, 동료보다 읽기 과제를 먼저 끝내고 지루해 하거나, 몽상에 잠기는 학생도 눈 여겨 살펴야 한다.
- 4단계: 학생의 숙달 정도를 파악하기 위해 사전 검사를 실시한다.
  앞서 결정된 사전 검사 방법에 따라 평가하며, 공식적 비공식적으로 이루어질 수 있다. 이러한 평가에서 통과되지 않거나 점수가 낮은 것이 낮은 성취를 의미하는 것이 아님을 학생에게 이해시키고, 어떤 학생이 학습 내용을 이미 숙달하고 있는지를 파악한다. 교육 과정 압축이 필요하다고 판단되는 학생을 일차적으로 선발하여 사전 평가를 실시할 수도 있으나 경우에 따라서 학급의 모든 학생에게 시행할 수도 있다.
- 5단계: 학습 목표의 숙달을 나타내는 학생에 대한 수업 계획 수립
  학습 목표에 대한 숙달을 나타낸 학생들은 심화나 속진을 위한 활동에 참가하도록 허용되어야 한다. 이들에게는 새롭고 도전적일 뿐만 아니라, 그들의 학습 능력에 잘 맞추어진 학습 내용이 수업 시간에 제공되어야 한다. 예를 들어, 주어진 단원에서 3개 또는 4개의 학습 목표를 이미 숙달한 학생이 있다면 그 학생은 그러한 목표에 해당하는 수업 활동은 불필요하고 따라서 그러한 활동에 참가하는 대신 별도의 대체 학습 경험을 제공해줄 필요가 있다. 이 단계에서는 이러한 대체 학습 경험의 종류와 방법을 결정하고 계획을 수립하게 된다.

- 6단계: 소집단 활동이나 개별 학습 기회를 제공한다.
  모든 목표를 숙달하지는 못하였지만 학급의 다른 학생보다는 빨리 학습할 수 있는 학생들이 있다. 이들을 돕는 방법은 학급의 다른 학생들과 함께 동일한 내용을 공부하면서 내용이 압축된 자료를 선별하여 제공해주는 방법이다. 이는 소집단 학습이나 개별 학습을 통해서도 제공될 수 있다.
- 7단계: 압축 대상 학생에게 대안적 학습 활동을 실행한다.
  교육 과정이 압축된 학생들에게는 심화와 속진을 제공하기 위한 별도의 대안적인 활동이 제시되어야 한다. 여기에는 높은 개념에 기초한 속진 교육 과정의 제공, 보다 도전적인 학습 내용의 제시, 학급 활동에서 개별화된 교육 과정과 학습 방식의 허용, 학습 계약이나 경영 계획을 활용한 개별화 또는 소집단 프로젝트를 시행, 취미 및 학습 센터 활용, 자기주도적 학습 기회 제공, 특정 연구 주제나 관심사에 대한 미니코스 제공, 앞선 내용의 학습을 안내해줄 개인 교사의 활용 및 독립적 학습 활용, 그리고 창의적인 글쓰기나 비판적 사고력 훈련과 같은 자기주도적인 단원이나 과제 제시 등을 포함한다.
- 8단계: 교육 과정 압축과 압축 대상 학생의 수업 사항 기록
  모든 차별화된 교육 프로그램은 학생의 학업 상황에 대한 기록이 필요하다. 모든 학생이 동일한 진도에 따라 수업이 진행되는 일반 교실과는 달리, 압축된 교육 과정을 제공하는 학급의 교사는 상이한 수준에서 상이한 교육 과정에 따라 공부하는 학생을 가지게 된다. 따라서 이들에 대한 기록의 유지는 시간이 많이 걸릴 수 있지만 필수적인 사항이다. 계속적인 학생의 지도에 필요한 기록 사항은 주로 검사 점수나 성취를 통해 검증된 학생의 우수한 영역, 숙달 정도를 파악하고 제거될 학습 목표를 파악하기 위해 실시한 사전 검사, 그리고 추천된 속진 및 심화 활동에 대한 사항이 기재되어야 한다. 이를 위해 영재학생을 위한 개별 교육 계획이 활용될 수 있다.

영재학생들에게 사전 검사를 거쳐 교육 과정 압축을 실행함으로써, 전체 학생의 10~15%에 해당하는 영재학생들이 학습 결손 없이 언어와 수학 영역에서 약 40%~50% 정도의 교육 과정 간략화의 효과를 거두었으며, 매우 명석한 영재학생들의 경우 해당 학년 교육 과정을 최대 80%까지 줄일 수 있었다고 한다(Purcell, 1993; Reis, Burns, & Renzulli, 1992; Rogers, 2003). 이는 일반 학생을 위한 정규 교육 과정이 영재학생들에게 매우 느슨하여 도전감을 주기 어려울 수 있다는 점과 교육 과정의 압축과 개별화를 통한 재구성이 매우 중요함을 인식시켜 준다.

교육 과정 압축은 현재 실시되고 있는 수준별 교육 과정 운영과 관련하여 일반 학급에서의 영재학생의 지도에 좋은 시사점을 준다. 학생들의 수준차가 현저한 교과를 대상으로 영재학

생들에게는 심화된 교육 과정을 제공하거나, 학습 내용과 과정에서 보다 높은 도전감과 성취감을 얻을 수 있는 기회를 제공할 수 있다.

한편 영재학생은 교육 과정 압축에 따라 모든 교과목의 교육 과정을 조기에 이수하게 됨으로써 학년 단축을 이루어 나갈 수 있다. 이는 또한 상급 학년에 대한 조기 입학으로 이어진다. 교육 과정 압축과 학년 단축은 영재학생이 자신의 진도 수준에 맞추어 개별적으로 공부해 나가는 경험을 확대하게 한다. 이수해야 할 과목에 대하여 도서관에서 자율적으로 과제를 해결하거나, 교실을 옮겨 다니며 수업을 듣거나, 특정 영역의 전문가에게 함께 공부하는 등 여러 가지 방법으로 과정을 이수할 수도 있다.

11.4 영재학급에서의 집단 편성 방법

11.4.1 일반 학급에서의 집단 편성

영재학급이 별도로 편성되지 않은 경우, 학급내에서의 학생 중에서 영재 집단 편성은 중핵 교육 과정 단위로 학습 집단을 편성·운영할 수 있다. 이 경우 교사가 적용할 수 있는 방법은 진단 평가, 집단군 편성, 추수 교육 과정 조정의 3단계로 요약된다(VanTassel-Baska & Sher, 2003).

- 단계 1: 진단 평가
  읽기와 수학과 같은 중핵 영역에 있어서 앞선 능력을 가진 것으로 판단되는 학생에 대해 효율적인 평가를 실시하는 것은 매우 핵심적인 전략이다. 이를 위한 진단 평가는 전년도 학업 성취도 평가 자료 및 기타 평가 기록들에 의해 이루어질 수 있다. 의사 결정을 위해 다양한 자료를 활용하는 것은 매우 중요하며, 학기말 평가 자료, 별도로 마련된 진단 평가 도구, 단원 평가 등도 진단 평가 자료에 포함될 수 있다.
- 단계 2: 집단군 편성
  추수 수업을 위한 조정은 진단 평가 결과에 기초하여 이루어진다. 진단 평가 결과 약 10%에 해당되는 학생은 진보된 수업을 위해 집단군(cluster grouping)으로 편성된다. 이들은 2명 내지 5명이 될 수도 있다. 만일 학급에서 해당 학생이 많지 않으면 앞에서 집단군 편성 방법에서 제시한 것처럼 동학년의 다른 학급 학생이나 읽기 및 수학 영역에서 한 단계 높은 학년의 학생과 함께 편성될 수도 있다. 지적인 동료와 함께 공부할 수 있음에도 영재학생 혼자 공부하게 하는 것은 적절하지 않다.

• 단계 3. 교육 과정 자료에 대한 조정

속진을 위한 학생 집단에게 교육 과정과 수업 자료에 대한 조정이 필요하다. 이 과정에서 고등 사고 기능을 자극하고 창의적으로 수업을 진행할 수 있도록 교육 과정과 자료를 심화하고 차별화 하기 위한 기술이 요구된다. 높은 능력을 가진 학생을 위한 수학과 읽기의 포괄적 교육 과정 계획의 사례는 다음과 같다.

□ 대상 교과: 수학
□ 대상 집단:
학년 수준보다 1-2개 학년 앞선 능력이 기대되는 학생
□ 교육 과정 조정:
- 학생의 앞선 능력으로 학습 내용과 간격이 발견된 영역에 대해 다음 2개 학년 분량까지 빠른 진도로 진행하여 나간다.
- 진단 결과에 따라 수학 교육 과정 기준을 학생에게 맞게 압축한다.
- 수준에 맞춘 부수적 자료를 활용한다.
- 수학적 조작을 활용한다.
- 구조화된 수학 학습 센터에서 게임이나 퍼즐을 활용한다.

□ 대상 교과: 언어(읽기)
□ 대상 집단:
학년 수준보다 1-3개 학년 앞선 읽기 기능과 이해도가 기대되는 학생
□ 교육 과정 조정:
- 특정 읽기 프로그램에서 독립적인 읽기 프로그램을 진행한다.
- 읽기 결과로 토론하기, 독서 일기 쓰기, 편지 쓰기, 가족 독서 토론회 운영 등 다양한 심화 방식을 제공한다.
- 문제해결 기법에 관련된 자료를 활용한다.
- 국어과의 관련 교육 과정을 압축하여 준다.

진단 평가, 집단군 편성, 그리고 교육 과정에 대한 조정이 여러 교사들의 팀에 의해서 보다 효과적으로 이루어질 수 있다. 이러한 경험은 다음 학년도의 프로그램 실행에 반영되고 개선될 수 있는 체제가 필요하다. 집단군에 학생을 새롭게 추가하거나 제외하는 일은 계속적인 과정이 되어야 한다. 특정 영역을 가르치는데 있어서 기능의 부족이 예상되면 전문적인 기능을 가진 교사나 자원 인사를 활용한다.

〈표 11-4〉 일반 학급 내에서 교육 과정 압축이 유효한 학생

일반 학급 내에서 교육 과정 압축이 유효한 학생	
인지 기능	• 학급 친구에 비하여 높은 성취를 나타낸다. • 사전 검사에서 주제나 영역에 대해 높은 이해 정도를 나타내며, 통과를 위해 설정해둔 기준을 만족시킨다.
성격 특성	• 독립적인 학습 태도를 보인다. • 강한 성취 동기를 갖고 있다. • 주어진 과제에 집중하고 끈기 있게 해결하고자 한다. • 사고와 행동에 있어서 자율적이다.
학습 성향	• 도전적인 것을 학습하고자 한다. • 개별, 소집단 프로젝트를 선호한다. • 자기주도적 학습 성향으로 정보를 빨리 처리한다. • 기능 훈련과 암송, 대집단 학습을 싫어한다.
관심거리	• 압축할 교과에 대하여 관심을 나타내며, 일상적 학습 과제에 지루함을 갖고 있다. • 폭넓은 학업적 관심 분야를 갖고 있다.

11.4.2 무학년제 학급(Non Graded Classes)

무학년제 학급은 학년 단위나 연령에 이해 집단을 편성하지 않고, 학생들의 성취 수준에 따라 학급을 편성하여 운영하는 방법이다. 이 방법이 적용되려면 영재학생 집단만이 아닌 학교 전체적인 프로그램 실행이 요구되지만, 영재학생뿐만 아니라 전체 학생들이 능력별로 집단 구성을 하여 학습하는 것이 더 이로울 수 있다. 이는 계속적 이행(continuous progress), 교차 연령 집단(cross-age grouping), 혼합 연령 집단(multi-age classes) 등으로 불리기도 한다(Rogers, 2002). 교수 목표 또는 교과 단원의 자료를 분화시킴으로써 학생이 자신의 능력에 따라 보조를 맞추도록 진행된다. 교육 과정이 보다 유동적이며, 그래서 학년에 따른 수준에 덜 속박된다. 일반 학생은 정규 교육 과정을 3년만에 학과목을 이수해야 할 경우 영재학생은 이를 단축하여 2년만에 끝낼 수도 있다.

무학년제 학급은 상이한 연령의 학생들이 여러 가지 다양한 과제를 소집단 및 개별적으로 수행하게 되며, 교사는 학생들의 질문이 제기됨에 따라 학생간, 집단간 이동하며 지도해준다. 그러나 각각 교육 과정이 각기 다른 부분에서 공부하게 된다. 학생들이 교육 과정에 있어 동일한 위치에 있게 될 때는 소집단을 구성하여 진행하기도 한다.

무학년제에서의 교사의 주된 임무는 새로운 개념, 아이디어, 기능을 각 학생들에게 도입시키고, 학생들이 새로운 정보를 적용하도록 실천 과제를 제공하며, 학생의 진전도를 평가하게 된다. 진도는 매우 융통성 있게 운영되며, 이미 기본 개념 등에 대한 숙달이 된 경우는 다른 학생에 비하여 앞서 나가고 그렇지 못하면 느리게 진보해 나갈 수도 있다. 예를 들어, 계열성이 뚜렷한 수학 영역에서 영재 학급을 무학년제로 운영할 경우 초등학교의 전과정을 하나의 계열로 순서화하여 각 학생들이 능력에 맞게 개념 형성이 제대로 되지 않은 영역에서는 시간을 더 많이 활용하고, 이미 많은 숙달 정도를 보인 영역에서는 빠른 진보를 이루어나가게 된다.

11.4.3 복식 학년 영재 학급의 운영(Multi-Grade Class)

학년당 학생수가 많지 않은 학교나 분교장에서 복식 학급을 운영하는 경우가 많다. 일반 학교나 분교장의 복식 학급은 능력별 집단이 아니라 이질 집단으로 구성되지만 복식 영재 학급의 경우는 높은 학업 성취 능력에 기초하여 집단이 편성된다. 복식 영재 학급의 학생 선발은 주로 낮은 학년의 학생 가운데 우수한 학생을 매년 선발하여 충원하게 된다. 또한 해당 집단에서 2개 학년의 정규 교육 과정의 요건을 한 해 동안 모두 충족시켰을 경우에는 학년 속진을 고려할 수 있다. 만일 해당 학급에서 그 다음 한 학년을 더 공부하게 될 경우, 학습에 도전감을 갖고 동기를 지속시킬 수 있도록 교육 과정을 심화 확대하는 노력이 필요하다.

영재학생들을 하나의 영재 학급으로 편성하는 경우는 영재학생의 수가 적거나 지도 교사 확보 등으로 단일 학년의 전일제 영재 학급을 편성하기 어려운 때 가능한 방법이다. 1개 학년 이상의 교육 과정을 다루어야 한다는 점에서 심화된 교육 과정 구성에 어려움이 예상된다.

일반적으로 복식 학년 영재 학급의 운영에 있어서 두 해 동안 영재학생이 동일 학급에서 생활하게 된다는 점이 불이익으로 작용할 수 있다고 생각할 수 있다. 그러나 복식 영재 학급이 단일 학년 학급에 비하여 인지적이거나 비인지적 측면에서 차이가 없다고 한다(Veenman, 1995).

11.4.3 동시 등록(Concurrent Enrollment)

동시 등록은 '이중 등록(dual enrollment)'이라고 불리기도 한다. 이는 높은 잠재 능력이 있는 학생이 현재 공부하고 있는 학교급별을 넘어서는 보다 상급 학교에 등록을 하여 필요한 학업 진보를 이루어나가는 제도이다. 매일 자신의 정규 학교의 학반에서 공부하면서, 중학교 학생이 고등 학교에 등록하여 일과의 일정 시간을 공부하고, 고등 학교 학생이 대학교에서 일정 시간 공부할 수 있게 하는 방법이다. 이러한 방법은 학교가 서로 인접해 있거나 짧은 시간에 이동할 수 있을 때 가능하다. 고등학교에서 이수한 대학의 학점은 대학 생활에서 인정받게 되며 조기 졸업으로 이어질 수 있다. 동시 등록에 대한 연구 결과는 이 프로그램의 혜택을 받은 학생들의 학업 성과가 긍정적이었으며, 두 학교에 걸쳐 학습하는데 따른 사회적 기능은 별로 문제되지 않는다는 것이다(Rogers, 2002).

11.4.4 영재 특별 학급(Self-Contained Classes)

영재 특별 학급은 영재학생만으로 학급을 편성하여 전일제로 운영된다. 영재 특별 학급은 일반 학급과는 달리 별도의 심화된 교육 과정에 의해 수업하게 되며, 학교 단위 또는 지역 중심지 학교 단위로 운영될 수도 있다.

영재학생은 다른 어떤 교육적 프로그램보다 영재학생만으로 구성된 전일제 영재 학급 교실에서 더 잘 배울 수 있다. 펠드휴슨(Feldhusen, 1989)은 일반 학급의 영재학생을 따로 모아 특정 교과 시간에만 시간제로 운영되는 영재교육 프로그램은 학생들의 학습 의욕을 충족시키지 못하는 경우가 많으므로, 영재학생들만으로 이루어진 특별 학급을 강조하고 있다. 영재학생들만을 위한 전일제 영재 학급은 학생들의 동기, 태도, 성취에 있어서 매우 긍정적인 효과가 있는 것으로 보고되고 있다. 펠드휴슨(Feldhusen, 1998)은 전일제 특별 영재 학급은 매우 우수한 영재학생들에게 가장 적합하며, 영재 상호간의 학습 활동에서 서로 도움을 얻는다고 했다. 쿨릭(Kulik, 1989)은 전일제 영재 학급(영재학교 포함)의 학생들은 일반 학생과 함께 편성되어 공부하는 같은 수준의 영재학생들에 비하여 학업 성취상에 긍정적인 효과를 거둔다는 결과를 제시하였다. 그의 연구는 초등학교의 전일제 영재 학급의 학생의 경우 학업 성취에 있어서 거의 반년 정도 앞서며, 중학교의 전일제 영재 학급은 1/3 정도 앞서는 진보를 나타냈음을 보고하였다.

우리의 초등학교의 경우 학넌당 학급수가 많은 학교에서는 학년의 한 학급을 영재만으로 편성 운영할 수도 있으며, 별로 학급 수가 많지 않은 경우 2개 학년에 걸쳐 복식 영재 학급을 편성하는 방법도 고려할 수 있다. 그러나 이는 한때 우열반 편성에 따른 부작용을 반복하게 할 가능성도 없지 않다. 영재학생만으로 구성된 별도의 학급을 전일제로 운영하는 것은 영재 판별의 신뢰성, 교사 자원, 교육 과정 운영, 시설 및 환경 등 여러 면에서 한계가 있다. 다만 수준별 교육 과정 운영, 방과후 영재 학급 특별 교실 운영, 특별 활동 및 재량 활동을 통한 영재 심화반 운영, 방학중 특별 프로그램 운영 등의 방법이 가능할 것이다.

〈표 11-5〉 전일제 영재 학급에서 도움받을 수 있는 학생

전일제 영재 학급에서 도움받을 수 있는 학생	
인지 기능	• 학년 수준 이상의 성취를 보인다. • 보통 이상의 높은 지적 능력 보인다. • 교육 과정 진도가 너무 느리고 도전감이 없어 욕구 불만을 갖는다.
성격 특성	• 학문적 동기유발이 되어 있다. • 다른 사람에 대하여 수용적이다. • 경쟁 상황을 편안하게 받아들인다. • 지적으로 호기심이 많다.
학습 성향	• 빠른 진도로 학습해 나가고 싶어한다. • 같은 능력의 소집단에서 공부하고 싶어한다. • 도전감 있는 학습 과제를 선호한다.
관심거리	• 학업 활동을 좋아하며, 방과후에도 배우는 것을 좋아한다. • 폭넓은 관심 영역을 갖는다. • 다양한 활동에 적극 참여한다.

11.4.5 특별 심화 프로그램(Pull-Out Program)

특별 심화 프로그램이나 자료 교실(gifted resource class)과 같은 개념으로 영재학생들이 평소에는 일반 학급에서 공부하다가 일주일에 몇 번씩 다른 영재학생들과 함께 별도의 집단으로 편성되어 영재교육 프로그램의 지도 능력이 있는 교사로부터 수업을 받게 되는 시간제 프로그램이다. 이들 프로그램에서 이루어지는 수업 시간의 길이는 일주일에 한 시간 이루어지는 경우에서부터 일주일 중 하루 종일 이루어지기까지 다양하다(Rogers, 2002; Walker, 2002).

특별 심화 프로그램과 자료 교실이 효과가 있기 위해서는 단순한 심화 이상으로 밀도 있게

활동 내용이 조직되어야 한다. 보다 높은 고등 사고 기능과 창의적 문제해결력을 적용할 수 있고, 도전적인 학습을 가능하게 하는 내용으로 구성되어야 한다. 교육 과정은 간학문적이고 학생들의 다양한 흥미와 전체적으로 사고하는 능력을 자극하는 광범위한 주제를 다루어야 한다. 따라서 독립적인 탐구 기능과 여러 교과의 지식을 활용한 통합적 학습 기능을 가진 영재학생들에게 효과적이다(Rogers, 2002; Walker, 2002).

특별 심화 프로그램은 교육 과정의 확대 및 심화에 효과적이며, 특별한 주제를 연구하게 하거나 일반 학급에서의 과목을 심층적으로 다룸으로써 교육 과정을 충분히 심화할 수 있다. 또한 영재학생들이 자신의 지적 동료들을 만나서 함께 활동할 수 있고, 정규 학급에서의 생활과 병행한다는 점에서 사회적·정서적 적응상의 문제를 줄일 수 있다. 그러나 특별 심화 학급은 영재학생들이 그들 학교 생활의 대부분을 보내게 되는 일반 학급에서 학업을 시시하게 생각하거나 동기를 잃어버릴 수 있다는 문제가 있다(Feldhusen & Kroll, 1991; Rogers, 2002). 일반 학급에서는 조용하고 활동이 없는 학생이 영재 자료 교실에서는 활발하고 발표에 적극적으로 참여하게 된다고 한다(Strip, 2000). 이는 특별 심화 학급이 학생들의 특별한 학습 경향과 반응에 보다 수용적이고 안전한 곳으로 인식되기 때문이다. 이러한 특별 프로그램이 영재학생들에게 효과적인 도움을 줄 수 있기 위해서는 원적 학급과 프로그램 담당 교사 간의 동반자 의식이 필요하다. 그렇지 않으면, 영재학생들이 원적 학급에서 있지 않은 시간 동안 놓친 부분을 따라잡을 수 없어 불이익을 받을 수도 있다. 원적 학급 담임과 특별 심화반의 지도 교사간의 정보 교류를 통해 정규 학급에서 이루어지는 주요 활동에서 소외되는 일이 없어야 한다.

특별 심화반 운영에 대한 연구는 체계적인 교육 과정의 심화가 이루어지고, 비판적이고 창의적인 사고력 훈련이 전과정을 거쳐 강조될 때, 소기의 성과가 있으며, 학생들의 긍정적인 자존감 형성에 도움이 되지만, 전형적으로 특별 심화반은 단일 목표와 성과를 지향하지 않고 정규 교육 과정과 통합되지 못한 가운데 운영되었다는 비판이 있다. 특별 심화 과정이 학교 교육 과정과 체계적인 관련을 맺지 못하고 여러 가지 잡다한 흥미거리 중심으로 운영됨으로써 비판력과 창의력 등 고등 사고 능력 함양에 효과적이지 못할 수도 있음을 인식할 필요가 있다(Rogers, 2002; Vaughn, Feldhusen, & Asher, 1991). 특별 심화반 형태의 프로그램이 많이 이루어지는 우리의 교육 현장에서는 이 점에 주의를 기울여야 할 것이다.

1980년대 초 미국의 경우, 영재교육프로그램의 80%는 이러한 심화 프로그램 및 영재 자원 교실 형태로 운영되었다(Rogers, 2002). 그러나 일주일에 한두 시간의 짧은 시간을 통해 이루어지는 특별 심화반은 전일제 영재 학급에 비하여 효과적이지 않다는 지적이 있다(Feldhusen, 1989). 일주일에 몇 번의 짧은 프로그램이 영재학생의 대부분의 학교 생활을 설명해줄 수는 없다. 영재학생은 특별 심화반에서만 영재가 아니기 때문이다. 대부분의 시간을 일반 학급에서 보통 학생들과 동일한 내용을 같은 진도로 공부해야 하는 어려움은 여전히 남게된다. 따라서 이러한 프로그램에 참가하는 학생에 대하여 원적 학급의 담임 교사는 교육 과정의 차별화 및 개인 프로젝트 참여 기회 제공에 노력을 기울여야 한다.

<표 11-6> 특별 심화 프로그램으로 도움받을 수 있는 학생

특별 심화 프로그램으로 도움받을 수 있는 학생	
인지 기능	• 특정 영역에 대한 높은 성취 수준을 나타낸다. • 학년 수준에 비하여 높은 학업 성취를 보인다. • 느린 학습 진도를 지루해 한다.
성격 특성	• 강한 학습 동기와 성취 동기를 나타낸다. • 다른 사람에 대해 수용적 태도를 보인다. • 사고와 행동에서 자율적이다.
학습 성향	• 빠른 진도로 배우며, 자율적인 태도를 보인다. • 도전적인 학습 경험을 바란다. • 같은 능력의 소집단에서 학습하기를 바란다.
관심거리	• 학문적 활동을 좋아하고, 지적 활동을 즐긴다. • 폭넓은 관심 영역을 갖는다. • 관심 및 취미 활동에 적극적으로 참여한다.

11.4.6 집단군 편성(Cluster Grouping)

집단군 편성은 한 학급 또는 동학년 전체의 영재학생들을 1개의 집단으로 편성하여 지도하는 방식이다. 대략 5명 내지 8명 정도의 학생 또는 특정 학년의 상위 5%에 해당하는 능력을 가진 학생들로 동질 집단을 편성하는 경우가 많다. 집단군은 주로 영재학생 교육에 대한 연수를 받았거나, 영재학생과 함께 활동하는 것을 좋아하는 교사, 이들 소집단에 대해 수업의 일정 시간을 할애하여 지도할 수 있는 교사가 맡게 된다. 교실의 나머지 학생들은 일반적으로 이질 집단으로 구성되어 정규 교육 과정에 의해 수업을 하게 되며, 집단군으로 편성된 영재학생들에게는 교실의 일반 학생들과는 다른 심화된 과제와 활동이 주어진다(Rogers, 2002). 예를 들어 동학년 학급수가 3개 학급일 경우 동학년 전체에서 영재학생으로 판별된 학생이 7명이라면 이들을 3학급 중에서 특정한 1개 학급에 집중 배치하여 하나의 집단군으로 편성 지도하는 방법이다.

집단군의 지도는 교육 과정의 차별화와 압축을 할 수 있는 교사의 능력을 요구한다

(Walker, 2002). 집단군의 지도는 교사뿐만 아니라 특정 영역의 전문 지도 능력 있는 학부모 자원이나 초빙 인사를 이용할 수도 있다. 예컨대 고전 읽기와 독서 토론 활동을 심화하여 지도하고자 한다면 독서 지도에 전문적인 경험이 있는 학부모가 해당 집단을 지도할 수도 있을 것이다(Strip, 2000).

이 방법은 영재학생이 각 학급에 떨어져 있을 때보다 한 학급에 모여 소집단으로 상호 작용할 수 있는 기회를 줌으로써 비슷한 능력 집단과의 활동에서 자극을 받고 도전감을 갖게 된다는 장점이 있다. 또한 단일 영재 학급을 편성하여 운영하기에는 선발된 영재 자원이 충분하지 않고 여건이 어려운 경우 좋은 대안이 된다. 교사 입장에서는 한두 명의 영재학생을 위한 개별화 교육 과정을 만들기보다, 해당 학년의 자원을 모아 영재교육에 대한 전문 지도 능력이 있는 교사가 이들을 함께 지도함으로써 심화된 교육 과정을 만들고 영재학생에게 보다 전문적인 도움을 줄 수 있다(Strip, 2000).

집단군은 반드시 영재로만 이루어질 필요는 없다. 경우에 따라서 특정 영역에 우수한 수행 능력이 있는 학생을 집단군에 추가하여 상호간에 도움을 얻게 할 수 있다. 교과 시간마다 해당 과목의 우수 학생으로 보다 융통성 있게 집단을 재조직하는 것도 시도해볼 수 있다. 영재학생으로 선발되지 못한 학생들 가운데 높은 학업 재능을 보이는 경우, 영재학생들의 수행 과정에 참여함으로써 더 많은 것을 배울 수 있고 도전감을 얻는 기회가 될 수 있으며, 영재학생은 소집단에서의 지도력을 발휘할 수도 있다. 경우에 따라서 집단군의 영재학생들과 일반 학생을 일시적으로 같은 집단으로 편성하여 영재학생들이 집단 활동을 주도하면서 다른 학생을 도와주도록 할 수도 있다. 학습 내용의 복습에 관련된 활동의 경우, 해당 복습 활동의 필요가 없는 영재학생들을 모아 도전적이고 심화된 프로젝트나 활동을 하도록 허용한다. 이러한 대안적 활동 과제는 도서실, 자료실, 학습 센터 등 학급의 다른 학생에게 방해가 되지 않은 곳에서 이루어지도록 해야 한다(Rogers, 2002; Strip, 2000).

집단군 편성은 학업 성취상에 매우 긍정적인 효과를 가져오고, 집단군으로 편성된 영재학생은 집단군으로 편성되지 않은 동일 학년의 영재학생에 비하여 지식과 기능상에 있어서 약 60% 이상의 성취를 나타냈다는 연구도 있다(Kulik & Kulik, 1987). 집단군으로부터 가장 많은 도움을 받을 수 있는 학생은 보다 깊이 있고 복잡한 학습 과제를 공부하고 싶어하고 소집단에서 잘 역할을 해내는 학생이다(Strip, 2000).

학급에 영재학생이 있음에도 영재학생을 위한 별도의 특별 학급이 없거나, 시간제 특별 학급에서 공부하는 학생을 위해 교실에서 차별화된 교육 과정에 의해 별도의 수업을 제공할 필요가 있을 때, 집단군 편성은 매우 효과적인 영재학생 지도의 대안이 될 수 있다.

〈표 11-7〉 집단군 편성으로 도움받을 수 있는 학생

집단군 편성으로 도움을 받을 수 있는 학생	
인지 기능	• 같은 학년 또래에 비하여 높은 성취를 나타낸다. • 느린 학습 진도를 싫어한다. • 배운 것을 더 깊이 있게 탐구하고자 한다.
성격 특성	• 학업 동기가 강하다. • 학교 생활을 좋아하고, 소집단 학습을 좋아한다.
학습 성향	• 빠른 진도와 자율적 학습 태도를 보인다. • 융통성 있는 학습 활동 시간을 갖고 싶어한다.
관심거리	• 폭넓은 관심 영역을 갖는다. • 교내외의 여러 활동이나 취미 거리에 적극적으로 참여한다.

11.5 영재학생을 위한 상담 코디네이팅

터만이 영재학생들을 대상으로 수행한 종단적 실험 연구인 “천재의 유전에 관한 연구(Genetic Studies of Genius)”는 영재학생은 또래 연령 집단에 비하여 신체적으로 우수하며 심리적으로 또 사회적으로 더욱 안정되어 있다는 것을 보여준다. 그러나 그의 연구는 영재학생이 사회·심리적으로 특별한 도움이 필요 없으며, 그들을 위한 별도의 상담이 필요 없다는 생각을 갖게 만들 우려가 있다. 그가 연구 대상으로 삼은 집단은 광범위한 영재학생 집단을 대상으로 한 것이 아니라, 중류 계층의 어린이를 대상으로 한 IQ 점수에 근거하였다는 점을 고려하여야 한다. 따라서 영재학생은 사회·정서적 복지에 있어서 아무런 문제가 없는 것으로 일반화하는 것은 더 이상 타당하지 않다. 터만은 영재학생에 대한 잘못된 신화를 많이 제거하기도 했지만 영재학생은 잘 적응하고 상담과 같은 별도의 도움이 필요 없다는 새로운 신화를 만들었다. 이로 인하여, 영재교육의 초기에는 영재학생을 위한 상담이 영재교육의 한 부분으로 통합되지 못하였다(Colangelo, 2003).

홀링워드(Hollingworth, 1942)는 영재학생은 주의를 기울여야 할 사회·정서적 필요가 있다는 것을 처음으로 지적하였다. 그녀는 일반적인 학교 환경이 영재학생의 교육적 필요에 적합하지 않음을 강조하였다. 특히 영재학생의 지적 발달과 정서적 발달간의 차이를 지적하였

다. "어른의 지능과 아이의 정서를 한 어린이의 신체에 결합시킨다는 것은 명백한 어려움에 직면하게 만든다"(p. 282)고 기술하였다. 이 말은 영재학생의 동시성 장애(dyssynchrony)와 그에 따른 어려움을 은유적으로 잘 지적하고 있다.

11.5.1 영재학생을 위한 상담의 필요성

상담가들은 영재학생은 그들의 영재성에 관련된 독특한 사회·정서적 문제를 갖고 있음을 지적한다. 영재학생들의 가장 공통적인 상담의 필요성은 영재성을 인식하지 못하고, 이해하지 못하고, 환영하지 않는 사회에서 영재로 성장하는데 따른 스트레스에 대처하기 위한 도움을 요청하는 것이다(Moon, 2002). 335명의 학부모, 교사, 상담가들을 대상으로 한 연구에서 영재학생은 그들의 영재성으로 인해 직면하게 되는 또래 관계, 정서적 적응, 사회적 적응, 그리고 스트레스 대응에 관련된 차별화된 상담이 필요함을 시사해준다(Moon, Kelly & Feldhusen, 1997). 영재학생들은 내적인 스트레스 요인과 환경적인 스트레스 요인을 경험하게 된다. 이처럼 영재성에 관련하여 자녀와 가족이 겪는 스트레스는 영재의 특성과 요구에 대해 훈련받은 상담가에 의해 제공되는 스트레스 처리 기법이나 상담 활동을 통해 완화된다. 상담의 필요성은 영재학생들의 성취 문제와 특정 프로그램에 들어가거나, 새로운 도전적인 교육 프로그램이 시작될 때 더욱 높아진다. 영재학생의 부모들은 학교가 자녀들의 교육적 요구에 부응하지 못하고, 적합한 교육적 도움을 제공해줄 수 없을 때 학부모로서의 역할에 대한 혼란과 어려움을 경험하게 된다(Moon, 2002).

11.5.2 학교 상담 프로그램

학교에서의 영재학생을 위한 상담은 교정을 위한 상담과 발달을 위한 상담의 두 가지 목적과 방법으로 이루어진다(Colangelo, 2003). 교정적 접근(remedial approach)은 문제의 해결과 위기에 대한 중재를 강조한다. 여기서 상담자는 치료 전문가로서 문제 상황에 개입하여 문제를 해결하고 어려움을 최소화하기 위해 노력한다. 이러한 상담은 도움이 필요한 학생에 대하여 전문 상담가와 일대일로 이루어지거나 공통의 문제점을 안고 있는 학생을 대상으로 집단 상담으로 이루어질 수 있다. 상담의 목적은 저성취나 행동 문제와 같은 문제의 교정을 위한 것이다.

발달적 접근(developmental approach)은 치료나 문제해결이 일차적 목적이 아니다. 발달적 접근에서 상담가는 영재학생의 교육적 성장을 이루기 위한 학교 환경을 마련하고자 한다. 개인 상담의 초점은 학생을 이해하고 학생들이 자신의 삶의 의사 결정자와 설계자로서 자신의 장점과 단점을 보다 잘 이해하게 돕는 데 있다

한편 예방적 차원에서 이루어지는 상담은 교사를 통해 영재학생을 위한 프로그램에서 정의적 교육 과정을 다루는 가운데 이루어질 수 있다. 영재학생들을 위한 프로그램에서 정의적인 측면의 활동을 마련하여 지원적 교육 환경과 또래 분위기를 형성하고, 참가 학생들이 자신들의 영재성에 관련된 문제를 토론하게 함으로써 그들을 이해시키고 도울 수 있다. 또는 학교 상담가나 심리 전문가들의 도움을 받아 영재학생들의 정의적 필요를 충족시킬 수 있게 안내해줄 수 있다. 또 예방적 상담은 학부모에 의해서도 이루어질 수 있다. 영재학생의 교육과 양육에 관련한 책을 통해서 학생이 자신을 보다 잘 이해할 수 있도록 도울 수 있다. 학생과 학부모가 함께 하는 집단 상담도 예방적 전략으로 매우 좋은 방법이 된다(Moon, 2002). 예방 상담이 효과가 없거나 가능하지 않을 때, 영재학생의 사회·정서적 문제해결을 위해 본격적인 상담이 필요하게 된다. 학교에서 저성취를 보이거나 이중적 예외성으로 어려움을 겪는 영재학생은 개인과 환경에 동시에 초점을 둔 상담을 통해 도움을 얻을 수 있다. 또한 영재학생이 우울증 및 불안과 정서 장애를 갖고 있거나, AD/HD나 식욕 감퇴와 같은 행동 장애가 있을 때에는 전문적인 정신 건강 서비스를 받을 필요가 있다(Colangelo, 2003; Moon, 2002; 2003).

11.5.3 영재학생의 집단 상담

영재학생들은 자신들의 문제를 살필 수 있는 통찰력이 있지만 그들의 문제를 살피고 해결을 위해 다른 사람과 함께 대화를 나눌 기회를 갖기 어렵다. 상담가들은 집단 상담보다 영재학생의 사회·정서적 성장을 위한 더 이상의 강력한 도구가 없다고 한다. 집단 상담은 서로간에 겪을 수 있는 어려움과 해결 방법을 공유하게 하며, '영재가 된다는 것'의 의미를 서로 탐색해볼 수 있는 기회를 제공해준다. 그러나 단순히 그냥 모여 앉아서 감정과 가치를 나누는 것으로는 충분치 않다. 집단 상담은 영재 집단과 집단의 역할을 잘 알고 있는 전문 지도자에 의하여 이루어지는 구조화된 상황을 요구한다. 같은 입장을 가진 영재 집단의 구성원들이 보다 안전하고 개방적이고 수용적인 분위기 속에서 개인적이고 사회적인 문제들을 함께 나눔으로써, 자아를 새롭게 이해하고, 서로 성장할 수 있게 된다. 이 점에서 집단 상담은 영재

학생의 사회적·정서적 성장을 돕는 효과적인 수단이 된다(Colangelo, 2003).

집단 상담은 상호 존중의 분위기에서 영재학생이 자신에 대하여 이야기하고, 다른 학생으로부터 배우는 데 목적이 있다. 집단 상담은 지각을 공유하고 보다 효과적인 인간 관계 기술을 학습하는데 초점을 두고 있다. 다음과 같은 내용들이 집단 상담의 소재로 활용될 수 있다(Colangelo, 2003).

- 영재학생이 된다는 것의 의미는? 부모님, 선생님 또는 주변 친구들은 영재에 대하여 어떻게 생각하고 있나?
- 영재학생이 되는 것의 좋은 점은 무엇이고 어려움은 무엇인가?
- 만일 자신의 영재성을 감추려고 했다면 왜 그렇게 하였나?
- 영재 학급에서의 활동은 일반 학급에서의 활동에 비하여 어떻게 다르다고 생각하는가?
- 내가 영재학생이라고 생각하는가? 영재라는 것은 어떤 의미인가?
- 학교에서 영재이므로 쉬운 점과 힘든 점은 무엇이 있나?

집단 상담의 본질 중의 하나는 학생을 참관자로부터 참여자로 전환시키는 일이다. 참관자는 보고 듣는 활동을 하지만 참여자는 적극적으로 주제를 토론하는 입장이다. 상담자는 토론 주제를 각 구성원들에게 연결 지어 주는 역할을 수행함으로써 학생들의 참여를 증진시킬 수 있다. 이를 위해 다음과 같은 질문을 활용할 수 있다(Yalom, 1985).

- 언제부터 그렇게 생각하게 되었나?
- 그렇게 하여 어떤 변화가 생겼나?
- 여기서 그와 같은 방법으로 생각한 적이 있는 사람은?
- 그렇게 생각한 것을 누가 알고 있나?
- 영재라고 불리는데 대하여 너와 다르게 생각하는 친구는 누구인가?

학생들에게 영재학생의 일상생활의 문제점을 소재로 역할극을 함으로써 문제를 새롭게 이해하고 주변 사람들과의 관계를 발전적으로 시정할 수 있는 기회를 가질 수 있다. 저자가 수업 실습을 하였던 메이플라워밀 초등학교의 전일제 영재반 학생들은 새 학기가 시작된 후 '영재가 된다는 것'이라는 주제로 촌극을 소집단별로 준비하여 발표하는 시간을 가졌다. 이를 통해 학생들은 영재들이 갖게 되는 학업상의 문제와 정서적인 문제를 함께 생각하고 토론하였으며, 자신들을 새롭게 이해할 수 있는 시간을 가졌다. 영재학생들에게 자신의 영재성을 인식하고 별도의 집단으로 편성되어 활동하는데 따른 장단점을 이해할 수 있도록 집단 상담이나 토론 활동 기회를 마련해주는 일은 매우 중요하다.

11.5.4 영재학생의 가족을 위한 상담

가족은 학생이 학교에서 능력을 발휘하고 성공적으로 생활하게 하는데 있어서 가장 중요한 요소로 인식되어 왔다. 문(Moon, 2003)은 가족 상담을 부모 상담(parent guidance)과 가족 치료 요법(family therapy)의 두 가지로 제시하고 있다.

부모 상담(parent guidance)에는 자녀의 학업 능력 수준과 학습 특성에 대한 평가, 평가의 해석, 그리고 양육과 학교 프로그램의 제안과 같은 세 가지 요소가 주로 포함된다. 부모 상담은 학교 상담, 학교 심리학, 그리고 진로 개발에 관련되며, 치료 요법과는 달리 발달적 관점을 갖는다. 이는 사회·정서적 문제에 대한 예방에 초점을 두며, 개인의 특성과 성격의 평가에 따라 앞으로의 행동을 제안하게 된다. 부모 상담을 통해 주로 다루게 되는 문제들은 학교 문제, 양육상의 문제, 사회·정서적 문제들이다. 학교 문제는 영재 자녀들을 위한 적절한 교육적 서비스 제공을 위해 학부모로서 어떻게 대응할 것인가의 문제가 다루어진다. 학부모들은 자녀의 영재성에 관련하여 그들의 잠재력 개발을 어떻게 도울 것인가의 문제로 고민하게 되고 역할에 어려움을 갖게 된다. 또한 영재 자녀의 또래 관계, 정서적 적응, 사회적 적응, 스트레스 대처 등도 특별한 상담 서비스를 필요로 한다(Moon, 1997; 2002; 2003).

실버만(Silverman, 1993a)은 영재학생을 위한 종합적인 상담 모형을 제안하였다. 그는 영재를 복잡하고 발전하는 존재로 보고, 학부모 상담은 영재성이 제대로 이해되지 못했을 때 나타날 수 있는 문제를 예방하고, 영재학생의 자아 실현 과정에서 지원적인 환경을 제공해주는 데 초점을 두고 있다. 영재학생의 부모 상담에 있어서 다음 사항에 초점을 둘 것을 제안하고 있다(Silverman, 1993b).

- 학생의 영재성과 동기의 평가
- 적성의 자각, 가족 관계, 자극 양식, 그리고 자기 훈육의 촉진
- 학년 배치 및 교직원과의 관계 등과 같은 학교 문제
- 자녀의 또래 관계
- 지역 사회의 자원에 관한 정보
- 자녀의 영재성을 인식하고 개발하도록 돕기 위한 부모 상담

가족 치료 요법(family therapy)은 가족 문제를 특정 가족 구성원에 국한된 문제로 보지 않고 가족 구성원 사이의 순환적인 상호 작용에서 살피고자 한다. 예를 들어, 부모가 자녀에게 영향을 주는 것처럼 자녀가 학부모에게 주는 영향에 대해서도 관심을 갖는다. 가족 요법은 가족 상담을 요하는 발달상의 모든 문제, 저성취, 그리고 복합적인 예외성을 지닌 학생의

문제 및 기타 영재의 내외적인 장애 문제와 관련하여 다루어질 수 있다. 특히 이혼과 재혼 등에 따른 가족 관계의 변화 및 결손 가정의 형성, 형제 관계 등에 있어서 필요하다. 영재학생의 저성취는 개인, 가족 관계, 학교 환경에 걸친 복잡한 양상에서 나타나는 것으로 가족 치료 요법의 요구가 크다(Moon, 2003).

11.5.5 영재학생의 진로 상담

진로 상담은 학생이 진로 탐색과 계획을 위해 필요한 태도를 형성하도록 돕고, "나는 누구인가?"라는 중요한 질문에 답하기 위해 자기 반성을 하고, 신념을 재설정하고, 자신의 인성을 깊이 있게 다듬어 가도록 돕는 것이다. 영재학생은 그들의 진로 개발과 계획 수립에 있어서 비동시적 발달과 빠른 지적 성숙, 도덕적 민감성, 복합 잠재 능력, 완벽주의, 그리고 중요한 타인으로부터의 높은 기대 등을 포함하여 부가적인 심리적·사회적 문제를 갖게 될 수 있다. 복합 잠재 능력은 영재학생의 진로 미정의 주요 근원이 되지만 영재학생이 진로 결정을 어려워하는 것은 의사 결정 기능의 부족, 부정확한 인식에 기초한 잘못된 자기 관찰 및 세계관, 또는 중요한 타인들을 만족시키기 위해 보다 완벽한 진로 선택을 기하려는 압력이 원인이 될 수 있다. 일반적으로 영재학생은 다른 학생에 비하여 진로 선택에 더 일찍 확신을 갖고 보다 빠른 진로 성숙을 나타낸다고 한다. 그러나 너무 조숙하게 진로를 결정하는 것은 보다 많은 진로 가능성의 탐색 기회를 제한하게 될 수도 있다. 진로 결정이 사회·정서적 성숙 없이 지적 성숙에 의해서 일찍 이루어진다면, 의도한 진로 목표 성취에 필요한 장기적 계획, 지속성, 그리고 자기 희생을 고려하지 못할 수도 있다. 영재학생을 위한 진로 상담에서 변화를 이끌어내기 위한 몇 가지 가정을 제시하면 다음과 같다(우동하, 2004).

- 학교에서는 영재학생을 위한 차별화된 진로 교육을 제공해야 한다.
- 진로 계획은 성격 유형, 가치, 요구되는 생활 방식, 그리고 사회 활동 경향과 같은 비학업적 진로 선택 요소를 감안하여야 한다.
- 진로는 동일시의 한 부분이며, 단순히 직업으로서의 진로가 아니라 인생에서의 의미 추구와 방향 설정으로 정의되어야 한다.
- 진로 상담은 재능 계발의 확대이다.
- 진로 계획은 일생의 과정이다. 따라서 진로 상담은 잠재력과 창의성을 항상 고려하는 인생 차원의 접근 방법을 취해야 한다.
- 진로 상담은 활동 지향적, 구성적이며, 학교와 생활의 여러 측면들과 관련되어야 한다.

- 연령, 학년 수준의 또래와의 소집단 상담
- 다른 영재 및 재능 학생들과의 소집단 상담
- 하위 집단의 구성원들로 이루어진 비공식적 토론 기회
- 진로 상담자와 개인적 면담
- 능력과 관심 등에 대한 개인적 평가
- 진로 발표회, 초빙 강사, 캠퍼스 방문 등을 통한 직업의 세계에 대한 이해의 기회 갖기
- 전형적인 집단에 맞추어진 규준을 가진 검사는 적합하지 않다. 전형적인 연령에 맞춘 검사는 복합적 잠재력을 가진 영재학생에게는 정상 분포 곡선을 보이지 않는다.
- 반복적인 활동을 요구하는 검사는 고등 사고 능력을 반영하지 못한다.
- 비관례적인 진로가 탐색되어야 한다.
- 능력 검사는 수학이나 언어뿐만 아니라, 공간이나 기계적 조작 평가 등을 포함하여 확대해 나가야 한다.
- 새로운 진로 가능성을 평가해보기 위해 추후 연구가 통합되어야 한다.
- 학생 자신이 자신의 진로 계획에 책임이 있음을 알게 한다.
- 상담가, 부모, 교사는 공동 노력으로 진도 지도에 임해야 한다.
- 교사들은 학교 교과목을 진로에 관련시켜 나가야 한다.
- 교육자들은 최근의 진로 경향을 잘 알고 있어야 한다.

참고문헌

우동하(2004) 영재어린이의 이해와 교육. 서울: 학문사.

Bloom. B. S. (Ed.). (1956). *Taxonomy of educational objectives. Handbook 1: Cognitive domain.* New York: McKay.

Bloom. B. S. (1985). *Developing talent in young people.* New York: Ballantine Books.

Clark, B. (1997). *Growing up Gifted: Developing the potential of children at home and at school(5th Edition).* Upper Saddle River, NJ: Merrill.

Colangelo, N. (2003). *Counseling gifted students.* In N. Colangelo and G. A. Davis (Eds.), Handbook of gifted education (3rd ed., 373-387). Boston: Allyn and Bacon.

Croft, L. J. (2003). Teachers of the Gifted: Gifted Teachers. In N. Colangelo and G. A. Davis (Eds.), *Handbook of gifted education* (3rd ed., 558-571). Boston: Allyn and Bacon.

Feldhusen, J. F. (1998). Programs and services at the elementary level. In J. Vantassel-Baska (Ed.), *Excellence in Educating Gifted & Talented Learners* (211-223). Denver, Colorado: Love Publishing Company.

Gallagher, J. J. (1985). *Teaching the gifted child.* Boston: Allyn and Bacon.

Kaplan, S. (1986). The Grid: A model to construct differentiated curriculum for the gifted. In Renzulli (Ed.), *Systems and models fot developing programs for the gifted and talented* (182-193). Mansfield Center, CT: Creative Learning Press.

Keating, J. E. (1977). *Instructional design.* Belmont, CA: Fearson, Pitnam.

Kingsley, R. F. (1986). "Digging" for understanding and significance: A high school enrichment model. Roeper Review, 9, 37-38.

Moon, S. M. (2003). Counseling families. In N. Colangelo and G. A. Davis (3rd Eds.), *Handbook of gifted education* (p. 388-402). Boston: Allyn and Bacon.

Rogers, K. B. (2002). *Re-forming gifted education: Matching the program to the child.* Scottsdale, AZ: Great Potential Press, Inc.

Shore, B. M., Cotnell, D. G., Robinson, A., & Ward, V. S. (1991). *Recommended practices in gifted education.* New York: Terachers College.

Silverman, L. K. (1991). Family counceling. In N. Colangelo & G. A. Davis (Eds.), *Handbook of gifted education* (307-320). Boston: Allen & Bakon.

Silverman, L. K. (1993). Counseling families. In L. K. Silverman(ED.), *Counceling the gifted and talented* (p. 151-178). Denver: Love.

Silverman, L. K., & Kearney, K. (1989). Parents of the extraordinarily gifted. *Advanced Development*

Journal, 1, 41-56.

Smutny. F. (2001). *Stand up for your gifted child.* Minneapolis, MN: Free Sprit Publishing Inc.

Stednitz, U., & Speck, A. (1986). Young children can complete creative, independent projects. *Gifted Child Today, 9,* 19-21.

Stewart, E. D. (1981). Learning styles among gifted and talented students: Instructional techniques references. *Exceptional Children, 48,* 134-148.

Sternberg, R. (1985). *Beyond IQ.* Cambridge: Cambridge University Press.

Strip, C. A. (2000). Helping gifted children soar: A practical guide for parents and teachers. Scottsdale, AZ: Great Potential Press, Inc.

Struck, J. M. (2003). Incorporating higher order process skills into content. In J. VanTassel-Baska & A. L. Catherine (Eds.), *Content-Based Curriculum for High-Ability Learners.* (47-78). Waco, TX: Prufrock Press, Inc.

Treffinger, D. F. (1986). Fostering effective, independent learning through individualized programming. In J. S. Renzulli (Ed.), *Systems and models for developing programs for the gifted and talented.* (429-460). Mansfield Center, CT: Creative Learnning Press.

VanTassel-Baska, J. (1998). Characteristics and needs of talented learners. In J. VanTassel-Baska (Ed.), *Excellence in educating gifted and talented learners* (173-191). Denver: Love.

VanTassel-Baska, J., & Sher, B. (2003). Accelerating learning experiences in core content areas. In J. VanTassel-Baska & C. A. Little (Eds.), *Content-Based Curriculum for High-Ability Learners* (27-46). Waco, TX: Prufrock Press, Inc.

Vygotsky, L. S. (1978). *Mind in society: The development of higher psychological processes.* Cambridge, MA: Harverd University Press.

Walker, S. Y. (2002). *The Survival Guide of Gifted Kids.* Minneapolis, MN: Free Spirit Publishing Inc.

Whitener, E. M. (1989). A meta-analytic review of the effects of learning on the interaction between prior achievement and instructional support. *Review of Educational Research, 59,* 65-86.

Chapter 12

수학영재교육에서의 평가

영재교육에서 평가란 크게 학생평가(성취도평가), 프로그램평가(영재교육기관평가)로 나눌 수 있다. 평가를 통해서 영재교육의 효과와 교육의 질적 향상, 제반 여건 개선 등 더 나은 영재교육을 위하여 필요한 정보를 수집하고 분석·적용한다. 일반교육과 마찬가지로 영재교육에 있어서도 영재교육 관계자나 지도교사가 평가의 주체이며, 평가에 있어서 적극성과 능동적인 자세가 필요하다. 영재교육에 있어서 다른 영역처럼 평가영역 역시 평가의 목적에 따라, 여건과 환경 그리고 아동의 특성 및 과제의 특성에 따라 적극적인 수정·보완 및 적용이 필요하다.

12.1 영재들의 성취도 평가

12.1.1 성취도 평가의 목적

영재교육 프로그램에 참여한 학생들은 인지적·정의적 변화를 겪게 되는데 이때 평가라는 객관적인 정보 수집을 과정을 통하여 학습자의 발달 정도를 확인하는 것이 영재학생의 평가가 된다. 교사는 이 과정을 통하여 영재의 성취 정도를 확인할 수 있으며, 교수·학습과정에 대한 개선 자료를 얻고 영재 프로그램에 대한 피드백을 제공할 수 있다.

경상북도(2012)에서는 수학영재들의 성취도 평가의 방향을 다음과 같이 일곱 가지로 제시하고 있다.

1) 평가 결과는 영재들의 전인적 성장을 돕는 자료로 활용

수학 학습의 평가는 수학영재의 인지적 영역과 정의적 영역에 대한 유용한 정보를 제공하여 영재 개개인의 수학 학습과 전인적인 성장을 돕고 교사의 교수 활동과 수업 방법을 개선하는 데 활용한다. 예를 들어, 평가 결과에서 나타난 영재들의 오류는 교사가 자신의 교수 방식을 성찰하는 단서로 활용될 수 있다. 평가 결과의 오류 분석을 통해, 교사의 어떤 지도 방식이 영재들에게 오류를 일으키게 하는지 확인할 수 있다. 영재들이 왜 그와 같은 오류를 범하는지를 교사 자신의 교수 방식과 관련지어 분석함으로써 교수 방식을 개선할 수 있다.

2) 교육과정에 근거한 평가의 수준과 범위 설정

수학 학습의 평가에서는 영재의 인지 발달 수준을 고려하고, 교육과정에 제시된 내용의 수준과 범위를 준수해야 한다. 교육과정에 제시된 내용의 수준과 범위를 준수하지 않고, 상급 학년에서 학습할 내용을 활용하여 소위 '심화내용' 문항을 영재들에게 제시하는 것은 바람직하지 않다. 학습한 내용에 대한 영재의 심층적인 이해도를 확인하고자 한다면, 해당 학년에서 학습한 내용을 그 자체의 수준과 범위에서 더 깊게 다루는 문항을 활용해야 한다.

3) 적절한 평가 방식을 활용하여 평가

수학 학습의 평가는 수업의 전개 과정에 따라 진단 평가, 형성 평가, 총괄 평가 등의 적절한 평가 방식을 택하여 실시하되, 지속적인 평가를 통하여 다양한 정보를 수집하고 수업에 활용한다. 특히 진단평가는 교수·학습 프로그램의 본 활동을 시작하기 전 원격으로 과제를 제시하여 '해당 차시 수업을 위해 영재들이 선행적으로 필요한 기능과 지식을 습득하고 있는가?', '영재들은 학습할 내용에 대해 어느 정도 알고 있는가?' 등을 평가한다. 진단평가는 영재들이 이미 알고 있는 것을 확인하여, 교사가 학습을 위한 가장 효율적인 출발점에 영재를 배치할 수 있도록 도움을 줄 필요가 있다. 형성평가에서는 '영재는 해당 수업에서 성취해야 할 목표를 향해 적절하게 진행하고 있는가?'를 주로 평가한다. 형성평가는 교사가 영재들의 진행 정도나 향상 상태를 확인하고 수업을 올바른 방향으로 진행하는 데에 도움을 준다. 총괄평가는 한 차시의 수업이나 한 단위의 교수 활동에서 목표로 한 바를 영재들이 도달했는가를 결정하기 위해 수행한다. 교사는 총괄평가를 통해 '영재들은 해당 수업을 통해 성취했어야 할 목표에 도달했는가?', '영재들이 수업에서 지도한 수학 내용을 알고 이해했는가?', '영재들이 수업에서 학습한 내용을 적용할 수 있는가?', '영재들이 다음에 다룰 수학 내용을 학습하기에 충분히 높은 수준에 도달했는가?' 등을 확인할 수 있다.

4) 평가 방법의 다양화

수학 학습의 평가에서는 획일적인 방법을 지양하고 지필 평가, 관찰, 면담, 자기 평가, 산출물, 프로젝트, 포트폴리오 등의 다양한 평가 방법을 통해 수학 교수·학습을 향상시킬 수 있게 한다. 지필평가는 일반적으로 가장 흔하게 활용하는 방법으로, 수업 도중이나 끝날 시점에서 학습목표 도달 여부를 간단히 확인하기 위해 사용할 수 있다. 관찰법은 평가자가 수학적으로 사고하고 있는 개별 영재, 소집단의 영재, 또는 학급전체 영재에 대하여 관찰하면서 기록하는 방법이다. 관찰법은 수학적인 수행 능력과 같은 인지적 영역뿐만 아니라 수학에 대한 태도와 신념과 같은 정의적 영역을 평가할 수 있다는 장점이 있다. 면담법은 영재들을 직접 면담함으로써 영재들의 수학적 사고 과정에 대한 정보를 얻는 방법이다. 영재들을 개별적으로 면담을 실시하여 미성취 영재를 진단하거나 우수 영재를 확인할 수 있고, 또한 소집단별로 과제를 수행하는 자연스러운 분위기에서 면담을 실시하여 평가 목적에 부합하는 정보를 얻을 수도 있다. 관찰 및 면담의 기록 방법에는 일화기록법, 체크리스트법 등이 있다. 일화기록법은 개인을 대상으로 구체적인 행동 사례를 간략하게 기술하는 방법이고, 체크리스트는 관찰이나 면담하려는 행동 단위를 미리 분류하고 이것을 기초로 그러한 행동이 나타났을 때 표시하는 방법을 말한다.

5) 결과뿐만 아니라 과정도 중시하는 평가

인지적 영역에 대한 평가에서는 영재의 수학적 사고력 신장을 위하여 결과뿐만 아니라 과정도 중시하여 평가하되, 수학의 교수·학습에서 전반적으로 요구되는 다음 사항을 강조한다.

- 수학의 기본적인 개념, 원리, 법칙을 이해하고 적용하는 능력
- 수학적 표현의 의미를 이해하고 정확하게 사용하는 능력
- 수학적 지식과 기능을 활용하여 타당하게 추론하는 능력
- 다양한 상황에서 발생하는 여러 가지 문제를 수학적으로 사고하여 해결하는 능력
- 생활 주변 현상, 사회 현상, 자연 현상 등의 여러 가지 현상을 수학적으로 관찰, 분석, 조직하는 능력
- 수학적 사고 과정과 결과를 합리적으로 의사소통하는 능력

• 다양한 산출물, 탐구보고서 등에서 창의성과 내용의 정확성, 체계성의 능력

6) 다양한 요소를 포함하여 정의적 영역의 평가 실시

정의적 영역에 대한 평가에서는 영재의 수학에 대한 바람직한 가치관이나 수학 학습에 대한 관심, 흥미, 자신감 등의 정도를 파악한다. 또한 정서적, 사회적인 면에서의 정의적 영역의 평가도 필요한다. 정서적 측면에서는 정의적 영역의 평가로 자기 자신에 대한 자아 존중감, 자아 효능감, 자아개념과 사회적 측면에서는 정의적 영역의 평가로 협동심, 리더십 등 그 밖에 여러 가지가 있고, 이들 중에 필요한 평가를 선정·구성하여 실시한다. 정의적 영역의 평가는 상담교사 및 지도교사가 평가 영역과 내용을 결정하여 선정·구성하고 평가한다. 인지적 영역과 별개로 정의적 영역만 평가가 이루어질 수 있으나, 인지적 영역과 정의적 영역을 함께 통합적으로 평가하는 것을 지향한다.

7) 다양한 도구를 활용한 평가 실시

수학 학습의 평가에서는 평가하는 학습 내용에 따라 영재에게 계산기, 컴퓨터와 같은 공학적 도구와 다양한 교구를 이용할 수 있는 기회를 제공할 수 있다.

12.1.2 평가의 내용과 방법

1) 정의적 영역의 평가

정서적인 측면에서 정의적 영역의 평가로 자기 자신에 대한 자아 존중감, 자아 효능감, 자아개념과 사회적인 측면에서 정의적 영역의 평가로 협동심, 리더십 등 그 밖에 여러 가지가 있으며 이들 중에 필요한 평가를 선정·구성하여 실시한다. 정의적 영역의 평가는 상담교사 및 지도교사가 평가 영역과 내용을 결정하여 선정·구성하고, 평가한다. 필요시 인지적/기능적 영역과 별개로 정의적 영역만 평가가 이루어질 수 있으나, 인지적 영역과 정의적 영역을 함께 통합적으로 평가하는 것을 지향한다.

(1) 자아개념(self-concept)

한 개인이 자기 자신의 신체적 특징, 건강, 용모 등의 신체적 측면에서부터 자신의 가치관, 사고방식, 감정, 태도, 성격, 도덕성 및 지적 능력 등의 심리적 측면, 그리고 자신의 사회적

지위 및 관계의 특징 등의 사회적 측면에 이르기까지 자신에 관한 모든 부분에 대하여 가지고 있는 지식, 이해, 지각 혹은 견해를 의미하며 '자기개념(自己概念)'이라고도 한다. 자아개념은 자신을 좋게 평가하느냐 나쁘게 평가하느냐에 따라 각각 긍정적 자아개념과 부정적 자아개념으로 나누어진다. 자아개념도 내용에 따라 신체적 자아개념, 사회적 자아개념, 학업적 자아개념 등 여러 측면으로 구분해볼 수 있다. 자아개념은 자신이 한 행위에 대한 타인의 피드백 정보를 토대로 형성되며, 업무수행, 학업수행 등에 영향을 미친다. 즉, 교사나 부모, 그 외 주위의 반응 양식에 따라 중요한 영향을 받는다.

(2) 자아 효능감

자아 효능감(self-efficacy)이란 반듀라(Bandura, 1977)가 제시한 개념으로 개인이 과제에 대하여 성공적으로 수행할 수 있을 것이라는 '**자신감**'을 말한다. 사람들은 자신이 할 수 있을 것이라고 믿는 일들을 선택하며, 그러한 자신감에 기초하여 어려운 일들에 부딪쳤을 때에도 노력을 기울일 수 있다. 따라서 자아 효능감은 인간의 행동 수행 및 변화에 큰 기제로서 작동하게 된다.

(3) 자아 존중감

일반적으로 자신이 능력이 있고, 중요하며, 또한 가치 있는 존재라고 믿는 정도를 의미하며 이러한 정의를 좀더 확대하여, 자아존중감이란 "개개인이 자신에게 생각하는 능력이 있고, 삶에서 만나게 되는 기본적인 역경에 맞서서 이겨낼 수 있는 능력이 있다는 믿음이며, 또한 자신이 가치 있는 존재임을 느끼고, 필요한 것과 원하는 것을 주장할 자격이 있으며, 자신의 노력으로 얻은 결과를 즐길 수 있는 권리를 가지며, 또 스스로 행복해질 수 있다는 믿음"이라고 정의하고 있다(Nathaniel Branden, 1992).

(4) 협동심과 리더십

협동심과 리더십은 관찰에 의해 평가가 용이하며, 아동들의 사회성을 측정할 수 있는 좋은 방법이다. 리더십은 관련 자료가 많으며 정의적영역의 사회성과 리더십 등은 교사 평가 혹은 상호평가에 의해 평가될 수 있으며, 필요시에는 목표나 활동과정과 관련하여 평가내용을 선정·구성하여 평가한다.

2) 인지적 영역의 평가

영재들의 평가는 주로 인지적 영역 중점을 두고 있다. 인지적 영역의 평가는 지필평가, 관찰평가, 수행평가, 산출물평가, 포트폴리오, 면접평가, 실험·실습·실기 등 모든 평가의 형태를 다 이용할 수 있다. 영재교육 관계자나 지도교사는 교육 여건과 환경에 맞고, 아동의 수준에 맞는 평가를 구성하여 실시하되 단편적인 지식보다 종합적 사고력/기능이나 메타인지, 인지전략 등 결과와 함께 과정에 대한 평가도 고려되어야 한다. 또한, 정의적 영역의 평가와 함께 통합적으로 구성되어야 한다. 평가의 준거는 영재교육과정에 제시된 성취기준을 참고로 하여 개발해야하며 단편적인 지식이나 특정한 기능 보다는 포괄적이고 내용으로 개발해야 한다.

경상북도교육청(2012)의 초등수학영재교육과정에 따르면 초등학교 수학영재 프로그램의 성취기준은 다음과 같다. 따라서 학생평가를 할 때는 제시된 성취기준을 준거로 하여 다양한 방법으로 평가를 시행하여야 한다.

(1) 수와 연산

[4학년]

① 10000 이상의 큰 수를 이해하고, 동양과 서양의 큰 수를 읽는 방법을 비교하고, 거듭제곱을 활용하여 큰 수를 만들고, 생활 속의 다양한 큰 수를 탐구할 수 있다.
② 분수를 그림으로 다양하게 표현하고, 부분의 양과 전체의 양을 비교하고 분수를 단위분수의 합으로 나타낼 수 있다.
③ 이집트의 곱셈 및 러시아 농부의 곱셈, 격자표를 이용한 곱셈의 원리를 이해하고 다양한 곱셈의 방법으로 계산을 하고, 전략을 세워 사칙연산을 암산으로 해결할 수 있다.
④ 수의 관계를 통해 사칙연산의 암산 전략을 유추할 수 있다.
⑤ 수와 기호로 등식을 만들고, 등식의 성질을 이용하여 복면산 문제를 해결할 수 있다.

[5학년]

① 홀수와 짝수의 성질을 탐구하고, 피타고라스의 도형수 간의 관계를 찾아 설명하고, 완전수, 친화수, 소수의 개념을 이해하고 특징을 찾을 수 있다.
② 배수와 약수의 수개념 사이의 관계를 이해하고 여러 가지 문제를 해결에 활용하고, 배수를 판정하는 방법을 추론할 수 있다.
③ 분수와 소수의 발생 배경을 조사하고 두 수의 쓰임을 이해하고, 분수의 곱셈과 나눗셈이나 소수의 곱셈과 나눗셈의 계산 원리를 이해하고 실생활 문제를 해결할 수 있다.
④ 모듈로 산술의 규칙을 이해하고 모듈론 산술에서 연산의 성질을 찾을 수 있다.

[6학년]

① 세계 여러 문명에서 발생했던 수체계를 조사하고, 각각의 수체계의 장점과 단점을 분석하고, 수체계의 특징을 바탕으로 스스로 수를 만들어볼 수 있다.
② 생일날짜를 알아내는 규칙과 천공카드의 규칙을 나타내고, 바코드의 원리를 알고 수를 바코드로 나타낼 수 있다.
③ 문자를 활용하여 식을 세우고, 등식의 성질을 활용하여 일차방정식을 풀고, 방정식을 활용하여 다양한 실생활 문제를 해결할 수 있다.

(2) 도형

[4학년]

① 여러 가지 삼각형의 종류와 성질을 알고, 성냥개비 퍼즐의 정삼각형 수 문제를 해결할 수 있다.

② 사각형의 개념과 성질을 알고, 공통된 사각형의 성질로 분류하여 범주화할 수 있다.

③ 다각형의 다양한 수학적 성질을 찾고, 대각선의 규칙과 성질을 찾을 수 있으며, 거북명령프로그램을 이용하여 다각형의 성질을 이해하고 분류할 수 있다.

④ 칠교조각을 이용하여 테셀레이션의 의미와 특징을 익혀 도형의 분할과 결합과 관련된 다양한 문제를 해결할 수 있다.

[5학년]

① 합동의 개념을 이해하고, 선대칭 도형과 점대칭 도형의 특징을 설명할 수 있으며, 패턴블록을 이용하여 대칭 도형을 표현할 수 있다.

② 단위 무늬를 옮기기, 뒤집기, 돌리기 방법을 이용하여 무늬를 만들고, 테셀레이션 작품을 분석하여 원리를 찾고 GSP나 테셀매니아를 이용하여 작품을 만들 수 있다.

③ 직육면체와 정육면체의 전개도와 겨냥도를 그리고, 전개도를 이용한 문제를 해결할 수 있다.

④ 정다면체의 종류와 특징을 이해하고 설명하고, 교구를 활용하여 입체퍼즐을 만들 수 있다.

⑤ 자와 컴퍼스로 작도를 하고, GSP를 활용하여 도형 작도 및 도형의 이동을 그려 도형의 성질과 관계를 탐구할 수 있다.

[6학년]

① 비례와 닮음의 뜻을 알고 실생활 문제해결에 응용할 수 있으며, 지레와 닮음을 이용하여 자신이 살고 싶은 주택의 평면도를 그릴 수 있다.

② 쌓기나무로 소마큐브 조각을 구성하고, 소마큐브 조각들로 입체도형을 만들 수 있다.

③ 정다면체의 꼭지점, 모서리, 면의 개수를 찾아 관계를 일반화하고, 깎은 정다면체를 만들어 구에 가까운 입체도형을 구성하기 위한 조건을 찾을 수 있다.

④ 뫼비우스의 띠를 2등분, 3등분으로 잘랐을 때의 성질을 찾고, 안과 밖을 바꿀 수 있는 입체도형을 만들 수 있다.

(3) 측정

[4학년]

① 무게, 길이, 시간, 들이와 부피의 단위를 알고 각 단위의 관계를 이해 할 수 있다.

② 어림의 방법을 이해하고 어림을 이용한 문제를 해결할 수 있다.

③ 다각형의 내각과 외각의 합을 구하는 원리를 이해하고, 귀납적으로 일반화할 수 있다.

[5학년]

① 다각형의 둘레와 넓이를 구하고, 점판에서 도형의 둘레와 내부의 점의 관계를 찾아 넓이를 구하는 관계식으로 나타낼 수 있다.

② 지레의 원리를 활용하여 모빌의 평형 원리를 이해할 수 있다.

[6학년]

① 원의 중심과 현의 관계를 이해하고, 현의 수직이등분선의 교점을 이용하여 원의 중심을 찾을 수 있다. 수막새의 중심을 찾아 수막새를 복원하고 수막새의 넓이를 구할 수 있다.

② 정육면체와 직육면체로 이루어진 복합 도형의 부피를 구하고, 각기둥의 부피를 구하는 방법을 탐구할 수 있다.

(4) 확률과 통계

[4학년]

① 제시된 자료를 해석하고 자료의 관계를 통해 규칙적인 관계를 수로 나타내거나 말로 설명할 수 있으며, 규칙을 문제해결에 적용할 수 있다.

② 일상생활에서 통계자료가 활용되는 상황을 알고, 통계조사 계획을 세워 막대그래프와 꺾은선그래프로 자료를 표현하고 해석할 수 있다.

[5학년]

① 통계자료를 선정하여 조사하고, 탐구한 통계들을 그래프와 함께 보고서로 작성할 수 있다.

② 통계 조사 과정을 알고, 통계 처리 과정에 따른 주제별 처리 내용과 방법을 이해하고, 대푯값으로서의 평균의 타당성을 검토할 수 있다.

[6학년]

① 경우의 수의 의미를 이해하고, 실생활의 속의 경우의 수를 구할 수 있다.

② 경기 활동이나 복권의 확률을 구하고, 패러독스 문제의 해결과정을 설명할 수 있다.

③ 여러 가지 확률 게임에서 수학적인 선택을 하고 그 이유를 논리적으로 설명할 수 있다.

(5) 규칙성

[4학년]

① 곱셈 구구표, 달력, 100수표, 다양한 도형수 등에서 수 배열의 규칙을 찾고 설명할 수 있다.

② 다양한 모양의 숫자 퍼즐, 스도쿠, 노노그램 등의 규칙과 원리를 이해하고 새로운 숫자퍼즐을 만들어 발표할 수 있다.

③ 다양한 문제해결 방법이 갖는 특성을 이해하고, 문제의 조건에 맞게 여러 가지 방법으로 문제를 해결하고 새로운 문제를 만들 수 있다.

④ 여러 가지 수 게임의 규칙을 알고, 전략을 세워 게임을 하고, 수의 규칙성을 활용한 창의적인 수 게임을 만들 수 있다.

[5학년]

① 자기닮음 도형의 수학적 원리를 탐색하여 구성 과정의 규칙을 찾고, 평면도형과 입체도형에서 자기 닮음 도형을 만들고, 독창적인 자기닮음 도형을 만들 수 있다.

② 오일러 순환길과 해밀턴 순환길의 원리를 이해하고 실생활 문제를 해결할 수 있으며, 창의적인 아이디어로 새로운 도시를 설계할 수 있다.

③ 명제를 참과 거짓으로 구분하여 근거를 들어 설명하고, 논리적 추론으로 문제를 해결할 수 있다.

④ 다양한 문제해결 전략으로 주어진 문제를 해결할 수 있다.
⑤ 각 나라의 전통적인 게임 원리를 탐구하고, 현대 수학에 활용되는 사례를 찾아 수학사 미니 북을 만들 수 있다.

[6학년]
① 영화, 자연, 다양한 물건, 도형, 규격용지, 건축물 속에 숨어 있는 비를 탐색하고 설명할 수 있다.
② 달력, 진수 등의 규칙성을 이해하고, 규칙에 따라 배열된 자연물에서 수열의 개념을 이해할 수 있다.
③ 암호를 통한 수의 규칙성을 이해하고, 컴퓨터 논리회로의 이해를 바탕으로 브레드 보드를 만들고 작동시킬 수 있으며, 다양한 전략을 사용하여 문제를 해결할 수 있다.

12.1.3 성취도 평가 결과의 활용

- 영재교육 전반에 대한 피드백을 제공한다.
- 영재교육 대상자 개인의 성취도에 대한 자료와 함께 보완 및 개선 자료로 활용한다.
- 영재교육 과정 및 활동의 방향 개선 및 정치(또는 배치)에 대한 자료를 제공한다.
- 영재교육 활동 및 프로그램의 문제점을 개선할 수 있는 자료를 얻을 수 있다.
- 영재성 계발 및 지적·정의적·창의적 성장에 대한 상황을 파악할 수 있다.
- 교육수요자(학부모)에게 자녀의 발달 상황에 대한 정보를 제공한다.
- 도덕적으로 우수한 전인적 발달의 방향과 개선 자료를 제공한다.
- 학습 활동 중 평가는 영재교육 대상자의 행동특성, 학습 활동 성향, 사고의 변화 등의 정확한 정보를 얻을 수 있다.
- 학생생활기록부를 활용하여 영재교육 대상자의 정보관리 및 연계 지도의 중요한 자료로 활용할 수 있다.

12.2 영재교육 프로그램 평가

12.2.1 프로그램 평가의 목적

영재교육 프로그램의 평가란 영재의 판별이나 성취도에 국한하지 않고, 학업 성취도를 포함하되 영재교육 프로그램의 배경이나 목적, 프로그램의 내용 및 방법, 각종 지원체제 및 환경, 영재교육 프로그램의 운영 효과와 결과 활용 등을 전부 포괄하는 평가를 의미한다.

12.2.2 프로그램 평가의 방향

- 영재 발굴의 과정에서부터 영재교육 전반에 걸쳐 프로그램의 적합성이나 효과성을 종합적으로 판단한다.
- 프로그램의 배경이나 목적, 프로그램의 내용 및 방법, 각종 지원체제나 환경 등에 관 한 거시적 평가를 지향한다.
- 프로그램 평가는 프로그램 자체이든 학습자의 인지적, 정의적 발달에 관한 것이든 평가대상에 대한 객관적 정보를 수집하는 기능을 수행하며 동시에 그 정보를 공개하는 기능을 수행한다.
- 프로그램 평가를 통해서 프로그램을 지속할 것인지, 중단할 것인지 결정하며, 향후 프로그램 개선을 유도하는 근거가 된다.
- 영재교육 프로그램의 효과성을 검증하거나 책무성을 확인하는데 활용할 수 있고, 양질의 프로그램으로 개선되도록 촉진할 수 있다.

12.2.3 프로그램 평가의 단계(경상북도 장학자료 2008-27)

단계	평가 과제	평가 내용 및 방법
1	욕구 측정	• 기존에 실시하고 있는 프로그램에서 수정·보완되어야 할 부분을 찾아본다. • 어떤 자료와 자원을 사용하고 있는지 평가한다.
2	프로그램의 목적과 목표	• 프로그램의 목적이 측정이 가능한 목표를 설정할 수 있도록 방향이 제시되어 있는지 검토한다. • 학습목표가 확실하게 제시되어 있는지, 그 목표가 성취되었는지를 평가한다.
3	판별	• 학생들을 어떻게 판별했는가를 평가한다.
4	프로그램 지도	• 프로그램 내용, 프로그램 관리, 자료 활용 등을 목적과 목표에 적합한지 평가한다.
5	교직원 평가	• 일반 프로그램과 변별적인 프로그램을 운영하기 위해 교사 훈련, 영재교육을 위한 교사의 태도와 노력 등을 평가한다.
6	평가	• 학생들이 목적과 목표에 잘 도달되었는지를 평가한다.

12.2.4 프로그램 평가 기준의 예시(KEDI 연구자료 RM2004-63참조)

다음과 같은 평가기준을 만들어 평가해보는 활동을 통하여, 영재교육기관에 적합한 프로그램을 개발할 수 있다. 이때 개발된 프로그램 운영 시에는 이미 만들어진 평가기준이 프로그램 평가에 사용되어야 하며 그에 적합한 평가 방법을 결정하여 평가한다.

[프로그램 평가 기준-내용 구성 평가]

영역	평가기준
내용의 타당성	• 개발목적, 학습 목표와 관련된 핵심적인 내용이 선정되었는가? • 학습 내용의 다양성과 포괄성이 있는가? • 영재교육 철학과 목표에 부합하고 있는가?
프로그램성격	• 국가 기본교육과정에 맞거나 그 이상인가? • 고급 수준의 비판력, 창의력, 탐구력, 상상력, 문제해결력, 의사소통능력, 협동적 학습능력 등을 신장시키고 있는가? • 국가교육과정으로부터 심도 있고 독창적이며 발전된 수준별 차별화를 이루어내고 있는가? • 재미있게 구성하여 학습동기를 유발할 수 있는가?

정확성	• 내용의 오류성은 없는가? • 문법, 맞춤법 등이 정확한가? • 의미 전달이 명확한가?
내용조직의 적절성	• 학습 목표, 학습 내용, 학습 평가와 관련성과 연결성이 있는가? • 학습 내용의 특성에 알맞은 학습 내용의 계열성이 있는가? • 내용 분량이 적절한가? • 학생이 다양한 형태로 능동적으로 참여하는 다양한 수업 방법이 활용되도록 하고 있는가?
도덕성 및 윤리성	• 종교, 성, 지역, 직종 등에 대한 편견과 폭력적 표현 배제되었는가? • 영재아들의 윤리적 기준, 긍정적 자아개념, 책임감, 사회에 대한 기여 등을 발달시킬 수 있도록 구성되어 있는가?

[프로그램 평가 기준-학습내용전개에 대한 평가]

영 역	평가 요소
학습 촉진 전략의 다양성	• 학습자 수준에 적합한 동기 전략을 사용하였는가? • 학습자의 경험, 기대와의 관련성이 있는가? • 학습 성공에 대한 자신감 부여가 되었는가? • 학습에 대한 만족감이 촉진되는가? • 학습자 반응 유도 및 적절한 대응이 있었는가?
내용 제시 전략의 적합성	• 학습 내용의 특성에 적합한 내용 제시 전략이 사용되었는가? • 정보 표현의 다양성이 있는가?
주제의 전개	• 학생들이 과제에 흥미를 유발할 수 있는 자료 및 문제 상황을 제시하고 있는가? • 학생들에게 광범위하고 다양한 내용에 접하도록 하고 있는가? • 주제가 학생들의 흥미와 관심을 북돋워주고 있는가?
주제의 내용	• 광범위한 분야의 문제, 주제를 다루는 내용을 제시하고 있는가? • 다양한 학문분야를 통합하고 있는가? • 종합적이고 서로 관련이 있으며 상호 강화적인 경험을 제공하고 있는가? • 자율적이고 독립적인 학습기능을 강화하고 있는가? • 주어진 분야에서 학생이 스스로 선택한 주제를 깊이 있게 학습하도록 하고 있는가? • 생산적, 복잡한, 추상적, 고급 사고기능을 활용하도록 하고 있는가? • 개방적 과제를 제시하고 있는가? • 연구기능과 방법을 가르치고 있는가? • 교육과정 속에 기초기능과 고급 기능을 통합시키고 있는가? • 기존의 아이디어에 도전하도록 유도하고 있는가?

	• 새로운 기법, 자료, 형태를 활용하여 산출물을 만들도록 유도하고 있는가? • 자신에 대한 이해를 발달시키도록 하고 있는가? • 학생의 학습 결과를 자기 평가지, 표준화된 검사들을 적절하고 구체적인 준거를 사용하여 평가하도록 구성하였는가?
산출물 및 평가의 다양성	• 학습 평가 목적에 타당성이 있는가? • 학습 평가 방법에 다양성이 있는가? • 평가 결과 활용에 다양성이 있는가? • 산출물을 만들거나, 문제를 해결하는 활동중심의 평가활동이 포함되어 있는가? • 보고서 작성 및 발표, 활동 내용의 정리 및 평가, 습득한 지식 정리 및 새로운 발전가능성 토의 등이 포함되어 있는가?
프로그램 창의성 및 정교성	• 해당영역의 담당교사가 보고 쉽게 수업을 진행할 수 있도록 수업의 과정을 자세히 설명하고 있는가? 수업내용, 수업 방법, 유의사항, 강조할 사항이 제시되고 있는가? • 각 활동마다 삽화나 그림 표 등이 들어가 있는가? • 학생의 창의적인 탐구를 유도할 수 있는 다양한 자료와 정보, 읽을거리가 제공되고 있는가? • 창의적 사고를 자극하는 질문을 많이 포함시키고 있는가? • 내용제시 전략 및 진행 방식이 참신한가?

[프로그램 평가 기준-대주제 세부 영역 평가]

영역	평가 요소
주제 명	• 학생의 흥미를 유발할 수 있는 재미있는 표현을 사용했는가?
주제설정의 취지 및 목적	• 주제 학습의 배경, 필요성 및 목적, 활동 구성의 특징 및 교육과정과의 관련 등 주제의 기본 방향을 제시하고 있는가?
학습 목표	• 전체 대주제의 학습 목표를 7-8개 정도 기술하고 있는가? • 인지적 영역, 정의적 영역(가치·태도), 기능적 영역의 목표를 고루 포함하고 있는가? • 구체적인 행동적인 용어로 진술하고 있는가?
개념모형도	• 대주제 및 소주제에서 다루는 주요한 개념들을 나타내고 있는가?
지도 계획	• 대주제를 구성하는 소주제의 주요 수업활동과 수업활동의 형태, 소요시간을 간단히 기술하고 있는가? • 소주제명도 가능한 한 흥미를 유발하는 표현을 사용하고 있는가? • 탐구활동 시간을 적절하게 배정하고 있는가?

지도 내용	• 교사와 학생이 함께하는 활동 중심인가? • 학습 내용은 정규교육과정에서 접하지 않은 내용, 최신의 정보를 포함하고 있는가? • 가치관, 인식 훈련, 동기의 부여 등 정의적 영역이 내용과 부합하는가? • 발달 단계에 따른 다양한 과학적 탐구기능이 제시되고 있는가? • 분류, 비교, 해석, 비판적 사고, 문제해결, 발견, 탐구, 반성적 사고, 도서관 자료 활용능력, 연구 및 논문 보고서 작성법등을 습득할 수 있는가? • 단순한 사실이나 개념보다는 고차적인 원리 및 통합적이고 간학문적인 내용으로 구성되어 있는가? • 학생들의 수준별 차이를 반영하고 수행 기준을 제시하고 있는가? • 창의성을 증진시키는 학습 활동을 경험하는 기회를 제공하고 있는가? • 영재학생들의 능력, 흥미, 요구 등이 적합하게 반영되어 있는가? • 구체에서, 추상으로, 사실에서 가설로, 기본에서 심화로 연속적인 진보를 이루어 구성하고 있는가? • 영재아들의 윤리적 기준, 긍정적 자아개념, 책임감, 사회에 대한 기여 등을 발달시킬 수 있도록 구성되어 있는가? • 여학생 영재교육 대상자에 대한 진로 지도에 대한 배려가 있는가? • 문헌 분석, 문제 풀이, 토론, 조사, 실험, 실습, 도서관 사용법 실습, 자료의 분석, 자료의 종합, 분석 결과에 대한 평가가 포함되어 있는가?

[프로그램 평가 기준-소주제 세부 영역 평가]

영역	평가 요소
소주제명	• 학생의 흥미를 유발할 수 있는 재미있는 표현을 사용했는가?
소주제 개관	• 대주제의 주제 설정의 취지 및 목적과 비슷하게 소주제를 구성하고 있는가? • 지도 방향에 관하여 기술하고 있는가? • 지도 시 중요사항을 기술하고 있는가? • 소주제에서 중점적으로 다루는 개념을 표시하고 있는가?
학습목표 및 준비물	• 활동별로 활동 단계와 학습 활동 및 절차, 보조 활동 및 참고 자료를 도표화하여 간단하게 기술하고 있는가? • 자료의 구성이 일관성이 있는지 확인할 수 있는가? • 수업상황을 생각해서 아주 사소한 준비물이라고 빠짐없이 기술하고 있는가?

교수·학습 활동	• 전체 수업의 진행과정과 지도초점 및 유의점을 쉽게 파악할 수 있도록 기술하고 있는가? • 학생들이 오개념을 갖기 쉬운 개념이나 가장 강조되는 내용을 질문 형태로 구성하고 있는가? • 각 활동의 유의점을 기술하고 있는가? • 학생용 활동지가 적절하게 제시되고 있는가? • 내용의 계열화(sequencing)가 합리적인가?
필수정보	• 지도에 도움이 되는 다양한 참고자료를 제시하고 있는가? • 학습 내용에 대한 보충 자료, 대안 자료 및 대안 활동, 기타 관련 참고 문헌 등을 기술하고 있는가?
참고자료	• 교사용 참고문헌과 학생용 참고자료를 따로 작성하고 있는가?
읽기자료	• 주제와 관련하여 학생들이 재미있고 유익하게 읽을 수 있는 읽기 자료를 제시하고 있는가?
활동지	• 수업시간에 사용되는 학생용 활동지 및 참고자료가 적절하게 제시되고 있는가?
전체 평가	• 탐구수행 결과 평가(교사에 의한 학생평가, 학생들에 의한 수업평가, 교사에 의한 수업 자기평가)가 제시되어 있는가? • 학습개념 평가가 제시되어 있는가? • 탐구수행능력 평가가 제시되어 있는가?

12.2.5 평가 결과의 활용

1) 프로그램 개선을 위한 활용

- 프로그램의 성공 여부를 판정하는 것보다 개선에 초점을 두고 활용되어야 한다.
- 프로그램 실시 시작부터 중간과정 및 프로그램의 마지막 결과까지 체계적으로 학생과 교사, 학부모를 대상으로 여러 측면의 자료를 수집해 두어야 프로그램의 실시 전후의 변화에 대한 분석이 가능하다.
- 프로그램 평가 결과를 문서로 작성하되 평가의 목적, 과정, 결론 및 제언, 프로그램의 장단점 및 개선방향 등이 포함되어야 한다.

[부록]
평가척도 및 평가 관련 자료

기타 평가척도 및 평가 관련 자료는 다른 나라 또는 우리나라의 여러 우수 기관에서 사용되고 있는 예시 자료들이다. 평가척도나 평가 관련 자료들을 개발하여 사용하는 것이 가장 좋으나, 필요에 따라서 이 자료들을 영재교육 환경과 대상영재아동 등 모든 여건에 맞게 수정·보완하여 사용할 수 있다.

1. 자아 효능감 및 자아 존중감 평가 자료

1) 자아 효능감 평가척도(박인우, 2002. 고려대학교 교육공학과 강의자료)

학년반	학년 반	이 름	
평가일	20 년 월 일	평가자	

여러분 안녕하십니까?

이 질문지는 여러분이 평소 ( )에 대해 어떻게 생각하고 있는지를 알아보고자 하는 것입니다. 각 문항을 잘 읽어보고 그 글의 내용에 전혀 찬성하지 않으면 “1”, 찬성하지 않으면 “2”, 찬성하면 “3”, 매우 찬성하면 “4”에 ○표 해주시기 바랍니다.

※ 이 검사는 여러분의 학교 성적과 아무런 관계가 없습니다. 여러분이 생각하고 느끼는 그대로 솔직하고 성실하게 대답하여 주시기 바랍니다.

1. 나의 나쁜 점 중의 하나는, ( )공부를 해야만 할 때 바로 시작할 수 없다는 점이다.

전혀 그렇지 않다	아니다	그렇다	매우 그렇다
1	2	3	4

2. 나는 ( )공부를 하여야겠다고 결정하면, 바로 공부를 시작한다.

전혀 그렇지 않다	아니다	그렇다	매우 그렇다
1	2	3	4

3. 나는 ( )공부를 할 때 내용이 복잡하더라도 이해할 때까지 계속적으로 노력한다.

전혀 그렇지 않다	아니다	그렇다	매우 그렇다
1	2	3	4

4. 나는 ( )공부를 할 때, 계획한 만큼 하기 전에는 중단하지 않는다.

전혀 그렇지 않다	아니다	그렇다	매우 그렇다
1	2	3	4

5. 나는 ( )공부를 할 때, 내가 세운 목표를 달성할 때까지 계속하여 노력한다.

전혀 그렇지 않다	아니다	그렇다	매우 그렇다
1	2	3	4

6. 나는 ( )공부를 할 때, 어려운 내용이 나오면 그냥 넘어간다.

전혀 그렇지 않다	아니다	그렇다	매우 그렇다

이하 생략 (위와 같은 방식으로 필요한 항목을 추가하여 사용한다.)

2) 자아 효능감 검사(경상북도 장학자료 2008-27)

학교　　학년　이름: (　　　　　　　)

여러분들이 문제를 해결하거나 새로운 것을 배울 때 어떤 생각이나 느낌을 갖는지를 알아보려고 합니다. 여러분의 생각을 솔직하게 답해 주십시오. 다음의 방법에 따라 각의 질문에 대해 번호 위에 ○표 해주시기 바랍니다.

응 답 요 령

질문 내용에 대하여 '전혀 그렇지 않다'고 생각하시면 1에 ○표 해주시고, '매우 그렇다'고 생각하시면 5에 ○표 해주시기 바랍니다.

문항 \ 평정	전혀 아니다	그렇지 않다	보통 이다	그렇다	매우 그렇다
1) 나는 공부할 때 대부분의 내용을 잘 학습할 수 있는 편이라고 생각한다.	1	2	3	4	5
2) 학습 내용이 복잡하더라도 이해할 때까지 계속 노력 한다.	1	2	3	4	5
3) 공부할 때 계획한 만큼 하기 전에는 중단하지 않는다.	1	2	3	4	5

3) 자아 존중감 검사

학교　　학년　이름: (　　　　　　　)

평가내용	전혀 아니다	대체로 아니다	대체로 그렇다	매우 그렇다
1. 나는 나 자신이 자랑스럽다.	1	2	3	4
2. 나는 자신을 소중하게 생각한다.	1	2	3	4
3. 나는 학급임원(반장, 부반장)이 될 자격이 있다고 생각한다.	1	2	3	4
4. 나는 앞으로 훌륭한 사람이 될 것이다.	1	2	3	4
5. 나는 자존심이 상하면 참지 못한다.	1	2	3	4
6. 나는 옳다고 생각되면 굽히지 않는다.	1	2	3	4
7. 나는 스스로 부끄러운 짓을 하지 않는다.	1	2	3	4
8. 나를 따르고 부러워하는 아이들이 있다.	1	2	3	4
9. 나보다 잘난 아이들이 많은 것 같다.	1	2	3	4
10. 나는 남보다 뛰어난 것이 별로 없다.	1	2	3	4
11. 나를 무시하고 얕보는 아이들이 많은 것 같다.	1	2	3	4
12. 나는 남보다 뒤떨어지는 것을 못 참는다.	1	2	3	4
13. 부모님이 나를 못마땅하게 여기시는 때가 많다.	1	2	3	4
14. 선생님은 나를 대수롭지 않게 생각한다.	1	2	3	4
15. 나는 남보다 별로 자랑할 만한 것이 없다.	1	2	3	4
기타의견 및 종합:				

2. 리더십 특성영역 평가척도

1) 리더십 특성영역: 영재 행동특성척도(Renzulli,1997)

학교	학교	학반	학년 반	이름	

	전혀	매우 드묾	드묾	가끔	자주	항상
1. 책임감 있는 행동(어떤 일을 끝까지 완수 할 것으로 신뢰할 수 있음)	□	□	□	□	□	□
2. 급우들에게 존중을 받는 경향	□	□	□	□	□	□
3. 아이디어를 정교화하고 다른 사람들과 효과적으로 의사소통하는 능력	□	□	□	□	□	□
4. 또래 친구들을 대함에 있어서의 자신감	□	□	□	□	□	□
5. 물건이나 사람, 또는 일 등을 조직화하고 구조화하는 능력	□	□	□	□	□	□
6. 다른 사람과 함께 일할 때의 협력적 행동	□	□	□	□	□	□
7. 자신이 참여하는 활동에서 주도적인 역할을 수행하는 경향	□	□	□	□	□	□
기입문항수:	□	□	□	□	□	□
가중치:	×1	×2	×3	×4	×5	×6
문항수×가중치:	□	+□	+□	+□	+□	+□
검사총점:					=	□

2) 리더십기술검사지: 인격형성능력 영역(Sisk, 1992)

학교	학교	학반	학년 반	이름	

검 사 문 항	거의 항상 3	자주 2	가끔씩 1	거의 없음 0	점수
1. 나 자신의 감정을 잘 알고 있다.					
2. 다른 사람들을 배려하고, 그들을 공정하게 대우한다.					
3. 다른 사람들의 감정을 이해하고자 노력한다.					
4. 다른 사람들의 필요에 민감하다.					
5. 다른 사람들에 대해 진심으로 관심을 갖는다.					
6. 다른 사람들을 대할 때 정직하고자 노력한다.					
7. 한번 이야기한 것을 꼭 지킨다.					
8. 강한 신념을 가지고 있으며 필요할 경우 내 신념을 남들 앞에서 변호할 수 있다.					
9. 나의 실수는 기꺼이 인정한다.					
10 나 자신의 행동원칙을 가지고 있다.					
11. 가치관을 수립함에 있어서 자유스러움을 누린다.					
12. 내 인생에 있어서 무엇이 중요한지 알고 있다.					
13. 내가 선택한 것을 자신 있게 말할 수 있다.					
14. 내가 정한 행동원칙에 다른 사람들이 동의하지 않을지라도 내 원칙을 지킬 수 있다.					
15. 다른 사람들의 의견이 나와 다를지라도 그들의 의견을 존중한다.					
16. 다른 사람들의 권리를 존중한다.					
17. 나는 윗사람과 친구들에게 충직하다.					
총 점					

※ 항목에 점수와 이 설명 자체를 지우고 사용하며, 높은 점수일수록 리더십이 높다.

3. 포클랜드 영재아 프로젝트 평가

DeHaan & Havighurst(1957)가 실시한 포클랜드 영재아 프로젝트는 수행평가의 한 예이며, 모든 5, 6학년 학생들을 대상으로 작문을 이용한 글쓰기 잠재력 평가이다.

글쓰기 잠재력 평가
• 표현이 풍부한 문장 만들기 • 서술적 문단을 보고 이야기 짓기 • 상상력이 풍부한 작문하기 • 문장에 대한 논평 • 경험을 글로 쓰기

수 행 평 가						
항 목	1점	2점	3점	4점	5점	점수
① 아이디어의 순서성						
② 정서 또는 상황에 대한 이해의 깊이						
③ 표현이 풍부한 어휘의 선택						
④ 표현의 간결성						
⑤ 문단에서 이용된 논리						
⑥ 알맞은 논평 조직						
⑦ 잘 계획된 구성						
⑧ 관점의 일관성						

4. 미국의 지역교육청 영재교육원의 프로그램 평가 자료 (KEDI. 연구자료 RM2004-63)

· 라파예트지역학교구에서는 '평가는 프로그램을 성공적으로 실천하는 중요한 요소'라는 전제하에 도전 프로그램 평가체제를 도입하고 있다.

- 판별과정과 프로그램을 참여한 영재들의 성취도를 매년 평가한다.
- 판별과정에 사용한 검사도구의 정확도에 따라 수정, 삭제, 보완한다. 영재들의 진척수준에 대한 평가에는 매년 학생들의 학년별 성취도 검사, 산출물, 교사가 작성한 학생들에 대한 관찰 기록, 포트폴리오 등이 준거가 된다.
- 도전 프로그램은 매년 도전 프로그램의 졸업생을 대상으로 실시되는 설문조사로서, 프로그램에 대한 의견, 졸업 후 대학에서의 전공 선택 등의 진로과정과 연결하여 평가하는 종단적 평가연구를 수행한다.
- 도전 프로그램은 졸업생들과 학부모들을 대상으로 시행되는 것이다.

1) 영재교육 프로그램 초등학교 학생용 설문조사

[영재교육 프로그램 설문조사(초등학교 학생용)]

※다음의 질문에 대하여 자신의 의견과 가장 일치하는 번호에 표하시오.

1. 올해 참여한 도전 프로그램은 매우 흥미 있었다.
① 항상 ② 때때로 ③ 매우 드물게 ④ 전혀

2. 도전프로그램은 학교생활을 흥미있게 만들었다.
① 항상 ② 때때로 ③ 매우 드물게 ④ 전혀

3. 집에서 할 숙제가 너무 많다.
① 항상 ② 때때로 ③ 매우 드물게 ④ 전혀

4. 도전프로그램 수업에서 열심히 공부했다.
① 항상 ② 때때로 ③ 매우 드물게 ④ 전혀

5. 도전프로그램에서 수행한 과제는 나에게 흥미있는 과제였다.
① 항상 ② 때때로 ③ 매우 드물게 ④ 전혀

6. 내가 도전 프로그램의 소속되어 있다고 다른 학생들이 놀렸다.
① 항상 ② 때때로 ③ 매우 드물게 ④ 전혀

7. 도전 프로그램에서 더 열심히 공부하는 기회를 제공하기를 원했다
① 항상 ② 때때로 ③ 매우 드물게 ④ 전혀

8. 도전 프로그램에서 더 쉽게 공부하는 기회를 제공하기를 원했다.
① 항상 ② 때때로 ③ 매우 드물게 ④ 전혀

9. 내년도에도 도전 프로그램에서 공부하기를 원한다.
① 예 ② 아니오

10. 만일 도전 프로그램을 개선해야 한다면, 어떻게 개선하면 좋겠는가?

____

____

11. 내가 흥미있고 관심있는 주제를 학습할 기회를 가졌는가?

____

____

12. 올해 도전 프로그램에서 가장 좋았던 점은 무엇인가?

____

____

13. 올해 도전 프로그램에서 가장 나빴던 점은 무엇인가?

____

____

14. 올해 참가한 도전 프로그램, 학교생활, 학급 생활과 관련하여 무엇이든지 말하고 싶은 내용을 기술하라.

____

____

2) 영재교육 프로그램 학부모용 설문조사

[영재교육 프로그램 설문조사(학부모용)]

◎ 나는 초등( ) 또는 중학교( ) 도전 프로그램에 참여한 학생의 학부모이다.

※ 다음의 질문에 대하여 자신의 의견과 가장 일치하는 번호에 표하시오.

1. 내 자녀는 올해 참여한 도전 프로그램을 매우 흥미있게 즐겼다.
① 매우 동의함 ② 동의함 ③ 동의 안함 ④ 절대적으로 동의 안함

2. 내년에도 내 자녀가 도전 프로그램에 참여하기를 희망한다.
① 매우 동의함 ② 동의함 ③ 동의 안함 ④ 절대적으로 동의 안함

3. 도전 프로그램을 통하여 내 자녀가 정확하고 주의깊게 사고하는 능력을 키웠다고 생각한다.
① 매우 동의함 ② 동의함 ③ 동의 안함 ④ 절대적으로 동의 안함

4. 도전 프로그램은 내 자녀에게 최적의 학습환경을 제공했다고 생각한다.
① 매우 동의함 ② 동의함 ③ 동의 안함 ④ 절대적으로 동의 안함

5. 도전 프로그램에서 내 자녀는 자신의 흥미를 추구하는 학습기회를 가졌다고 생각한다.
① 매우 동의함 ② 동의함 ③ 동의 안함 ④ 절대적으로 동의 안함

6. 올해 내 자녀의 학습습관이 많이 개선되었다고 생각한다.
① 매우 동의함 ② 동의함 ③ 동의 안함 ④ 절대적으로 동의 안함

7. 도전 프로그램에서는 적합한 양의 과제를 제시했다고 생각한다.
① 매우 동의함 ② 동의함 ③ 동의 안함 ④ 절대적으로 동의 안함

8. 도전 프로그램은 내 자녀의 수준에 적합하도록 학습 진도와 내용을 제공했다고 생각한다.
① 매우 동의함 ② 동의함 ③ 동의 안함 ④ 절대적으로 동의 안함

9. 전반적으로 나는 도전 프로그램을 긍정적인 프로그램으로 평가한다.
① 매우 동의함 ② 동의함 ③ 동의 안함 ④ 절대적으로 동의 안함

10. 도전 프로그램 담당 교사가 제공하는 내 자녀에 대한 정보는 매우 도움이 되었다.
① 매우 동의함 ② 동의함 ③ 동의 안함 ④ 절대적으로 동의 안함

11. 학년 초 도전 프로그램 운영자와의 의사소통 과정이 부담 없이 매우 편안하게 이루어졌다.
① 매우 동의함 ② 동의함 ③ 동의 안함 ④ 절대적으로 동의 안함

12. 도전 프로그램의 판별과정과 결과는 내 자녀에 적합한 교육을 제공하는 데 효과적이다.
① 매우 동의함 ② 동의함 ③ 동의 안함 ④ 절대적으로 동의 안함

13. 다른 영재 학부모와 의사소통하기를 원한다.
① 매우 동의함 ② 동의함 ③ 동의 안함 ④ 절대적으로 동의 안함

14. 나는 판별과정, 프로그램 참가 거부, 프로그램 계획 시 의견을 제시할 권리가 있음을 알고 있다.
① 매우 동의함 ② 동의함 ③ 동의 안함 ④ 절대적으로 동의 안함

15. 내 자녀의 친구관계는 도전 프로그램 참가와 관계없이 유지되고 있다.
① 매우 동의함 ② 동의함 ③ 동의 안함 ④ 절대적으로 동의 안함

16. 통학 버스 서비스에 대하여 만족한다.
① 매우 동의함 ② 동의함 ③ 동의 안함 ④ 절대적으로 동의 안함

17. 내 자녀는 학우들과의 관계를 긍정적으로 유지하고 있다.
① 매우 동의함 ② 동의함 ③ 동의 안함 ④ 절대적으로 동의 안함

18. 학교의 교사와 그 외 모든 교직원들은 내 자녀가 영재라고 해서 부당하게 소외시키지 않고 잘 존중해 준다.
① 매우 동의함 ② 동의함 ③ 동의 안함 ④ 절대적으로 동의 안함

※ 도전 프로그램에 대하여 어떤 정보를 추가적으로 전달받기를 원합니까?

____
____
____
____
____
____
____

※ 매일 밤 자녀가 가정에서 숙제를 하는 데 대략 얼마의 시간을 소요합니까?
① 30분 이내 ② 35-60분 ③ 65-90분 ④ 95-120분 ⑤ 2시간 이상

5. 수학영재평가에서 프로젝트 평가 (KEDI. 연구자료 RM2004-63)

1) 수학적 창의력 평정척도법

<table>
<tr><td colspan="8" align="right">학교　　학년　이름: (　　　　　　　)</td></tr>
<tr><th></th><th>요소</th><th>관찰(면담)내용</th><th>−2</th><th>−1</th><th>0</th><th>1</th><th>2</th></tr>
<tr><td rowspan="4">수학적 창의력</td><td>유창성</td><td>비교 가능한 우리 신체 부위와 주변 사물에 대한 다양한 소재 선택하기</td><td></td><td></td><td></td><td></td><td></td></tr>
<tr><td>융통성</td><td>정해진 방식만을 고집하지 않고 다른 여러 방식을 수용한다.</td><td></td><td></td><td></td><td></td><td></td></tr>
<tr><td>독창성</td><td>풀이 과정이 다른 조원들의 학생과 다르고 독특하다.</td><td></td><td></td><td></td><td></td><td></td></tr>
<tr><td>정교성</td><td>세밀하고 정교하게 다듬어 나타낸다.</td><td></td><td></td><td></td><td></td><td></td></tr>
</table>

2) 수학적 성향 평정척도법

<table>
<tr><th></th><th>요소</th><th>관찰(면담)내용</th><th>−2</th><th>−1</th><th>0</th><th>1</th><th>2</th></tr>
<tr><td rowspan="8">수학적 성향</td><td rowspan="3">흥미와 호기심</td><td>수학에 대해 상당한 흥미와 호기심을 가지고 있다.</td><td rowspan="3"></td><td rowspan="3"></td><td rowspan="3"></td><td rowspan="3"></td><td rowspan="3"></td></tr>
<tr><td>수학 시간에 적극적이다.</td></tr>
<tr><td>수학 문제(과제)를 해결하는 것을 좋아한다.</td></tr>
<tr><td rowspan="3">자신감과 의지</td><td>수학문제(과제)를 자신있게 해결한다.</td><td rowspan="3"></td><td rowspan="3"></td><td rowspan="3"></td><td rowspan="3"></td><td rowspan="3"></td></tr>
<tr><td>어려운 수학 문제(과제)도 두려워하지 않는다.</td></tr>
<tr><td>문제(과제)풀이 결과에 자신 있어 한다.</td></tr>
<tr><td rowspan="2">과제 집착력과 끈기</td><td>시간이 오래 걸려도 주어진 문제(과제)를 끝까지 해결한다.</td><td rowspan="2"></td><td rowspan="2"></td><td rowspan="2"></td><td rowspan="2"></td><td rowspan="2"></td></tr>
<tr><td>교사에게 질문하거나 친구에게 물어봄으로써 모르는 문제(과제)를 알려고 노력한다.</td></tr>
</table>

6. 산출물 평가 (KEDI. 연구자료 RM2004-63)

1) 산출물 평가지

학교 학년 이름: ( )					
평가내용	매우 부족함	보통 이하	보통	보통 이상	매우 뛰어남
1. 활동에 적극적으로 참여하였는가?	1	2	3	4	5
2. 물의 순환학습에 대하여 창의적으로 참여하였는가?	1	2	3	4	5
3. 물시계를 창의적으로 만들었는가?	1	2	3	4	5
4. 수질 오염의 심각성을 깨닫고, 올바른 환경보전 가치관을 갖게 되었는가?	1	2	3	4	5
5. 현장 조사 학습에 적극적으로 참여하였는가?	1	2	3	4	5
6. 물의 정화 과정을 정확히 이해하는가?	1	2	3	4	5
7. 물로켓의 원리를 이용하여 창의적으로 만들었는가?	1	2	3	4	5
8. 프로젝트를 계획할 때 실행 가능하게 만들었는가?	1	2	3	4	5
9. 계획에 따라 관찰 프로젝트를 완성했는가?	1	2	3	4	5
10 알찬 내용을 쉽고 정확하게 잘 발표했는가?	1	2	3	4	5
* 더 하고 싶은 말(기타의견 및 평가)					

2) 보고서 및 산출물 발표회 평가지

평가 관점	평가내용	매우 부족함	보통 이하	보통	보통 이상	매우 뛰어남
주제 선정	1. 선정한 주제가 탐구자의 지적 호기심을 자극하여 해결 가능한 것인가?					
	2. 주제 선정 이유가 타당한가?					
탐구 수행	1. 주제를 사용하기 위하여 창의적인 방법을 사용하였는가?					
	2. 주제를 해결하는 과정에서 모둠원들의 역할 분담이 이루어 졌는가?					
	3. 과학적 원리에 적합한가?					
결과	주제에 부응하는 결론이 도출되었는가?					
발표	발표가 일목요연하고 설득력이 있는가?					
서술 평가	좋은 점	부족한 점		대안제시		

7. 포트폴리오 상호평가

※ 만든 포트폴리오에 대하여 발표를 하고 잘된 점과 보충해야할 부분이 있는지 서로의 작품을 평가하여 봅시다.

날 짜	평가하는 사람(팀)	평가받는 사람(팀)
이 름		
주제명		

평가항목	매우 부족함	보통이하	보통	보통이상	매우 뛰어남
목적과 필요성이 타당하게 제시되었는가?					
주제가 타당한가?					
구체적인 내용을 포함하는가?					
현실적·과학적으로 타당한가?					
올바르게 설명하거나 발표하였는가?					
기타 의견					

잘된 점

보충할 점

8. 프로젝트 수업평가(KEDI. 연구자료 RM2004-63)

주제:

학교　　학년　이름: (　　　　　　)

평가관점 (배점)	평가내용	평가		
		A	B	C
주제선정(20)	1. 연구 주제가 새로운가?(10점) 2. 주제 선정의 이유가 정확히 제시되었는가?(10점)	A	B	C
탐구수행능력(50)	1. 연구방법(실험설계, 제작, 조사 등)이 주제를 해결하기에 창의적이고 과학적인가?(20점)	A	B	C
	2. 연구 주제를 수행하기 위한 적절한 조사가 이루어졌는가?(10점)	A	B	C
	3. 연구주제에 맞는 정교한 작품 제작(혹은 실험)이 제작되었는가?	A	B	C
	4. 과학적 원리가 제대로 표현되었는가?(10점)	A	B	C
탐구결과(20)	탐구 결과로 연구 목적에 도달하였는가? (작품이 잘 작동되었는가?)(20점)	A	B	C
발표(10)	발표자가 설득력 있게, 유창하게 발표하였는가?(10점)	A	B	C
기타 특이사항	(평가자들의 합의에 의하여 추가점 가능)			
합계		A	B	C
평가기준	A: 뛰어남, B: 보통임, C: 부족함	A	B	C
점수배점	만점 20점일 경우 A: 20점, B: 17점, C: 14점 만점 10점일 경우 A: 10점, B: 8점, C: 6점	A	B	C

※ 항목 내용 및 배점은 상황에 맞춰 변경하여 사용합니다.

9. 심화학습 평가지 (KEDI. 연구자료 RM2004-63)

학교　　학년　이름: (　　　　　　)

영역	항목	평가내용	점수		
			3	2	1
과학적 태도	호기심	학습 태도가 바르고 진지하다.	3	2	1
		학습 과제와 활동에 대해 호기심이 많다.	3	2	1
	자신감	학습 활동에 능동적으로 참여한다.	3	2	1
		역할 수행을 성실히 하고 협동이 잘 이루어진다.	3	2	1
	집착력	주어진 과제를 끝까지 해결하려고 한다.	3	2	1
		과제 해결에 집중한다.	3	2	1
과학적 사고 기능	지식	일반적 과학 지식이 풍부하고 이를 잘 적용한다.	3	2	1
		특수 분야 지식을 습득하는 속도가 빠르다.	3	2	1
	탐구 활동	문제를 바르게 이해하고 토의에 적극적으로 참여한다.	3	2	1
		탐구자료를 체계적이고 합리적으로 수집한다.	3	2	1
		탐구과제를 적극적으로 해결하고 정교성과 완성도가 높다.	3	2	1
과학적 창의력	발산적 사고	주어진 문제 상황에서 여러 가지 아이디어를 산출해 낸다.	3	2	1
		문제해결 방법이 체계적이고 독특하다.	3	2	1
		기존 지식을 이용하여 새로운 지식을 도출한다.	3	2	1
	수렴적 사고	개념이나 지식의 연결이 합리적이다.	3	2	1
		복잡한 현상을 단순하고 종합적으로 해석한다.	3	2	1
		질서와 규칙성을 발견하는 능력이 뛰어나다.	3	2	1
	비관습적 사고	독특하게 문제를 인식하고 결과 도출이 새롭다.	3	2	1
기타의견 및 종합					

※ 항목 내용 및 배점은 상황에 맞춰 변경하여 사용합니다.

10. 프로그램 평가 자료

(남승인 외(2003). 대구교육대학교, 제4기 영재교육담당교원 연수 교재)

1) 프로그램 평가 (학생용)

200 년 ( )월 ( )일 지도교사: ( )

과정 또는 프로그램 명: ( ) 이 름: ( )

여러분이 오늘 공부한 내용을 정리하는 마음으로 대답해 주시기 바랍니다. 이 자료는 보다 좋은 프로그램을 만들어서 여러분을 효과적으로 지도하는데 쓰입니다. 여러 분이 느낀 점을 ( )안에 ∨표 해 주시고, 그 내용을 간략하게 적어 주십시오.

1. 오늘 학습한 내용이 재미있었습니까?

매우 재미있었다	조금 재미있었다	보통이다	별로 재미없었다	아주 재미없었다
( )	( )	( )	( )	( )

- 재미있었던 점: ______________________________
- 재미없었던 점: ______________________________

2. 오늘 학습한 내용이 새로운 것이었습니까?

매우 새로운 내용이다	조금 새로운 내용이다	좀 알고 있는 내용이다	잘 알고 있는 내용이다
( )	( )	( )	( )

- 새롭게 알게 된 내용: ______________________________

3. 선생님께서 설명하시는 내용을 잘 이해할 수 있었습니까?

충분히 이해할 수 있었다	대체로 이해할 수 있었다	보통이다	이해하기가 조금 어려웠다	이해하기가 매우 어려웠다
( )	( )	( )	( )	( )

- 이해하기 어려웠던 점: ______________________________

4. 건의할 사항: ______________________________

____

2) 프로그램에 대한 학생의 반응 관찰

200 년 (　　)월 (　　)일　　　　　　　　지도교사: (　　　　　　)
과정 또는 프로그램 명: ((　　　　　　　　　　　)　　　　이　　름: (　　　　　　)
(※ 지도교사는 학생들이 어떻게 반응하는지 관찰하고 예를 들어 구체적으로 설명하세요)

1\. 프로그램의 내용은 학생들에게 지적인 호기심을 자극하고 있다.

매우 긍정	긍정	보통	부정	매우 부정
(　　)	(　　)	(　　)	(　　)	(　　)

예) ____

____

2\. 프로그램에 사용한(학습자료, 재료 및 실험기구)들의 짜임새가 학생들이 흥미있게 활동할 수 있도록 되어 있다.

매우 긍정	긍정	보통	부정	매우 부정
(　　)	(　　)	(　　)	(　　)	(　　)

예) ____

____

3\. 프로그램을 통하여 학생들은 새로운 사실을 알게 되어 만족하고 있다.

매우 긍정	긍정	보통	부정	매우 부정
(　　)	(　　)	(　　)	(　　)	(　　)

예) ____

____

11. 시각 예술 영재 평가(NSAE. 1994)

성취기준	평가
1-1. 내용 기준: 구성과 기능의 지식을 사용하기 1-2. 성취 기준 a. 아이디어 전달을 위한 시각적 특성과 예술적 특성의 차이점을 안다. b. 다른 표현의 특징과 원리가 어떻게 다른지를 설명한다. c. 아이디어 소통을 위해 예술의 시각적 구성과 기능을 활용한다.	
2-1. 내용기준: 주제 상징, 아이디어의 범위를 선택하고 평가하기 2-2. 성취기준 a. 예술 작품의 전망에 대해 탐구하고 이해한다. b. 의미 소통을 위한 주제, 상징, 개념들을 선택하고 이용한다.	
3-1. 내용기준: 역사, 문화와 관련하여 시각예술 이해하기 3-2. 성취기준 학생들은 a. 시각예술이 역사 및 다양한 문화와 관련이 있다는 것을 안다. b. 특정한 시대, 문화, 장소와 관련하여 예술 작품을 구별한다. c. 역사, 문화, 시각예술이 어떻게 서로 영향을 미쳤는지 설명한다.	
4-1. 내용기준: 자신과 타인 작품의 특징과 장점을 평가하고 반영하기 4-2. 성취기준 학생들은 a. 시각예술 창작의 다양한 목적을 이해한다. b. 개인의 경험이 어떻게 작품에 영향을 미치는지 기술한다. c. 특정 작품에 대한 다양한 반응들을 이해한다.	
* 더 하고 싶은 말(기타의견 및 평가)	

※ 평가는 서술식 또는 상황에 맞게 배점을 정한다.

참고문헌

남승인 외(2003). 대구교육대학교 제4기 영재교육담당교원연수교재. 대구교육대교원연구원.
조석희 외(2004). 영재교육 업무 운영 편람(KEDI.연구자료 RM2004-63) 교육개발원.
조석희 외(2004). 영재교육기관 평가 편람(KEDI.연구자료 RM2004-67) 교육개발원.
도주완 외(2003). 영재교육의 이론과 실제. 장학자료 2003-27. 경상북도교육청.
Joyce Van Tassel-Baska, tamra stambaugh(2007). 최신영재교육과정론. 시그마프레스.
박성익 외(2003). 영재교육학원론. 교육과학사.
한국교육개발원/시·도 교육청(2005). 창의적 지식생산자 양성을 위한 영재교육[공통이론편], 제6기 영재교육담당교육담당교원 기초연수 합숙연수 워크숍.
조태영 외(2004). 대구·경북교육청지정 유·초·중등 교원 영재지도사과정 직무연수 교재. 영진전문대.
박인우(2002). 교육공학과 강의자료. 고려대학교.

[참고사이트]

고려대학교 사범대학 교육학과 교육공학 전공 박인우 누리방 사이트
http: //education.korea.ac.kr/innwoo/edu261/2002/edtech/cai_1.hwp
empas 용어사전, 자료제공: 학지사

찾아보기

수학영재교육

이론과 실제

지은이　남승인 · 류성림 · 신준식 · 우동하 · 이용희
펴낸이　조경희
펴낸곳　경문사
펴낸날　2016년 10월 10일　1판 1쇄
등　록　1979년 11월　9일　제 313-1979-23호
주　소　04057, 서울특별시 마포구 와우산로 174
전　화　(02)332-2004　팩스 (02)336-5193
이메일　kyungmoon@kyungmoon.com
facebook　facebook.com/kyungmoonsa

값 24,000원

ISBN 978-89-6105-544-4

★ 경문사 홈페이지에 오시면 즐거운 일이 생깁니다.
http://www.kyungmoon.com

한국과학기술출판협회 회원사